KB245934

도덕
교육

L'éducation morale
by Émile Durkheim

La préface de Serge Paugam
Copyright © Presses Universitaires de France / Humensis, 1950
Korean Translation Copyright © Ireunbi Publishing Co., 2024
All rights reserved.

Serge Paugam 서문의 한국어판 저작권은 베스툰 코리아 에이전시를 통해
저작권자와의 독점계약으로 (도서출판) 이른비에 있습니다.
저작권법에 의해 한국 내에서 보호를 받는 저작물이므로
무단전제와 무단복제를 금합니다.

에밀 뒤르켐

도덕 교육

L'éducation morale

민혜숙
노현종

옮 김

이른비

다음 세대를 위한 도덕 교육

• 옮긴이 서문

"오늘날 우리의 첫 번째 의무는 새로운 도덕을 창출하는 일이다." 20세기 초 프랑스의 사회학자 에밀 뒤르켐은 이렇게 말했다. 그는 19세기 말의 혼란스러운 사회상황을 '아노미' 현상으로 부를 만큼 심히 우려했다. 아노미(anomie)란 '없다'는 의미의 접두어 아(a)에 규범(norm)이라는 말이 결합된 단어다. 말 그대로 규범이 없는 것, 도덕이 없는 것이 아노미다. 뒤르켐의 입장에서 볼 때 아노미는 사회와 국가에 무질서와 혼란을 가져온다. 더 나아가 자살의 중요한 원인이 되기도 한다. 이러한 사회에서 규범을 세우는 것, 다시 말해 도덕을 세우는 것이 뒤르켐의 중요한 관심사이자 실천적 과제였다.

뒤르켐 당시까지 도덕의 중요한 근거는 종교였다. 종교적인 믿음과 가치, 관행이 도덕을 세우는 중요한 토대였다. 그러나 과학이 발전하고 세속화가 진행되면서 종교의 힘이 많이 약화되었다.

그 결과 도덕은 그 기초가 흔들리게 되었다. 그러한 시대를 맞아 뒤르켐은 종교적 색채가 짙었던 도덕 대신에 세속적인 도덕, 즉 종교의 권위를 배제한 새로운 도덕이 형성되기를 바랐다.

도덕의 사전적 정의는 다음과 같다. '사회의 구성원들이 양심, 사회적 여론, 관습 따위에 비추어 스스로 마땅히 지켜야 할 행동 준칙이나 규범의 총체', '외적 강제력을 갖는 법률과 달리 각자의 내면적 원리로서 작용하며, 또 종교와 달리 초월자와의 관계가 아닌 인간 상호 관계를 규정한다'(표준국어대사전). 이 정의에는 상당히 많은 내용이 함축되어 있다. 프랑스어로 형용사 '모랄'(moral)은 '도덕적'이라는 의미뿐 아니라 '정신적', '내면적'이라는 의미도 가진다. 이렇게 보면 이 책의 제목인 '도덕 교육'은 곧 '정신 교육'이라고 말해도 무방하다.

위의 사전적 정의와 뒤르켐이 말하는 도덕 사이에는 차이점이 있다. 뒤르켐이 말하는 '도덕적 사실'은 '사회적 사실'의 하나로서 강제력과 구속력을 가진다.[1] 도덕적 사실에는 다른 사회적 사실과 달리 '내재성'과 추구할 '가치'가 더해진다. 따라서 이기주의와 이타주의의 구분이 행해지기도 하지만 그것들은 별개의 개

---

[1] '사회적 사실'(fait social)은 뒤르켐이 제시한 사회학적 방법론의 핵심 개념으로 인간의 사회생활을 통해 만들어진 모든 물질적·비물질적 결과물로서 인간 개인 밖에 존재하면서 인간에게 구속력(영향력·강제력)을 행사하는 모든 것이다. 도덕 또한 중요한 사회적 사실로서 뒤르켐이 평생 탐구한 주제였다. 뒤르켐은 사회적 사실을 사물처럼 관찰, 분석함으로써 독립된 경험과학으로서의 사회학을 확립하려 했다(에밀 뒤르켐, 민혜숙 옮김, 「해제: 사회학의 주춧돌을 놓다」, 『사회학적 방법의 규칙들』, 이른비, 2021, 6쪽 참조).

넘이 아니라 상호 침투하는 개념이다. 사회는 개인들로 구성되면서도 개인을 초월하는 집합체이기에 '사회적 사실'로서 구속력을 가지고 있지만, 그 이념은 개인을 통해 실현되어야 한다. 따라서 개인과 사회 사이에는 협력과 일치가 존재하면서도 갈등과 불일치가 일어날 수밖에 없다. 사회와 개인(또는 개인과 개인) 사이의 갈등과 불일치의 문제를 해결하기 위해서는 도덕이 필요하다. 그래서 뒤르켐은 아노미 상태라 부를 수 있는 무질서하고 혼란스러운 사회를 질서와 통합으로 이끌기 위해서 도덕의 문제에 관심을 기울였고 일생토록 이 문제에 천착했다.

뒤르켐은 도덕의 3요소를 규율의 정신, 사회집단에의 결속, 의지의 자율성이라고 했으며 이 책 제1부에서 다룬다. 뒤르켐은 개인-가족-사회(국가-인류)의 단계를 거치면서 도덕이 확장되는 현상에 주목하며 연구했다. 그리고 가족이나 사회 속에서도 도덕을 교육할 수 있지만, 도덕 교육을 실시할 가장 적절한 장소를 '학교'라고 보았다. 가족은 혈연적 친밀성 때문에 합리적인 교육이 이루어지기 어렵다고 판단했다. 일반 사회로 나아가기 위한 중간 단계의 사회인 학교에서, 특별히 고정관념이 형성되지 않아 사고가 유연한 초등학교 어린아이들을 대상으로 가장 효율적인 도덕 교육이 이루어질 수 있다고 본 것이다.

이러한 입장에서 어린아이에게 도덕 규율을 어떻게 심어줄 수 있을까를 이 책 제2부에서 논의한다. 그 과정에서 아동심리학, 학교의 규율, 학교의 상벌체계를 자세히 다룬다. 뒤르켐은 사회집단에의 결속과 관련하여 단절 없이 교육이 이루어지는 학교의 환경, 졸업 후 동창회와 같은 중간 사회의 구성 등이 필요하다고 역설한다. 또 의지의 자율성과 관련해 자연과학, 역사, 예술 등의 심미적 문화를 통해 내면의 감동을 이끌어내는 교육에 대해 말한다. 이러한 일에서 교사가 가장 중요한 역할을 하며, 그러므로 교사는 사명감을 가지고 교육에 투신해야 한다고 호소한다.

이 책을 번역하면서 100년 전의 프랑스와 지금 우리의 교육 상황이 크게 다르지 않음을 알 수 있었다. 학교 시설은 첨단화되고 발전했지만, 교사의 위상이나 교사에 대한 신뢰는 크게 약화되었다. 공교육이 제 역할을 하지 못한다는 비판은 어제오늘의 일이 아니다. 일례로 과거나 지금이나 선행학습을 하지 않으면 수업을 따라가기 어려웠던 것 같다. 양정고보 교사였던 김교신 선생은 1934년에 '교사는 개별적으로 수재 교육도 못 하는 동시에 평균적으로 우둔한 자를 이끌려는 노력도 없이 방임하는' 실정이며, 그 결과 '자녀교육만큼 가정의 경제생활을 압박하는 것도 없다'고 한탄한 바 있다. 교육의 격차는 계급과 계층의 격차를 확대 재생산하고 그 결과 다양한 사회 갈등의 원인이 되기도 한다.

이러한 시대에 우리는 진지하게 고민해보아야 한다. 어떻게 새로운 도덕과 정신을 만들어낼 것인가. 그리고 어떻게 그것을 다음 세대에 전수할 것인가. 뒤르켐은 '도덕 교육'을 통해 새로운 시대정신을 만들기를 원했다. 어떤 면에서는 집합생활에 소극적인 프랑스 사람들의 국민성을 통합하고 결집시키고자 하는 의도도 있었을 것이다. 물론 지나친 집단에의 결속이나 결합은 경계해야 할 것이다. 뒤르켐은 독일에서의 자기 경험을 이야기하면서

'독일인들은 같이 놀고 같이 공부하고 활동한다'면서 프랑스의 지나친 개인주의를 탓하기도 했다. 그러나 뒤르켐이 지나치게 결집된 전체주의 독일이 주도했던 제2차 세계대전의 참상을 목격했다면 생각이 조금은 달랐을 것이다.

　필자는 제도적인 민주주의가 이루어졌던 1987년 이전에 중고등학교와 대학교를 다녔다. 그때는 국가주의와 반공 이념, 경제 우선주의에 의해 개인의 자유가 억압되고 전체주의적인 양상이 나타나기도 했다. 반세기가 지난 현재 민주화와 경제성장이 이루어지고 개인의 자유가 크게 신장된 것은 바람직한 일이다. 그러나 양극화와 사회 갈등이 극심하고, 타인의 자유를 고려치 않는 방종 등의 현상도 자못 심각하게 사회통합을 저해하고 있다. 뒤르켐 시대의 프랑스 사회와 현재의 우리 사회를 비교하면 물론 여러 측면에서 많은 차이가 있겠지만, 사회 분열과 통합의 위기라는 큰 틀에서 볼 때 유사한 측면이 많다. 따라서 도덕 교육과 관련된 뒤르켐의 문제의식은 지금 우리 시대, 우리 사회에서도 여전히 중요하다. 사회질서와 사회통합에 누구보다 관심이 컸던 위대한 사회학자의 이 강의 저술은, 그래서 우리에게 시사하는 바가 많고 문제해결의 지침을 제시해주고 있다.

　우리나라 교육이 문제라는 것은 누구나 알고 있지만, 그 누구도 선뜻 해결책을 내놓지 못하고 있다. 더욱이 사회가 복잡해지고 다양해짐에 따라 쾌도난마(快刀亂麻) 식의 답은 거의 불가능한 실정이다. 우리 시대와 사회를 바로 세울 수 있는 교육 이념의 확립, 교사들의 확고한 교육 철학과 헌신, 학교 교육에 대한 학부모의 신뢰와 협조, 학생들의 성실한 노력과 꿈의 실현, 바람직한 교육이 이루어질 수 있는 사회적 환경과 토양이 마련되어야 비로소 실타래처럼 얽힌 교육의 문제를 해결할 수 있을지 모른다.

우리나라는 산업화와 민주화를 함께 이루었을 뿐 아니라 최근 '한류 열풍'에서 알 수 있는 것처럼 문화 강국이 되었다. 전 세계 사람들의 부러움과 시샘을 함께 받고 있다. 그러나 내적으로 보면 우리나라는 더욱 발전할 것인가, 아니면 정체 또는 퇴보할 것인가 하는 갈림길에 서 있다. 우리 사회가, 역사가 앞으로 나아가기 위해서는 다방면의 노력이 필요하지만, 그중에서 결코 빼놓을 수 없는 것이 교육이다. 어린이 교육, 청소년 교육, 성인 교육, 노년 교육 등 모든 세대에 걸친 교육이 필요하다. 사회 교육, 과학 교육, 인문 교육, 예술 교육 등 다양한 영역의 교육도 필요하다. 특히나 사회 분열과 갈등이 심화되고 각자도생의 이기주의와 개인주의가 만연한 지금, 이 책이 주제로 던지는 다음 세대를 위한 '도덕 교육', 다시 말해 정신 교육이 절실해질 수밖에 없다.

뒤르켐은 마르크스·베버와 함께 사회학의 기초를 놓은 프랑스의 위대한 사상가다. 뒤르켐의 이번 책이 우리나라의 교육과 도덕 문제를 성찰하고 일신하는 데 조금이나마 도움이 되기를 희망한다.

필자는 젊은 시절 번역한 뒤르켐의『종교생활의 원초적 형태』를 몇 년 전 다시 번역했고,『사회학적 방법의 규칙들』에 이어 이번에『도덕 교육』까지 번역하게 되었다.『사회분업론』과『자살론』을 제외한 뒤르켐의 주저 세 권을 번역한 것이니 나름 보람되고 감사하다. 『종교생활의 원초적 형태』는 남편과 함께, 그리고 『도덕 교육』은 아버지를 이어 사회학자의 길을 걷는 큰아들 노현종 박사와 함께 번역했다. 프랑스어를 한다는 이유만으로 뒤르켐의 사회학 고전을 펴내는 일에 발을 들여놓았으나 남편과 아들의 학문적 관심과 도움이 있었기에 여기까지 올 수 있었다. 아울러 책 만들기 어려운 시기에 소명을 가지고 『도덕 교육』의 번역을 제안해준 이른비 출판사의 박희진 대표에게도 감사드린다.

2024년 8월
민혜숙

1. 번역 대본은 É. Durkheim, *L'éducation morale*, PUF, 2015, 제6판이다.

2. 각주는 원서의 몇몇 출전 주를 제외하고는 대부분 옮긴이가 첨가한 것이다.

3. 본문에서 옮긴이가 덧붙인 설명은 괄호 속에 조금 작은 글씨로 병기했다.

4. 원서의 이탤릭체는 본문에서 고딕체로 표시했다.

"사회가 도덕의 목적이라면
사회는 또한 도덕의 제작자다."
에밀 뒤르켐

1900년대 초 에밀 뒤르켐이 소르본 대학에서 강의하고 있다.

일러두기

『도덕 교육』은 1902~1903년 소르본 대학에서 뒤르켐이 교육과학[1]에 대해 처음으로 강의한 내용이다. 그는 오래전 보르도 대학에서 가르칠 때부터 이 강의의 초안을 구상했다. 나중에, 예를 들면 1906~1907년에도 초안을 수정하지 않고 강의를 반복했다. 이 강좌는 20개의 강의로 이루어졌다. 이 책에는 18개의 강의만 실을 것이다. 처음 두 개는 교육학 방법론에 대한 강의다. 그중 첫 번째 강의는 1903년 1월 『형이상학과 도덕』에 발표되었고,[2] 1922년

---

1 뒤르켐은 교육과학(Science de l'éducation)과 교육학(Pédagogie)을 구별한다. 교육과학이 순수과학으로서 교육이라는 경험적 현실을 엄밀하게 기술하고 설명하는 것이라면, 교육학은 실천과학으로서 교육의 미래에 관심을 가지고 그에 필요한 행위의 규칙을 제시한다(김덕영, 『에밀 뒤르케임: 사회실재론』, 길, 2019, 464쪽). 그러나 나중에 교육학으로 용어를 통일하는데, 그것은 그가 실천과학으로서 교육학을 중시했다는 의미다.

2 É. Durkheim, "Pédagogie et Sociologie", *Revue de Métaphysique et de Morale*, T. 11, No. 1, Janvier 1903, pp. 37~54. 『형이상학과 도덕』은 1893년 레

에 발행된 소책자 『교육과 사회학』에 재수록되었다.[3]

뒤르켐은 이 강의 원고들을 상세히 작성했다. 우리는 이 책에 그의 육필 원고를 그대로 재현할 것이다. 우리는 완전히 형식적이거나 사소한 것들만 수정했는데, 그 부분에 대해 굳이 특기할 필요는 없겠다. 어떠한 경우도 수정한 내용이 우리 사고에 영향을 주는 것들이 아니기 때문이다.

독자들은 이 책의 불가피한 결함을 너그럽게 받아주기를 바란다. 거의 언제나 강의의 시작은 직전 강의의 마지막 부분과 겹친다. 강의를 더 잘 연결하기 위해 뒤르켐이 내용을 요약한 것일 수도 있고, 이전 주에 구두로 설명할 시간이 없었던 내용을 재차 썼을 수도 있다. 이런 단점을 바로잡기 위해 부득이 자의적으로 폭넓게 개편할 수밖에 없었다. 하지만 단지 문학적으로 세심하게 개편하는 것이 원문을 존중하는 것보다 중시되어서는 안 된다고 생각한다. 더구나 이어지는 두 편의 강의안은 흥미로운 세부 사항에서 달라지곤 한다.

강의 제1부는 이른바 '이론적 도덕'(morale théorique)이라 일컫는 의무·재산·자율성 이론에 대해 뒤르켐이 좀 더 완벽히 작업

옹 브룅슈빅(Léon Brunschvicg), 사비에르 레옹(Xavier Léon), 엘리 할레비(Élie Halévy)가 공동으로 창간한 프랑스의 철학 저널이다. 처음에는 격월로 발행되었다가 1920년부터 계간으로 매년 4회 발행되고 있다. 이 학술지는 프랑스어로 된 주요 논문들을 실어 20세기 철학 논쟁을 주도했고 오늘날까지 발행되고 있다.

3 É. Durkheim, "Pédagogie et Sociologie", *Education et sociologie*, Paris: Alcan, 1922, pp. 104~133. 포코네(Paul Fauconnet)가 서문을 쓰고 교육의 본질과 역할, 교육학의 방법과 사회학 등에 대해 다루었다.

해 남긴 것이다. 이 강의들 가운데 일부는 『프랑스 철학 학회지』(1906)에 게재된 논문 「도덕적 사실의 결정」에 포함되었고,[4] 『철학과 사회학』(1924)이라는 책에도 수록되어 발행되었다.[5] 『도덕론』 서문에서도 동일한 주제의 물음들이 다시 제기되었는데, 뒤르켐은 생애 마지막 몇 달간 이 책 작업에 매달렸다. 마르셀 모스는 그 유고의 일부를 발췌해 『철학』(1920)에 실었다.[6] 어떤 면에서, 1902~1917년까지 뒤르켐의 사상이 발전했다는 사실은 의심의 여지가 없다.

제1부와 대칭을 이루는 제2부는, 첫째 규율의 정신, 둘째 헌신의 정신, 셋째 의지의 자율성 세 부분으로 구성되며, 정확히 교육학적 관점에서 연구되었다. 세 가지 가운데 마지막인 의지의 자율성은 여기에 빠져 있다. 왜냐하면 자율성 교육은 1907~1908

---

4 É. Durkheim, "La Détermination du fait moral", *Bulletin de la société française de philosophie* 6, 2월 11일과 3월 22일의 좌담회 발표, 1906, pp. 169~212.

5 É. Durkheim, "La Détermination du fait moral", *Sociologie et philosophie*, Paris: Alcan, 1924, pp. 48~116.

6 É. Durkheim, "Introduction à la morale", *Revue Philosophique* 89, 1920, pp. 79~97. 마르셀 모스(Marcel Mauss, 1872~1950)는 프랑스의 사회학자이자 인류학자다. 삼촌인 에밀 뒤르켐에게 직접 가르침을 받았다. 모스는 1893년 보르도 대학에서 철학박사 학위를 받고 파리에 정착해 프레이저(J. Frager)와 타일러(E. Tylor)의 책들을 통해 인류학에 입문했다. 1901년 고등 연구원(École Pratique des Hautes Études)에서 민족학 방법을 강조하며 '원시 민족들의 종교역사'를 강의한다. 1925년 민족학 연구소를 설립하고, 1931년에는 콜레주 드 프랑스(Collège de France)의 사회학 분과장으로 선출되었다. 파리 대학에 민족학 연구소를 설립해 인류학을 독자적인 학문으로 이끄는 데 크게 공헌했다. 『증여론』(*Essai sur le don*, 1925)은 모스의 가장 중요한 저서로 꼽힌다.

년까지, 여러 차례 매년 온전한 강의로 할애한『초등학교의 도덕 수업』의 주제였기 때문이다. 그런데 이 강의 원고는 출판할 만한 상태로 준비되지 않았다.

　독자들은 강의와 장(章)의 주제가 정확히 일치하지 않으며, 강의 중간에 하나의 주제에서 다음 주제로 전환되곤 한다는 점을 유의해야 한다. 우리는 차례에서 이 책의 구성 도면을 제시할 것이다.

1925년

폴 포코네[7]

---

7 폴 포코네(Paul Fauconnet, 1874~1938)는 프랑스의 사회학자로 뒤르켐이 1898년에 창간한『사회학 연보』(*L'Année Sociologique*)에 활발히 기고하며 뒤르켐 학파의 첫 세대를 이끌었다. 법학 박사이기도 했던 그는 형사사법과 형벌의 본질에 관한 뒤르켐의 가르침을 발전시켰다.

차례

제1부 | 도덕의 요소들

제2부 │ 어린아이에게 도덕의 요소들을 어떻게 확립할까

I. 규율의 정신

II. 사회집단에의 결속

서론 세속적 도덕

우리가 교육자의 입장에서 도덕 교육을 논의할 것이기 때문에 먼저 내가 생각하는 교육의 개념에 대해 말하겠다. 우선 교육학은 과학이 아니라는 점을 밝힌다. 교육과학이 불가능하다는 말이 아니라, 교육학 자체가 과학이 아니라는 것이다. 오직 과학적 연구에만 적합한 엄격한 원리에 근거하여 교육학 이론을 평가하지 않기 위해서 이러한 구분이 필요하다. 과학적 연구는 가능한 한 가장 신중하게 진행되어야 한다. 과학은 주어진 시간에 특정 결과를 산출해야 하는 것도 아니다. 하지만 교육학은 과학만큼 인내할 시간이 없다. 왜냐하면 교육학이란 지체할 수 없는 절박한 생명의 필요에 응답해야 하기 때문이다. 변화된 환경이 우리에게 적합한 행동을 요구할 때 그 행동을 미룰 수 없다. 교육자가 할 수 있고 또 마땅히 해야 하는 것은 과학이 사용해온 모든 자료를 최대한 정직하게 모아서 시대의 매 순간을 위한 행동의 지침서를 제공하는 일이다. 교육자에게 그 이상을 요구할 수 없다.

그러나 교육학이 과학이 아니라면, 교육학은 기법(art)도 아니다. 사실상 기법이란 습관, 실천, 조직된 능숙함으로 이루어진다. 교육 기법, 그것은 교육학이 아니라 교육자의 수완이나 교사의 실제 경험에 불과하다.

따라서 분명하게 다른 두 가지 일이 가능하다. 비록 교육학 이론에 정통하지 않더라도 매우 훌륭한 교사가 될 수 있다. 반대로 이론에 밝은 교육학자에게 실천적 기교가 부족할 수도 있다. 우리는 몽테뉴나 루소에게 자발적으로 학급을 맡길 생각은 없다. 페스탈로치의 거듭된 실패를 보면,[8] 그의 교육적 기법이 불완전했음을 알 수 있다. 그러므로 교육학이란 기법과 과학의 중간에 위치한다. 교육학은 기법(교수법)이 아니다. 왜냐하면 교육학은 조직된 실천 체계가 아니라 이 실천과 관련된 이념 체계이기 때문이다. 교육학은 이론의 총체다. 그 점에서 교육학은 과학과 유사하다. 단 과학 이론이 현실을 표현하는 것을 유일한 목표로 삼는 반면, 교육학 이론은 행위를 지도하는 것을 직접적인 목표로 삼는다. 교육학 이론이 행동 그 자체는 아니지만, 행동을 준비하

---

8 페스탈로치(Johann Heinrich Pestalozzi, 1746~1827)는 스위스의 교육자로 개인뿐 아니라 사회와의 조화를 지향하는 교육 원리를 통해 가정교육, 평등교육을 주장했다. 교육의 기본적인 바탕을 인간에 대한 사랑에 두고 거기에서 모든 사상이 출발한다는 그의 교육론은 널리 인정받았다. 개인의 차이를 인정하고 능력에 따라 학생들을 분류하여 교육하며 과학적인 교사 양성을 권장하는 교육사상은 대부분 수용되었다. 그러나 빈민학교, 고아원 학교에서 실패하고, 농민학교를 세웠지만 2년 만에 문을 닫고 말았다.

는 것이고 따라서 행동과 매우 가깝다. 그 이론의 존재 이유는 바로 행동하는 데 있다. 교육학을 실천이론이라고 말함으로써 나는 이러한 이중의 본질을 표현하고자 했다. 바로 이러한 이중의 본질에서 우리가 기대할 수 있는 서비스의 본질이 결정된다. 그 본질이 실무는 아니지만, 결과적으로 실무경험이 없어도 안 된다. 교육학 이론은 실무경험에 통찰력을 줄 수 있다. 따라서 성찰이 직업적 경험에 유익한 것처럼 교육학 이론도 그렇다.

만일 교육학 이론이 적법한 영역의 한계를 넘어선다면, 다시 말해 만일 그것이 경험을 대체하고자 한다면, 실무자가 기계적으로 적용해야 할 완성된 방법들을 제정한다면, 교육학 이론은 자의적인 구성물로 전략해버릴 것이다. 하지만 반대로 경험이 교육학적 성찰을 필요로 하지 않으면, 그 역시 맹목적 타성으로 전략하는 것이다. 아니면 정통하지 못하거나 일관성 없는 사고를 맹종하는 것이다. 왜냐하면 교육학은 교수법과 관련해 가장 체계적이고 가장 고증이 잘된 성찰이기 때문이다.

이 선결문제가 해결되었으므로 우리가 전념해야 할 주제, 즉 도덕 교육의 문제로 넘어갈 수 있다. 이 문제를 체계적으로 다루기 위해 오늘날 이 문제가 제기되는 범위를 결정해야 한다고 생각한다. 문제는 특정한 조건 아래서 우리에게 나타나기 때문이다. 사실 나는 최근 강의에서 우리의 전통 교육체계 가운데 도덕 교육 부분에서의 위기가 최고조에 이르고 있다고 말했다. 그 원인을 잘 파악하는 것이 중요하다.

내가 도덕 교육의 문제를 강의 주제로 삼은 것은, 교육가들이 항상 인정해왔듯이 도덕 교육의 일차적인 중요성 때문만이 아니라 오늘날 특별히 위급한 상황에서 이 문제가 제기되고 있기 때문이다. 나는 방금 도덕 교육 부분에서의 위기가 첨예하다고 말했는데, 아마도 이 위기가 가져오는 충격은 가장 깊고도 심각할 것이다. 도덕 교육의 효과를 감소시킬 수 있는 모든 것, 그 활동을 더 불확실하게 만들 위험이 있는 모든 것이 공공의 도덕을 근본적으로 위협하기 때문이다. 따라서 교육가들의 주의가 더욱 절실히 요구되는 것은 의심할 여지가 없다.

실제로 오랫동안 잠재해 있었고 심지어 이미 절반쯤 실현된 이러한 상황을 드러낸 것은 바로 프랑스가 20여 년 전부터 추구해온 위대한 교육혁명이다.[9] 우리는 학교에서 어린아이들에게 순수하게 탈종교적 도덕 교육을 하기로 결정했다. 여기서 교육이란 계시 종교들이 근거로 삼는 원리들에서 아무것도 차용하지 않는 것을 의미한다. 그것은 오로지 이성의 판단에 따르는 관념, 감정, 실천에 전적으로 기반한 합리적인 교육이다. 이러한 중요한 혁신은 고정관념을 뒤집고, 익숙한 관습을 깨뜨리며, 우리의 교육과정 전체를 재편하는, 결론적으로 말해서 새롭게 문제를 제기하지 않고는 결코 실현되지 못했을 것이다. 이 점을 자각하는 것이 중요하다. 나는 여기서 모순된 열정을 불러일으키는, 즉 명예롭지

---

9 프랑스에서는 1870년대에 '탈종교적, 공통적, 의무적'이라는 3원칙을 기초로 국비 부담으로 교육해야 한다는 민중교육사상이 일반화되고, 1879년의 선거에서 공화파가 승리하며 근대적 국민교육제도의 기틀이 마련되었다. 1880년대부터 공립학교에서 종교교육이 배제되었는데, 뒤르켐은 이것을 위대한 혁명이라고 부른 것 같다.

만 고통스러운 수고(le triste privilège)를 해야 하는 문제를 다루고 있음을 안다. 하지만 우리는 이 문제들을 과감하게 다루지 않을 수 없다. 어떤 환경과 조건에서 교육해야 하는지를 명확히 밝히지 않은 채 도덕 교육에 대해 말하는 것은, 모호하고 범위도 없는 일반성에 빠지는 일임을 이미 인정하는 것이나 다름없다. 우리는 여기서 보편적 인간을 위한 도덕 교육이 아니라, 우리 시대 우리 국민을 위한 도덕 교육이 무엇인지 살펴보고자 한다. 지금 우리 아이들 대다수가 공립학교에서 교육을 받고 있다. 따라서 공립학교는 바로 우리 국민의 전형을 탁월하게 지켜내는 수호자들이며, 또 반드시 그래야만 한다. 누가 뭐래도 공립학교는 일반 교육이라는 수레바퀴를 제어하는 톱니장치와 같다. 그러므로 우리는 특히 공립학교에 관심을 가져야 하고, 결과적으로 도덕 교육을 있는 그대로 이해하고 실천해야 한다. 게다가 이런 문제들을 검토하는 데 약간의 과학 정신만 갖춘다면 어떤 흥분도 일으키지 않고, 어떤 정당한 감수성도 상하게 하지 않으면서 그 문제들을 용이하게 다룰 수 있으리라 확신한다.

우선, 전적으로 합리적인 도덕 교육이 가능하다. 과학의 토대가 되는 것은 합리주의적인 가설인데, 그것은 "현실에는 인간의 이성에 전적으로 반항할 만한 것이 없다"는 말로 표현될 수 있다. 이 원리를 가설이라고 말함으로써 사실 나는 매우 부적절한 표현을 사용하는 셈이다. 인간의 정신이 처음으로 현실을 정복하고자 했을 때 이런 특성이 있었을 것이다. 적어도 정신이 세상을 처음 정복한 것이 바로 최초의 시작이었다고 말할 수 있다면 말이다. 과학이 구성될 때, 과학은 가능하다는 것을 전제해야만 했다. 즉 사물들을 과학적으로 또는 합리적인 언어로 표현할 수 있다는 점을 상정해야만 했다. 과학적·합리적이라는 두 용어는 동의어이기 때문이다. 그러나 정신의 예측에 불과한 것, 정신의 일시적인 추측에 불과한 것은 모든 과학적 결과를 통해 점진적으로 증명되었다. 과학은 이러한 추측과 결과의 관계를 밝힘으로써 사실들이 합리적인 관계에 따라 서로 연결될 수 있음을 입증했다. 물론 아직도 밝혀지지 않은 무수한 관계들이 존재하는 것은 사실이다. 그리고 그 어느 것도 우리에게 이러한 관계들이 완벽하게 밝혀질 수 있다고 확증해주지 못한다. 또한 과학이 완성되어 적합한 방법으로 사물의 총체를 표현할 수 있는 순간이 오리란 보장도 없다. 모든 것은 과학의 발전이 끊임없이 지속되리라고 믿게 만드는 경향이 있다. 그러나 합리주의적 원리가 실제로 과학이 현실을 철저히 남김없이 파헤칠 수 있다는 의미가 아니다. 이 원리는 인간이 현실의 어떤 부분, 즉 사실들의 어떤 범주를 과학적 사고로 환원 불가능한 것이라고, 다시 말해 본질상 비합리적인 것이라고 여길 권리가 없음을 주장할 뿐이다. 합리주의는 과학이 소여(donnée, 연구의 출발점으로서 이의 없이 받아들여지는 사실이나 원리. 철학 사유에 의해 가공되지 아니한 직접적인 의식 내용)의 한계까지 확장될 가능성을 전제하지 않는다. 소여 안에는 과학이 결코 넘지 못할 한계란 없다고 가정한다. 따라서 이렇게 이해를 하면, 과학의 역사 자체가 이 원리를 입증한다고 말할 수 있다. 과학이 발전해온 방식은 과학이 설명할 수 없는 어떤 지점을 표시하는 게 불가능하다는 사실을 입증한다. 우리가 억누르고자 하는 모든 한계를 과학은 뛰어넘는 게임으로 만들어 왔다. 과학이 다다를 수 있는 극한 영역에 도달했다고 생각할 때마다 다소 시간이 걸리기는 하지만, 과학은 다시 전진하고, 금지되었다고 여겨지는 영역을 뚫고 들어가는 것을 볼 수 있다. 물리학과 화학이 확립되자, 과학은 거기서 멈춰야 할 것 같았다. 생명의 세계는 과학적 사고의 구속을 벗어난 신비한 원리들에 좌우되는 것 같았지만, 결국 생물학이 그 자리를 대신 차지하게 되었다. 그다음으로 심리학이 확립되면서 심리현상의 합리성을 입증하기에 이르렀다. 그러므로 도덕적 현상들만 예외적으로 다르다고 할 수 없다. 도덕을 유일한 예외라고 보는 입장은 모든 이성적인 추론과 상반된다. 우리가 이성의 발전에 여전히 맞서려고 하는 이 마지막 장벽을 다른 것들보다 더 극복하지 못할 이유는 없다. 사실 아직 초보 단계지만 도덕적 현상을 자연현상, 즉 합리적 현상으로 다루려는 과학이 설립되었다. 따라서 도덕이 합리적이라면, 다시 말해 도덕이 이성에 속하는 관념과 감정만을 사용한다면 정신과 인품 속에 도덕을 심기 위해 무엇 때문에 이성을 벗어나는 방법을 사용하겠는가?

순수하게 합리적인 교육은 논리적으로 가능할 뿐만 아니라, 우리의 모든 역사적 발전이 요청하는 바다. 물론 몇 년 전에 교육이 갑작스럽게 변화하여 이런 특성을 가지게 되었다면, 사물에 내포된 본성에서 비롯된 것이라고 의심했으리라. 하지만 사실 교육은 점진적인 발전의 결과물일 뿐이며, 그 기원을 추적한다면 태초의 역사까지 거슬러 올라갈 것이다. 이미 여러 세기 전부터 교육은 탈종교화되고 있었다. 사람들은 원시인들에게는 도덕이 존재하지 않는다고 말하곤 했다. 그것은 역사적인 오류였다. 존재하는 모든 민족은 자신만의 도덕이 있다. 다만 열등한 사회의 도덕과 우리의 도덕이 다를 뿐이다. 미개사회 도덕의 특징은 정확히 말하자면 무엇보다도 종교적이다. 내가 말하고자 하는 바는 가장 수(數)가 많고 가장 중요한 의무들이 타인에 대한 의무가 아니고 자신의 신들에 대한 의무라는 것이다. 이웃을 존중하고 돕고 지지하는 것이 중요한 의무가 아니다. 정해진 의례를 정확하게 수행하는 것, 신들에게 해야 할 의무를 다하는 것, 심지어 필요하다면 신의 영광을 위해 자신마저도 희생하는 것이 중요한 의무다. 이러한 상황에서 '인간을 위한 도덕'은 몇 가지 원리로 축소된다. 설사 그것을 위반하더라도 가벼운 처벌을 받을 뿐이다. 그 원리들은 도덕의 시작에 불과하다. 심지어 그리스에서도 살인죄가 심각한 불경건의 행위보다 더 가벼운 범죄로 취급되었다. 이러한 상황에서 도덕 교육은 도덕과 마찬가지로 매우 종교적일 수밖에 없었다. 오직 종교 개념들만이 교육의 근거로 사용될 수 있었다. 그 목적은 무엇보다도 종교적 존재, 즉 신들에 대해 인간이 어떻게 처신해야 하는가를 가르치는 것이었다. 그러나 점차 사정이 달라졌다. 인간의 의무는 점진적으로 늘어났고 정교해졌으며 가장 중요한 것이 되었다. 반대로 다른 것들은 점점 사라졌다. 이러한 결과를 가속화하는 데 가장 공헌한 것이 바로 기독교라고 할 수 있다. 인류의 구원을 위해 자신의 신을 죽게 만든 기독교는 본질상 인간의 종교다. 신에 대한 인간의 주요한 의무가 그 이웃들에 대한 인간의 의무를 완수하는 것이라고 고백하기 때문이다. 이른바 종교적 의무들, 다시 말해 오직 신에게 드리는 의례들이 여전히 남아 있기는 하지만, 그것들이 차지하는 위상과 중요성은 줄어들고 있다. 특히 종교적인 위반은 더 이상 죄가 아니다. 그러나 진짜 범죄가 도덕적 잘못과 혼동되는 경향이 있다. 물론 신은 도덕에서 중요한 역할을 계속해서 완수할 것이다. 도덕을 존중하게 만들고 그것을 위반한 사람을 벌하는 것은 신이기 때문이다. 도덕을 위반하는 것은 신을 위반하는 것이다. 그러나 신은 더 이상 도덕의 수호자가 아니다. 도덕적 규율은 신이 아니라 인간을 위해 제정되었다. 신은 그 규율의 효력을 위해서만 개입한다. 그러므로 우리의 의무 내용은 상당 부분 종교적 관념과는 상관없다. 종교적 관념들은 우리의 의무들을 보증해주지만 그 근거가 되지는 못한다. 개신교에서 이른바 예배의 역할이 약화되었다는 이유로 도덕의 자율성이 더욱 비난받고 있다. 신성의 도덕적 기능은 신의 유일한 존재 이유가 되었다. 그것이 신의 존재를 증명하기 위해 끌어온 유일한 논증이기 때문이다. 유심론 철학은 개신교의 작업을 계승한다. 실제로 초월적인 징벌의 필요성을 믿는 철학자들 가운데 신학적인 개념과 전혀 상관없이 도덕이 독립될 수 있음을 인정하지 않는 사람은 거의 없다. 이처럼 애초에 이 두 체계를 결합하고 심지어 통합했던 끈은 점점 더 느슨해지고 있다. 언젠가 역사의 흐름 속에서 그 끈을 결정적으로 끊을 날이 온다고 확신한다. 혁명이 오래전부터 준비되었다면, 이것이 바로 혁명이다.

 그러나 교육을 종교에서 분리하려는 시도가 가능하고 또 필요하다 해도, 그것이 조만간 시행되어야 한다 해도, 심지어 그것이 시기상조라고 믿을 만한 아무런 이유가 없다 해도, 거기에는 어려움이 따를 것이다. 그 점을 잘 깨닫는 것이 중요하다. 왜냐하면 어려움을 숨기지 않아야 그것을 극복할 수 있기 때문이다. 완성된 작업에 대해 감탄해하면서도 아마도 그 일을 너무 쉽고 간단하다고 믿고 시작하지 않았으면 좀더 발전하고 공고해졌으리라는 생각을 금할 수 없다. 실제로 사람들은 특히 그 작업을 완전히 부정적으로 인식했다. 종교에서 교육을 분리해 합리화하기 위해서는 종교적 기원에서 유래된 모든 것을 교육에서 제거하는 것으로 충분하다고 생각했다. 이렇게 단순하게 제거하기만 해도 우발적이고 기생적인 모든 요소들에서 합리적인 교육을 분리해내는 효과가 있었을 것이다. 이 내적·외적 요소들이 합리적 교육을 은폐하고 제 구실을 못하게 방해해왔으니 말이다. 어떤 종교적 관념에도 의존하지 않도록 자제하면서 우리 아버지 세대의 이른바 낡은 도덕만 가르쳐도 충분했을 것이다. 하지만 현실적으로 그 일은 훨씬 더 복잡했다. 단순히 제거하는 작업만으로는 제시한 목표에 도달하기가 충분하지 않았다. 따라서 근본적인 변화가 요구되었다.

 물론 종교적 상징들이 외부로부터 와서 도덕적 현실에 단순히 겹쳐진 것이라면, 순수하고 절연된 상태에서 그 자체로 충족될 수 있는 합리적인 도덕을 찾기 위해 거기서 종교적 상징들을 제거하는 것만으로 충분했으리라. 그러나 역사적으로 봐도 믿음과 실천이라는 두 체계는 너무나 밀접하게 결합되었고, 오랜 세기 동안 서로 얽혀 있었다. 따라서 그 관계가 외적이고 피상적인 데 그칠 수 없었고, 따라서 그 두 체계를 단순한 방식으로 분리할 수 없었다. 그 두 체계는 같은 지붕을 공유하고 있음을 잊어서는 안 된다. 종교적 삶의 중심인 신은 또한 도덕적 질서의 최고 보증인이었기 때문이다. 다음과 같은 것을 고려해본다면 이 부분적인 유착은 전혀 놀랄 일이 아니다. 즉 종교적 의무와 도덕적 의무는 둘 다 의무라는 점에서, 다시 말해 도덕적으로 강제되는 실천이라는 점에서 공통점이 있다. 사람들이 단 하나의 동일한 존재 안에서 모든 의무의 근원을 보도록 사주된 것은 매우 당연한 일이다. 그러나 이러한 관계와 부분적인 융합 때문에 도덕 체계와 종교 체계의 몇몇 요소들이 서로 혼동되어 하나로 여겨질 만큼 유사하다는 것을 쉽게 예측할 수 있다. 몇몇 도덕 개념은 몇몇 종교 개념과 결합되어 있어서 구분하기가 어려울 정도다. 그 도덕 개념들은 어떤 종교 개념이 없다면 그 존재와 실체를 가질 수 없거나, 가질 수 없을 것으로 보인다. 결과적으로 만일 도덕성과 도덕 교육을 합리화하기 위해 아무것도 대체하는 것 없이 도덕적 규율에서 종교적인 모든 것을 빼버린다면, 불가피하게 도덕적 요소들까지 동시에 제거하는 처지에 놓일 것이다. 그러므로 합리적인 도덕이라는 미명하에 빈약하고 무미건조한 도덕만 존재하게 될 것이다. 이러한 위험을 방지하기 위해 외적인 분리를 행하는 것으로 만족해서는 안 된다. 심지어 종교적인 이해 안에서 잃어버리고 감추어진 도덕적 실체들을 찾아내야 할 것이다. 도덕적 실체들을 되찾아서 그것들이 무엇으로 이루어져 있는지를 밝혀내고, 그 본질을 결정해서 합리적인 언어로 표현해야 한다. 한마디로 가장 본질적인 도덕 개념의 전달 수단으로 오랫동안 사용된 이러한 종교 개념의 합리적인 대체물을 찾아내야 한다.

예를 들어 설명하면 개념이 더 명확해질 것이다.

분석을 더 진행할 필요 없이 어떤 의미에서 상대적이기는 하지만, 모든 사람은 도덕 질서가 세상에서 일종의 독자적인 규범을 이루고 있음을 아주 쉽게 느끼고 있다. 도덕 규정은 특별히 존중해야 하는 기호(signe)로 표시된다. 물질세계에 관련된 모든 견해, 동물 또는 사람의 신체적·심리적 구조에 관련된 모든 의견을 오늘날 자유롭게 토론할 수 있지만, 도덕적 신념들은 그만큼 자유로운 비평의 대상이 되지 못한다. 누군가 우리 앞에서 자식은 부모에 대한 의무를 져야 한다거나 인간의 생명을 존중해야 한다는 말에 이의를 제기한다면 그것은 과학적 이단의 경우와는 매우 다른 책망을 받게 된다. 이것은 신성을 모독하는 사람이 신앙인의 영혼에 불러일으키는 지탄과 유사하다. 하물며 도덕 규칙을 위반함으로써 초래한 감정은 전문기술이나 경험적 지혜의 규범을 위반해서 생긴 감정과는 비교할 수 없을 정도로 강력하다. 이와 같이 도덕의 영역은 신성을 모독하는 자들을 멀리하는 신비한 장벽에 둘러싸여 있는 것 같다. 마치 속인들이 접근하지 못하는 종교적 영역처럼 말이다. 그것은 성스러운 영역이다. 그 영역에 포함된 모든 사물은 특별한 권위를 부여받은 것 같다. 즉 우리가 경험하는 개인들보다 그 사물들을 더 높이고, 거기에 일종의 초월적인 실체를 부여하는 특별한 권위다. 우리는 일상적으로 어떤 인간이 거룩하다고 말하며, 그를 진정으로 숭배해야 한다고 말하지 않는가? 종교와 도덕이 내적으로 연합되어 있는 이상, 이 거룩한 특징은 어렵지 않게 설명된다. 도덕은 종교와 마찬가지로 모든 거룩한 것의 근원인 신성에 의존하고 있으며, 또 신성이 발현된 것이기 때문이다. 신성에서 비롯된 모든 것은 초월성을 지니고 있으며, 바로 그 이유로 인해 다른 나머지 것들과는 비할 수 없는 지위에 있다. 그러나 이 거룩한 개념을 다른 것으로 대체하지 않은 채 조직적으로 거부한다면 절반은 종교적이라 할 수 있는 도덕의 특징은 그 근거가 매우 허약하게 보일 위험이 있다. 사람들은 다른 근거를 보완해주지 않으면 전통적 기원을 가진 개념을 거부하기 때문이다. 그러다가 필연적으로 그 개념을 부인하는 경향이 있다. 그래서 그 개념이 사물의 본성에 잘 근거해 있음에도 불구하고, 그 개념의 실체를 느끼지 못할 수도 있다. 또한 도덕 규칙들 안에 그 이름에 합당한 어떤 것이 있을 수도 있다. 즉 초월적 존재의 현존과 이른바 종교 개념들을 끌어들이지 않아도 논리적으로 설명되고 정당화될 수 있는 것 말이다. 도덕 규칙들에 부여된 이 탁월한 권위가 지금까지 종교 개념의 형태로만 표현되었다고 해서 다르게 표현될 수 없다고 생각하면 안 된다. 따라서 오랜 관습으로 인해 종교적 사고들과 너무 밀접하게 결합된 도덕의 권위가 실추되지 않도록 조심해야 한다. 무언가 설명하기 위해 사람들이 신성의 광휘와 신성의 반영을 통해 권위를 만들었다고 해서 그 권위가 다른 실체, 즉 순수하게 경험적인 다른 실체와 연결될 수 없다고 추론해서는 안 된다. 경험적 실체를 통해서도 권위를 설명할 수 있다. 더구나 신이라는 개념은 상징적 표현에 불과할 수도 있다. 만일 교육을 합리적으로 만든다면서 이런 특성을 버리고 어린아이가 느낄 수 있는 합리적 형태로 만들지 않는다면 결국 어린아이에게 본연의 권위를 상실한 도덕만을 전달하게 될 것이다. 동시에 교사 스스로 자신의 가슴을 뜨겁게 하고 정신을 고무하는 데 필요한 열심과, 교사의 권위 일부를 길어 올렸던 원천을 마르게 할 위험이 있다. 왜냐하면 교사가 더 높은 실체의 이름으로 말한다는 느낌은 교사를 자신의 능력보다 더 고양시키고, 충만한 에너지를 교사에게 전달해주었기 때문이다. 만일 우리가 다른 방식으로 교육의 근거를 삼아 교사에게 이와 동일한 감정을 보존해주지 못한다면 우리 역시 위엄도 없고 생명력도 없는 도덕 교육을 할 위험이 있다.

도덕 교육을 탈종교화하려고 시도할 때 우리가 주의를 기울여야 하는 매우 실제적이고 복잡한 주요 문제들은 다음과 같다. 즉 분리하는 것으로는 충분하지 않고 대체해야 한다. 지금까지 인간들이 종교적인 알레고리 형태로 표현해왔던 도덕적 힘들을 발견해야 한다. 종교적 상징에서 도덕적 힘을 분리해 그것을 합리적으로 숨김없이 표현해야만 한다. 말하자면 어떤 신화적인 매개자에 의존하지 않고 아이들에게 현실을 느끼도록 만들 방법을 찾아야만 한다. 이것이 도덕 교육이 합리적으로 되더라도 우리가 기대하는 모든 효과를 만들어내기 원한다면 무엇보다도 먼저 전념해야 하는 일이다.

그러나 이것이 전부가 아니며 또 이런 문제들만 제기되는 것도 아니다. 도덕이 합리적으로 되면서 그 도덕의 구성 요소들 중 일부를 잃지 않도록 주의해야 한다. 그뿐만 아니라 이러한 탈종교화로 사실상 새로운 요소들에 의해 도덕이 풍성해져야 한다. 내가 방금 언급한 첫 번째 변화는 우리의 도덕관념의 형태에만 겨우 도달했을 뿐이다. 그러나 내용 그 자체는 심층적인 변화 없이는 존속될 수 없다. 도덕과 세속 교육의 확립을 요구한 원인들이 우리 사회구조의 기본적인 것들과 매우 밀접하게 연관되어 있기에 도덕의 재료(matière)가 ― 즉 우리 의무의 내용이 ― 영향을 받지 않을 수 없다. 사실 우리가 아버지 세대보다 더 강력하고 전적으로 합리적인 도덕 교육이 필요하다는 것을 느꼈다면, 이는 분명 우리가 더 합리적인 인간이 되었기 때문이다. 따라서 합리주의는 개인주의의 양상 가운데 하나이며, 개인주의의 지적인 양상이다. 다른 두 개의 정신상태가 존재하는 것이 아니다. 두 가지는 동전의 양면처럼 상대적인 것으로, 하나는 다른 것의 반대 면이다. 우리가 개인적인 사고를 해방할 필요를 느낀다면 그것은 일반적으로 개인을 자유롭게 할 필요를 느끼는 것이다. 지적인 예속은 개인주의가 싸우고 있는 예속들 가운데 하나일 뿐이다. 따라서 개인주의가 발전하면 새로운 개념에게 도덕의식을 개방하고, 도덕의식을 더 엄격하게 만들 것이다. 개인주의가 가져온 진보는 결과적으로 더 고차원의 개념을 가지게 만들고, 인간의 존엄이 무엇인가에 대해 더 세련된 의미를 간직하도록 하기 때문이다. 개인주의가 발전하면 지금까지 전혀 불의라고 느끼지 못했던 사회관계들이 인간의 존엄에 반대되는 것으로, 즉 불의한 것으로 보이게 된다. 게다가 역으로 합리주의자의 믿음은 개인주의자의 감성에 영향을 미치고 그것을 자극한다. 왜냐하면 불의는 비합리적이고 부조리하며, 우리는 이성의 권리에 민감한 만큼 불의에도 더 민감해지기 때문이다. 따라서 새로운 도덕적 흐름이 생겨나고, 정의에 대한 커다란 목마름이 깨어나며, 공공의식이 모호한 열망에 따라 좌지우지되지 않는다면 더 큰 합리성이라는 길에서 도덕 교육은 어떤 진보를 이룰 수 있을 것이다. 교육을 합리화하려고 시도하는 교육가가 이 새로운 감정의 개화를 예견하지 못한다면, 즉 그것을 준비하고 지도하지 못한다면 자신의 작업 중 일부를 놓치게 될 것이다. 그는 이른바 우리 아버지 세대의 낡은 도덕을 해설하는 데 그칠 것이기 때문이다. 그러나 더 나아가서 교육자는 젊은 세대들이 새로운 이상을 의식하도록 도와주어야 한다. 젊은 세대들은 혼란스러운 가운데서도 새로운 이상을 향하고 있는데, 그들에게 올바른 방향을 제시해주어야 한다. 과거를 간직하는 것으로는 충분하지 않고 미래를 준비해야 한다.

하지만 이것은 도덕 교육이 그 모든 직무를 완수한다는 조건에서 그러하다. 만일 우리가 수세기 전부터 인류가 의존해온 평균적인 도덕적 사고들의 총체를 아이들에게 주입하는 데 만족한다면 개인의 사적인 도덕성을 어느 정도 보장할 수 있을 것이다. 그러나 이는 도덕의 최소 조건에 불과하며 그것으로 만족할 수 없다. 프랑스처럼 큰 나라가 진실로 도덕적으로 건강한 상태에 있으려면 가장 거친 폭력, 살인, 절도, 온갖 종류의 사기 행위를 멀리하는 것으로는 충분하지 않다. 어떤 종류의 갈등도 없이 거래가 평화롭게 이루어지기는 하지만 그 이상의 것이 없는 사회는 매우 보잘것없는 도덕을 가지고 있을 뿐이다. 더구나 사회는 그 사회가 지향하는 이상을 가지고 있어야 한다. 사회는 해야 할 일을 가져야 하고, 어떤 선(善)을 실현해야 하며, 인류의 도덕적 자산에 독창적인 공헌을 해야 한다. 아무것도 하지 않는 것은 집단에게나 개인에게나 나쁜 조언자다. 개인의 활동은 어디에 전념해야 하는지 알 수 없을 때 적대적으로 돌아서는 법이다. 어떤 사회의 도덕적인 힘들이 사용되지 않고 남아 있을 때, 완수해야 할 어떤 작업에 관여하지 않을 때, 그 힘들은 도덕적 방향에서 일탈해 병적이고 해로운 방식으로 사용된다. 더 문명화된 사람에게 직업이 필요한 것과 마찬가지로 사회의 지적이고 도덕적인 조직이 커지고 복잡해질수록 그 사회는 확대된 사회활동에 새로운 자양분을 더 많이 공급해야 할 필요가 있다. 그러므로 프랑스 사회는 이미 얻은 것으로 여겨질 수 있는 도덕적 결과들을 조용히 소유하는 것으로 만족해서는 안 된다. 다른 것들을 쟁취해야만 한다. 따라서 교사는 이와 같이 필요한 것들을 획득하기 위해 자신에게 맡겨진 아이들을 준비시켜야 한다. 교사는 오래전부터 읽지 않는 책과 같은 선조들의 도덕 경전을 아이들에게 전하지 않도록 주의해야 한다. 반대로 교사는 그들에게 거기에 몇 줄을 덧붙이고자 하는 욕구를 불러일으켜야 한다. 교사는 아이들이 이러한 정당한 야망을 충족할 수 있는 곳에 두는 것을 생각해야 한다.

최근 강의에서 교육학적 문제가 특히 우리에게 긴급하게 제기되는 이유를 왜 말했는지 잘 이해할 수 있을 것이다. 이렇게 표현하면서 나는 특히 프랑스의 도덕 교육 체계에 대해 생각했다. 여러분들이 알다시피 그것은 처음부터 끝까지 대부분 다시 정립해야 한다. 우리는 더 이상 예전의 체계를 사용할 수 없다. 더구나 그 체계는 오래전부터 균형의 기적, 습관의 힘으로 유지되고 있을 뿐이다. 이전의 도덕 체계는 오래전부터 견고한 토대 위에 있지 않았다. 또한 그 기능을 효과적으로 이행할 수 있을 만큼 충분한 신앙심에 의존하지도 않았다. 그러나 그 도덕 체계를 유용하게 대체하기 위해서는 표지를 제거하는 것으로는 충분치 않다. 몇 가지 꼬리표를 떼어내는 것으로 충분치 않다. 그러다가 중요한 실체까지 같이 제거할 위험이 있다. 우리의 교육 기법을 대대적으로 수선해야만 한다. 게다가 마음속에 점점 더 희미해진 메아리만을 일깨울 뿐인 과거의 영감을 다른 것으로 대체해야 한다. 사람들의 눈길로부터 진정한 본질을 위장하는 형태로 숨겨져 있는 도덕적 힘들을 오래된 체계 안에서 찾아내야만 한다. 그리고 그 진정한 실체를 드러내고, 현재 상황에서 되어야 할 모습을 찾아야 한다. 왜냐하면 지금의 상황 자체가 변하지 않고 남아 있을 수는 없기 때문이다. 더구나 합리적인 도덕 교육이라는 존재가 전제하는 동시에 불러일으키는 변화를 고려해야만 한다. 그러므로 처음 생각보다 작업은 훨씬 더 복잡하다. 하지만 그 무엇도 우리를 놀라게 하거나 낙담케 하지 못한다. 반대로 어떤 결과들의 상대적인 결함은 더 좋은 희망을 가능케 하는 이유로 설명된다. 우리가 이루어야 할 진보를 생각하면 낙담하기는커녕 더욱 의지를 펼치도록 용기를 낼 수 있다. 단, 어려움에 직면하는 법도 알아야 한다. 우리가 그 어려움을 스스로 감추거나 자의적으로 회피하려 한다면 더 위험해질 뿐이다.

제 1 부

—

도덕의
요소들

도덕은 정해진 규칙들의 총체다. 그것은 확고한 윤곽이 정해진 주형틀과 같다. 우리는 그 안에서 우리의 행동을 주조하게 되어 있다. 우리가 행동해야 하는 순간, 상위의 원리들에서 추론해 규칙을 만드는 것이 아니다. 그 규칙들은 이미 존재하고, 만들어져 있으며, 우리 주위에서 살아 기능하고 있다. 그 규칙들이야말로 구체적인 형태로 존재하는 도덕적 실재다.

제2강

도덕의 첫 번째 요소 규율의 정신

만일 우리가 그 자료들을 명확히 하는 것, 즉 우리의 관심사인 아이들이 처한 시간과 공간의 상황들을 가능한 한 정확하게 결정하는 데서부터 시작한다면 우리는 교육학에 관한 어떤 문제도 유용하게 다룰 수 있다.

이러한 방법론적 요구를 충족하기 위해 나는 지난번 강의에서 우리에게 제기된 도덕 교육의 쟁점을 강조하고자 노력했다.

우리는 유년을 두 시기, 두 기간으로 구별할 수 있다. 첫 번째는 가족 또는 그 명칭이 지시하는 바대로 가족을 대신하는 유아원(école maternelle, 직역하면 어머니학교)에서 거의 모든 시간을 보내는 시기다. 두 번째는 초등학교 시절로 어린아이가 가족의 울타리를 나와 주변인의 삶을 시작하는 시기다. 이른바 제2유년기라고 부른다. 우리는 이 시기의 도덕 교육에 대해 주로 다루고자 한다. 더구나 이 시기는 도덕적 성격이 형성되는 결정적인 순간이다. 더 일찍 교육하기에는 어린아이가 아직 너무 어리다. 어린아이의 지적 생활은 너무 초보적이고, 감정적인 삶은 너무 빈약하고 단순하기 때문이다. 어린아이들은 도덕의 바탕이 되는 비교적 복잡한 개념과 감정을 형성하기에 충분한 정신적 기반을 결여하고 있다. 어린아이들의 매우 좁은 지적 지평의 경계는 동시에 도덕적 지평을 제한한다. 이 시기에는 매우 일반적인 예비교육, 즉 단순한 사고와 기본 감정들에 대한 몇몇 사전 입문 교육만 가능하다. 반면 제2유년기, 다시 말해 학령기에 도덕의 기반이 확립되지 않는다면 그 후에는 영원히 확립될 수 없다. 이때부터 우리가 할 수 있는 모든 것은 시작된 일을 완성하는 것뿐이다. 감정을 더욱 정제하고 지성적으로 만들면서, 다시 말해 지성이 감정의 영역을 점점 더 침입함으로써 말이다. 그러나 기본적인 작업은 반드시 실시되어야 한다. 따라서 특히 이 연령대에 주목하는 것이 바람직하다. 이 나이는 중간 단계이기 때문에 우리가 해야 할 말을, 이른바 고칠 것은 고쳐서(mutatis mutandis), 이전 또는 이후 연령대에 쉽게 준용할 수 있을 것이다. 한편으로 이 시기에 도덕 교육이 무엇으로 이루어져야 하는가를 적시하기 위해 우리 스스로 도덕 교육이 가정교육을 어떻게 완성하고 보조할 것인가를 제시해야 한다. 다른 한편으로 도덕 교육이 나중에 무엇이 되어야 할지 알기 위해서는 나이와 장소의 차이를 고려하면서 우리의 사고를 미래로 연장하면 충분할 것이다.

그러나 이 첫 번째 결정만으로는 충분하지 않다. 나는 여기서 적어도 원칙적으로 제2유년기의 도덕 교육에 대해서만 말할 것

도덕의 요소들

이다. 또한 나의 주제를 더 좁게 한정할 것이다. 특히 공립학교의 제2유년기 도덕 교육에 대해 다루고자 한다. 그 이유는 이미 말한 바 있다. 공립학교는 정상적으로 국가 교육을 조절하는 톱니바퀴 장치이며, 또 그래야 한다. 게다가 도덕 교육이 가족 소관이라는 널리 퍼진 여론과는 반대로, 나는 오히려 학교의 작업이 어린아이의 도덕 발달에 가장 중요할 수 있고, 또 그래야 한다고 평가한다. 다른 곳에서는 제공할 수 없는 문화의 일부, 그것도 가장 고상한 문화의 일부가 거기에 있다. 가족만이 도덕에 필요한 길들여진 감정들, 더 일반적으로 가장 단순한 사적 관계의 기반인 그 감정들을 일깨우고 공고히 할 수 있다. 그럼에도 불구하고 가족은 어린아이에게 사회생활을 위한 훈련을 하도록 구성되어 있지 않다. 요컨대 가족은 이러한 기능을 하기에 적합하지 않은 기관이다. 따라서 학교를 연구의 중심으로 삼음으로써 우리는 이 연령대 어린아이들의 도덕 문화 발전을 위한 가장 중요한 지점에 위치하게 된다. 그러므로 우리는 스스로 학교에서 전적으로 합리적인 도덕 교육, 즉 계시 종교에서 차용한 모든 원리를 배제한 도덕 교육을 실시하는 데 전념했다. 따라서 우리가 도달한 역사의 이 시점에서 도덕 교육의 문제가 우리에게 분명히 제시된다.

나는 이러한 시도가 가능했을 뿐만 아니라 필요한 일이었다는 것, 그리고 역사의 모든 발전이 요구하던 사명이었다는 것을 여러분에게 밝힌 바 있다. 그러나 동시에 이 과업이 복잡하다는 것을 지적한 바 있다. 이 복잡함으로 인해 우리가 크게 좌절할 수 있다는 의미는 아니다. 오히려 이렇게 중요한 과업이 어려운 것은 당연하다. 쉬운 일은 대개 평범하고 중요하지 않다. 따라서 우리를 안심시킨다는 구실로 우리가 참여하고 있는 그 작업의 위대성을 축소하려는 것은 아무런 유익이 없다. 위대한 변화에 따르기 마련인 어려움을 정면으로 대처하는 것이 더 품위 있고 유익하다. 내가 여러분에게 지적했던 그 어려움은 나에게도 막중하게 여겨졌다. 첫째, 역사적으로 도덕과 종교 사이에 밀접한 관계가 확립되었던고로, 우리는 종교적 형태로만 표현되었던 도덕의 중요한 요소들이 존재한다는 것을 예상할 수 있다. 그러므로 우리가 전통 체계에서 모든 종교적인 것을 제거하면서 그 부분을 다른 것으로 대치하지 않는다면, 우리는 도덕적 감정과 이념까지 동시에 제거할 위험이 있다. 둘째, 합리적 도덕은 그 내용상 이성이 아닌 다른 권위에 근거하는 도덕과 같을 수 없다. 합리주의는 개인주의와 나란히 진보하기 때문이다. 결과적으로 어떤 사회관계가 불공정하다는 것을 알아볼 수 있을 만큼 도덕적 감수성을 예민하게 만들지 않는다면, 이제껏 우리의 양심을 찌르지 않았던 의무와 권리를 나누어 갖지 않는다면, 합리주의는 진보하기 어렵다. 게다가 개인주의와 합리주의 사이에는 평행적 발전만 있는 것은 아니다. 합리주의는 개인주의에 반응하고 개인주의를 촉진한다. 불공정의 특성은 그것이 사물의 본질에 근거하지도, 이성에 근거하지도 않는다는 점이다. 그러므로 우리가 이성의 권리에 더 민감해지는 정도에 비례해서 우리 자신 역시 민감해지는 것은 불가피한 일이다. 그러므로 자유검토(합리적·경험적 진실만을 받아들이는 행동원리)의 비약적 발전을 촉발하고 거기에 새로운

도덕의 요소들

권위를 부여하는 것은 헛된 일이 아니다. 왜냐하면 자유검토에 부여된 힘들은 전통으로부터 방향을 돌릴 수밖에 없다. 전통이란 그 영향력을 상실할 때까지 유지된다. 합리적인 교육을 시도하면서 우리는 시급한 두 가지 종류, 두 가지 계열의 문제에 직면하게 되었다. 우리는 도덕을 합리화하면서 빈약하게 만들지 않도록 주의해야 한다. 도덕이 더 합리적으로 된다는 사실만으로 도덕이 가져올 풍성함을 예견하고 준비해야 한다.

첫 번째 어려움에 응답하기 위해 우리는 도덕적인 모든 삶, 즉 오늘의 삶과 마찬가지로 어제의 삶의 근저에 있는 도덕적 힘들을 되찾아야 한다. 이유를 알아보기도 전에 그 힘들을 소홀히 여겨서는 안 된다. 그 힘들은 지금까지 종교적 형태로 가장하여 존재해왔는데, 우리는 그것의 합리적인 표현을 찾아낼 책임이 있다. 즉 모든 종교적 상징들을 떼어낸 진실로 본질적인 힘들을 파악해야 한다. 두 번째로, 일단 이 힘들이 알려졌으면 현재의 사회 상황에서 이 힘들이 무엇이 되어야 하는지, 어떤 방향으로 나아가야 하는지를 연구해야 할 것이다. 이 두 가지 문제 가운데 분명 첫 번째가 우리의 관심사다. 가능한 변화를 추구하기 전에 우리는 먼저 본질적인 것, 도덕의 기본 요소들을 결정해야 한다.

도덕성의 요소가 무엇인지 자문하는 것은 모든 덕(德), 심지어 가장 중요한 덕들의 완벽한 리스트를 작성하려는 것이 아니다. 기본적인 자질, 즉 도덕생활의 근저에 있는 정신상태를 찾아보려는 것이다. 어린아이를 도덕적으로 훈련하는 것은 어린아이에게 특별한 어떤 덕, 그다음에 다른 덕, 또 그다음에 다른 덕을 일깨우는 것이 아니다. 적합한 방법으로 보편적 성향들을 철저하게 만들고 발전시키는 것이다. 이러한 보편적 성향들이 일단 형성되기만 하면 그것들은 인간 삶의 개별 상황에도 순조롭게 적용될 수 있다. 만일 우리가 이 보편적 성향들을 발견한다면 우리의 학교 교육이 부딪혀왔던 주요한 장애물들을 단번에 극복하게 될 것이다. 사람들이 때때로 도덕문화(culture morale, 덕육)에 관한 학교의 효과를 의심하는 이유는 도덕문화가 교사보다 더 다양한 생각과 감정과 습관을 가르쳐준다고 여기기 때문이다. 학생들은 비교적 짧은 시간 동안 교사의 영향권 아래 놓이는데, 교사들에게는 학생들을 깨우치고 발전시키기 위해 필요한 시간이 부족한 것 같다. 우리가 가장 중요한 것들만 추구한다 해도 무척이나 다양한 덕이 존재한다. 그 덕들이 각각 개별적으로 발전해야 한다면 너무 넓은 분야에 영향력이 흩어져 분명 무력해질 것이다. 효과적으로 행동하기 위해서는 특히 행동이 매우 짧은 시간 동안 취해져야 하는 경우, 정확히 명시된 목표가 있어야 하고 그것이 분명하게 표현되어야 한다. 즉 중심으로 사용될 하나의 고정관념 혹은 소집단의 고정관념이 있어야 한다. 이러한 상황에서 같은 방향을 반복하고 언제나 같은 길을 따르게 하는 교육활동은 효과적일 수 있다. 사람들은 자신들이 원하는 것을 강력하게 욕망해야 하고, 이를 위해서는 많은 것들보다 적은 것을 원해야 한다. 교육활동에 필요한 에너지를 공급하기 위해서 우리의 도덕적 기질 근저에 있는 기본 감정들을 찾아내려고 노력해야 한다.

그러나 어떻게 해야 할까? 아마도 여러분은 도덕주의자들이

도덕의 요소들

일반적으로 이러한 문제를 어떻게 다루는지 잘 알고 있을 것이다. 도덕주의자들은 '우리 각자는 자신 안에 도덕의 모든 정수를 지니고 있다'는 원리에서 출발한다. 그러므로 한눈에 도덕의 의미를 발견하기 위해서는 충분히 관심을 가지고 자신의 내면을 들여다보아야 한다. 따라서 도덕주의자는 스스로 의문을 던진다. 그리고 자신의 의식 속에서 어느 정도 분명하게 인식한 개념들 가운데서 도덕의 중요한 개념으로 여겨지는 이런저런 것들을 검토한다. 어떤 사람들에게는 유용성, 다른 사람들에게는 완벽함, 또 다른 사람들에게는 인간 존엄 등등의 개념이 가장 중요하다. 정말로 각 개인 안에 도덕 전체가 있는지, 각 개인의 의식은 자신 안에 도덕 체계를 발전시키는 모든 싹을 지니고 있는지 알아보는 문제는 지금 논의하고 싶지 않다. 그 뒤에 올 모든 것은 예상하지 못한 다른 결론으로 우리를 이끌어 갈 것이다. 흔하게 사용되던 방법을 포기하기 위해서는 그 방법이 자의적이고 주관적이라는 점을 지적하는 것으로 충분하다. 도덕주의자가 스스로 질문을 제기한 후에 말할 수 있는 모든 것은 그가 도덕을 인식하는 방식과 그가 개인적으로 만든 이념이다. 그러나 왜 그가 만든 개념이 보통사람이 열이나 빛 혹은 전기에 대해 만든 개념보다 더 객관적일까? 도덕이 각 사람의 양심에 전적으로 내재해 있다는 사실을 인정하자. 그러나 도덕을 양심에서 발견하는 법을 알아야만 한다. 우리 안에 있는 모든 개념들 가운데서 어떤 것이 도덕에서 나온 개념이고 어떤 것이 그렇지 않은 개념인지 구별하는 법을 알아야만 할까? 그렇다면 어떤 기준에 따라서 구분할 것인가? 무엇이 우리로 하여금 이것은 도덕이고 저것은 도덕이 아니라고 말할 수 있게 하는가? 인간 본성에 합치되는 것이 도덕이라고 말할까? 그러나 우리가 인간 본성이 무엇으로 이루어져 있는지에 대해 확실한 지식이 있다고 가정하더라도 도덕의 목적이 인간 본성을 실현하는 것임을 무엇이 입증할 수 있는가? 또한 왜 도덕이 사회적 이해관계를 만족시키지 못하는지 무엇으로 입증할 수 있는가? 이전의 방법 대신 이 방법을 사용할 것인가? 그러나 우선은 어떤 권리를, 그다음은 어떤 사회적 이해관계를 도덕이 수호해야 할 것인가? 왜냐하면 온갖 종류의 이해관계, 즉 경제적·군사적·과학적 등등의 이해관계가 존재하기 때문이다. 이러한 주관적인 가설에 근거해 교육을 실시할 수는 없다. 그렇다고 전적으로 변증법적 논리에 따라 우리가 아이들에게 해야 하는 교육을 규제할 수도 없다.

게다가 이 방법은 그것이 어떤 결론에 도달하든 동일한 가설에 근거하고 있다. 즉 도덕이 준수되어야만 도덕이 될 수 있는 것은 아니라는 가설이다. 도덕이 무엇이 되어야 할지를 결정하기 위해 우선 그것이 무엇이고, 과거에 무엇이었는지를 연구할 필요는 없는 것 같다. 우리는 즉시 규칙을 제정하기를 바란다. 그러나 이러한 특권이 어디에서 비롯되는가? 우리가 관찰하고 분석하고 비교하는 것부터 시작해야만 오늘날의 경제적·법률적·종교적·언어적 사실 등이 무엇인지 알 수 있다고 한다. 도덕적 사실들도 다를 이유가 없다. 다른 한편으로 그 본질이 무엇이든, 그것이 어떤 목적에 부응하든 우리가 도덕이라는 이름으로 부르는 사물들

도덕의 요소들

의 총체를 우선 결정하지 않는다면 우리는 도덕이 무엇이 되어야 할지 탐구할 수 없다. 그러므로 도덕을 하나의 사실로 관찰하는 것부터 시작하자. 그리고 우리가 실제로 도덕에 대해 알 수 있는 것을 살펴보도록 하자.

첫째, 우리가 일반적으로 도덕이라고 부르는 모든 행동에는 공통적인 특성이 있다. 이 행동들은 모두 이미 세워진 규칙에 순응하고 있다. 도덕적으로 처신한다는 것, 이는 어떤 행동을 요구받기 전 특정 경우에 취해야 할 행동을 결정함으로써 규범에 따라 행동하는 것이다. 도덕의 영역은 의무의 영역이며, 의무란 규정된 행동이다. 도덕적 양심에 대해 질문을 제기할 수 없어서가 아니다. 도덕적 양심이 때로 당황스럽고, 양자택일을 해야 하는 경우 주저한다는 것을 우리는 알고 있다. 그러나 문제는 어떤 특정 상황에 적용되는 특별한 규칙이 무엇이며, 그 규칙을 특별한 상황에 어떻게 적용해야 하는가다. 왜냐하면 모든 규칙은 일반 규정으로 이루어져 있기 때문에 그 규칙이 개별 상황마다 동일한 방식으로 정확하게 또 기계적으로 적용될 수 없기 때문이다. 그 규칙을 어떻게 개별화해 적용하는가의 문제는 도덕의 주체에게 속한 일이다. 개인의 재량권에는 비록 제한되기는 하지만 어느 정도 여지가 있게 마련이다. 행동의 본질은 규칙에 따라 결정된다. 더구나 규칙이 우리에게 자유를 허락하면 할수록, 우리가 해야 할 일의 세부 사항이 자세히 규정되지 않을수록, 우리의 행동이 자의에 따라 좌우될수록, 우리는 도덕적 판단의 지배를 받지 않는다. 우리에게 남겨진 자유 때문에 오히려 우리는 믿을 수 없게 되어버린다. 어떤 행동이 제도화된 법률로 금해진 것이 아니라면 일상적이고 현실적인 의미에서 범법행위가 아닌 것처럼, 이미 제정된 규칙과 상반되지 않는다면 그 행동은 비도덕적이지 않다. 따라서 도덕이란 행동(conduite)을 미리 결정하는 행위(action) 규칙들의 체계라고 말할 수 있을 것이다. 그 행위 규칙들은 어떤 상황에서 어떻게 행동해야 하는지를 말해준다. 잘 행동한다는 것은 결국 규칙을 잘 따르는 것이기 때문이다.

거의 상식적 의미의 준수에 불과하지만, 그래도 이 첫 번째 사항은, 중요함에도 불구하고 너무나 자주 등한시되고 있는 사실을 강조하기에 충분하다. 사실 대부분의 도덕주의자들은 마치 도덕이 매우 일반적인 하나의 공식에 다 들어 있는 것처럼 표현한다. 바로 그러한 이유로 도덕주의자는 도덕이 개인의 양심에 전부 들어 있는 것처럼 우리 내면을 한번 보기만 해도 충분히 찾아낸다고 너무나 쉽게 인정하고 있다. 사람들은 이 공식을 여러 가지 방식으로 표현한다. 칸트주의자들의 공식이 공리주의자의 공식은 아니다. 공리주의 도덕가들은 각자 자신의 공식을 가지고 있다. 그러나 우리가 어떤 방식으로 공식을 인식하든 모든 사람은 도덕 공식에 탁월한 지위를 부여한다. 모든 여타의 도덕은 이 기본 원리를 적용한 데 불과할 것이다. 이른바 이론 도덕과 응용 도덕으로 나누는 고전적인 구분은 이러한 개념을 잘 보여주고 있다. 이론 도덕은 상위 도덕법을 결정하려고 한다. 응용 도덕은 삶이 제시하는 주요한 조합과 상황에서 이렇게 규정된 법을 어떻게 적용해야 할 것인가를 추구한다. 이러한 방법에서 유추되는

도덕의 요소들

상세한 규칙들은 그 자체로 고유한 실체가 없다. 그것들은 이론 도덕의 파생 명제이자 연장에 불과할 것이다. 즉 경험적 사실들을 통해 반영된 산물일 뿐이다. 도덕의 일반 규칙을 여러 가족관계에 적용해보자. 그러면 가족 도덕이 생겨날 것이다. 여러 정치 관계에 적용하면 시민 도덕이 나타날 것이다. 여러 의무가 아니라 유일한(unique) 의무가 있을 것이다. 우리는 인생에서 그 유일한 규칙을 지도원리로 사용하게 될 것이다. 상황과 관계가 엄청나게 다양하고 복잡하기 때문에 이러한 관점에서 우리는 도덕의 영역이 얼마나 불명확한지 알게 된다.

　그러나 이러한 개념이 사물의 진정한 관계들을 뒤바꾸게 할 것이다. 만일 우리가 존재하는 바대로의 도덕을 관찰한다면 도덕이 얼마나 많은 개별적이고 상세하고 정해진 규칙들로 이루어져 있는지 알게 된다. 그 규칙은 가장 자주 제시되는 다양한 상황들에 대해 인간의 행동을 정해놓은 것이다. 어떤 규칙들은 부부관계에서 지켜야 할 것을 규정한다. 또 다른 규칙들은 부모가 자녀에 대해 어떻게 해야 하는지 그 방식을 정해주고, 다른 것들은 사람과 사물의 관계가 무엇인지를 정해준다. 이러한 규범 가운데 어떤 것들은 법규로 공표되고 분명하게 처벌된다. 다른 것들은 공공의 양심에 새겨지고 공중도덕의 경구로 표현된다. 그것을 어기는 행위는 규정된 벌을 받지 않더라도 비난을 받게 된다. 이 두 가지 모두 고유의 존재와 고유의 삶이 있다. 그 가운데 어떤 것들은 병적 상태에 있는 반면, 어떤 것들은 정상상태에 있다는 것이 그 증거다. 어떤 나라에서는 가족 도덕의 규칙들이 모든 권위와 필요한 일관성을 가지고 있는 반면, 시민 도덕은 약하고 불명확한 경우도 있다. 그러므로 실제적일 뿐만 아니라 비교적 자율적인 사실들도 있다. 여러 사회에서 발생하는 사건들에 따라 그 사실들이 다르게 파악될 수 있기 때문이다. 사람들이 여기서 그들의 모든 실체와 현실을 포괄하는 하나의 유일한 원칙(précepte)의 단순한 양상들을 발견해야 하는 것은 아니다. 오히려 사람들이 그것을 어떤 방식으로 인식했고 또 인식하든지, 일반 원칙은 실제 사실이 아니라 단순한 추상이다. 어떤 법률이나 어떤 사회적 양심도 칸트의 도덕명령이나 벤담[10]·밀·스펜서가 공식화한 공리의 원리를 인정하거나 승인할 수 없다. 그것은 철학자들의 일반성이며 이론가들의 가설이다. 이른바 도덕성의 일반 법칙이란 도덕적 현실을 체계적으로, 대략적으로 다소간 정확하게 표현하는 매우 간단한 방법이다. 그러나 그것이 도덕적 실체는 아니다. 그것은 모든 도덕적 실체에 공통되는 특성들을 어느 정도 적절하게 요약한 것이다. 그것은 효력 있는, 제정된, 진정한 법칙이 아니다. 일반 법칙과 실제 도덕의 관계는 자연의 일체성을 표현하고자 하는 철학자들의 가설과 자연 자체의 관계와 같다. 그것은 과학의 영역이지 삶의 영역이 아니다.

이와 같이 사실상 실행의 측면에서 우리는 이론적 관점, 즉 일

---

10 제러미 벤담(Jeremy Bentham, 1748~1832)은 영국의 철학자이자 법학자다. 그의 근본 사상은 '최대 다수의 최대 행복'으로 요약되며 도덕이나 정치, 법 등도 이 척도에 따라 실행될 것을 주장했다. 『도덕과 입법의 원리 서설』에서 '최대 다수의 최대 행복의 원리'를 근간으로 하는 공리주의 사상을 제시하고 공리의 원리를 법률 개혁 작업의 기초로 삼아 모든 사회제도와 관습을 개혁할 것을 주장했다.

도덕의 요소들

반 공식을 따르는 것이 아니라 그 규칙이 지배하는 특별한 상황에만 적용되는 개별 규칙들을 따르게 된다. 인생의 중요한 모든 만남에서 우리가 어떻게 처신해야 하는지를 알기 위해 이른바 도덕의 일반 원리를 참조하지는 않는다. 그 원리가 개별 경우에 어떻게 적용되는가를 알기 위해서도 마찬가지다. 그러나 우리에게 요구되는 특별하고 명백한 여러 행동방식들이 존재한다. 우리가 부끄러운 짓을 멀리하고 근친상간을 금지하는 규칙을 따를 때 단지 그 규칙이 도덕의 기본 공리와 맺고 있는 관계를 아는 데 그치는 것일까? 아버지인 우리가 실상은 홀아비인데도 가족 전체를 관리할 책임을 지는가? 우리가 어떻게 행동해야 할지 알기 위해 도덕의 궁극적 근원까지 거슬러 올라갈 필요도 없고, 이러한 상황에 내재된 것을 추론하기 위해 부성(父性)에 대한 추상적 개념까지 참고할 필요도 없다. 법과 풍습이 우리의 행동을 결정한다.

그러므로 도덕을 매우 일반적인 것으로 표현해서는 안 된다. 마치 도덕이 필요한 정도에 따라 결정되는 것처럼 말이다. 반대로 도덕은 정해진 규칙들의 총체다. 그것은 확고한 윤곽이 정해진 주형틀과 같다. 우리는 그 안에서 우리의 행동을 주조하게 되어 있다. 우리가 행동해야 하는 순간, 상위의 원리들에서 추론해 규칙을 만드는 것이 아니다. 그 규칙들은 이미 존재하고, 만들어져 있으며, 우리 주위에서 살아 기능하고 있다. 그 규칙들이야말로 구체적인 형태로 존재하는 도덕적 실재다.

이 첫 번째 검증은 우리에게 대단히 중요하다. 사실 이것은 도덕의 일차적인 역할이 행동을 결정하고, 고정하며, 개인의 자의적 요소를 배제하는 것임을 보여준다. 물론 도덕적 교훈들의 내용, 즉 그 교훈들이 규정하는 행동의 본질은 도덕적 가치를 지니고 있다. 그리고 우리는 그 가치에 대해 논하게 될 것이다. 그러나 도덕적 교훈은 모두 인간의 행동을 규제하는 경향이 있으므로 이런저런 행동뿐만 아니라 일반적으로 규제를 받는 행위(action, 사람이나 조직 등이 어떤 특정한 때와 장소에서 뭔가를 하는 '행위·행동'을 의미한다)에는 도덕적 관심사가 있다. 달리 말하면 행동(conduite, 사람의 '행동'을 법적 타당성이나 선악 판단이라는 관점에서 지칭한다)을 규칙화하는 것이 도덕의 주요 기능이다. 규칙에서 벗어난 사람들, 특정 업무를 따르지 않는 사람들이 언제나 의구심의 대상이 되는 이유다. 그들의 도덕적 기질은 근본부터 위반할 소지가 있기 때문이다. 즉 그들의 도덕성이 상당히 불명확하고 우발적이기 때문이다. 사실 그들이 정해진 일에 따르기를 거부한다면 그것은 그들이 정해진 모든 관습을 싫어하기 때문이다. 또한 그들의 행위가 정해진 형태로 굳어지는 것을 거부하고 자신은 자유롭게 남아 있어야 한다고 느끼기 때문이다. 하지만 이러한 미결정 상태는 영원한 불안정 상태를 내포한다. 이러한 사람들은 현재의 인상, 순간의 기분, 행동해야 하는 순간 그의 의식을 사로잡은 관념에 의해 좌우된다. 그들 안에는 과거보다 현재를 중시하는 것을 막을 수 있을 만큼 충분히 강한 습관이 없기 때문이다. 물론 다행스럽게도 충동에 따라 그들의 의지가 좋은 방향으로 향할 수도 있다. 그러나 그것은 반복을 보장할 수 없는 우연의 결과다. 도덕은 본래 항구적이고 언제나 일관성이 있다. 반면에 도덕을 준수하는 일은 그렇게 광범위한 기간까지 확장되지는 않는다. 오늘 도덕적이었던 행동은 그 행위자의 개인적 성향이 어떻든 간에 내일도 도덕적이어야 한다. 따라서 도덕성은 동일 상황에서 동일 행동이 반복된다는 확실한 성향을 전제로 한다. 따라서 도덕성은 습관을 만들 확실한 능력, 규칙성에 대한 확실한 필요를 전제로 한다. 모든 집합적 관습은 거의 불가피하게 어떤 도덕적 특성을 띨 정도로 관습과 도덕적 실천 사이의 친화력이 매우 강하다. 어느 집단에서 어떤 행동방식이 관습화될 때 그 관습에 위배되는 모든 것은 이른바 도덕적 위반이 초래하는 것과 매우 유사한 지탄의 대상이 된다. 어떻게 보면 도덕적 위반이 도덕적 실천을 특히 존중하는 데 기여하는 바가 있다. 모든 집합적 관습이 다 도덕적이지는 않더라도 모든 도덕 행위는 집합적 관습이다. 결과적으로 관습적인 모든 것에 반항하는 사람은 누구나 도덕성을 따르지 않을 위험이 있다.

그러나 규칙성은 도덕성의 한 요소일 뿐이다. 규칙 개념을 잘 분석해보면 우리에게 상당히 중요한 다른 점을 시사해줄 것이다.

규칙성이 확증되려면 관습이 매우 강하게 확립될 필요가 있다. 그러나 관습은 개인에게 내면화된 힘이다. 관습은 자발적으로 확장되고 스스로 전개되는, 우리 안에 축적된 행위다. 관습은 충동에 따라 성향이나 쏠림의 방식으로 안에서 밖을 향한다. 반대로 규칙은 본질상 개인의 외부에 있다. 우리는 밖에서 오는 명령의 형태, 적어도 명령적인 충고의 형태로만 규칙을 인식할 수 있다. 위생 규칙들이 문제시되는가? 그것들은 그 규칙을 제정하는 과학, 더 구체적으로 말하자면 그 규칙을 발표하는 과학자로부터 우리에게 온다. 전문 기술에 대한 규칙은 어떤가? 그것들은 동업조합의 전례, 더 직접적으로는 그 기술을 전수하고 구현해준 선조들의 전례로부터 우리에게 온다. 바로 이런 이유로 사람들은 오랜 세기 동안 도덕 규칙들에서 신성(divinité)으로부터 유래된 명령을 보았다. 규칙은 단순한 관습적 행동방식이 아니다. 규칙은 우리 마음대로 수정할 수 없다고 느끼는 행동방식이다. 규칙도 어느 정도는 그것이 규칙이니만큼 우리의 의지를 벗어난다. 그 속에는 우리를 거스르고 우리를 초월하고, 우리를 강제하고 억압하는 무언가가 있다. 우리는 어떤 모양이든 규칙을 좌지우지할 수 없다. 우리가 무엇이든 관계없이 규칙은 독자적으로 존재한다. 규칙은 우리를 표현해주기는커녕 우리를 지배한다. 그러므로 규칙이 감정이나 습관처럼 완전히 내적인 상태라면 우리 내면 상태의 모든 변화와 변동을 따르지 않을 이유가 없을 것이다. 물론 우리가 스스로 행동 방침을 정할 수도 있고, 우리가 이러저러한 방식으로 행위 규칙을 만들었다고 말할 수도 있을 것이다. 그러나 무엇보다도 그러한 말(le mot)은 여기서 적어도 일반적으로 그 온전한 의미를 갖지 못한다. 우리가 설계하고, 우리가 전적으로 좌지우지하며, 우리가 어느 때나 수정할 수 있는 행동 프로그램은 계획이지 규칙이 아니다. 그러므로 규칙은 어느 정도 우리의 의지를 벗어나는 것이 사실이기에 그만큼 우리의 의지와는 다른 것, 즉 우리의 외부에 있는 어떤 것에 근거한다. 예를 들면

도덕의 요소들

과학의 권위를 가지고 있다는 이유로 우리는 어떤 생활 계획을 선택한다. 그 계획의 권위가 바로 과학의 권위이기 때문이다. 우리는 그 계획을 실행하면서 자신이 아니라 과학을 따르는 것이다. 우리는 과학 앞에서 자신의 의지를 굽힌다.

이러한 예를 통해 우리는 규칙성의 개념을 넘어 규칙의 사고(idée)에 무엇이 있는가를 보게 된다. 바로 권위(autorité, 권력·강제력) 개념이 있다. 여기서 권위란 우리보다 우월한 것으로 인정되는 모든 도덕적 힘을 행사하는 지배력으로 이해해야 한다. 이 영향력 때문에 우리에게 요구되는 행위가 매력적이어서도 아니고, 우리의 선천적이거나 획득된 내적 성향에 이끌려서도 아니며, 우리에게 명령하는 이 영향력 안에 무엇인가 우리를 강제하는 것이 있기 때문에 우리는 규정된 방향으로 움직인다. 그래서 따르기로 동의하는 것이다. 권위 개념의 기반(base)이면서 우리로 하여금 이 강제적인 힘에 따르도록 하는 정신(mental) 과정은 무엇일까? 우리는 언젠가 그 과정을 찾아볼 것이다. 여기서는 그 질문을 제기하지 않겠다. 우리가 어떤 것과 그것의 실재에 대한 느낌을 가지는 것으로 충분하다. 우리보다 우위에 있다고 느끼는 모든 도덕적 힘에는 우리의 의지를 굴복시키는 무엇이 있다. 어떤 의미로는 규칙이 적용되는 활동 영역에서 모든 규칙은 어느 정도 이러한 강제력이 있다고 말할 수 있다. 왜냐하면 한 번 더 말하지만, 모든 규칙은 명령하기 때문이다. 바로 그러한 이유로 우리는 원하는 것을 마음대로 할 자유가 없음을 깨닫는다.

그러나 권위 개념이 절대적으로 우세한 역할을 하는 규칙의 범주가 있는데, 그것이 바로 도덕 규칙이다. 위생 규범, 전문 기술의 원칙, 세간의 지혜가 주는 다양한 가르침을 일부 신뢰하는 것은 우리가 과학과 노련한 실무 경험의 권위를 인정하기 때문이다. 인간의 지식과 경험의 보고(寶庫)는 그 자체로 그것을 가진 사람들과 서로 통하는 존경심을 가지게 한다. 마치 신도가 종교적 성물(聖物)들에 대해 가지는 경건한 마음이 사제들에게로 전이되는 것처럼 말이다. 그렇지만 이 모든 경우 우리가 어떤 규칙에 따르기로 한다면 그것은 그 규칙이 풍기는 권위를 경외해서만은 아니다. 규정된 행동이 우리에게 유익한 결과를 가져올 수 있기 때문이다. 반면에 반대 행위는 해로울 뿐이다. 만일 우리가 병들었을 때 우리가 자신의 건강을 돌보고 처방된 식이요법을 잘 따른다면 그것은 의사의 권위를 존중해서뿐만 아니라 우리가 병 낫기를 희망하기 때문이다. 여기서 권위를 존중하는 것과는 다른 감정, 즉 매우 실용적인 고려 사항들이 개입한다. 그것들은 우리에게 요구되는 행위의 내적 본질과, 가능하고 개연성 있는 후속 여파와 연관되어 있다. 그러나 도덕 규칙에 대해서는 이야기가 전혀 다르다. 물론 그 규칙들을 위반한다면 우리는 불행한 결과에 노출된다. 비난받고, 블랙리스트에 오르고, 우리의 인격이나 재산상에 물질적인 타격을 입을 위험이 있다. 어떤 행동이 실제로 규칙에 부합한다 해도, 만일 그로 인한 불행한 결과를 예측하고 그 행위를 한다면, 그것이 도덕적 행위가 아님은 이론의 여지가 없다. 그 행위가 당위(當爲)가 되기 위해서, 또 규칙이 원칙대로 지켜지기 위해서는 규칙에 복종해야만 한다. 유쾌하지

도덕의 요소들

못한 결과, 혹은 물리적이거나 도덕적인 벌을 피하기 위해서가 아니라, 이러한 보상을 얻기 위해 그 규칙을 따라야 한다. 우리의 행동이 우리에게 가져올 유익한 결과를 배제하더라도, 규칙을 따라야 한다는 매우 단순한 이유만으로 우리는 규칙에 복종해야 한다. 규범을 존중한다는 이 하나의 이유를 위해 도덕적 규범에 복종해야 한다. 우리의 행동이 우리를 위해 가져올 수 있는 결과를 고려하지 않고 말이다. 우리의 의지에 행사하는 규칙의 지배력은 오로지 그것이 지닌 권위에서 나온다. 여기서 권위만 유일하게 작동한다. 다른 요소가 거기에 섞이면 개입하는 만큼 그 행위는 도덕적 특성을 잃게 된다. 우리는 모든 규칙이 명령한다고 말한다. 그러나 도덕 규칙은 모조리 명령으로 이루어지며 다른 게 없다. 그 때문에 규칙은 높은 곳에서 우리에게 말한다. 그 규칙이 말할 때 다른 모든 의견들이 침묵해야 하는 이유다. 말하자면 도덕 규칙은 주저할 여지를 주지 않는다. 어떤 행동의 개연적인 결과들을 평가할 때 불확실성은 피할 수 없으며, 장차 미결정적인 부분이 언제나 존재할 것이다. 수많은 상황의 여러 가지 조합들은 우리가 예견하지 못한 결과를 만들어낼 수 있다. 의무에 관해서 말하자면 이 모든 예측이 금지되기 때문에 더 확실하고 문제도 더 단순하다. 여전히 모호하고 결정되지 않은 미래를 탐색할 필요가 없다. 규정된 것이 무엇인지 아는 게 중요하다. 의무가 하라고 명령하면 복종하면 된다. 거기서 이 특별한 권위가 나온다. 나는 당분간 의무를 연구하지 않고 의무를 준수하는 것으로 그치려 한다. 권위는 이론의 여지 없이 확실하다.

그러므로 도덕은 단순히 관습 체계가 아니라 명령 체계다. 첫째 우리는 규칙에서 벗어나는 것이 불완전한 정신이라고 말한다. 무정부주의자도 마찬가지다. 나는 이 단어를 그 어원적인 의미로 사용한다. 즉 도덕적 우월성의 실재를 느끼지 못하는 사람, 거기에 일종의 색맹이 된 사람이라는 의미다. 그는 색맹 때문에 모든 지적이고 도덕적인 힘들을 같은 수준으로 여긴다. 이제 우리는 도덕의 다른 모습에 직면하게 되었다. 도덕생활의 근저에는 규칙성의 취향 외에도 도덕적 권위가 있다. 게다가 이 두 양상 사이에는 매우 밀접한 친화력이 존재한다. 이 두 양상은 그것들을 포괄하는 더 복잡한 개념에서 일치된다. 그것이 바로 규율 개념이다. 사실상 규율은 행위를 규제하려는 목적을 가진다. 그것은 결정된 상황에서 스스로 반복되는 행동들을 전제로 한다. 그러나 규율 개념은 권위가 없으면 안 된다. 그것은 규제하는 권위다.

그러므로 이 강의의 결론을 내리자면, 도덕성의 첫 번째 요소는 규율의 정신이라고 말할 수 있다. 그러나 이 명제의 의미에 주의하자. 일반적으로 규율은 유용하다고 여겨지는 어떤 행동들을 강제하기 때문에 유용하게 보인다. 규율은 행동을 강제함으로써 행동을 결정하는 수단에 불과하다. 따라서 강제된 행동에서 규율의 존재 이유를 찾을 수 있다. 앞서 행한 분석이 정확하다면 규율은 그 자체로 존재 이유를 가진다고 말해야 한다. 즉 인간이 집착하는 행위들을 버리고 규율을 준수하는 것이 좋다고 말해야 한다. 왜 그런가? 규율·규칙은 때로 불편한 것으로 여겨지기 때문에 이러한 문제를 다룰 필요가 있다. 규율은 필요하지만 유감스

도덕의 요소들

러운 것으로 여겨진다. 마치 악을 최소한으로 축소해 견디는 법을 알아야 하는 것처럼 말이다. 그렇다면 무엇이 규율을 선으로 만드는가? 다음 강의 시간에 그 문제를 다루게 될 것이다.

규율의 정신(계속)

우리는 지난 강의에서 도덕적 기질의 기본 성향이 무엇인지 탐색하기 시작했다. 교육가는 그 기본 성향에 근거해 가르쳐야 하기 때문이다. 이는 바로 우리가 도덕성의 기본 요소들이라고 부른 것이다. 이 기본 성향들을 알아보기 위해 우리는 우리 주위에서 살아가고 기능하며 우리 눈앞에서 끊임없이 인간의 행동에 적용되는 도덕을 외부에서 관찰하기로 했다. 또한 도덕이 보여주는 수많은 특성 가운데서 정말로 중요한 것이 무엇인지 밝히기 위해 관찰에 전념했다. 다시 말해 다양한 개별적 의무의 형태로 도처에서 재발견되는 동일한 특성을 밝히기 위해서다. 정말로 중요한 것은 이런저런 특수한 개별 상황에서가 아니라 일반적인 인간관계에서 우리를 도덕적 행동으로 이끄는 능력들(aptitudes)이다. 그러므로 이러한 관점을 고려한다면 도덕은 우선 우리에게 첫 번째 특성, 즉 외적이고 형식적이지만 가장 중요한 특성을 제시한다. 도덕, 오늘날 준수하는 도덕뿐만 아니라 역사 속에서 관찰할 수 있는 도덕은 행위를 강제하는 규정된 규칙과 특별한 규칙들의 총체로 이루어져 있다. 이 첫 번째 검증된 사실에서 직접 파생하는 명제로서 이중의 결론이 도출된다. 첫째, 도덕이 인간의 행동을 결정하고 고정하고 규제하는 이상, 도덕은 개인에게 규칙적 존재로 살고자 하는 어떤 성향이 있음을, 즉 규칙성에 대한 어떤 기호가 있음을 전제한다. 의무는 규칙적이며 항상 동일하고 변함없이 심지어 단조롭게 반복된다. 의무들은 간헐적인 위기의 순간에 때때로 완수되는 혁혁한 행동으로 이루어지지 않았다. 진정한 의무는 일상적이다. 생활의 자연스러운 흐름에 따라 의무는 주기적으로 생겨난다. 획일적인 일관성을 혐오하고 변화와 다양성에 취미가 있는 사람에게는 의무들이 불완전한 도덕으로 여겨질 위험이 매우 크다. 도덕적인 규칙성이란 유기체의 주기성과 유사하다.

둘째, 도덕 규칙들은 집단 내부의 관습에 단순하게 붙여진 다른 이름이 아니다. 그러므로 그 규칙들이 외부에서 강제적으로 행위를 결정하는 이상, 규칙들을 따르기 위해, 결과적으로 도덕적으로 행동하는 상태가 되기 위해, 그 규칙들에 내재된 고유한 권위가 의미를 가져야 한다. 달리 말하면 개인이 자신의 가치보다 높은 도덕적 힘의 우월성을 느끼고, 그 도덕적 힘 앞에 굴복해야 한다. 만일 이러한 권위에 대한 느낌이 도덕적 힘의 일부를 이루고 그 힘으로 인해 모든 행위 규칙들이, 그것이 무엇이든 우리의 의지를 강요한다면 이 느낌은 도덕 규칙들에 관한 모든 것에

도덕의 요소들

상당한 역할을 한다는 것을 살펴보았다. 왜냐하면 여기서는 권위에 대한 이 느낌이 유일하게 효력이 있기 때문이다. 다른 어떤 느낌도 도덕에 영향을 미치지 못한다. 이러한 느낌은 규칙들이 규정하는 행동과 그 행동들의 결과 때문이 아니라 단지 규칙들이 명령한다는 사실 때문에 복종해야 하는 규칙의 본질 자체에서 유래한다. 규칙들이 효력을 가지는 것은 그 권위 때문이다. 결과적으로 이 권위가 존재하는 곳에서 이 권위를 느끼지 않고 부인하는 것, 혹은 권위가 인정될 때 이의를 제기하는 것은 모든 진정한 도덕성을 부인하는 일이다. 물론 도덕적 삶의 속성들을 설명하기 위해 우리가 하던 대로 신학적인 관념에 기대지 않으려고 자제할 때 우선 우리는 순수하게 인간적인 개념도 상당한 영향력을 미칠 수 있다는 사실에 놀라게 된다. 그러나 사실 그 자체에는 이견의 여지가 없다. 우리는 사실을 인식할 뿐이다. 우리는 나중에 그 사실에 대해 이해 가능한 발표를 할 것이다. 이와 같이 우리는 도덕의 두 번째 요소를 파악했다. 그러나 여러분은 이 두 가지 요소들이 결국 하나라는 것을 보게 되었다. 규칙성과 권위의 의미는 더 복잡한 동일한 정신상태의 다른 두 양상에 불과하다. 우리는 그것을 규율의 정신이라고 부를 수 있다. 그것은 모든 도덕적 기질의 첫 번째 기본 성향이다.

그러나 이러한 결론은 매우 널리 퍼진 인간의 감정과 충돌할 위험이 있다. 도덕 규율(la discipline morale)은 그 자체가 일종의 선(善)으로 우리에게 제시되었다. 그 규율은 그 자체로 가치를 가져야 할 것 같다. 왜냐하면 도덕 규율은 그것이 우리에게 명령하는 행위와 그 역량 때문이 아니라 그것이 명령한다는 이유만으로 우리가 복종하기 때문이다. 그러므로 우리는 거기에서 어쩌면 필요하지만, 여전히 고통스러운 일종의 제약을 보는 경향이 있다. 즉 불가피하게 감수할 수밖에 없으므로 최소한도로 줄이려고 시도하는 어떤 악을 보는 경향이 있다. 사실상 규율, 모든 규율은 본질적으로 인간의 활동에 가해지는 브레이크, 즉 제한이 아닌가? 그러나 제한하고 억제하는 것은 부인하는 것이다. 존재하지 못하도록 하는 것은 부분적으로 파괴하는 것이며, 모든 파괴는 나쁜 것이다. 만약 삶이 좋은 것이라면 그 삶을 억누르고, 불편하게 하며, 그 삶에 뛰어넘을 수 없는 경계를 설정하는 것이 어떻게 좋은 것이 될 수 있을까? 만일 삶이 좋은 것이 아니라면 이 세상에서 무엇이 가치 있을까? 존재하는 것은 행동하는 일이고, 사는 일이다. 삶을 줄이는 모든 것은 존재를 줄이는 것이다. 물리적이건 도덕적이건 규율과 강제를 누가 말하는지는 중요하지 않다. 요컨대 모든 구속은 사물의 본질에 가해지는 폭력이 아닌가? 바로 이러한 이유로 벤담은 이미 모든 법에서 용인할 수 없는 악, 오직 불가피할 때만 정당화될 수 있는 악을 보았다. 사실 개인들은 활동하면서 서로 부딪치고 대립하면서 난관에 빠질 위험이 있기 때문에 침범해서는 안 되는 정당한 한계를 지정할 필요가 있다. 그러나 이 한계 자체는 비정상적이다. 벤담은 법제와 마찬가지로 도덕에도 일종의 병리학적인 요소가 있다고 보았다. 대부분의 정통 경제학자들도 다르게 말하지 않는다. 아마도 동일 감정의 영향으로 생시몽[11] 이래로 가장 위대한 사회주의 이론가들

도덕의 요소들

은 아무런 규제 없는 사회가 가능하고 바람직하다는 것을 인정했다. 삶보다 우위에 있고 삶의 법을 만들어주는 권위 개념은 그들에게는 유지될 수 없는 과거의 잔재, 편견으로 보일 것이다. 삶의 법을 만드는 것은 삶에 속한 일이다. 삶 밖에, 삶 위에는 아무것도 존재할 수 없다.

이렇게 해서 우리는 사람들에게 도덕적 권위의 다른 양상, 즉 도덕적 한계를 의미하는 절도와 절제의 취향이 아니라 정반대의 감정을 소개하기에 이르렀다. 정반대의 감정이란 모든 제약과 한계에 대한 조바심, 끝없이 발전하고자 하는 욕망, 무한에 대한 취향을 의미한다. 인간은 무한한 지평을 갖지 못하게 되자 갑갑한 것 같다. 물론 우리는 그 영역을 섭렵할 수 없음을 알고 있다. 그러나 적어도 유일하게 존재의 충만감을 제공할 수 있는 전망은 필요하다고 생각한다. 19세기 동안 많은 작가가 괴테처럼 무한의 느낌을 말한 것은 바로 무한에 대한 일종의 숭배에서 비롯된 것이다. 우리는 거기서 특별히 고상함을 느끼게 된다. 그 느낌을 통해 인간은 자연이 가하는 모든 경계를 뛰어넘어 더 고양되며, 적어도 이상적으로라도 인간을 왜소하게 만드는 모든 제약에서 벗어날 수 있다.

동일한 교육 과정이라고 할지라도 그것이 적용되는 방식에 따라 전혀 달라질 수 있다. 그것은 사람들이 인식하는 방식에 따라

---

11 생시몽(Saint-Simon, 1760~1825)은 프랑스의 사상가·경제학자다. 계몽주의 사상의 영향을 받았으며 공상적 사회주의자의 한 사람이다.

매우 다르게 적용된다. 그러므로 사람들이 규율의 본질에 대해 가지고 있는 생각에 따라, 일상생활에서의 역할에 따라 특히 교육에서 매우 상이한 결과가 나타날 것이다. 따라서 우리는 이 역할이 무엇인지 상세히 연구하고 이 주제에 제기된 매우 중대한 문제들을 해결하도록 노력해야 한다. 규율을 외적이고 물리적인 단순한 경찰의 역할을 하는 것으로만 여겨야 할까? 그 유일한 존재 이유가 어떤 행위들을 경고하는 것이고, 그밖에는 아무런 쓸모가 없는 것처럼 말이다. 그렇지 않으면 반대로 우리의 분석이 가정한 대로 규율이 도덕 교육의 고유한 도구가 아닐까? 도덕적 특성에 특별한 각인을 찍는 내적 가치를 지닌 도구 말이다.

우선 규율은 그것이 규정하는 행동과는 별개로 그 자체만으로도 사회적인 유용성이 있다. 그것을 보여주기는 쉽다. 사실 사회생활은 조직된 삶의 형태들 가운데 하나에 불과하다. 그리고 모든 살아 있는 조직은 정해진 규칙들을 전제로 한다. 그 조직이 규칙들을 버리면 병적인 혼란이 초래된다. 조직은 자신을 유지하기 위해 매순간 환경의 요구에 부응해야 한다. 왜냐하면 죽음이나 질병의 경우가 아니라면 삶은 중단될 수 없기 때문이다. 만일 외부의 힘이 자극할 때마다 생명체가 거기에 적합한 반응방식을 새로이 찾아야 한다면 사방에서 그것을 공격하는 파괴의 원인들은 생명체를 빠르게 무너뜨리려 할 것이다. 그래서 유기체의 반응방식은 그것이 중요한 유기체일수록 미리 정해져 있다. 똑같은 상황이 주어질 때마다 일정하게 취해지는 행동방식이 존재한다. 이른바 기관(器官)의 기능이라는 것이다. 그러므로 집합생활은 동일한 필요에 순응하며 따라서 규칙성이 필요하다. 매순간 가정생활, 직업생활, 시민생활의 기능이 보장되어야 한다. 그러기 위해서 그 영구한 형식을 추구해야 한다. 이러한 관계들을 결정하는 규범이 일단 확립되어야 하고, 개인들은 그 규범에 따라야 한다. 일상의 의무란 규범에 복종하는 것이다.

그러나 이렇게 설명하고 정당화하는 것으로는 충분치 않다. 왜냐하면 제도가 사회에 유익하다는 것을 설명하지 않았기 때문이다. 더구나 제도는 개인들의 완강한 저항에 부딪히면 안 된다. 만일 제도가 개인의 본성을 침해한다면 사회적으로 아무리 유용해도 소용없을 것이다. 그 제도는 생겨날 수도 없고 유지될 수도 없다. 왜냐하면 그 제도는 의식(意識)에 뿌리를 내리지 못할 것이기 때문이다. 물론 사회 제도들은 개인의 이익이 아니라 사회의 이익을 직접적인 목적으로 한다. 그러나 다른 한편으로 사회 제도들이 개인의 삶을 원천적으로 뒤흔든다면 동시에 제도의 근원인 개인적 삶의 근원을 혼란스럽게 하는 것이다. 우리는 규율이 인간의 자유로운 발전을 속박하기 때문에 인간의 타고난 체질을 침해한다고 종종 비난받았던 것을 알고 있다. 이러한 비난은 근거가 있는가? 규율이 인간을 위축시키고 무능력하게 만드는 원인이란 말인가? 인간의 활동이 그것을 능가하고 억제하고 규제하는 도덕적 힘들에 순응하는 정도에 따라 스스로 그치게 된다는 말인가?

하지만 정반대로 정해진 경계 안에서 자제하지 못하는 것은 인간 행위의 모든 형태, 더 나아가 가장 일반적인 모든 생물학적 행위형태(la forme d'activité)에서 나타나는 질병의 징후다. 정상적인 인간은 적당량의 음식을 섭취하면 배고프지 않다. 음식을 섭취하고도 충족이 안 되는 사람은 병적인 허기증 환자다. 건강한 사람은 정상적으로 활동하며 걷기를 좋아한다. 그러나 산책 중독자는 멈춤도 휴식도 없이 계속해서 돌아다녀야만 한다고 느낀다. 어느 것도 그를 만족시킬 수 없다. 동물에 대한 사랑, 심지어 타인에 대한 사랑처럼 가장 관대한 감정들까지도 정도를 넘어서면 왜곡된 의지의 확실한 표식이 된다. 인간을 사랑하는 것은 정상이다. 동물을 사랑하는 것도 정상이다. 그러나 그것에 대한 동정이 어떤 한계를 넘어서면 안 된다. 반대로 다른 감정들을 고려하지 않은 채 그 감정만 발달하게 된다면 그것은 내적 무절제의 징후다. 임상의사는 그 병적인 특징을 잘 알고 있다. 우리는 때로 순수하게 지적인 활동은 이러한 문제에서 벗어나 있다고 생각했다. 우리는 일정량의 음식으로 배고픔을 채울 수 있지만, "정해진 양의 지식으로 이성을 만족시킬 수는 없다"는 말을 들었다. 그러나 그 말은 잘못되었다. 시대마다 지식에 대한 당연한 요구는 총체적 상황에 의해 좁게 한정되고 제한된다. 우선, 우리는 특정 시기에 우리의 중앙신경 체계의 발전단계와 상태가 허용하는 것보다 더 강렬한 지적 생활을 영위할 수 없다. 왜냐하면 우리가 이 한계를 넘어서려고 한다면 우리의 정신적 삶의 기층이 무너질 것이고, 그 반작용으로 우리의 정신생활도 파괴될 것이기 때문이다. 게다가 이해력은 우리의 정신기능 가운데 하나에 불과하다. 순수하게 표상적인 기능들도 있고 활동적인 기능들도 있다. 표상 기능들이 끝없이 발전한다면, 활동 기능들이 위축될 수밖에 없다. 따라서

도덕의 요소들

행동하는 데 병적으로 무능력하게 된다. 우리가 생활을 영위하기 위해서는 과학적 개념을 찾으려 애쓰지 말고 많은 것들을 그대로 인정해야 한다. 우리가 모든 것의 이유를 알고자 하더라도 우리는 영원한 "왜?"에 대해 추론하고 답변할 만큼 충분한 능력이 없다. 이러한 이유로 의사들은 이 비정상적인 환자들의 특징을 고뇌라고 부른다. 우리가 지적 활동에 대해 말한 것은 미적 활동에도 적용될 수 있다. 예술의 즐거움에 무감각한 민족은 야만족이다. 그러나 다른 한편으로 어떤 사람의 인생에서 예술이 과도한 위치를 차지할 때 그 역시 똑같이 진지한 삶에서 벗어난다. 그에게는 살날이 얼마 남지 않았다.

사실상 살기 위해 우리는 한정된 생명 에너지를 가지고 여러 가지 필요에 대처해야 한다. 각각의 개별적인 목적을 추구하는 데 쓸 수 있고, 또 써야만 하는 에너지의 양은 필연적으로 제한되어 있다. 에너지의 양은 우리가 사용하는 힘의 총량과 추구하는 목적의 상대적 중요도에 따라 제한된다. 그러므로 모든 삶은 여러 요소가 서로를 제한하며 복잡하게 균형을 이루고 있다. 이 균형이 깨지면 고통이나 병이 생긴다. 게다가 특정 부분의 과도한 발달로 인해 이러한 균형을 깨는 행위 형태는 개인에게 고통의 근원이 된다. 모든 제약과 규칙을 넘어서는 요구나 욕망은 어떤 특정 대상에 더 이상 고착되지 않는다. 그리고 제한되고 억제된 결정이라 해도 그것을 경험하는 주체에게는 영원한 고통의 원인으로 존재한다. 실제로 욕망이 어떤 만족을 가져다줄 수 있을까? 요컨대 욕망이 충족될 수 없는 것이라면 말이다. 만족할 줄 모르는 갈증은 진정될 수 없다. 우리가 행동하면서 어떤 즐거움을 느끼기 위해서는 그 행동이 무엇엔가 도움이 된다는 느낌을 가져야 한다. 다시 말해 우리의 행동이 우리가 지향하는 어떤 목표에 점진적으로 다가가고 있어야 한다. 그러나 결국 우리는 무한히 먼 곳에 있는 목표에 다가갈 수 없다. 어떤 길을 택하더라도 그 목표와의 거리는 언제나 멀다. 목표는 다가가는 만큼 뒤로 물러나는데, 있지도 않은 종착점을 향해 나아가는 것보다 더 기만적인 일이 있을까? 헛된 부산함 역시 제자리걸음과 다름없다. 그 뒤에는 슬픔과 좌절이 남을 것이다. 우리처럼 무한이라는 악을 알고 있는 시대는 필연적으로 슬픈 세대다. 제한 없는 열망에는 언제나 염세주의가 뒤따르게 마련이다. 무한에 대한 감정의 화신으로 여겨질 수 있는 문학적 인물은 바로 괴테의 파우스트다. 괴테가 그를 영원한 고통에 시달리는 사람으로 묘사한 이유가 없지 않다.

이와 같이 인간이 자신에게 만족하기 위해 자기 앞에 무한한 지평이 펼쳐지는 것을 보아야 할 필요는 없다. 실제로 이러한 전망 앞에서 주저하는 것만큼 고통스러운 일도 없다. 기한을 정할 수 없는 일을 대할 때 편안함을 느낄 수 없다. 오히려 정해진 특별한 업무를 할 때만 행복감을 느낄 수 있다. 게다가 이러한 제한은 인간이 확실하게 휴식을 찾는 정지 상태에 도달해야 한다는 의미가 아니다. 우리는 끊임없이 움직이면서 특별한 일에서 역시 다른 특별한 일들로 넘어갈 수 있다. 물론 이 일을 위해 무한이라는 어지러운 감정에 빠지지 않고 말이다. 행위에는 언제나

도덕의 요소들

분명한 목적이 있는데, 그 목적이 행위를 결정하는 동시에 제한한다는 것이 중요하다. 그러므로 반발력 없는 모든 힘은 필연적으로 끝없이 유실되는 경향이 있다. 다른 어떤 물체가 기체의 팽창을 막지 않는다면, 기체가 광대한 우주를 채우게 될 것이기 때문이다. 모든 물리적 또는 도덕적 에너지는 어느 것도 그것을 멈추지 못할 만큼 끝없이 발전하는 성향이 있다. 그래서 우리의 생명력의 총체를 적절한 한계 안에서 유지하는 조절기관이 필요한 것이다. 신경 체계가 신체생활에서 이러한 역할을 담당하고 있다. 각 기관을 움직이고, 기관 각각에 보내는 에너지의 양을 분배하는 것도 신경 체계다. 그러나 도덕적 삶은 기관들을 초월한다. 뇌나 어떤 림프절도 우리의 지성 또는 의지의 열망에 경계를 설정할 수 없다. 왜냐하면 정신적인 삶은, 특히 그 우월한 형태에서 유기체를 초월하기 때문이다. 물론 정신적 삶도 유기체에 의존하고 있지만 훨씬 자유롭다. 정신과 육체를 묶고 있는 관계는 더 고상한 기능을 수행할 때는 훨씬 더 간접적이고 느슨하다. 육체적 감각이나 욕구는 신체 상태를 표현할 뿐이지 순수한 관념이나 복잡한 감정을 표현할 수 없다. 대등한 정신적 힘들만이 정신적인 힘에 작용할 수 있다. 이 영적인 힘, 그것이 바로 도덕 규칙들에 내재된 권위다.

사실상 도덕 규칙들에 내재된 이 권위 덕분에 우리의 욕망과 욕구, 온갖 종류의 취향들이 무절제해질 때, 도덕 규칙들은 그것들과 맞설 수 있는 진정한 힘이 된다. 물론 이 힘들이 물리적인 것은 아니다. 그러나 그 힘들은 육체를 직접 움직이지는 않지만 정신을 움직인다. 그 규칙들은 욕망을 꺾고 제어하고 누르고 어떤 방향으로 유도하기 위해 필요한 모든 것을 자체 안에 가지고 있다. 결과적으로 우리는 은유를 사용하지 않고 그것들이 바로 힘이라고 말할 수 있다. 규칙을 어기고 행동하려 할 때마다 우리는 그 힘을 잘 느끼게 된다. 왜냐하면 그 힘들은 우리에게 저항하는데, 우리가 그 저항을 언제나 이길 수 있는 것이 아니기 때문이다. 건전하게 형성된 인간이 도덕적으로 비난받을 행위를 하려고 할 때 그는 자신을 막는 무언가를 느끼게 된다. 마치 힘에 겨운 너무나 무거운 짐을 제거하려고 할 때 느끼는 것과 같다. 이 특별한 덕은 어디서 비롯될까? 일단 이 문제는 미루어두었다가 시간이 되면 다시 돌아오기로 하자. 지금은 명백한 사실을 검증하는 것으로 그치자. 다른 한편으로 도덕은 규율이며 우리에게 명령한다는 사실로 미루어보면, 도덕이 우리에게 요구하는 행위들은 우리 개인의 본래 성향에 순응하는 일이 아니다. 단순히 우리의 본성대로 하라고 요구한다면 도덕은 우리에게 명령조로 말할 필요가 없기 때문이다. 권위는 반항적인 힘들을 억누르기 위해 필요한 것이지, 기존의 힘들을 제멋대로 펼치라고 부추기는 것이 아니다. 도덕에는 개인이 금지된 영역을 침범하지 않도록 제지하는 기능이 있다. 이보다 더 정확한 표현은 없다. 도덕은 방대한 금지 체계다. 도덕은 개별 행위가 정상적으로 행해질 수 있는 영역을 한정해주는 목적이 있으며 우리는 지금 이 불가피한 제한이 어디에 사용되는지 알고 있다. 도덕 규칙들의 총체는 진실로 개별 인간 주위에 일종의 관념적 장벽을 형성한다. 그 장벽 아래서 인

도덕의 요소들

간적 열정의 파도는 더 이상 전진하지 못하고 스러지고 만다. 열정들은 억제되기 때문에 또한 만족될 수 있는 것이다. 어느 지점에서 이 장벽들은 약화되기도 한다. 그러면 갈라진 틈새로 그때까지 억눌렸던 인간의 힘이 소용돌이치며 빠르게 움직인다. 그러나 일단 고삐가 풀리면 그 힘들은 더 이상 멈춰야 할 한계를 찾을 수 없다. 그 힘들은 언제나 더 멀어지는 목표를 추구하느라 고통스럽게 긴장할 뿐이다. 예를 들어 결혼의 도덕 규칙들이 권위를 잃고 배우자 상호간의 의무가 존중되지 않으면, 이 부분의 도덕이 억누르고 규제해온 열정과 성향들이 속박에서 벗어나 규제에서 풀려날 것이며, 이 무절제로 인해 상황이 악화할 것이다. 그 열정들이 모든 한계를 넘어설 것이므로 진정될 수 없다. 그것들은 자살 통계에서 보는 바와 같이 환멸을 가져다줄 것이다. 마찬가지로 경제생활을 지배하는 도덕도 흔들릴 것이다. 더 이상 경계를 모르는 경제적 욕망이 과도하게 자극되고 끓어오를 것이다. 우리는 자살의 연간 빈도가 증가하는 것을 보게 될 것이다. 이러한 예를 많이 들 수 있다. 게다가 도덕에는 제한하고 억제하는 기능이 있기 때문에 너무 큰 부(富)는 부도덕의 근원이 되기가 매우 쉽다. 많은 재산이 부여하는 힘을 통해 부는 우리에게 가해지는 사물들의 저항을 실제로 줄여준다. 따라서 큰 재산은 힘을 키워 우리의 욕망을 더 절제하기 어렵게 만든다. 욕망들은 정상적인 한계에 쉽게 갇히지 않는다. 이러한 상황에서 도덕적 균형은 더욱 불안정해진다. 조금만 충격을 주어도 흔들린다. 이것을 통해 우리 시대를 혼란스럽게 하는 이 무한이라는 악이 어디서 비롯되고 무엇으로 이루어졌는지 짐작할 수 있게 되었다. 인간이 자기 앞에 자유롭게 열린 무한대의 공간을 상상하기 위해서는 정상적이라면 그의 시선을 멈추게 만들었을 도덕적 장벽을 더 이상 보면 안 된다. 즉 그를 자제시키고 그의 지평을 한정하는 도 덕적 힘을 느끼지 않아야 한다. 그러나 인간이 도덕적 힘을 더 이 상 느끼지 않는다면, 그것은 도덕적 힘이 정상적인 권위를 갖지 못했기 때문이다. 즉 도덕적 힘의 권위가 약해졌기 때문이다. 그 힘이 마땅히 있어야 할 힘으로 존재하지 않기 때문이다. 그러므 로 도덕 규율이 인간 의지에 대해 지배력을 상실하는 순간 무한 의 감정이 나타날 수 있다. 그것은 수세기 전부터 시행되어온 도 덕 체계가 흔들리고, 인간 존재의 새로운 조건에 더 이상 부합하 지 못하고, 사라진 체계를 대신할 만한 새로운 시스템이 나타나 지 않는 시기에 생기는 도덕적 힘의 약화 징후다.

그러므로 어린아이들에게 부과하는 규율을 억압의 도구로 여 기지 않도록 주의하자. 억압은 비난받을 행동의 재발을 방지하기 위해 불가피할 때만 사용되어야 한다. 규율은 그 자체로 교육의 고유한 요소다. 도덕적 특성에는 규율에서만 기인하는 본질적인 요소들이 있다. 규율을 통해, 규율을 통해서만 우리는 아이들에게 욕망을 절제하고, 온갖 성향을 자제하며, 한계를 정하고, 자기 행 동의 목적을 명확히 하는 것을 가르칠 수 있다. 이 한계야말로 행 복과 도덕적 건강의 조건이다. 물론 필요한 한계는 나라와 시대 에 따라 달라질 것이다. 여러 연령대에 따라 다를 것이다. 인간의 정신적 삶이 발전함에 따라, 그것이 점점 강화되고 복잡해짐에 따

도덕의 요소들

라 그 도덕 행위의 범위도 같은 정도로 확장될 필요가 있다. 과학에 관해서, 예술에 관해서, 행복에 관해서도. 오늘날 우리는 선조들만큼 쉽게 만족하지 못한다. 교육자가 그 한계를 인위적으로 억압하려 한다면 규율의 목적과는 정반대로 가게 될 것이다. 그러나 한계가 변하고 그 변화를 고려해야 한다 해도, 규율은 여전히 존재할 것이다. 즉 이것이 현재 우리가 확고히 하고 싶은 바다.

그러나 이 행복을 매우 귀하게 얻은 것인지 의문이 들 수 있다. 사실 우리의 능력에 부과된 모든 제한은 어쩔 수 없는 능력의 감소 아닌가. 모든 제한은 복종을 전제하지 않는가. 따라서 제한된 활동은 덜 자유롭고, 덜 주도적이며, 동시에 덜 풍성한 것 같다.

그 결론은 자명한 이치로 여겨지는 듯하다. 사실 그것은 상식의 착각에 불과하다. 반대로 조금만 숙고해본다면, 절대 권력이란 극단적인 무능에 붙여진 다른 이름에 불과하다는 것을 쉽게 확인할 수 있다.

실제로 모든 외적인 제약을 뛰어넘은 존재, 역사가 증언하는 인물들보다 더 절대적인 폭군을 상상해보자. 어떤 외부적인 힘도 그를 제어하거나 규제하지 못하는 폭군 말이다. 요컨대 그러한 사람의 욕망은 억제할 수 없다. 그러므로 그가 전능하다고 말해야 할까? 아니다. 그 사람도 자신의 욕망에 저항할 수 없기 때문이다. 다른 모든 것과 마찬가지로 욕망이 그의 주인이기도 하다. 그는 욕망에 굴복하며 욕망을 지배하지 못한다. 한마디로 우리의 성향이 모든 한도를 넘어설 때, 어느 것도 그것을 억제하지 못할 때 그 성향들 자체가 폭군이 되고, 그는 일등 노예가 되어 그 욕망에 끌려다니는 신하가 된다. 마찬가지로 당신들은 그것이 얼마나 슬픈 광경인지 알고 있으리라. 가장 반대되는 성향들, 가장 이율배반적인 변덕들이 서로 번갈아가면서 이른바 절대적인 이 군주를 가장 다양한 방향으로 끌고 다니게 된다. 그리하여 이 허울뿐인 절대 권력은 결국 진정한 무능력으로 용해되어버린다. 폭군은 어린아이와 같다. 그는 자신의 주인이 아니기 때문에 어린아이와 같은 약점을 지니고 있다. 자신의 주인이 되는 것, 이것이 그 이름에 걸맞은 진정한 권력, 진정한 자유의 첫 번째 조건이다. 그러나 요컨대 통제될 수 없는 힘을 자기 안에 지니고 있을 때 사람은 자신의 주인이 될 수 없다. 충분히 반항적인 소수파들을 고려하지 않는 너무 강한 정당이 오래갈 수 없는 것도 같은 이유다. 그들은 자신들의 힘을 과도하게 사용함으로써 곧 망하게 된다. 어느 것도 그들을 제어할 수 없는 상태이기 때문에 그들은 극도로 과격한 일을 하고, 그것이 그들을 와해시키게 된다. 너무 강한 정당은 스스로 길을 벗어나서 더 이상 방향을 잡지 못한다. 너무 강하기 때문이다. 루이 18세 때 급진 왕당파로만 구성된 하원(Chambre introuvable)은 처음에 승리를 선언할 것 같았던 주의(doctrines) 때문에 오히려 망하게 되었다.[12]

---

12 루이 18세(1755~1824)는 루이 15세의 손자이며 루이 16세의 동생으로 프랑스 혁명 이후 독일로 망명했다가 1814년 탈레랑의 주선으로 프랑스의 국왕으로 즉위한다. 나폴레옹의 반격으로 잠시 국외로 도피했다가 나폴레옹의 백일천하가 끝나자 1815년 다시 프랑스의 국왕으로 재즉위한다. 이 당시 의회는 온건 왕당파, 급진 왕당파, 공화파 세 부류가 서로 견제하고 있었는데 루이 18세는 온건 왕당파와 손잡고 민심을 수습하려 했다. 온건 왕당파가 다른 세력을 견제하기 위해 선거

도덕의 요소들

그러나 혹자는 이렇게 말할지 모른다. 외부의 압력이 지속적으로 우리에게 행사되지 않더라도 내적인 노력으로 우리 스스로 억제할 수 있지 않을까? 물론 자기 절제는 교육이 계발시켜야 하는 주요한 능력들 가운데 하나다. 그러나 우리가 스스로 억제하는 법을 배우기 위해서는 사물들이 우리에게 행사하는 억제를 통해 그 필요성을 느껴야만 한다. 우리가 스스로 억제하기 위해서는 우리를 옥죄는 제한의 실재를 느껴야 한다. 스스로 무한하다고 믿는 사람은, 그것이 사실이든 옳든 간에 모순 없이 자신을 제한하려는 생각을 할 수 없다. 그것은 자신의 본성을 침해하는 일이기 때문이다. 내적 억제는 외적 억제의 내적 표현이자 반영에 불과할 수 있다. 물리적 삶에 관하여, 우리를 둘러싸고 제한하는 물리적 환경으로 인해 우리는 그것이 전체 가운데서 극히 일부에 불과하다는 것을 깨닫게 된다. 마찬가지로 도덕적 삶에 관해서도 도덕적 힘만이 이러한 영향력을 행사할 수 있고, 이러한 감정을 제공할 수 있다. 이 도덕적 힘, 우리는 그것이 무엇인지 말한 바 있다.

그러므로 우리는 중요한 결론에 이르렀다. 즉 도덕 규율은 이른바 도덕 생활에만 유용한 것이 아니라 그 영향력이 멀리까지 미친다는 것이다. 우리가 방금 살펴본 바에 따르면 도덕 규율은 일반적으로 성격과 인격 형성에 중요한 역할을 한다. 사실 가장

조작, 언론 검열 등의 행위를 하고 국왕의 조카가 자유주의자에게 암살당하는 사건이 일어나자 루이 18세는 온건 왕당파와 결별하고 의회의 9할을 장악한 급진 왕당파와 손을 잡았다. 급진 왕당파는 내각을 장악하고 백색 테러를 자행했다.

중요한 성격의 요소는 바로 자신을 억제하는 능력이다. 우리의 열정과 욕망, 습관을 억누르고 법을 따르게 하는 것은 바로 억제력, 즉 금지 능력이다. 인격적 존재란 그가 행하는 모든 것에 자신만의 고유한, 변치 않는 표지를 남긴다. 바로 그 표지에 의해 그는 다른 사람과 구별되고 인정받기 때문이다. 그러나 성향과 본능, 그리고 욕망을 견제하는 억제력이 없다면, 우리의 행위가 오로지 각자의 힘에 좌우된다면, 이러한 기질들은 마치 어린아이나 원시인들에게서 일어나는 일처럼 끊임없는 풍향의 급변, 급격한 변조가 된다. 의지는 의지에 반해 끊임없이 분열되고, 변덕의 바람을 맞아 흩어지면서 이러한 일관성을 방해한다. 또한 인격의 가장 중요한 조건인 인내를 가지고 따르는 것을 방해한다. 도덕적 규율이 우리에게 훈육하는 것은 바로 이 자제력이다. 자제력은 내적 충동이 부추기는 것과 다르게 행동하도록 우리를 가르친다. 타고난 성향대로 제멋대로 행동하지 않도록 가르친다. 자제력은 힘들게 노력해서 행동하도록 가르친다. 왜냐하면 어떤 본능을 억제하지 않고, 어떤 욕구를 잠재우지 않으며, 어떤 성향을 절제하지 않는 도덕 행위란 존재하지 않기 때문이다. 동시에 모든 규칙에는 모든 개인의 변덕을 초월하는 고정되고 변치 않는 무엇이 있다. 도덕 규칙들은 다른 모든 것들보다 훨씬 더 변치 않는다. 때문에 도덕적으로 행동하기를 배우는 것은 일시적인 충동이나 제안보다 우월한 변치 않는 원칙들에 따라 지속적으로 배우는 일이다. 그러므로 일반적으로 의지는 의무의 학교에서 만들어진다.

도덕의 요소들

제4강

규율의 정신(마지막)

도덕의 두 번째 요소 사회집단에의 결속[13]

도덕성의 첫 번째 요소가 무엇인지 결정한 후에, 우리는 어린 아이에게 주입하기 적합한 정신을 명시하기 위해 그 기능을 알아보았다. 도덕은 본질적으로 규율이라고 말한 바 있다. 더구나 모든 규율은 이중의 목적을 가진다. 개인들의 행위에 규칙성을 실현하고 개인에게 정해진 목적을 부여하는 것인데, 그 목적은 동시에 개인의 지평을 제한한다. 규율은 의지에 습관을 부여하고 또한 의지에 제동을 건다. 규율은 규칙을 만들고 또한 억압한다. 규율은 인간관계에 존재하는 규칙성과 항구성에 부합한다. 사회생활에는 언제나 어느 정도 공통점이 있고, 동일한 상황들의 결합이 주기적으로 재발생하기 때문에 사물의 본질에 가장

---

13 프랑스어 attachement은 '애착'이나 '결속'으로 번역할 수 있다. 문맥에 따라 이 두 단어를 적절하게 사용하기로 한다.

부합하는 몇몇 행동방식들이 주기적으로 반복되는 것은 당연하다. 이것은 우리가 처한 여러 상황에서의 상대적 규칙성인데, 우리 행동의 상대적 규칙성을 내포한다. 제한이 유용한 이유가 처음에는 덜 분명해 보인다. 제한은 인간 본성을 침해하는 것 같다. 인간을 제한하는 것, 그 자유로운 확장에 장애물을 두는 것, 그것은 자아실현을 방해하는 것 아닌가? 하지만 우리는 이러한 제한이 우리의 도덕적 건강과 행복의 조건임을 살펴보았다. 사실상 경계가 아무리 넓다 해도 인간은 결정되고 제한된 환경에서 살게끔 되어 있다. 삶을 이루는 행위의 총체는 우리를 이 환경에 적응시키거나 아니면 환경을 우리에게 적응시키려는 목적이 있다. 따라서 환경은 우리에게 동일한 결정을 내리기를 요구한다. 산다는 것, 그것은 우리를 둘러싸고 있는 물리적 세계나 우리가 속한 사회와 조화를 이루는 것이다. 이 물리 세계와 사회 세계는 광대하지만 역시 한정되어 있다. 우리가 정상적으로 추구하는 목적들 역시 제한되어 있다. 우리는 이 경계를 넘을 수 없다. 이 경계를 넘자마자 자연을 거역하는 상태에 빠지게 된다. 우리의 온갖 욕망과 감정은 매 순간 제한되어야 한다. 규율의 역할은 이러한 한계를 확증하는 것이다. 이 필요한 한계가 사라지고, 우리를 둘러싼 도덕적 힘들이 우리의 욕망을 더 이상 억제하지도 조절하지도 못한다면, 어느 것에도 제지받지 않는 인간의 활동은 공허 속으로 사라질 것이다. 인간의 활동은 무한이라는 특별한 이름으로 공허를 치장하면서 감춘다.

그러므로 정당한 협력을 위해 꼭 필요한 수단인 규율은 사회의

도덕의 요소들

이익뿐만 아니라 개인의 이익을 위해서도 유용하다. 규율을 통해 우리는 욕망의 절제를 배운다. 욕망을 절제하지 않으면 인간은 행복할 수 없다. 따라서 규율은 우리 각자에게 있는 좀더 본질적인 것, 즉 우리의 인격을 형성하는 데 상당 부분 기여한다. 우리가 학교의 도덕 규율을 통해 얻게 되는 능력, 즉 욕망을 절제하고 스스로를 자제하는 능력은 사려 깊고 인격적인 의지가 출현하는 필요조건이기 때문이다. 규칙은 자신을 제어하고 통제하는 것을 가르쳐주기 때문에 자유와 해방의 도구다. 특히 프랑스와 같은 민주사회에서는 아이에게 이 유익한 절제를 가르칠 필요가 있음을 덧붙이고 싶다. 민주적이지 않은 다른 토대 위에 근거한 사회에서 욕망과 야망을 가혹하게 억제해온 관습적 장벽들이 부분적으로 무너졌다. 때문에 인간에게 필요한 규제 행위를 행사할 수 있는 것은 도덕적 규율뿐이다. 원칙적으로 모든 직업은 모든 사람에게 열려 있기 때문에 출세하고 싶은 욕망은 모든 한도를 넘어 실제로 그 경계를 모를 정도로 과열되거나 과도한 흥분에 빠지기 쉽다. 그러므로 이러한 인위적 한계를 넘어서면 사물의 본성, 즉 우리 각자의 본성에 근거한 다른 한계들이 있다는 것을 교육을 통해 일찍부터 어린아이가 느끼게 해야 한다. 역사는 이 한계에 대해 옳고 그름을 가려왔고 계속해서 그럴 것이다. 하지만 이것이 어린아이에게 포기하라고 부추기거나, 정당한 욕망을 잠재우라거나, 자신의 현재 상황 너머를 바라보지 못하게 방해하는 일은 결코 아니다. 그러한 시도들은 우리 사회조직의 원칙과도 모순된다. 그러나 행복한 존재가 되는 방법은 각자의 본성과 관련해 실현 가능한 근접 목표를 정하고 그 목표에 도달하는 것임을 어린아이에게 이해시켜야 한다. 신경질적이고 고통스럽게 무한히 먼 목표를 향하고 결국 거기에 도달하지 못하는 것이 아님을 가르쳐야 한다. 어느 시대에나 존재하는 세상의 불의를 어린아이에게 감추려 하지 말고, 행복은 권력·지식·부와 마찬가지로 무한히 커질 수 없다는 것을 느끼게 해야 한다. 그리고 다양한 상황 속에서 우리 각자는 기쁨도 만나지만 불행도 만날 수 있음을 알려주어야 한다. 중요한 것은 우리의 능력과 조화를 이루며, 우리의 본성을 실현할 수 있는 활동의 목적을 찾는 일이다. 말하자면 그 목적을 과장하지 말고, 정상적인 한계를 벗어나 그 목적을 맹렬하게 인위적으로 추구하지 않으면서 말이다. 학교가 어린아이에게 보증해주어야 하는 정신적 태도의 총체가 바로 그것이다. 그 정신적 태도가 어떤 제도에 도움을 주어서가 아니라 그것이 건전하고 또한 공공의 행복에 가장 좋은 영향을 주기 때문이다. 더 나아가 도덕적 힘이 야만적이고 무지한 모든 힘으로부터 그들을 보호한다는 것을 보여주자. 이러한 억제 취향 속에서 어떤 부동(不動)의 상태에 빠지지 않도록 조심하자. 하나의 명확한 목적을 향하고 그다음에 다른 명확한 목적을 향해 가는 것은 중단 없는 전진이며, 정지가 아니다. 전진하느냐 멈추느냐의 문제가 아니라 어떤 보조로 어떤 방식으로 전진하는가가 중요하다.

그러므로 우리는 가장 주목받는 도덕과 마찬가지로 규율의 유용성을 합리적으로 정당화해야 할 시점에 이르렀다. 단지 규율의 역할에 대한 우리의 개념은 몇몇 규율 옹호론자들이 제안한 개

도덕의 요소들

념과는 매우 다르다는 점을 지적해야 한다. 사실상 규율의 도덕적 유용성을 입증하기 위해 그들이 내가 반박한 원리에 근거하는 일이 종종 생긴다. 그것은 규율에서 필요악만을 찾아내는 사람들이 내세우는 원리다. 벤담과 공리주의자들처럼 그들은 규율이 자연에 가해진 폭력이라고 확신한다. 그러나 이러한 폭력이 자연에 반하는 것이기 때문에 나쁘다고 결론을 내리기는커녕 오히려 선하다고 평가한다. 왜냐하면 그들은 자연이 악하다고 판단하기 때문이다. 이러한 관점에서 자연은 물질이고 육신이며 악과 죄의 근원이다. 자연은 개발하라고 인간에게 주어진 것이 아니다. 반대로 이기고 정복하고 잠잠케 하라고 주어진 것이다. 자연은 자신에 대한 선한 투쟁의 기회이자 영광스러운 노력의 기회일 뿐이다. 규율은 이러한 승리의 도구다. 이것이 규율에 대한 금욕주의적인 개념(conception)이다. 이 개념은 몇몇 종교에 널리 퍼져 있다. 이것은 내가 여러분에게 제안한 관념(notion)과 전혀 다르다. 우리가 규율이 개인에게 유용하고 필요하다고 믿는다면 그것은 자연이 규율을 요구하는 것처럼 보이기 때문이다. 규율은 자연이 정상적으로 실현되는 수단이지, 자연을 축소하고 파괴하는 수단이 아니다. 존재하는 모든 것처럼 인간도 제약받는 존재다. 인간은 전체의 부분이다. 물리적으로 인간은 우주의 일부이고 도덕적으로 사회의 일부다. 그러므로 그 본성을 거스르지 않고는 모든 부분에 가해지는 한계에서 벗어날 수 없다. 사실 인간 안에 있는 가장 기본적인 모든 것은 부분의 특질을 명확히 지닌다. 그가 한 인간이라고 말하는 것은 자신이 아닌 모든 것들과 구별된다는 의미다. 따라서 구별은 제한을 내포한다. 우리의 관점에서 규율이 선하게 여겨진다면 그것은 우리가 자연의 작품을 적대적으로 보아서도 아니고, 격퇴해야 할 악마의 음모로 여겨서도 아니다. 인간 본성은 통제받지 않으면 존재할 수 없기 때문이다. 자연적 성향들이 어떤 한도 내에서 억제되어야 한다고 판단한다면 그 성향들을 나쁘게 여겨서도 아니고, 그것들이 충족될 권리를 부정해서도 아니다. 반대로 다른 방법으로는 그 욕망들이 정당하게 충족될 수 없기 때문이다. 거기서 모든 고행이 그 자체로 선한 것이 아니라는 첫 번째 실천적 결론이 나온다.

두 가지 개념을 가르는 이 최초의 차이에서 중요한 다른 것들이 유래한다. 만일 규율이 인간 본성을 실현하는 도구라면 시대에 따라 달라지는 인간 본성과 더불어 규율도 변해야만 한다. 문명화의 영향으로 인간이 역사에서 발전함에 따라 인간 본성은 에너지가 강해지고 더 풍성해져서 더 많은 활동을 필요로 한다. 개별 활동의 범위가 더 확장되고, 우리의 지적·도덕적·감정적 지평의 경계는 언제나 더 뒤로 물러나기 때문이다. 거기서 과학이나 복지 및 예술 분야에서 우리의 조상들이 멈추었던 지점을 넘어서지 못하게 하거나 우리를 거기로 다시 데려가려는 오만한 체계들이 생겨난다. 정상적인 한계는 영원히 진행 중인 미래에 있다. 절대 원리라는 미명으로 변하지 못하게 한계를 결정적으로 고정하려는 모든 학설은 조만간 어쩔 수 없는 상황에 부딪히게 될 것이다. 규율의 내용뿐만 아니라 규율이 주입되는 방식 역시 변해야 한다. 인간 행위의 영역이 변화할 뿐만 아니라 우리를 억제하는 힘도 역사의 여러 시기에 따라 전혀 다르게 변한다. 열등한 사회에서는 사회조직이 매우 단순하기에 도덕의 특성은 동일하다. 따라서 규율의 정신을 매우 분명하게 밝힐 필요도 없고 또 그것이 가능하지도 않았다. 심지어 도덕적 실천이 단순해야 규칙적 습관이 형성되기 쉽다. 이러한 상황에서는 기계적인 행동이라도 불편함이 없다. 사회생활은 언제나 비슷하고, 규율은 어떤 지점과 다른 지점, 어떤 순간과 다른 순간에 따라 별로 차이가 없기에 무의식적인 습관과 전통만으로도 모두에게 충분하다. 습관과 전통은 추론이나 검토를 허용하지 않는 권위 또는 특권도 가지고 있다. 반대로 사회가 복잡해질수록 도덕이 순수하게 자동적인 메커니즘으로 작동하기가 어려워진다. 상황은 결코 같을 수 없고 결과적으로 도덕 규칙들이 지혜롭게 적용될 필요가 있다. 사회의 본성은 계속 진화하고 있다. 따라서 도덕 그 자체도 필요에 따라 변화할 수 있게 충분히 유연해야 한다. 그러나 그렇게 되기 위해서는 특히 모든 변화의 동인(動因)인 비판이나 성찰보다 도덕이 우위에 있다는 식으로 주입해서는 안 된다. 개인들은 도덕에 순응하면서도 자신들이 하는 일을 이해해야만 한다. 그렇지만 그들의 순응이 지성을 완전히 얽매는 데까지 이르러서는 안 된다. 이처럼 규율이 필요하다고 해서 규율이 맹목적이고 예속적이어야 하는 것은 아니다. 도덕 규칙들은 권위를 부여받아야 한다. 권위가 없으면 효력이 떨어질 것이다. 그러나 역사의 어느 순간에 이 권위가 도덕 규칙들을 논의에서 배제했고, 인간이 감히 눈도 들지 못할 우상들로 만들어버렸다. 우리는 겉보기에 모순되어 보이는 이 두 가지 필요를 어떻게 충족시킬 수 있을지 연구해야 할 것이다. 당분간 이것을 지적하는 것으로 만족하자.

이러한 견해를 참작해 우리는 사람들의 정신에 제기될 수 있었던 반박에 대해 살펴보게 된다. 우리는 규칙에서 벗어난 사람들, 규율이 없는 사람들을 도덕적으로 불완전한 사람이라고 말한 바 있다. 하지만 그 사람들이 사회에서 도덕적으로 유용한 역할을 하지 않았는가? 소크라테스와 마찬가지로 그리스도도 규칙에서 벗어난 사람이 아니던가? 인류가 경험한 위대한 도덕적 혁명과 관련된 모든 역사적 인물들이 그렇지 않은가? 그들이 당시의 도덕 규칙들을 존중하는 감정이 너무 강했다면 그러한 혁명을 이루지 못했을 것이다. 전통적인 규율의 멍에를 감히 흔들고자 한다면 그 멍에를 너무 강하게 느끼면 안 된다. 이보다 더 확실한 것은 없다. 그러나 비판적이고 비정상적인 상황에서 규칙에 대한 느낌과 규율의 정신은 분명히 약화되었을 것이다. 하지만 이러한 약화가 정상은 아니다. 더구나 매우 다른 이 두 감정을 혼동하지 않도록 주의해야 한다. 오래된 규제를 새로운 규제로 대체해야 할 필요성과 모든 규제에 대한 조바심, 즉 모든 규율에 대한 혐오는 전혀 다른 것이다. 특정 상황에서 대체의 필요성은 자연스럽고 건전하고 풍성하다. 그러나 규율을 혐오하는 것은 삶의 기본 조건을 벗어나도록 선동하는 일이기 때문에 언제나 비정상적이다. 물론 사실상 몇몇 위대한 도덕 질서의 개혁자들의 경우, 혁신에 대한 합법적인 요구가 종종 무정부적 성향으로 변질되었다. 그 시대에 통용되는 규칙들이 그들에게 고통스럽게 상처

도덕의 요소들

를 입혔기 때문에 도덕적 규율의 일시적이고 특별한 형태에 대해서가 아니라 모든 규율의 원리 자체를 비난하게 되었다. 그러나 정확히 말하면 그러한 행태로 인해 그들의 작업이 시대에 뒤진 것이 되고, 많은 개혁이 결실을 보지 못했다. 즉 그들이 치른 노력에 비해 결과를 얻지 못한 것이다. 규칙에 저항하고 싶은 순간, 어느 때보다 규칙의 필요성을 생생히 느껴야 할 것이다. 규칙이 없으면 살 수 없다는 것을 정신에 항상 떠올려야 할 때가 바로 사람들이 규칙을 흔드는 순간이다. 왜냐하면 바로 이러한 상황에서 규칙의 긍정적인 효력이 발생하기 때문이다. 이처럼 원칙에 모순되어 보이는 예외는 오히려 원칙을 확증해줄 뿐이다.

요컨대 통제되지 않은 자유의 효용을 찬양하는 이론들은 병든 상태를 옹호하는 것이다. 겉보기와 달리 자유와 무법이라는 단어는 한 쌍이라고 말할 수 있다. 자유는 규제의 산물이기 때문이다. 이러한 영향으로 도덕 규칙을 실천함으로써 우리는 스스로 제어하고 통제하는 능력을 얻는다. 그 능력이 바로 자유의 모든 실재(réel)다. 규칙에 부여된 권위와 힘 덕분에 이 규칙들은 사방에서 공격하는 비도덕적이고 무도덕적인 힘들로부터 우리를 보호해준다. 규칙과 자유라는 이율배반적인 용어는 상반되지 않는다. 오히려 자유는 규칙을 통해서만 가능하다. 규칙을 단순하게 체념적인 순종으로 받아들여서는 안 된다. 규칙은 사랑받을 가치가 있다. 그것이 오늘날 기억해야 할 중요한 진리다. 여론은 이 진리에 대해 별로 관심이 없었다. 우리가 정확히 혁명적이고 비판적인 세대 가운데 하나에 속해 살기 때문이다. 보통 전통적 규율의 권위는 약화되기 마련인데, 이렇게 권위가 약화되면 쉽게 무정부적인 정신이 생겨나기 때문이다. 의식적이건 아니건 이러한 무정부적 열망이 이 이름을 지닌 특별한 분파에서뿐만 아니라 매우 다양한 학설에서도 재발견되고 있다. 다양한 학설들은 몇 가지 점에서는 대립하지만, 모든 규제를 싫어하는 점에서는 서로 일치한다.

이와 같이 우리는 도덕성의 첫 번째 요소를 결정했고, 그 역할을 보여주었다. 이 첫 번째 요소는 도덕 생활에 좀더 형식적인 것이 있음을 표현할 뿐이다. 우리는 도덕이 우리를 지배하는 일단의 규칙들로 이루어져 있음을 살펴보았다. 또한 우리를 규정하는 행위들의 본질이 무엇인지 알고자 하지 않고, 규칙 개념을 분석했다. 우리는 정당한 추상을 통하여 도덕을 마치 내용 없는 형태처럼 연구했다. 그러나 사실 도덕은 내용을 가지고 있다. 우리가 예견할 수 있듯이 내용 그 자체는 도덕적 가치를 지니고 있다. 도덕적 교훈들은 우리에게 어떤 정해진 행위들을 하도록 명령한다. 이 모든 행위가 도덕적이고, 그것들이 같은 장르에 속하며, 즉 같은 본질을 가졌다면 몇 가지 공통된 특징을 보여주어야만 한다. 하나 또는 여러 개의 공통된 특성들이 도덕성의 다른 본질적 요소들을 이룬다. 그 요소들이 모든 도덕행위에서 재발견되는 이상, 결과적으로 우리는 그것들을 파악해야 한다. 우리가 그 요소들을 알게 되면, 우리는 도덕적 기질의 다른 기본 성향을 결정할 수 있을 것이다. 즉 인간이 이러한 정의에 부합되는 행동을 하도록 만드는 성향 말이다. 교육가의 활동에 새로운 목표가 부여될

도덕의 요소들

것이다.

이 문제를 해결하기 위해 도덕성의 첫 번째 요소를 결정할 때처럼 진행할 것이다. 도덕의 선험적 형태가 어떠해야 하는지 묻지 않았던 것처럼 우리는 도덕의 내용이 무엇이 되어야 하는지 묻지 않을 것이다. 그리고 알지도 못하면서 준수하기도 전에 이미 확정된 도덕 개념에서 출발해 어떤 것이 도덕이라는 말에 합당한 행위인지 연구하는 방식을 따르지 않을 것이다. 반대로 보편적으로 어떤 행동에 도덕적이라는 명칭을 붙이는가를 관찰할 것이다. 도덕적 양심이 인정하는 행동방식들은 무엇인가? 이 행동방식들은 어떤 특성을 보이는가? 우리는 존재하지 않는 도덕을 아이에게 만들어주려는 것이 아니다. 우리는 있는 그대로, 또는 지향하는 바의 도덕을 형성하려는 것이다. 어떤 경우에도 우리는 여기서 출발해야 한다.

인간 행위는 그것이 실현하고자 하는 목적에 따라 서로 구분된다. 그러므로 인간이 추구하는 목적들은 다음 두 개의 범주로 분류될 수 있다. 하나는 그것을 추구하는 개인에게만 관련되는 것으로 개인적 목적이라고 부를 것이다. 또 하나는 행동하는 개인과 다른 것에 관련되는데, 이를 비개인적 목적이라고 부를 것이다. 비개인적 행위 범주에 수많은 종류의 행동들이 포함된다는 것을 쉽게 알 수 있다. 다른 개인들과 집단, 다른 사물들에 관련해 행위 주체가 추구하는 목적에 따라 다양하다. 그러나 그것들을 세부적으로 살펴볼 필요는 없을 것 같다.

이처럼 크게 분류를 해놓고, 개인적 목적을 추구하는 행위를 도덕적이라고 할 수 있는지 살펴보자.

개인적 목적 그 자체에는 두 종류가 있다. 하나는 순수하고 단순하게 생활을 유지하고, 우리의 존재를 보호하고, 존재를 위협하는 파멸의 원인을 피하려는 것이다. 우리는 우리 존재를 성장, 발전시키고자 한다. 우리의 존재를 유지하려는 유일한 목적을 달성하려는 행위들은 비난받을 일이 결코 아니다. 그러나 공적 양심의 관점에서 그 행위들은 언제나 도덕적 가치를 상실하거나 상실해왔음이 분명하다. 그 행위들은 도덕적으로 중립이다. 우리는 자신을 잘 보살피고 위생수칙을 잘 지키는 사람에 대해 말하는 것이 아니다. 그는 살기 위한 유일한 목적에서 도덕적으로 처신하는 것이다. 우리는 그의 행동이 신중하고 현명하다고 생각한다. 그러나 그 행위에 도덕적이라는 명칭을 붙여야 한다고 생각지 않는다. 그 행위는 도덕의 영역을 벗어나 있다. 물론 우리가 우리의 생명을 돌볼 때 단순히 생명을 지키고 누리기 위해서가 아니고, 예를 들면 가족에게 필요하다고 느껴서 가족을 지키기 위해서라면 상황은 달라진다. 이런 경우 우리의 행위는 만장일치로 도덕적이라고 여겨진다. 단지 우리의 행위가 개인적 목적이 아니라 가족의 이해를 위한 목적이어야 한다. 우리가 행동하는 것은 살기 위해서가 아니라 다른 사람들을 살리기 위해서다. 따라서 이 경우 추구되는 목적은 비개인적이다. 인간이 자신의 생명을 지킬 의무가 있다는 일반적인 견해에 반대하는 것처럼 보이지만, 사실 전혀 그렇지 않다. 나는 인간에게 살아야 할 의무가 있음을 부인하지 않는다. 단지 살아간다는 유일한 사실을 통해

도덕의 요소들

삶이 생활을 초월하는 목적에 도달하는 경우에만 의무를 완수하는 것이라고 말하고자 한다. 살기 위해 사는 일은 전혀 도덕적이지 않다.

우리가 단지 보전하기 위해서가 아니라 우리 존재를 성장, 발전시키려고 행하는 모든 것에 대해서도 마찬가지라고 말할 수 있다. 적어도 이 발전이 우리 자신에게 또 우리에게만 도움이 된다면 말이다. 자신의 지성을 높이고 미적 재능을 세련되게 다듬기 위해 애쓰는 사람은 우리에게 어떤 도덕적 감정도 불러일으키지 않는다. 오직 성공할 목적으로, 아니면 단순히 좀더 완벽해지는 기쁨을 위해, 지식과 감성을 더 풍부하게 만들기 위해, 스스로 몰두하는 모습을 홀로 즐기기 위해 등등을 예로 들 수 있다. 우리는 아름다운 예술 작품에 감탄하는 것처럼 그에게 감탄할 수 있다. 그러나 어떤 것이든 개인적인 목적만을 추구하는 한, 그가 의무를 완수한다고 말할 수는 없다. 과학이나 예술도 그것들을 소유한 주체와 필연적으로(ipso facto) 서로 소통할 수 있는 내재된 도덕적 덕을 가지고 있지 않다. 모든 것은 우리가 사용하고 또 사용하기 원하는 바에 따라 달라진다. 예를 들어 우리가 인간의 고통을 줄이기 위해 과학을 연구할 때 그 행동이 도덕적으로 칭송받을 만하다는 견해에는 만장일치로 동의한다. 그러나 개인적인 만족을 위해 연구할 때는 그렇지 않다.

따라서 첫 번째 결론은 다음과 같다. 행위자의 개인적 목적만을 추구하는 행위들은 그것이 무엇이든 도덕적 가치가 없다. 공리주의 도덕가들에 따르면, 이런 식으로 인간 행위를 판단할 때 사실 도덕적 양심은 착각하고 있는 것이다. 그들에 따르면 이기적인 목적은 특히 칭찬받을 만하다. 그러나 여기서 이 이론가들이 도덕을 평가하는 방식에 대해 마음 쓸 필요는 없다. 우리가 알고 싶은 것은 모든 시민이 적용하고 이해하는 도덕이다. 이러한 용어로 문제가 제기되면 해결이 용이하다. 이기적인 행위, 즉 그 일을 하는 사람의 개인적 이해관계를 겨냥한 행위가 도덕적이라고 여겨진 일은 단 한 번도 없었고 지금도 없다. 도덕 규칙이 규정한 행위들은 모두 비개인적인 목적을 추구하는 공통적 특성이 있다고 결론지을 수 있다.

그러나 이 말을 어떻게 이해해야 할까? 도덕적으로 행동하기 위해 우리 개인의 이익이 아니라 다른 사람의 개인적 이익을 추구하는 것으로 충분하다고 말할 수 있을까? 내 뜻에 따라 내 건강에 신경 쓰는 일은 전혀 도덕적이지 않다. 그러나 내가 동포 한 사람의 건강에 신경 쓸 때, 그의 행복이나 교양을 고려할 때, 내 행동의 본질이 바뀔 것이다. 그러나 행위를 이렇게 평가하는 것은 일관성이 없고, 그 용어의 진정한 의미와도 모순된다. 왜 나에게는 도덕적 가치가 없는데 다른 사람에게는 도덕적 가치가 있을까? 가령 나와 비슷한 사람(명백하게 불평등한 경우를 제외하기 때문이다)의 건강과 지성이 왜 내 건강과 지성보다 더 존엄해야 할까? 평균적인 인간은 거의 같은 수준이고, 그들의 인격 또한 비슷하고 평등하다. 말하자면 서로 대치 가능하다. 나의 인격을 지키거나 발전시키는 행위가 비도덕적이라면 타인의 인격을 대상으로 한다는 점을 제외했을 때 동일한 행위가 왜 다르게 평가

도덕의 요소들

되는가? 왜 어떤 행위는 다른 행위보다 가치가 있는 것일까? 게다가 스펜서가 지적한 바와 같이 이러한 도덕은 보편적으로 적용될 수 없다는 조건에서만 적용될 수 있다. 사실 각 사람이 그이웃을 위해 헌신할 준비가 되어 있는 사회를 가정해보자. 같은이유로 누구도 타인의 헌신을 받아들일 수 없으며, 헌신 자체가불가능해질 것이다. 왜냐하면 그것이 보편적이기 때문이다. 자선을 실행할 수 있으려면 누군가 자선을 하지 않거나 자선을 베풀형편이 아니라는 사실을 받아들여야 한다. 자선은 누군가를 위한덕이다. 반대로 도덕은 모두에게 공통되고 모두가 행할 수 있어야 한다. 그러므로 희생이나 상호 간 헌신에서 도덕 행위의 유형을 찾을 수 없을 것이다. 우리가 찾는 중요한 특징들은 다른 곳에있을 것이다.

그렇다면 행위자가 아닌 타인의 이익을 위해서가 아니라 다수의 이익을 목적으로 하는 행동에서 중요한 특징들을 발견할 수있을까? 즉 오직 비개인적 목적만이 어떤 행동에 도덕적 특성을부여할 수 있다면, 비개인적 목적들이 여러 사람의 개인적 목적이라고 해야 할까? 그렇다면 내가 나를 위해 또는 다른 개인을위해 행동하지 않고, 상당수의 동류를 위해 행동할 때 비로소 도덕 행위가 될 것이다. 그러나 이런 일이 어떻게 가능할까? 따로따로 떨어진 각 개인이 도덕적 가치가 없다면 개인들의 합 역시도덕적 가치를 가질 수 없다. 제로의 합은 제로이고, 제로밖에 될수 없다. 나의 것이든 타인의 것이든 개인적 이익이 비도덕적이라면 여러 사람의 개인적 이익 역시 비도덕적이다.

이와 같이 도덕 행위는 비개인적인 목적을 추구하는 것이다. 그러나 도덕적 행동의 비개인적인 목적은 행위자가 아닌 다른 개인의 목적이 될 수 없으며, 다른 여러 사람의 목적도 될 수 없다. 그로부터 비개인적 목적은 반드시 개인이 아닌 다른 것에 연관되어야 한다는 결론이 나온다. 비개인적 목적들은 초개인적이다.

그렇지만 개인을 제외하면 개인이 연합해서 형성한 집단, 즉 사회밖에 남는 것이 없다. 그러므로 도덕적 목적이란 바로 사회를 대상으로 한다. 도덕적으로 행동하는 것, 이는 집합적 이익을 위해 행동하는 것이다. 이전에 있던 논란들을 차례로 제거하니 이러한 결론이 나온다. 한편으로 도덕적 행동은 감각이 있고 살아 있는 어떤 존재에게 분명히 도움이 되기 때문이다. 심지어 좀 더 특별하게 의식을 부여받은 존재에게도 도움이 된다. 도덕적 관계는 의식들 사이의 관계. 따라서 나라는 의식적 존재의 외부와 위에, 그리고 다른 개인들이라는 의식적 존재들의 외부와 위에는 사회라는 의식적 존재 외에 아무것도 없다. 그러므로 적어도 사회가 실현되는 정도에 따라, 나는 가족이나 조국 또는 인류도 인간집단이라고 이해한다. 우리는 이어서 이러한 여러 사회들 사이에 위계가 존재하지 않는지, 집합적 목적들 가운데 다른 것보다 더 중요한 목적이 있지 않은지 살펴보아야 할 것이다. 우선은 원칙을 세우는 일, 즉 사회적 영역이 시작되는 곳에서 도덕적 영역이 시작되는지 알아보는 일에 국한하기로 한다.

단, 이 중요한 제안의 영향력을 인식하기 위해 사회가 무엇인지 이해해야 한다. 오랫동안 고전의 자리를 지키며 널리 퍼진 개

도덕의 요소들

넘에 따라 사회를 개인의 집합으로만 이해한다면 우리는 이전의 어려움에 다시 빠져서 거기서 나올 수 없을 것이다. 만일 개인적 이해관계가 도덕적 가치가 없다면 내 동류들의 수가 아무리 많더라도 역시 도덕적 가치가 없을 것이고, 결과적으로 개인적 이해의 총합에 불과한 집합적 이해관계도 도덕적 가치가 없을 것이다. 사회가 도덕 행위의 표준적인 목적으로 여겨지려면 그 속에서 개인들의 합이 아닌 다른 것을 볼 수 있어야 한다. 사회는 그 구성원들의 본질과 구별되는 특별한 본질을 가진 고유한 존재를 이루고 있다. 사회의 인격은 개인들의 인격과 다르다. 한마디로 단어의 진정한 의미에서 사회적 존재가 있어야만 한다. 이 조건에서, 그리고 오직 이 조건에서만 사회는 도덕 분야에서 개인이 할 수 없는 역할을 수행할 수 있으리라. 따라서 사회를 구성하는 개인들과는 다른 존재로서 사회라는 개념, 사회학이 이론적 차원에서 논증하는 개념이 여기서 실천적 고찰을 통해 확인된다. 왜냐하면 도덕적 양심의 기본 명제를 달리 설명할 수 없기 때문이다. 사실 이 명제는 인간이 개인의 목적보다 고상한 목적을 추구할 때만, 즉 자신이나 다른 개인들보다 우월한 존재에게 봉사할 때만, 비로소 도덕적으로 행동하는 것이라고 규정한다. 개인을 초월하는 신학적 개념에 의지하기를 거부하는 순간, 경험적으로 관찰 가능한 단 하나의 도덕적 존재만이 가능하다. 그것이 바로 개인들이 서로 연합해 형성하는 사회다. 선택해야만 한다. 도덕적 사고 체계가 집합적 환각의 산물이 아니라면 우리의 의지를 도덕에 연결해주는 존재, 우리 행위의 목적을 훌륭하게 만드는 존재는 신(거룩한 존재) 아니면 사회적 존재일 수밖에 없다. 우리는 가설 가운데서 첫 번째 가설(신)을 과학의 관할이 아니라는 이유로 제쳐둔다. 그러면 나중에 살펴보겠지만 우리의 모든 필요와 열망을 만족하는 두 번째 가설이 남는다. 게다가 두 번째 가설은 상징을 제외하고, 첫 번째 가설의 모든 현실을 포함하고 있다.

그러나 사회는 개인들로 이루어져 있는데, 어떻게 사회가 그 구성원인 개인들과 다른 본질을 가질 수 있는가? 이것은 사회학의 도약과 세속 도덕의 발전—그 둘은 서로 연관되어 있다—을 오랫동안 지연시켰고, 여전히 지연시키고 있는 상식에 대한 논쟁인데, 그렇게 존중할 정도는 아니다. 사실상 요소들을 조합하면 떨어져 있을 때 각각의 요소에서는 볼 수 없었던 새로운 속성들이 나타나는 것을 여러 가지 경험으로 알 수 있다. 따라서 결합은 그것을 구성하는 부분들과 관련해서 볼 때 새로운 것이다. 매우 무르고 휘어지기 쉬운 구리와 주석을 결합하고 조합함으로써 완전히 다른 속성을 보이는 새로운 물질을 얻을 수 있는데, 그것이 바로 단단한 청동이다. 살아 있는 세포는 무생물인 미네랄 분자들로 이루어져 있다. 그러나 그것들이 결합했다는 사실만으로 미네랄 분자들은 생명의 특징적 속성들을 되찾는다. 즉 미네랄은 지각 가능한 생식세포 상태에서는 소유할 수 없던 영양을 섭취하고 재생산하는 능력을 가진다. 따라서 전체가 부분의 합과는 다른 것임은 변치 않는 사실이다. 전혀 놀랄 일은 아니다. 왜냐하면 요소들이 고립되지 않고 연합해서 연관되어 있다는 사실

도덕의 요소들

만으로 그 요소들은 서로 활동하고 반응한다. 연합의 직접적인 산물이며 연합이 없었다면 생기지도 않았을 이러한 작용과 반작용에서 완전히 새로운 현상들이 생겨난다. 연합이 없었다면 그러한 현상들은 존재하지도 않았을 것이다. 이러한 일반적 고찰을 사람과 사회에 적용해보면 인간들은 따로 떨어져 살지 않고 함께 살기 때문에 개인의식들이 서로서로 영향을 미친다고 말할 수 있다. 개인들을 묶어주는 관계로 인해 고립된 의식에서는 절대 생겨날 수 없을 사상과 감정들이 나타난다. 우리 모두는 군중 속에, 또는 모여 있을 때 감정과 열정이 어떻게 터져 나오는지 알고 있다. 때로 동일한 사건들이 집단이 아니라 개개인에게 영향을 주었다면 이렇게 집단으로 가깝게 모인 개인들이 느꼈던 바와는 전혀 다른 감정이 생겼을 것이다. 사물들은 전혀 다른 양상으로 나타날 것이고 완전히 다른 방식으로 느껴질 것이다. 인간집단은 그 구성원이 각각 떨어져 있을 때와는 다르게 생각하고 느끼고 살아가는 방식을 가지고 있다. 더구나 우리가 일시적으로 모인 군중과 일시적인 회중에 대해 말한 모든 것은 사회에도 적용되는데, 사회란 항구적이고 조직화된 군중일 뿐이다. 많은 것들 가운데서 사회와 개인의 이질성을 두드러지게 드러내는 한 가지는 집합적 인격이 그 구성원들의 인격보다 더 오래 살아남는다는 것이다. 최초의 세대들은 새로운 세대들로 대치된다. 하지만 사회는 그 고유의 모습과 그 인격적 특성을 지닌 채 남아 있다. 오늘날 프랑스와 과거의 프랑스 사이에는 물론 차이가 있다. 하지만 그것은 말하자면 나이 차이일 뿐이다. 우리는 늙었고,

그래서 우리의 집합적 특성도 변했다. 우리가 살아감에 따라 개인적 외모의 특징이 변한 것처럼 말이다. 하지만 현재의 프랑스와 중세의 프랑스 사이에는 그 누구도 부인할 수 없는 독창적인 동일성이 존재한다. 그러므로 개인 세대들이 다른 세대들의 뒤를 잇는 반면, 개별 인격들의 영원한 흐름을 초월해 지속하는 무엇이 있었다. 그것이 바로 고유한 의식과 인격적 기질을 가진 사회다. 시민과 관련해 정치적 사회 전반에 대해 말한 것은 그 구성원과 관련해 각 2차집단에도 똑같이 반복될 수 있다. 파리의 인구는 끊임없이 갱신되고 거기에 새로운 요소들이 계속 유입된다. 오늘날 파리지앵 가운데 세기초 파리지앵의 후손들은 매우 적다. 그런데도 파리의 사회적 삶은 실제로 100년 전과 동일한 주요 특징들을 보여준다. 그 특성들은 오늘날 더 두드러지게 나타난다. 범법 행위와 자살, 혼인율에 관해서 동일한 성향이 나타나고 있으며 출산율이 상대적으로 낮은 것도 동일하다. 다른 연령층 사이의 비율도 비슷하다. 계속 유입되는 개인들이 비슷한 양상을 보이는 것은 집단의 고유한 행위 때문이다. 이것이 바로 집단이 개인과 다른 것임을 보여주는 가장 좋은 증거다.

도덕의 요소들

제5강

사회집단에의 결속(계속)

우리는 도덕의 두 번째 요소를 결정하기 시작했다. 도덕의 두 번째 요소는 자기가 속한 사회집단에 대한 개인의 결속으로 이루어진다. 우리는 잠시 후에 우리가 속한 여러 사회집단 사이에 위계가 존재하는지, 그것들이 모두 같은 정도로 도덕 행위를 위한 목적에 도움이 되는지를 살펴보고자 한다. 그러나 이러한 특별한 문제에 들어가기 전에 진정한 도덕적 삶의 영역은 집합적 삶의 영역이 시작하는 곳에서만 시작된다는 일반 원칙을 확립하는 것이 중요하다. 다른 말로 하면 우리는 사회적 존재일 때에만 도덕적 존재가 될 수 있다는 원칙 말이다.

이 기본 명제를 증명하기 위해 나는 각 사람이 연대기적인 도덕 연구를 통해 자신 또는 타인에게서 확인할 수 있는 경험적 사실에 근거했다. 인류가 행위자의 사적 이익만을 목적으로 하는 행위들에 도덕적 가치를 부여한 일은 과거에도 없었고, 현재도 결코 없다. 물론 도덕 행위는 살아 있는 의식적 존재를 위해 유용한 결과를 생산하는 것으로 필연적으로 인식되어왔다. 그 행위란 행복을 증진하거나 고통을 경감하는 것을 말한다. 그러나 도덕 행위의 이익을 누리는 존재가 행위 당사자인 개인임을 인정하는 사회는 없다. 이기주의는 보편적으로 도덕과 관계없는 사랑의 감정으로 분류되었다. 그렇기는 하지만, 매우 단순한 이러한 이론(異論)의 결과는 다채롭다. 사실 개인의 이익이 당사자에게 가치가 없다면 타인에게도 더 이상 가치가 없다는 것은 자명하다. 나의 개체성이 도덕 행위의 목적으로 사용될 만한 자격이 없다면 나보다 더 나을 것이 없는 내 동료들의 개체성은 왜 다르다는 말인가? 여기서 다음과 같은 결론이 나온다. 도덕이 존재한다면, 도덕은 반드시 인간을 개인적 이해관계의 범위를 초월하는 목적에 애착을 가지도록 해야 한다. 이렇게 해두고, 초개인적인 목적이 과연 무엇인지, 그 초개인적 목적은 무엇으로 이루어져 있는지를 연구해야 한다.

그런데 우리는 개인의 외부에 단 하나의 심리적 존재가 있다는 사실을 확인했다. 경험적으로 관찰할 수 있고, 우리의 의지가 애착할 수 있는 유일한 도덕적 존재, 그것은 바로 사회다. 도덕적 활동의 목표를 제시할 수 있는 것은 사회뿐이다. 단, 그렇게 되기 위해 사회는 몇 가지 조건을 만족해야 한다. 우선, 사회가 개인들의 단순한 집합체로 축소되면 절대 안 된다. 만일 분리된 각 개인의 이해가 도덕적 특성을 지니고 있지 않다면 모든 개인적 이해의 총합 역시 아무리 수가 많더라도 도덕적 특성을 가질 수 없

도덕의 요소들

을 것이다. 그 총합이 개인이 할 수 없는 도덕적 역할을 할 수 있으려면 그것이 적합한 본질, 즉 그 구성원들과는 다른 특성을 가져야만 한다. 사실 우리는 사회가 이 조건을 충족시킨다는 사실을 살펴보았다. 살아 있는 세포가 그것을 구성하는 단순한 무생물 분자들의 총합과 다른 것처럼, 유기체 자체가 그 세포들의 합과는 다른 것처럼, 사회는 심리적 존재로서 그 구성원인 개인들과 다른 사회만의 특별한 사고방식, 인식방식, 행동방식을 가지고 있다. 특히 사회의 이러한 특수성을 매우 잘 알려주는 사실이 있다. 그것은 다수의 개인적 인성들에서 생성되는 끊임없는 변화에도 불구하고, 집합적 인성이 동일하게 유지되고 지속되는 방식이다. 비록 매우 짧은 시간 동안 유기체를 이루는 세포들이 완전히 새롭게 재생되더라도 개인의 육체적이고 도덕적인 주요 특징들은 그대로 남아 있다. 마찬가지로 세대가 끊임없이 갱신됨에도 불구하고, 나이에 따른 부차적 차이점들을 빼놓고, 사회의 집합적 특징도 원래와 비슷하게 존속된다. 사회를 개인과 구별되는 존재로 인식한다는 조건에서, 우리는 개인 경험의 영역을 벗어나지 않아도 자기를 초월하는 어떤 것을 가지게 된다.

하지만 어떻게 사회가 부여받은 역할을 할 수 있는지 이해하기 위해 이 첫 번째 조건으로는 충분하지 않다. 개인이 자신을 사회에 결속하는 일에 관심을 가져야만 한다. 사회가 단순히 개인과 다른 것이고, 또 사회가 우리와 상관없을 정도로 구별된다면 이러한 결속은 설명될 수 없다. 어떤 의미로는 인간이 자신의 본성을 포기해야만 자신과 다른 존재가 될 가능성이 있기 때문이다.

사실 어떤 존재에 결속하는 것은 언제나 어느 정도 그 존재와 자신을 합치는 것이고, 그 존재와 하나가 되는 것이다. 애착이 희생으로 발전한다면 그 존재를 자신으로 대치할 각오가 된 것이다. 이처럼 자신을 포기하는 것은 이해할 수 없는 일이 아닐까? 우리는 왜 우리와 완전히 다른 존재에게 이렇게까지 복종하는 것일까? 우리와 사회를 연결하는 어떤 유기적 관계도 없이 사회가 우리 위에서 선회한다면 왜 우리는 사회를 행동의 목표로 삼고 우리보다 더 선호하는 것일까? 사회가 더 탁월한 가치를 지니고 있기 때문일까? 사회가 더 다양하고 풍성한 요소들로 이루어지고, 훨씬 잘 조직되어 있기 때문일까? 한마디로 언제나 보잘것없는 우리의 개성(individualité)보다 사회가 더 방대하고 복잡한 인격(personnalité), 그리고 더 많은 삶과 현실을 가지고 있기 때문일까? 그러나 매우 고도화된 조직이 우리 것이 아니라면 왜 그것이 우리를 감동시키는 것일까? 그리고 우리를 감동시키지 않는다면 왜 우리는 그것을 노력의 목표로 삼는 것일까? 아마도 사회가 개인에게 제공하는 서비스 때문에 사회는 반드시 개인에게 유용하다고 말했고, 또 말할 것이다. 이익이 있기 때문에 개인은 사회를 원했으리라고 말할 것이다. 그러나 그렇게 되면 개인의 이익은 모든 사람의 도덕적 양심과 모순되기 때문에 우리는 버렸던 개념에 다시 빠지게 된다. 특히 개인의 이익이 도덕의 목적으로 새롭게 인식되어야 할 것이며, 그렇게 되면 사회는 그 목적에 이르기 위한 수단에 불과할 것이다. 만일 우리가 우리 자신 그리고 사실들과 모순 없이 일치되기를 원한다면, 또한 직접적이거나 간접

　　　　　　　　　　　　도덕의 요소들

적이거나 이기적인 행위를 도덕적이라고 선언하기를 거부하는 이 공동의식의 명백한 원칙을 유지하는 데 동의한다면, 사회는 단지 개인에게 유용한 정도에 따라서가 아니라 사회를 위해 그 자체로 원하는 바가 되어야 한다. 그러나 이런 일이 어떻게 가능할까? 우리는 도덕의 첫 번째 요소를 다룰 때 이미 부딪혔던 유사한 어려움에 다시 직면하게 된다. 도덕은 규율이기 때문에 인간 본성의 한계를 전제하는 것 같았다. 다른 한편으로 이러한 한계는 인간 본성과 상반되는 것처럼 보일 수도 있었다. 마찬가지로 여기서 도덕이 우리에게 정해준 목적들은 헌신을 강요하는데, 일견 그 헌신은 인격을 다른 인격에 함몰시키는 효력을 가진 것 같다. 이러한 모습은 사회와 개인을 대립시키는, 오래된 정신 습관에 의해 강화되고 있다. 마치 사회와 개인이 서로를 해치지 않고는 발전할 수 없는 적대적이고 상반되는 용어처럼 말이다.

그러나 겉보기에만 그럴 뿐이다. 분명히 개인과 사회는 다른 본질을 지닌 존재다. 그 둘 사이에는 대립이 존재하지 않는다. 개인이 자신의 고유한 본성을 전적으로 또는 부분적으로 포기해야만 사회에 결속할 수 있는 것은 아니다. 오히려 개인이 사회에 소속되어야만 자신의 본성을 온전히 실현할 수 있고, 진정한 자기 자신이 될 수 있다. 한정된 경계 안에서 자제해야 할 필요성을 우리의 본성이 스스로 요구한 것임을 밝힌 바 있다. 즉 이러한 한계가 없는 곳, 즉 도덕 규칙들이 원하는 정도의 규제력을 행사하는 데 필요한 권위를 가지지 못한 곳에서는 자살률 곡선이 보여주는 바대로 슬픔과 환멸에 사로잡힌 사회를 본다. 마찬가지로 사회가 정상적으로 지녀야 하는 매력적인 덕을 상실하여 더 이상 영향력을 행사할 수 없는 곳, 즉 개인이 집합적 목적을 버리고 자신의 이익만을 추구하는 곳에서도 동일한 현상이 생겨나고, 자발적인 죽음이 배가된다. 인간은 집단에서 이탈할수록, 즉 이기주의자로 살아갈수록 자살에 더 많이 노출된다. 그리하여 결혼한 사람보다 독신에게서 자살률이 세 배 정도 높고, 자녀가 있는 세대보다 자녀가 없는 세대에서 두 배 정도 높다. 자살은 아이들의 수와 반비례한다. 그러므로 개인이 가족집단의 구성원인가 아닌가에 따라, 결혼한 부부로만 사는가 아니면 반대로 다소 많은 아이들을 두어서 부부가 더 견실해지는가에 따라, 결과적으로 가족 사회가 어느 정도 응집력이 있고 밀집되고 강한가에 따라 삶에 대한 애착은 늘기도 하고 줄기도 한다. 인간은 자기 자신보다 다른 것에 대해 생각할 거리가 많을수록 자살을 덜한다. 집합감정을 북돋우는 위기 역시 동일한 효과를 만들어낸다. 예를 들면 애국심을 자극하는 전쟁은 사적인 잡념들을 잠재운다. 위협받는 국가의 이미지가 평화 시라면 차지할 수 없는 자리를 의식 속에 차지한다. 그 결과 개인과 사회를 묶는 끈이 강화되는 동시에 개인을 존재와 연결하는 여러 관계도 강화된다. 자살은 줄어든다. 마찬가지로 종교 공동체의 응집력이 강할수록, 결과적으로 그 구성원들이 종교와 결합할수록 그들은 자살하고 싶은 생각으로부터 보호받는다. 소수 종파는 그들이 싸워야 하는 반대 세력 때문에 항상 더 강하게 결집한다. 마찬가지로 교파 역시 대다수 일반 시민들을 포함하는 곳에서보다는 신도가 소수인 곳에서 자살이 적

도덕의 요소들

어진다.

 이기주의자가 누구보다도 행복해지는 법을 잘 이해하는 책략가라는 말은 터무니없는 소리다. 전혀 반대로 그는 어느 것도 중재하지 못할 만큼 불균형상태에 있다. 인간은 자기에게만 집착하는 사람에게 관심이 덜 가는 법이다. 왜 이런 일이 생기는가? 인간은 대부분 사회의 산물이기 때문이다. 우리에게 있는 가장 좋은 것, 우리 활동의 훌륭한 형태들은 모두 사회에서 온다. 무엇보다 언어는 사회적 산물이다. 언어를 고안한 것은 사회이며, 언어가 한 세대에서 다음 세대로 전달되는 것도 사회를 통해서다. 따라서 언어는 단순하게 단어 체계가 아니다. 각 언어는 고유한 망탈리테(mentalité, 심성, 즉 '무의식적인 것', '인지되지 않은 것', '사회문화 현상의 바닥에 자리 잡은 집단 무의식' 혹은 오랜 기간에 걸쳐 형성된 '집단적 사고방식'을 의미한다), 즉 그 언어를 사용하는 사회의 심성을 내포하고 있는데, 거기에는 사회의 기질이 잘 표현되어 있다. 개인 심성의 근본을 이루는 것이 바로 이러한 사회적 심성이다. 언어에서 비롯된 모든 관념에 종교에서 유래된 모든 관념을 덧붙여야 한다. 종교는 사회제도이기 때문이다. 많은 민족에서 집합생활의 기반은 바로 종교다. 그러므로 모든 종교 관념은 사회적 기원을 지니고 있다. 다른 한편으로 종교 관념들은 아직도 대부분의 사람에게 공적 사고와 사적 사고의 가장 탁월한 형태로 남아 있다. 오늘날 교양 있는 사람들에게는 과학이 종교를 대신했다. 그러나 정확하게 과학이 종교적 기원을 가지며 부분적으로 종교의 계승자이기 때문에 과학은 종교와 마찬가지로 사회의 작품이다. 만일 개인이 따로 떨어져 살았다면 과학은 쓸모없었을 것이다. 왜냐하면 그러한 조건에서 인간은 자신을 직접 둘러싸고 있는 물리적 환경과만 관계를 맺었을 것이다. 이러한 환경은 단순하고 제한적이며 변하지 않는 것처럼 느껴졌기 때문에 그 환경에 적응하기 위한 새로운 움직임 자체가 단순했고, 그 수도 많지 않았으며, 환경이 일정하므로 똑같은 것이 반복되었기 때문에 쉽게 자동적인 습관의 형태를 띠게 되었다. 동물들처럼 본능만으로 모든 것을 하기에 충분했다. 본능이 쇠퇴해야만 발전하는 과학은 아직 태어나지 않았다. 과학이 태어났다면 그것은 사회가 과학을 필요로 했기 때문이다. 맹목적인 본능의 견고한 체계로 인해 복잡하고 불안정한 조직으로는 기능을 발휘할 수 없었기 때문이다. 수많은 톱니바퀴가 조화롭게 작동하기 위해 사려 깊은 지성의 도움이 필요하게 되었다. 이처럼 여전히 온갖 종류의 상반되는 요소들이 섞이고 뒤덮였지만, 종교의 신화에서 갓 태어난 일종의 조잡한 과학이 나타나는 것을 본다. 과학은 점차로 여러 다른 영향에서 벗어나 과학이라는 이름과 과학만의 특별한 방법으로 따로 구성되었다. 그러나 그것은 사회가 점점 더 복잡해지면서 과학이 필요해졌기 때문이다. 따라서 과학이 형성되고 발전한 것은 집합적 목적을 위한 것이다. 사회는 그 구성원들에게 배우기를 강요함으로써 과학이 존재하도록 촉구했다. 인간의식에서 과학적 교양으로부터 기인한 모든 것을 제거한다면 인간은 텅 비게 될 것이다. 지성만 그런 것이 아니라 우리의 다른 모든 기능도 공허해질 수 있다. 우리에게 언제나 좀더 강력한 활동이 필요하다면, 열등한 사회에서 인간이 영위하는 따분하고 활기 없는 생활에 점점 더 만족할 수 없다면 그것은 사회가 우리에게 점점 더 강렬한 일, 점점 더 열성적인 일을 요구하기 때문이다. 우리는 그러한 요구에 습관이 들었고, 시간이 흐르면서 그러한 습관이 필요하게 되었다. 그러나 이러한 끊임없이 고통스러운 노력을 하도록 우리를 부추기는 것은 애초에 우리에게 전혀 없었다.

그러므로 많은 이론가가 너무나 쉽게 인정한 것처럼 개인과 사회 사이의 대립은 없었다. 그와는 정반대다. 우리 안에는 우리 자신과 다른 어떤 것, 즉 사회를 표현하는 수많은 상태가 존재한다. 그것들이 바로 우리 안에서 활동하고 살아 있는 사회다. 물론 사회는 우리를 초월하고 압도한다. 왜냐하면 사회는 우리 개인 존재보다 비교할 수 없이 더 방대한 동시에 모든 분야에서 우리에게 침투해오기 때문이다. 사회는 우리 밖에서 우리를 감싸고 있으면서 또한 우리 안에 존재한다. 어디에나 우리의 본성적인 측면이 있는데, 우리는 그것을 사회와 혼동한다. 마찬가지로 우리의 신체 유기체가 밖에서 가져온 식량으로 양식을 삼듯 우리의 정신 유기체는 사회에서 비롯되는 관념·감정·실천을 양식으로 삼는다. 그러므로 우리의 가장 중요한 부분을 사회에서 가져온다. 이러한 관점에서 보면 어떻게 사회가 우리의 애착 대상이 될 수 있는지 어렵지 않게 설명된다. 사실 우리는 우리 자신과 멀어지지 않고는 사회에서 분리될 수 없다. 사회와 우리 사이에는 가장 긴밀하고 가장 강력한 관계가 형성되어 있다. 사회는 우리의 본질이며, 어떤 의미에서 우리의 가장 좋은 부분이기 때문이다. 이러한 상황에서 이기주의자라는 존재가 불안정하다는 것이 이해된다.

이기주의는 자연에 위배되기 때문이다. 이기주의자는 마치 자신이 전체인 듯이 자기 안에 존재 이유가 있으며 스스로 충족한 사람처럼 살아간다. 하지만 이러한 상태는 불가능하다. 그 용어 자체가 모순적이기 때문이다. 우리는 우리와 나머지 세상을 묶고 있는 관계를 풀어버리려고 애써도 소용없고, 그렇게 되지도 않는다. 우리는 우리를 둘러싸고 있는 환경에 강하게 연결되어 있다. 그 환경은 우리에게 침투하고 우리와 뒤섞인다. 결과적으로 우리 안에는 우리와 다른 것이 있다. 바로 그 때문에 우리가 자신을 따른다고 할 때 사실은 우리 안에 있는 다른 것을 따르고 있는 셈이다. 심지어 절대적 이기주의는 실현될 수 없는 추상이라고 말할 수 있다. 왜냐하면 순수하게 이기적으로 살기 위해 우리는 사회적 본성을 떼어버려야 하기 때문이다. 그것은 우리의 그림자를 벗어나는 것만큼이나 불가능한 일이다. 우리가 할 수 있는 모든 일은 이러한 이상적인 한계에 어느 정도 다가가는 것이다. 그러나 이 한계에 가까이 갈수록 우리는 자연에서 더 멀어질 수 있고, 우리의 삶은 더 비정상적인 조건에서 작동하게 될 것이다. 그래서 우리의 삶은 곧 견딜 수 없게 된다. 특히 호의적인 상황과 결합되는 경우가 아니라면 이처럼 정상적인 목적지에서 벗어난 잘못된 기능에는 좌절과 고통이 따를 뿐이다. 호의적 상황을 만나지 못하면 모든 것이 실패한다. 마찬가지로 통합되지 못한 사회

도덕의 요소들

가 그 쇠락으로 인해 개인의 의지들을 강하게 끌어당기지 못하는 시기, 따라서 이기주의가 제멋대로 횡행하는 시기는 슬픈 시대다. 자아 숭배와 무한의 감정은 종종 동시에 생겨난다. 불교는 이러한 연관성을 가장 잘 보여주는 증거다.

그러므로 도덕이 우리를 제한하고 억제함으로써 우리 본성의 필요에 부응하게 만드는 것처럼 도덕은 우리가 집단에 결속하고 복종함으로써 우리의 존재를 실현할 것을 독려한다. 도덕은 우리에게 사물들의 본성이 요구하는 것을 하라고 명령한다. 인간다운 인간이 되기 위해 우리는 인류의 특징인 정신적·도덕적 삶의 탁월한 근원과 가능한 한 가까운 관계를 맺어야 한다. 이 근원은 우리에게 있지 않고 사회에 있다. 이 모든 문명의 풍성함을 만들고 보유한 것은 바로 사회다. 이 문명의 보고가 없다면 인간은 동물 수준으로 전락할 것이다. 따라서 우리는 자신의 자율성을 옹호하려고 질투에 차서 자신의 세계에 틀어박히는 대신 사회의 영향력에 자신을 활짝 열어야 한다. 따라서 도덕이 정죄하는 것은 이러한 열매 없는 폐쇄다. 특히 집단에 결속해야 할 의무를 막는 경우 그러하다. 다른 모든 것의 원동력인 이 기본적인 의무는 우리 자신의 어떤 것을 포기했는지는 모르지만 어떤 행위를 전제로 하는데, 의무가 규정하는 이 행위는 우리의 인성을 발전시키는 효과가 있다. 인격의 개념은 그 첫 번째 요소로 자제력을 전제로 한다고 앞에서 말한 바 있다. 우리는 도덕 규율의 학교에서만 자제력을 배울 수 있다. 그러나 이 첫 번째 필요조건만으로 충분치 않다. 인간은 자제하는 존재일 뿐만 아니라 사상·감정·습관·성향의 체계를 지녔으며, 내용을 가지고 있는 의식(意識)이기도 하다. 이 내용의 요소가 풍부할수록 더욱 더 인간다워진다. 이러한 이유로 문명인이 원시인보다 더 높은 정도의 인격체이고 어른이 아이보다 더 나은 인격이 아닌가? 도덕은 우리를 밖으로 끌어냄으로써, 사회라는 양육자의 환경에 푹 잠겨 있으라고 명령함으로써 우리의 인격을 기른다. 자기를 위해서만 배타적으로 살지 않는 존재, 서로 도움을 주고 헌신하는 존재, 외부와 섞이고 외부로부터 침투를 받는 존재, 그는 스스로 갇혀서 사물과 사람들을 피하려고 애쓰는 고독한 이기주의자보다 풍성하고 강력한 삶을 사는 것이 확실하다. 그런 이유로 진실로 도덕적인 인간은 기본적인 한도 이상을 추구하지 않는 보잘것없는 평균적 도덕성을 가진 인물이 아니다. 진정으로 도덕적인 인간은 긍정적이고 적극적인 도덕성을 가진 강한 인격을 형성하는 일에 실패하지 않는다.

이처럼 사회는 개인을 능가한다. 사회는 개인의 본성과 구별되는 자신의 고유한 본성을 가지고 있다. 따라서 사회는 도덕 행위를 목적으로 삼기 위한 첫 번째 필요조건을 충족한다. 그러나 다른 한편으로 사회는 개인과 다시 합류한다. 사회와 개인 사이에는 공백이 없다. 사회는 우리 안에 깊고 강한 뿌리를 내리고 있다. 아무리 말해도 충분치 않다. 우리 자신의 가장 좋은 부분은 집합성이 발현한 것일 뿐이다. 그러므로 우리가 집단에 결속하고 심지어 우리보다 집단을 더 좋아할 수 있다는 사실이 설명된다.

그러나 지금까지 우리는 일반적인 방식으로 마치 한 가지 사회만 있었던 것처럼 말했다. 사실 오늘날 인간은 수많은 집단 가운데서 살고 있다. 가장 중요한 것만 말하자면 태어난 가족이 있고, 정치집단 또는 국가가 있으며, 인류라는 집단도 있다. 다른 집단을 배제하고 어느 한 집단에만 소속되어야 할까? 그것은 말이 안 된다. 몇몇 속단하는 사람들이 무슨 말을 할지라도 이 세 가지 집합감정 사이에는 필연적인 대립이 없다. 마치 우리가 가족과 멀어져야만 조국에 충성하고, 시민으로서의 의무를 잊지 않아야만 인간의 의무를 완수할 수 있다는 식의 길항작용이 존재하지 않는다. 가족·국가·인류는 우리의 사회적·도덕적 발전의 여러 양상을 나타낸다. 그 세 집단은 서로 준비하는 단계다. 결과적으로 상응하는 집단들은 서로 배제하지 않고 중첩될 수 있다. 그 각각의 집단이 역사 발전의 연속선상에서 나름의 역할을 한 것처럼 현재는 상호 보완하고 있다. 각 집단은 나름의 기능이 있다. 가족은 국가와는 다른 모든 방법으로 개인을 감싸며, 다른 도덕적 요구에 부응하고 있다. 따라서 그것들 사이에서 배타적인 선택을 할 필요가 없다. 인간은 가족·국가·인류라는 이 삼중의 작용에 순응할 때만 비로소 도덕적으로 완전해진다.

그러나 이 세 집단이 동시에 공존할 수 있고 또 그래야 한다면, 각각의 집단이 추구할 만한 가치가 있는 도덕적 목적을 가지고 있다 해도 이 여러 다른 목적들이 동일한 가치를 가진 것은 아니다. 그것들 사이에는 위계가 존재한다. 국가가 더 높은 차원의 사회집단이라는 이유만으로 가족의 목적은 국가의 목적에 확실히 종속되어 있고, 또 그래야 한다. 가족이 개인과 가깝기 때문에 가족은 덜 비개인적인 목적, 결과적으로 보다 낮은 목적을 가진다.

가족의 이해관계 범주는 너무 한정적이어서 개인의 이해관계 범주와 혼동된다. 게다가 사실상 사회가 발전하고 중앙집중화함에 따라 모든 구성원에게 공통된 사회의 일반적인 삶, 즉 정치집단에 그 기원과 목적을 두고 있는 사회적 삶이 개인의 정신에서 점점 더 많은 자리를 차지하게 된다. 반면 가족적 삶의 상대적인 부분, 심지어 절대적인 부분까지도 점점 약화되고 있다. 정치적·법률적·국제적 등등 온갖 종류의 공적 관심사들, 국가 전체에 영향을 미치는 경제적·과학적·예술적 사건들은 개인을 가족 환경에서 끌어내어 다른 대상들에게 관심을 돌리게 만든다. 심지어 가족의 활동도 줄어들었다. 자녀는 외지에서 공식 교육을 받기 위해 아주 어려서 가정을 떠나는 일이 잦기 때문에 어쨌든 어른이 될 때 멀리 떨어져 있고, 그 역시 자신이 이룬 가족과 아주 짧은 시간만을 보낼 수 있다. 이전에 가족 위주였던 도덕생활의 중력 중심이 점점 바뀌고 있는 실정이다. 이제 가족은 국가를 보조하는 기관이 되어간다.

그러나 이 점에 대해서 이의가 없다 해도 인류가 국가에 복종해야 하는가의 문제, 또한 범세계주의가 국가주의에 종속되어야 하는가의 문제는 반대로 오늘날 가장 많은 논쟁을 일으키는 문제들 가운데 하나다. 어느 집단이 더 우세한가에 따라 도덕적 활동의 양극단이 매우 달라질 것이고, 도덕 교육도 거의 반대로 이해될 것이기 때문에 이보다 더 심각한 문제는 없다.

양쪽 편에서 오고간 주장들의 힘이 팽팽해 논의가 중요해졌다. 한편에서는 가장 추상적이고 비개인적인 도덕적 목적, 시간

도덕의 요소들

과 장소, 인종의 모든 조건에 가장 구애받지 않는 도덕적 목적이 최고의 위치로 올라가는 성향이 크다고 주장한다. 이전 시대의 작은 부족집단 위에서 국가가 설립되었다. 그다음 국가들이 더 방대한 사회 기관으로 연합되었다. 그 결과 사회의 도덕적 목적은 점점 더 보편화되었다. 그 목적은 인종적 또는 지리학적 특징에서 점점 더 벗어나고 있다. 그 이유를 정확히 말하자면 크기가 더 커진 각 사회가 풍토적 또는 기후적 조건의 엄청난 다양성을 포용하기 때문이다. 그리고 이렇게 함으로써 다른 모든 영향들이 상쇄되기 때문이다. 초기 그리스나 로마의 국가적 이상(l'idéal national)은 그리스와 이탈리아의 도시국가들처럼 작은 사회들과 특히 긴밀하게 관련된 것이었다. 그것은 어떤 의미로는 한 도시의 이상에 해당된다. 중세 시대 봉건 영주들의 이상은 이미 상당히 일반화되어서 유럽 사회가 확장되고 집중화함에 따라 점점 커지고 강화되었다. 이처럼 중단 없이 전진하는 어떤 움직임에 극복 불가능한 한계를 설정할 이유가 없다. 인류의 목적은 가장 고양된 국가적 목적보다 더 높다. 따라서 국가적 목적이 인류의 목적에 우위를 내주어야 하지 않을까?

그러나 다른 한편으로 인류는 국가에 비해 조직된 사회를 가질 수 없다는 열등함이 있다. 인류는 고유한 의식과 개성, 조직을 가진 사회적 유기체가 아니다. 인류는 인간이 만든 연합, 즉 국가와 민족, 종족의 총체를 지칭하는 추상적 용어에 불과하다. 실제로 국가는 존재하는 가장 고결하게 조직된 인간집단이다. 미래에 오늘날의 국가보다 더 방대한 국가들이 형성되리라고 생각할 수는 있어도 인류 전체를 포괄하는 국가의 구성을 가정할 수는 없다. 아무튼 이러한 이상은 너무나 먼 이야기라서 오늘날 그것을 고려할 필요는 없다. 그렇지만 지금 존재하며 현재 살아 있는 실체인 어떤 집단(국가)을 아직 존재하지도 않고 십중팔구 관념적 존재에 불과한 집단(인류)에 종속시키고 희생시키는 일은 불가능해 보인다. 우리가 한 말에 따르면, 행위는 고유한 특성과 인성을 가진 사회를 목적으로 할 때만 도덕적이다. 조직집단이 아닌 인류가 어떻게 이 특징을 소유하고, 이 역할을 완수할 것인가?

그러므로 우리는 이제 진정한 이율배반에 직면한 것 같다. 한편으로 우리는 도덕적 목적이 국가의 목적보다 더 높다는 것을 인식하지 않을 수 없다. 다른 한편으로 이 높은 목적이 그 목적에 완벽하게 적합한 인간집단에서 구현된다는 일이 가능할 것 같지 않다. 우리의 공공의식을 괴롭히는 이 난관을 해결할 유일한 방법은 이러한 인류의 이상을 우리가 알고 있는 가장 높은 집단, 인류애와 가장 근접한 집단에게 실현하도록 요구하는 것이다. 하지만 인류를 개별 국가와 혼동해서는 안 된다. 모든 모순을 없애기 위해, 우리의 도덕적 양심의 모든 요구들을 충족하기 위해, 국가가 주된 목적을 위해 헌신하는 것으로 충분하다. 즉 이웃을 희생시켜 물리적으로 확장하지 말고, 그들보다 더 부자가 되려 하지 말고, 힘을 더 강하게 키우려 하지 말고, 국가의 품 안에서 인류의 보편적 이익을 실현시키면 충분하다. 다시 말해 더 많은 정의가, 더 높은 도덕이 지배하도록 하며, 시민들의 공적과 그들의 신분(자격)이 언제나 정확하게 비례하도록 하며 개인들의 고통

도덕의 요소들

을 경감하거나 예방하는 식으로 국가가 조직된다면 말이다. 이러한 관점에서 보면 다른 여러 국가들 간에 모든 경쟁은 사라질 것이다. 이어서 범세계주의와 애국심 사이에 존재하는 모든 이율배반 또한 사라질 것이다. 요컨대 모든 것은 애국심이 인식되는 방식에 좌우된다. 왜냐하면 애국심은 아주 다른 두 형태를 가질 수 있기 때문이다. 어떤 때 애국심은 원심적이다. 말하자면 국가적 활동을 밖으로 향하게 한다. 국가로 하여금 다른 나라들을 하나씩 침범하도록 자극하고 서로 배척하게 한다. 그리하여 국가들을 갈등하게 만드는 동시에 국가적 감정들과 인류의 감정들이 갈등하게 된다. 그런데 반대로 애국심은 구심적, 즉 모든 것을 안으로 향하게도 한다. 애국심은 사회의 내적 생활을 향상하는 데 전념한다. 그래서 동일 수준의 도덕적 발전에 이른 모든 나라들과 동일한 목적을 향해 공감한다. 전자는 공격적이고 군사적이다. 후자는 과학적이고 예술적이고 산업적이다. 한마디로 본질적으로 평화적이다.

이러한 상황에서는 국가의 이상이 인류의 이상에 희생되어야 하는가를 더 이상 질문할 필요가 없다. 두 이상은 서로 섞여 있기 때문이다. 하지만 이 혼융 때문에 개별 국가의 특성이 사라지리라는 의미는 결코 아니다. 왜냐하면 각 나라는 고유의 체질과 기질, 역사적 과거에 따라 이러한 이상을 인식하는 그들만의 특별한 방식을 가질 수 있기 때문이다. 어떤 한 사회, 심지어 전 세계의 학자들은 모두 인간의 지성을 확장하려는 동일한 목표를 가지고 있다. 하지만 각 학자는 자신만의 지성적이고 도덕적인 개성을 가질 수밖에 없다. 그들 각자는 자신의 시각으로 동일한 세상, 더 나아가 세상의 동일한 부분을 본다. 그러나 이 모든 다양한 시각들은 서로 배척하기는커녕 상호 교정하고 보완한다. 마찬가지로 개별 국가는 적어도 인류에 대한 특별한 관점이 될 수 있다. 같은 대상을 인식하는 여러 방식이 서로 대립되기는커녕 오히려 그 차이점으로 인해 서로를 필요로 한다. 왜냐하면 여러 방식은 동일한 현실에 대한 여러 인식에 불과하며, 그 끝없는 복잡성은 연속적 또는 동시적 근사치의 무한으로만 표현될 수 있기 때문이다. 그러므로 개별 사회 위에 그들의 도덕 행위의 공통 중심으로 사용되는 하나의 동일한 이상이 선회한다고 해서 그 다양한 개성들이 사라지거나 다른 것 속으로 소멸되지 않는다. 그러나 초사회적인 이상은 그 요소들이 너무 다양하고 풍성해 각 집합적 개성은 그 이상을 표현할 수도 없고, 완벽하게 실현할 수도 없다. 따라서 개성들 사이에는 일종의 분업이 있어야 하는데, 그 분업이 바로 개성들이 존재하는 이유가 될 것이다. 물론 오늘날 존재하는 사회적 개성들은 사라질 것이다. 아마도 더 방대한 다른 개성들로 대치될 것이다. 그러나 그것이 아무리 방대하다 해도 인류애를 실현하기 위해 십중팔구 반드시 협력해야 할 다수의 국가들은 언제나 존재할 것이다.

이제 좀더 명확하게 도덕성의 두 번째 요소를 결정해야 한다. 원칙적으로 그것은 어떻든 사회집단에의 결속이다. 인간이 도덕적이 되려면 그는 자신 외에 다른 것에 관심을 가져야 한다. 사회가 아무리 보잘것없더라도 사회와 결속하여 연대감을 느껴야

도덕의 요소들

만 한다. 그런 연유로 도덕 교육의 첫 번째 과제는 어린아이를 직접 둘러싸고 있는 사회, 즉 가족에 연결하는 것이다. 그러나 보통 사회생활과 더불어 도덕성이 시작된다 해도 도덕에는 여러 단계가 존재한다. 그러한 이유로 인간이 속해 있거나 속할 수 있는 모든 사회들은 다른 도덕적 가치를 지니고 있다. 하지만 다른 모든 사회들보다 진정한 우위를 누리는 사회가 있는데, 그것은 정치적 사회, 즉 국가다. 하지만 여기서 말하는 국가는 유사한 단체들을 해치면서 오로지 확장하고 커지는 데만 전념하는 탐욕스럽고 이기적인 국가가 아니라 인류의 이상을 점진적으로 실현하는 데 필요한 협력을 하는 여러 기관들 가운데 하나로서의 국가를 의미한다. 특히 학교는 아이들을 이러한 사회에 결속하는 기능이 있다. 가족에 대해 말하자면, 가족 그 자체는 구성원들의 마음속에 가족의 생존에 필요한 감정들을 일깨우고 유지하는 것으로 충분하다. 반대로 이렇게 이해된 국가를 위해 학교는 어린아이가 체계적으로 국가를 배우고 사랑할 수 있는 유일한 도덕적 환경이다. 오늘날 국가의 도덕을 형성하는 데 학교가 가장 중요한 역할을 하게 된 것은 바로 이러한 이유 때문이다.

사회집단에의 결속(마지막)
두 요소의 관계와 결합

우리는 마침내 도덕성의 두 번째 요소를 결정했다. 그것은 자신이 속한 사회집단에 결속하는 것이다. 어떤 것이든 인간집단에 속한다는 그 사실만으로 도덕성은 시작된다. 그러나 사실상 인간은 여러 사회에 속해야만 온전하기에 도덕성 그 자체는 우리가 관여하는 여러 사회들(가족, 회사, 정치단체, 국가, 인류)과 연대감을 느끼는 만큼 완전해질 수 있다. 하지만 이 여러 사회가 똑같은 도덕적 위엄을 가지고 있지 않은 것처럼 이 사회들 모두가 집합적 삶 전반에서 똑같이 중요한 역할을 하는 것은 아니다. 때문에 우리의 관심사에서 동등한 위치를 점할 수 없을 것이다. 다른 모든 사회보다 진정으로 탁월한 우위를 차지하는 사회가 하나 있다. 전형적인 도덕 행위의 목적을 이루는 것으로, 바로 정치적 사회 또는 국가다. 국가는 인류의 이상이 부분적으로 구현된 것으로 여겨진다. 현대적 양심이 요구하는 국가는 질투하는 이기적인 국가가 아니다. 자신의 이익 외에 다른 규칙들을 알지 못하고, 스스로 모든 도덕 규율을 뛰어넘는 것으로 여기는 그런 국가가 아니다. 국가의 도덕적 가치는, 실제로 실현되지 못했고 어쩌면 실현될 수 없다 해도, 인류 사회의 가장 높은 근사치를 지향하는 데 있다. 그러한 국가는 우리가 끝없이 다가가고자 하는 이상적인 한계를 제시한다. 이러한 국가에 대한 개념에서 유토피아적인 몽상을 꾸지 않도록 주의해야 한다. 역사 속에서 국가가 점점 더 현실이 되어가는 것을 보는 것은 쉬운 일이다. 사회가 점점 더 방대해진다는 사실만으로도 가장 다양한 인종과 다양한 주거지에서 모인 많은 사람에게 공통되는 사회적 이상은 지역적이고 인종적인 모든 상황과 점점 더 멀어진다. 따라서 사회적 이상은 더 보편적이고 추상적인, 결과적으로 인류의 이상에 더 근접하게 된다.

이 원리로 인해 우리는 앞의 강의에서 미뤄두었던 어려움을 해결할 수 있게 되었다.

행위자의 사적 이익은 도덕적 목적이 될 수 없다는 데서 타인의 사익 역시 도덕적 목적이 될 수 없다는 결론을 내렸다. 나와 비슷한 다른 인물이 나보다 선호될 권리를 가질 이유가 없기 때문이다. 하지만 사실상 도덕적 양심이 어떤 행위에 도덕적 특성을 부여하고, 그 행동을 통해 어떤 개인이 동료를 위해 희생하는 일이 있음은 의심할 여지가 없다. 일반적으로 온갖 형태의 개인들 간의 자선이 칭찬받을 도덕적 실천으로 여겨지는 것은 보편적 현상이다. 그렇다면 인간 행위를 이렇게 평가하는 것은 공적인 양심을 남용하는 일인가?

도덕의 요소들

다른 사람을 위해 희생하고 자선을 베푸는 일이 도덕적 가치가 있다는 이러한 가설은 분명 용인될 수 없다. 이러한 견해의 보편성을 고려해볼 때, 그것을 우연한 착오의 산물로 여길 수 없을 것이다. 오류는 우발적이며 보편성과 지속성이 없기 때문이다. 사실들을 우리의 견해에 짜맞추기 위해 사람들의 도덕적 견해를 반박할 필요도 전혀 없다. 우리의 주장은 일상적이고 평범한 의미에서 개인 대 개인의 자선은 그 자체로 도덕적 의미가 전혀 없고, 도덕 행위의 정상적인 목적이 될 수 없다는 것이다. 하지만 자선이 간접적으로 도덕과 연관될 가능성은 남아 있다. 타인의 사적 이익을 추구하는 일 그 자체는 도덕적이지 않을 뿐 아니라 특권을 받을 권리도 없다. 하지만 타인의 이해관계를 우리의 것보다 우위에 두려는 성향은 도덕의 발전을 장려할 수 있다. 왜냐하면 타인의 이익 속에는 이른바 진정한 도덕적 목적을 준비하고 추구하는 경향이 있기 때문이다. 사실 이것은 흔히 있는 일이다. 집합적 목적 외에는 진정한 도덕적 동기가 없다. 집단에 애착하는 것만이 진정한 도덕적 동력이다. 인간은 자신이 속한 사회에 애착할 때 그 여파로 사회의 구성원인 개인들에게 심리석으로 애착하지 않을 수 없다. 그 개인들 안에서 사회가 실현된다. 만일 사회가 개인과 다른 것이고, 우리 누구에게서도 사회가 완전히 실현되지 않는다 해도, 사회의 반영이 없는 사람은 아무도 없다. 그 결과, 우리가 사회에 대해 가지고 있는 감정들이 사회를 부분적으로 구현하는 개인들에게 전이되는 것은 매우 당연하다. 사회에 애착하는 것은 사회의 이상에 애착하는 것이다. 그러므로 우리 각자에게는 사회적 이상이 어느 정도 내재해 있다. 우리는 집단의 통합을 만드는 집합적 모델에 참여하는 셈인데, 집합적 모델은 전형적인 거룩한 사물이 된다. 결과적으로 우리 각자는 이 집합적 모델이 불러일으키는 종교적 경외심에도 관여하는 셈이다. 그러므로 집단에 애착하는 것은 간접적으로 그러나 필연적으로 개인에게 애착하는 것과 같다. 집단의 이상은 인류의 이상의 특별한 형태일 뿐이며, 시민의 모델이 일반 인간의 모델과 대부분 혼동되고 있기에 우리는 인간으로서 인간에게 애착하는 셈이다. 물론 인류에 대한 우리 사회의 특별한 관념을 더욱 특별하게 실현하는 사람들에게 더 강한 연대감을 느낀다. 개인들 사이의 동정심과 그 동정심이 촉발하는 행위에 부여된 도덕적 특성은 이렇게 설명된다. 동정심 자체가 도덕적 기질의 내적 요소는 아니다. 그러나 동정심은 가장 기본적인 도덕적 성향들과 매우 밀접하게 연결되어 있다. 따라서 이유가 없는 것은 아니지만, 동정심의 결여는 아마도 도덕성이 낮다는 표지로 여겨질 수 있다. 우리가 국가를 사랑한다면, 일반적으로 인류를 사랑한다면, 그 동료들의 고통 또는 좀 더 일반적으로 모든 인간 존재의 고통을 자신의 고통으로 느끼지 않을 수 없을 것이다. 따라서 치유책을 강구해야 할 필요를 느낄 것이다. 반대로 모든 연민을 너무 모른 척할 때 그는 자기 자신 외의 다른 것에 애착하지 못하며, 그 결과 자신이 속한 집단에도 애착하지 못한다. 자선이란 그것과 연계된 도덕적 상태를 보여주는 징후일 때만 도덕적 가치를 가진다. 왜냐하면 자선이란 희생하고 자아에서 벗어나며 사적인 이

도덕의 요소들

해관계의 범주를 넘어서는, 도덕적 성향을 가리키는 지표이자 진정한 도덕성의 길을 여는 것이기 때문이다. 게다가 우리와 개별 존재를 연결하는 다양한 감정들도 동일한 의미를 가진다. 우리는 인간이 아닌 다른 존재들, 즉 우리의 일상적 환경, 우리가 태어난 장소 등에 널리 서식하는 동물이나 사물과도 관계를 맺고 있다. 무생물과 관련된 도덕은 전혀 없다. 자신의 삶과 관련된 대상들에서 너무나 쉽게 분리되는 사람은 그것만으로도 자신 외에 다른 존재와 맺고 있는 관계들을 깨뜨릴 성향, 도덕적 관점으로는 불안한 성향이 있음을 증명하는 것이다. 다시 말해 결국 다른 것에 애착할 성향이 적은 사람이다.

개인 대 개인의 자선은 도덕실천의 시스템에서 이차적이고 종속적인 위치를 차지하고 있음이 사실이다. 그러나 놀랄 일은 없다. 자선은 더 높은 위치를 부여받을 권리가 없다. 현실적으로 이러한 이타적 형태의 자선이 결과가 빈약하다는 것은 일반적으로 쉽게 증명될 것이다. 사실상 개인 혼자의 힘만으로는 사회의 상태를 바꿀 수 없다. 집합적 힘과 집합적 힘이 대결하는 방식으로 개인적 힘들을 결속할 때에만 사회에 효과적으로 작용할 수 있다. 특별한 자선을 통해 고치거나 약화시키려는 악들은 본질적으로 사회적 원인들에서 기인한다. 예외적인 특별한 경우를 제외하면 어떤 특정 사회에서 발생하는 불행의 본질은 경제생활의 상태와 그것이 작용하는 조건, 즉 그 조직 자체와 연관이 있다. 오늘날 사회적 방랑자들, 정규 사회의 모든 틀을 벗어난 사람들이 많다면 그것은 유럽 사회를 방황하게 만드는 무엇이 있기 때문이다. 알코올 중독이 만연한다면 증대된 문명이 어떤 자극제의 필요를 일깨우기 때문이다. 즉 그 필요가 다른 것으로 해소되지 못하면 알코올로 만족할 수밖에 없기 때문이다. 명백하게 사회적인 악들 역시 사회적으로 취급되어야 한다. 고립된 인간은 그 악들에 전혀 대항할 수 없다. 집합적으로 조직된 자선, 즉 복지만이 효과적인 유일한 치유법이다. 어떤 효과를 내려면 개인의 노력들이 모이고 집중되고 조직되어야 한다. 그러한 행동은 더 높은 도덕적 특성을 가지는데, 정확하게 말하면 그것이 더 일반적이고 비개인적인 목적에 공헌하기 때문이다. 물론 이러한 경우 동의한 희생의 효과들을 직접 보는 즐거움을 더는 누릴 수 없을 것이다. 그러나 정확히 말하면 무사무욕은 더 어렵고 또한 감각적 인상에 의해 촉진되기가 쉽지 않아서 희생은 더 가치 있다. 불행의 원인들을 파악하지 못한 채 각 불행을 개별적으로 다르게 취급하고 처리하는 것은 드러난 증상의 숨은 원인을 찾으려 하지 않고 환자의 외적 징후들을 살피는 의사와 같다. 물론 때로 더 좋은 방법이 전혀 없을 때 대중요법을 행하는 것으로 그쳐야 하는 경우도 있다. 마찬가지로 개인이 행하는 모든 자선을 정죄하고 좌절시키려는 것은 아니다. 단지 자선에 담겨 있는 도덕성의 정도를 규명하려는 것뿐이다.

이와 같이 도덕의 최초 두 가지 요소가 구성되었다. 그것들을 구별하고 정의하기 위해 우리는 그 두 요소를 분리해서 연구해야 했다. 그래서 그 두 요소가 지금까지 별개의 독립적인 것으로 보였다. 규율, 그리고 우리가 애착하는 집합이상은 전혀 다른 두 가

도덕의 요소들

지 항목으로 여겨진다. 하지만 실제로 그 둘 사이에는 긴밀한 관계가 존재한다. 그것들은 하나의 동일 현실의 두 양상일 뿐이다. 무엇이 그 둘을 하나로 만드는지 알아보기 위해, 그리고 도덕생활에 대한 좀더 종합적이고 구체적인 시각을 가지기 위해 다음과 같은 것을 연구하면 충분하리라. 즉 도덕적 삶은 무엇으로 이루어져 있는지, 우리가 도덕 규칙에 인정한 권위가 어디서 비롯되는지, 그 규칙을 존중하는 것이 규율을 만드는 일인지를 연구하면 되리라. 지금까지 유보했던 문제를 이제 다룰 때가 되었다.

사실 우리는 도덕 규칙들이 특권을 가지고 있고, 그 특권에 근거해 인간의 의지들이 그 규정을 따르고 있음을 살펴보았다. 이렇게 규정된 행동이 초래할 수 있는 결과들과 상관없이 단지 그 규칙들이 명령한다는 이유로 따른다. 의무를 존중해 의무를 행하는 것, 그것은 규칙이기 때문에 규칙을 준수하는 것과 같다. 그러나 어떻게 인간이 만든 제도인 규칙이 그것을 만든 인간의 의지를 굴복시키는 지배력을 행사할 수 있을까? 분명, 이것은 명백한 사실이기 때문에 우리가 설명할 준비가 되기도 전에 이 질문이 제기될 수 있었다. 심지어 우리가 설명할 수 없더라도 이 사실은 유지되었을 것이다. 현 상태의 과학이 이 사실을 설명하지 못한다고 해서 도덕적 실체를 부인하지 않도록 주의해야 한다. 그러나 사실상 초실험적 가설에 의지하지 않고도 이전 강의에서 확립된 사항이 이러한 의혹을 일소해줄 것이다.

사실 우리는 도덕이 하나 또는 여러 개의 사회집단에다 개인을 연결시키려는 목적이 있음을 보여주었다. 그리고 도덕성이 이러한 결속을 전제로 하고 있음도 밝혀보았다. 따라서 도덕은 사회를 위해 만들어졌다. 그러면 이미 도덕이 사회에 의해 만들어졌다는 것이 분명하지 않은가? 실제로 만든 자가 누구인가? 개인인가? 그러나 프랑스처럼 커다란 사회의 광대한 도덕 환경에서 일어나는 모든 것에서, 수백만 개의 단위 사회에서 매 순간 교환되는 무한한 작용과 반작용에서 우리는 개인의 영역에 영향을 주는 몇 가지 반향을 인식할 수 있을 뿐이다. 우리는 공공의식의 환한 빛 아래서 일어나는 큰 사건들을 잘 인지할 수 있다. 그러나 기계의 내부 작동, 내장기관의 소리 없는 기능, 한마디로 집합생활의 실체와 연속성을 이루는 모든 것은 우리의 시야에 잡히지 않고 빠져나간다. 물론 우리는 주변생활의 미미한 속삭임을 듣는다. 우리는 주위에 거대하고 복잡한 현실이 있음을 잘 느끼고 있다. 그러나 그 현실을 직접 인식하지 못한다. 마찬가지로 우리의 물질적 환경에 가득 찬 물리적 힘도 자각하지 못한다. 그 결과만 우리에게 전해질 뿐이다. 그러므로 개인이 자신과 직접 연관도 없고, 자신과는 다른 현실을 지향하며, 모호한 개념만을 가지고 있을 뿐인 이념과 실천 체계를 만든다는 것은 불가능한 일이다. 오직 총체적인 사회만이 규율을 창시할 만큼 충분한 의식을 가지고 있다. 이 규율의 목적은 사회, 적어도 사회가 사회라고 생각하는 바의 사회를 표현하는 것이다. 결과적으로 이러한 결론은 논리적이다. 만일 사회가 도덕의 목적이라면 사회는 또한 도덕의 제작자이기도 하다. 개인은 적어도 체계적인 형태로 사전에 디자인된 도덕의 원칙들을 자신 안에 지니고 있지 않다. 개인은 후에 그 규칙들을 상세히 만들고 발전시킬 수 있을 뿐이다. 그러나 그 규칙들은 연합된 개인들의 관계에서만 도출될 수 있다. 따라서 그 규칙들은 관련된 집단들이나 어떤 집단의 생활을 나타낸다.

게다가 이 논리적 이유는 결정적이라고 여겨질 수 있는 역사적 이유를 통해 확인된다. 도덕이 사회에 따라 다르게 변한다는 것은 그것이 사회의 작품임을 잘 보여준다. 그리스와 로마 도시국가의 도덕은 우리의 도덕과 달랐고, 원시종족의 도덕은 도시의 도덕과 달랐다. 사람들은 때로 이러한 도덕의 다양성을 마치 우리의 불완전한 이해력에서 기인한 오류의 산물로 설명하고자 했다. 로마의 도덕이 우리의 도덕과 다르다면 그것은 당시 인간의 지성이 지금은 말소된 온갖 종류의 편견과 미신으로 인해 가려지고 어두워졌기 때문이라고 말한다. 그러나 만일 역사가 확실하게 인정한 사실이 있다면 각 민족의 도덕은 그것을 실천하는 민족의 구조와 직접적으로 관련이 있다는 것이다. 그 관계는 매우 밀접하기 때문에 어떤 사회에서 준수되는 도덕의 일반적 특성들을 보면 그 사회의 본질, 즉 그 사회가 어떤 부분들로 구성되는지, 또 어떤 방식으로 조직되는지 추론할 수 있을 정도다. 물론 비정상적이고 병적인 경우는 예외로 한다. 어떤 민족의 결혼 양식이 무엇이고 가정의 도덕이 어떤지를 말해보라. 그러면 그 조직의 중요한 특성들을 말할 수 있다. 로마인들이 그들과 다른 도덕을 실천할 수 있었을 가능성은 정말 역사적으로 부조리한 생각이다. 그렇게 할 수 없었을 뿐만 아니라 다른 도덕을 가져서도 안 되었다. 사실 어떤 기적이 일어나서 현재 우리 도덕의 근거와 유사한 관념에 로마인들이 마음을 열었다고 가정한다면 로마 사회는 살아남지 못했을 것이다. 따라서 도덕은 죽음이 아닌 삶의 작품이다. 한마디로 각 사회 유형은 거기에 필요한 도덕을 가지고 있다. 각 생체 유형이 신체를 유지할 신경 체계를 가지고 있듯이 말이다. 그러므로 도덕은 사회에 의해 만들어지며, 또한 사회 구조를 충실히 반영한다. 이른바 개인의 도덕도 마찬가지다. 우리 스스로에 대한 의무까지 규정하는 것이 바로 사회다. 사회는 우리 안에 이상적 유형을 실현하도록 요구하는데, 그렇게 함으로써 사회가 중대한 이익을 얻기 때문이다. 사실 사회는 그 모든 구성원이 충분히 유사해야만 존재할 수 있다. 다시 말하면 정도의 차이는 있겠지만, 구성원 모두가 집합이상이라는 하나의 단일한 이상에 대한 모든 본질적 특성들을 재생산한다는 조건에서 사회가 존재할 수 있다. 다른 모든 것들처럼 나라와 유형에 따라 도덕의 부분이 달라지는 것은 바로 그런 이유 때문이다.

이렇게 인정하면 우리가 제기했던 문제는 매우 자연스럽게 답을 찾게 된다. 도덕 규칙들을 제정한 것이 바로 사회라면 그 규칙에 우리가 설명하려는 권위를 부여한 것 역시 사회일 수밖에 없다. 그렇다면 우리는 무엇을 권위라고 부르는가? 이렇게 복잡한 문제를 몇 마디 단어로 단언하려는 것은 아니지만, 다음과 같이 권위를 정의할 수 있다. 권위란 실제이건 상상이건 특정 개인들에 관련해 어떤 존재에게 부여된 특성이다. 오직 이 관계 때문에 그 존재의 힘이 개인들의 힘보다 더 큰 것으로 여겨진다. 더구나 이 힘이 실제적인지 상상적인지는 별로 중요하지 않다. 그 힘들

도덕의 요소들

이 마음에 실제로 표현되기만 하면 충분하다. 주술사는 그를 믿는 사람들에게는 권위다. 이 권위를 도덕적이라고 부르는 이유는 그것이 사물 속에 있는 것이 아니라 마음속에 있기 때문이다. 일단 이렇게 정의하면, 권위를 구성하기 위한 모든 필요조건을 가장 잘 충족하는 존재가 바로 집합적 존재라는 사실을 보여주기가 용이하다. 왜냐하면 우리가 말한 모든 것으로부터 사회는 개인을 끝없이 넘어선다는 결론, 물질적 영역뿐만 아니라 도덕적인 힘에서도 개인을 능가한다는 결론이 나오기 때문이다. 모든 개인의 힘을 하나로 응집했기 때문에 사회는 비교할 수 없는 엄청난 힘을 가지게 된다. 뿐만 아니라 우리의 정신상태와 도덕성에 자양분을 공급하는 지적·도덕적 삶의 근원이 바로 사회에 있다. 태어나는 세대에게 성장이란 주위의 문명에 조금씩 동화하는 것이다. 이렇게 동화하는 정도에 따라 태어날 때 동물과 같았던 인간이 형성되어 간다. 그러므로 사회는 문명의 모든 풍요를 보유하고 있다. 그 풍요를 보존하고 축적해온 것이 바로 사회이기 때문이다. 세대에서 세대로 문명의 풍요를 전달한 것도 사회다. 또 그 풍요가 우리에게까지 이른 것도 사회 덕분이다. 그러므로 우리는 사회에 빚지고 있으며, 사회로부터 문명의 풍요를 받아 누린다. 이제 사람들은 도덕적 힘이 어느 권위에서 부여되는지 알 수 있다. 우리의 의식은 도덕적 힘의 부분적인 화신일 뿐이다. 모든 권위 개념에는 거의 다 이 신비한 요소가 내재하는데, 사회에 대한 우리의 감정에도 이 신비한 요소가 빠지지 않는다. 사실 초인적 능력을 가진 존재는 인간의 지성을 당황스럽게 하고, 그로 인해 불가사의한 것은 당연하다. 이러한 이유로 종교적인 형태를 띠었을 때 권위는 최고조에 이른다. 개인이 보기에 사회는 신비로 가득 차 있음을 방금 살펴보았다. 우리는 무슨 일이 일어나는지 모른다고 포[14]가 말했다. 실상 우리 주변에서 수많은 것들이 생겨나고 있는데, 우리가 그 본질을 포착할 수 없다는 인상을 끊임없이 받고 있다. 우리 주변에서 온갖 종류의 힘들이 움직이고 서로 만나고 부딪힌다. 또한 어떤 중요한 빛이 우리 주위에서 일어나는 은밀하고 신비한 작업을 보여주는 날까지 우리는 그 힘들을 보지 못한 채 스쳐 지나간다. 그러나 우리는 그 작업을 의심하지 않으며 그 결과만 알아볼 뿐이다. 특히 우리 안에 이 감정을 항상 유지해주는 하나의 사실이 있다. 그것은 사회가 매 순간 우리에게 행사하는 압력인데, 그 압력을 의식하지 않을 수 없다. 매번 어떻게 행동해야 하는지 고민할 때마다 "그것이 너의 의무다"라고 말하는 목소리가 우리 안에 들어 있다.

이처럼 우리에게 제시된 의무를 이행하지 않을 때 똑같은 목소리가 들리고 우리의 행동에 항의한다. 그 목소리는 명령조로 말하기 때문에 우리는 그 목소리가 우리보다 우월한 어떤 존재에게서 나왔으리라는 사실을 잘 느낀다. 그러나 이 존재가 누구인

---

14 에드거 앨런 포(Edgar Allan Poe, 1809~49)는 19세기 미국 낭만주의 문학을 대표하는 소설가·시인·비평가다. 근대 환상문학의 창시자답게 「검은 고양이」 「어셔가의 몰락」 등 낭만적이고도 음산한 분위기 속에 죽음과 공포, 괴기가 인간의 심리 묘사와 한데 어우러진 작품들을 많이 발표했다. 프랑스 상징주의 시인들에게 많은 영향을 미쳤다. 그는 이성만으로는 설명되지 않는 인간 심리의 복잡성에 대해 탁월하고 합리적인 통찰을 보여주었다.

도덕의 요소들

지, 또 무엇인지 명확하게 알 수 없다. 인간의 목소리와는 다른 어조로 말하는 이 신비한 목소리를 설명하기 위해 사람들의 상상력은 그 목소리를 인간보다 우월한 초월적 인격들에 결부시켰다. 그것들은 숭배 대상이 되었으며, 요컨대 숭배란 그 인격들에 인정된 권위의 외적 증거에 불과했다. 신비한 형태들에서 이 개념을 벗겨내는 것이 우리가 해야 할 일이다. 역사가 흐르면서 이 개념은 신비한 형태들로 은폐되었는데, 이 상징 아래서 실재를 파악해야 한다. 이 실재란 바로 사회다. 우리를 도덕적으로 만들어가면서 우리의 행동을 강제로 명령하는 것은 사회다. 또한 그 명령에 복종하기를 거부할 때 힘있게 반격하는 느낌을 우리에게 주입한 것 역시 사회다. 우리의 도덕적 양심은 사회의 작품이며 사회를 표현한다. 우리의 양심이 말할 때 우리 안에서 말하는 것은 바로 사회다. 그러므로 사회가 우리에게 말하는 어조는 사회가 부여받은 예외적인 권위를 가장 잘 증명한다.

사회는 도덕적 권위일 뿐만 아니라 사회가 모든 도덕적 권위의 모델이고 근원이라고 믿을 만한 충분한 이유가 있다. 물론 자신의 특권을 스스로의 능력과 그 본성의 우월성 덕분이라고 생각하는 개인들이 있다고 믿는 것도 좋은 일이다. 그러나 그 개인들의 특권은 어디서 기인하는가? 그들의 큰 물리적 힘에서? 그러나 정확하게 오늘날 사회가 순수하게 물리적 우월성을 도덕적으로 인정하지 않기 때문에 물리적 우월성 자체가 어떤 도덕적 권위를 줄 수 없다. 이제 어떤 사람이 힘이 강하다고 해서 그를 존경하지 않을 뿐만 아니라 그런 사람을 싫어하는 정도다. 자세히 말하자면 우리의 사회구조는 그런 인간이 힘을 남용하지 못하게 하는 경향이 있으며, 결과적으로 그를 덜 위험한 존재로 만든다. 좀더 큰 지성, 또는 예외적인 과학적 능력들은 그러한 재능 있는 사람들에게 그들의 지적 우월성에 비례해 권위를 부여하기에 충분할까? 그러나 여론이 그러한 과학에 도덕적 가치를 인정해야만 한다. 갈릴레오는 그에게 유죄판결을 내린 법정에 의해 모든 권위를 박탈당했다. 과학을 믿지 않는 사람에게는 가장 위대한 과학 천재도 아무런 영향력을 미칠 수 없다. 위대한 도덕성은 더 효과적일까? 이러한 도덕성은 분명 사회가 요구하는 것이다. 사회가 도덕적이라고 인정하지 않는 행위는 그것이 무엇이든 그 행위를 완수하는 사람을 존경하는 데 도움이 안 되기 때문이다. 그리스도와 소크라테스는 당시 대부분의 동시대 시민들에게는 부도덕한 인물이었고, 그들 주위에서 아무런 권위도 누리지 못했다. 한마디로 권위는 그것을 논리적으로 내포하고 필연적으로 만들어내는 외적이고 객관적인 사실에 있는 것이 아니다. 권위는 이 사실에 대해 사람들이 가지고 있는 관념에 오롯이 들어 있다. 권위는 여론의 문제이며, 여론은 집합적 사물이다. 그것은 집단의 감정이다. 게다가 모든 도덕적 권위가 왜 사회적 기원을 가져야 하는지 이해하는 것은 쉬운 일이다. 권위는 일반인보다 높은 사람, 즉 초인의 특성이다. 그러므로 가장 지성적이거나 가장 강하거나 가장 바른 인간도 여전히 하나의 인간이다. 그와 그의 동료들 사이에는 정도의 차이만 있을 뿐이다. 사회만 유일하게 개인을 초월한다. 모든 권위가 사회에서 나오는 이유다. 이러저러

도덕의 요소들

한 인간적 자질에 이 고유한 특성을 부여하는 것은 바로 사회다. 즉 사회는 이 특성을 소유한 개인들을 자신보다 높게 고양시켜준다. 동료들에 비해 사회가 주는 우월성, 일종의 초월성을 지니고 있기에 그 개인들은 초인간이 된다.

방금 논의된 것을 도덕 규칙에 적용해보자. 그 규칙들에 부여된 권위는 어렵지 않게 설명될 것이다. 도덕은 사회적 산물이기 때문에 인간들에게 일종의 이상적 초월성을 부여받은 것으로 보이고, 또 늘 그렇게 보였다. 우리는 도덕이 우리보다 더 높은 세계에 속해 있다고 느낀다. 그래서 사람들은 초인적 힘의 말과 법을 보도록 유도된다. 만일 집단의 권위가 어떤 이념이나 감정에 현저하게 집중된다면 그것은 분명 도덕 관념이나 도덕 감정이다. 이것들보다 집합의식 속에 들어 있는 본질에 더 밀접하게 관련된 것은 없기 때문이다. 도덕 관념이나 도덕 감정은 집합의식의 중요한 부분이다. 도덕 규칙들이 우리의 의지에 영향을 미치는 방식에 대해 앞서 말한 것들은 이렇게 설명되고 명확해진다. 도덕 규칙이 우리를 억누르고 제한하는 힘이라고 말할 때, 우리는 추상 개념을 실현하고 부추길 수 있을 것 같았다. 사실 규칙이 추상적 이념들의 단순한 조합이 아니라면 도대체 무엇이란 말인가? 어떻게 순수하게 언어로 이루어진 관례적 문구(formule, 서식)가 이러한 영향력을 가질 수 있을까? 그러나 우리는 이제 이 서식 아래에 그것의 영혼인 실제적 힘이 있음을 보게 된다. 그 서식은 그 힘의 외피에 불과하다. "살인하지 말라." "도둑질하지 말라." 인간들이 오래전부터 세대에서 세대로 전해준 이러한 규범들 자체에는 존중할 만한 아무런 매혹적인 미덕이 없다. 그러나 이 규범 아래에는 그것을 유효하게 만드는 집합감정이 있다. 또한 여론의 상태들이 있는데, 규범은 여론의 표현에 불과하다. 왜냐하면 이 집합감정은 물리세계에 가득한 힘들처럼 실제적이고 활동적인 힘이기 때문이다. 한마디로 우리가 도덕 규율에 의해 통제될 때 우리를 통제하고 제한하는 것은 실제로 사회다. 우리에게 한계를 정해주는 구체적이고 살아 있는 존재가 있다. 그것이 무엇인지, 개인의 도덕적 에너지를 얼마나 능가하는지를 알게 되면 그 영향력에 더는 놀라지 않을 것이다.

동시에 우리는 도덕성(moralité)의 두 요소가 어떻게 서로 연결되는지, 무엇이 그들을 결합시키는지 알게 되었다. 우리의 도덕 생활 근저에 어떻게인지는 모르지만 서로 만나는 별개의 독립된 두 사물이 있는 것이 아니라 그와 반대로 사회라는 한 사물의 두 양상이 있을 뿐이다. 우리에게 지시하고 명령하고 법을 전수하는 것으로 인식된 사회가 아니라면 실제로 규율이 무엇이란 말인가? 두 번째 요소인 집단에의 결속에서 우리는 여전히 사회를 다시 만나게 된다. 그러나 이번에는 선하고 선망하는 것으로, 우리를 매료시키는 목적으로, 실현해야 할 이상으로 인식되는 사회다. 이 경우 사회는 우리를 억제하고, 한계를 정해주고, 우리의 침해를 막아주는 권위로 여겨진다. 그 권위 앞에서 우리는 종교적 존경심을 가지고 복종한다. 이 경우 권위는 친구나 보호자 같은 권력이고 유모다. 우리는 지적·도덕적 실체의 모든 중요한 것을 거기서 얻는다. 우리의 의지는 감사와 사랑의 흥분 속에서 그

도덕의 요소들

권위를 향해 나아간다. 어떤 경우 그 권위는 질투하는 두려운 신과 같고, 명령 위반을 허용하지 않는 엄격한 입법자와 같다. 어떤 경우에는 신도가 기쁨으로 헌신하는 구원의 신처럼 여겨진다. 사회의 이러한 두 가지 양상과 역할은 독창적인 하나의 특성에서 기인하는데, 그 특성 덕분에 사회는 개인들보다 우월하다. 사회가 우리에게 명령하고 절대적 권위가 되는 것은 사회가 우리보다 높은 데 있기 때문이다. 사회가 우리와 같은 수준이라면 우리를 강요하지 못하고, 우리의 의지에 명령할 수 없으며, 오직 충고만 할 수 있을 뿐이다. 마찬가지로 사회가 유일하게 도덕 행위의 목적이 될 수 있는 것은 사회가 우리 위에 있기 때문이다. 정확히 사회의 목적이 우리의 개인적 목적보다 우위에 있기 때문에 우리가 사회와 같은 정도로 높이 고양되지 않는다면, 즉 우리 개인의 본성을 초월하지 않는다면 이 목적을 실현할 수 없다. 이것은 추구할 수 있는 최고의 열망이자 인간이 한 번도 달성하지 못한 소망이다. 가장 위대한 역사적 인물들, 즉 다른 모든 사람들보다 무한히 위대하게 보이는 인물들은 위대한 예술가도, 위대한 학자도, 위대한 정치인도 아니다. 가장 위대한 노력적인 일을 행했거나 행한 것으로 여겨지는 사람들이 가장 위대한 역사적 인물이다. 즉 가장 위대한 이름들 가운데 몇을 인용하자면 모세, 소크라테스, 부처, 공자, 그리스도, 마호메트, 루터와 같은 인물이다. 물론 그들이 단지 위대한 사람, 뛰어난 재능을 부여받은 개인이라서 그렇게 여기는 것은 아니다. 그들은 우리의 머릿속에서 그들이 구현한 비개인적 이상(l'idéal impersonnel)에 합치하기 때문이다. 그들은 의인화된 위대한 인간 집단으로, 인간 존재의 조건을 초월하여 미화된 사람들로 여겨졌다. 대중의 상상력이 그들을 신성화하지는 않았다고 해도 그들을 따로 구별해 가능한 한 신성에 가깝게 놓을 필요가 있었던 이유다.

우리가 도달한 결론은 일상 개념을 침해하려는 것이 아니다. 오히려 반대로 확증하려는 것이다. 동시에 그 개념들을 새로 정확하게 하려는 것이다. 사실 모든 사람은 도덕에서 우리가 방금 구분한 것과 정확하게 일치하는 두 요소를 어느 정도 명확히 구분하고 있다. 도덕가들은 그 두 요소를 선과 의무라고 부른다. 의무는 그것이 명령하고 금지하는 한 도덕이다. 강제적인 규정 명령이기에 엄하고 무서운 도덕이며 복종해야 하는 명령이다. 선이란 그것이 좋은 것으로 사랑받는 이상으로 여겨지는 한 도덕이다. 우리는 의지의 자발적인 움직임에 따라 그것을 열망한다.

선과 의무의 개념 그 자체는 그것들이 살아 있는 현실과 연결되지 못하면, 말하자면 허공에 떠 있는 추상이다. 결과적으로 정신과 마음, 특히 어린아이의 정신과 마음에 말을 하기 위해 필요한 모든 것을 결여한 추상이다. 물론 도덕적인 것에 대해 예민한 감각을 가진 누군가는 선과 의무를 열렬히 확신할 수 있고, 그 열기가 전달될 것이다. 그러나 아무리 고상한 열정을 불러일으킨다고 해도 합리적인 교육이 오직 열정에만 호소하는 열렬한 설교가 되어야 할까? 이것은 우리가 바꾸기를 바라는 교육과 다를 바 없다. 왜냐하면 열정은 편견의 한 형태일 뿐만 아니라 편견의 탁월한 형태이기 때문이다. 물론 열정을 일깨울 필요가 있다. 열정

도덕의 요소들

은 어떤 행동의 원동력이기 때문이다. 그러나 이성의 판단 절차에 따라 열정을 불러일으켜야 한다. 맹목적인 열정이어서는 안 된다. 맹목적 열정을 깨우고 이끄는 관념은 피해야 한다. 그러나 만일 감동적인 언어로 선과 의무 같은 추상적 단어들을 반복하고 발전시키는 것으로 그친다면 도덕적 앵무새 증상만을 초래할 수 있다. 어린아이를 구체적이고 살아 있는 현실에 닿게 하는 일이 필요하다. 즉 추상적인 언어로는 그것의 가장 일반적인 특성만을 표현할 뿐이기 때문이다. 따라서 이 현실, 우리는 이 현실이 무엇인지 보여주었다. 그러므로 도덕 교육은 확실한 발판이 있다. 도덕 교육은 단순하게 불확실한 개념을 상대하는 것이 아니라, 현실에 지지대가 있다. 도덕 교육은 어린아이를 도덕적 존재로 만들기 위해 어떤 힘을 사용해야 하는지, 또 어떤 영향을 미쳐야 하는지를 알고 있다.

도덕의 처음 두 요소에 대한 결론

도덕의 세 번째 요소 의지의 자율성

우리가 도덕적 사실을 연구하면서 추구한 방법의 요점은 일반적으로 혼잡한 인상을 주는 도덕의식을 또렷하고 명확한 개념으로 바꾸는 것이었다. 우리의 목적은 도덕의식을 있는 그대로 분명하게 볼 수 있도록 돕고, 도덕의식을 이루고 있는 혼란스러운 여러 이념과 성향들 가운데서 그것을 분별하도록 도우려는 것이다. 그러나 우리가 도덕의식을 단순하게 대체하려는 것은 아니다. 우리는 도덕적 현실에서 출발하고, 언제나 거기로 다시 돌아가야 한다. 도덕 자체는 우리에게 가능한 유일한 출발점이다. 왜냐하면 우리가 존재하는 바 그대로의 도덕을 다른 어디서 관찰할 수 있겠는가? 도덕이 무엇으로 구성되는지, 도덕은 어떤 요소들로 만들어지는지, 어떤 기능에 부합하는지 등을 이해하기 위해 실제 있는 그대로의 도덕을 관찰하는 것부터 시작해야 한다. 그렇지 않은 도덕적 사변은 필연적으로 모든 기반을 결여하게 된다. 가능하고 유일한 연구 목표는 관찰한 바대로의 공동의식에 대한 판단들(jugements)이다. 그러나 다른 한편, 혼잡한 표현들을 좀 더 명확하고 논리적인 발전된 개념으로 대체함으로써 공동의식을 밝혀본 다음, 연구를 마치면 다시 공동의식으로 돌아가야 한다. 그러한 이유로 우리가 진행하는 단계마다, 우리가 만드는 주요 개념마다 통상적인 도덕관념에서 거기에 일치하는 것이 무엇인지 연구하는 규칙을 만들고자 한다. 또한 이 개념들의 모호한 인상은 무엇이며, 그것의 과학적 형태는 어떤 것인지를 연구하는 규칙을 만들고자 한다.

도덕의 본질적인 두 가지 요소들을 구분한 후에 모든 사람이 똑같지는 않더라도 여러 유사한 형태로 이렇게 구분하고 있음을 보여주려고 했다. 사실 도덕 안에 아주 다른 두 종류, 흔히 선(善)과 의무라는 단어로 지칭되는 이 두 가지가 존재한다는 사실을 느끼지 못하는 사람은 도덕가가 아니다. 의무가 명령하는 한, 의무는 도덕이다. 우리는 권위로 인식된 도덕에 복종해야 한다. 그것이 권위라는 그 한 가지 이유만으로도 복종해야 한다. 선은 좋은 것으로 인식된 도덕인데, 선은 의지를 자발적으로 도덕 쪽으로 이끌고 도덕에 대한 욕망을 부추긴다. 우리에게 규칙을 부과하고, 우리 본성에 한계를 정해주는 것이 사회이기 때문에 의무가 곧 사회라는 사실을 아는 것은 쉬운 일이다. 반면에 선도 사회다. 그러나 선은 우리의 현실보다 훨씬 더 풍부한 현실이고, 선에 애착해야만 그 결과로 우리의 존재가 풍성해진다. 따라서 이 두 경우에 표현되는 것은 동일한 감정이다. 즉 도덕은 우리에게 이

도덕의 요소들

중적 양상으로 제시된다. 한편에서는 우리에게 전적인 복종을 강요하는 명령법으로, 다른 한편에서는 감성이 자발적으로 동경하는 훌륭한 이상으로서 말이다. 그러나 동일한 감정이 표현된다고 해도 이 두 경우는 매우 다르다. 이 차이가 단지 이론적인 관심에 국한되는 것은 아니다. 사실상 선과 의무는 추상적 단어이며 명사화된 형용사이고 동사다. 그 단어들은 선한 현실(réalité), 그리고 우리의 의지를 강제하는 현실의 특징을 요약해준다. 그렇다면 이 현실이란 무엇인가? 도덕인가? 그러나 도덕이란 그 자체가 일반적인 판단과 규범의 총체다. 현실의 본성을 나타내는 이러한 판단들이 표현하는 현실이란 무엇인가? 우리는 공동의식이 제기하지 않는 이 질문을 해결하려고 했다. 이 일을 통해 우리는 어린아이의 도덕적 기질을 합리적으로 형성할 수 있는 유일한 방법을 교육에 제공했다. 이것이야말로 비합리적인 책략에 의지하지 않고, 편협하게 맹목적인 열정에 호소하지 않으며, 어린아이의 정신에 이념과 감정을 일깨울 수 있는 유일한 방법이기 때문이다. 이 방법이란 어린아이를 이 개념, 이 감정에 연관된 사물(chose)과 가능한 한 직접 접촉시키고 관계를 맺게 하는 것이다. 바로 이 방법만이 의식 안에 사물을 표현하는 정신상태를 불러일으키는 영향력을 가지고 있다. 지적인 교양뿐만 아니라 도덕적 교양을 기르기 위해서도 사물들을 통한 교육이 필요하다. 이제 우리는 그 사물들이 무엇인지, 도덕적 감정들이 표현하는 구체적인 현실이 무엇인지 알고 있다. 도덕 교육을 실행할 방법도 완전히 설계되었다. 이 방법을 학교에 도입해 교육 환경의 요소로 만들고, 여러 가지 양상으로 아이들에게 제시해 그들의 의식 속에 새겨 넣으면 된다. 적어도 교육적 실천원리는 발견되었다.

　도덕의 두 요소가 이렇게 현실과 연결되어 있는 동시에 무엇이 그것들을 결합시키는지 잘 알게 되었다. 선이 어떻게 의무와 연결되는지, 반대로 의무가 어떻게 선에 연결되는지를 알아보는 문제는 도덕가들을 종종 당혹스럽게 만들었다. 그들은 이 개념 가운데 하나를 다른 하나에서 추론하는 것 외에 문제를 해결하는 다른 방법을 알지 못했다. 어떤 사람들은 선이 최초 개념이고, 의무가 거기서 파생된 것이라 여겼다. 그들이 말하기를 우리는 규칙에 순응할 의무가 있다는 것이다. 규칙이 규정하는 행위는 좋은 것이기 때문이다. 그러나 그렇게 되면 의무 개념은 지워지고 완전히 사라지게 될 것이다. 우리가 좋아해서, 또 그 일이 선한 것이라서 어떤 일을 하는 것은 더 이상 의무로 하는 일이 아니기 때문이다. 반대로 의무는 거의 필연적으로 감각의 저항을 이겨낼 수 있는 노력을 전제로 한다. 결국 의무 개념의 근저에는 도덕적 강제 개념이 들어 있다. 반대로 다른 사람들은 선이 의무에서 파생된 것으로 연역하려고 했고, 자신의 의무를 다하는 것보다 더 좋은 선은 없다고 말했다. 그러나 역으로 도덕은 모든 매력적인 것, 모든 감성적인 것, 자발적 행동을 유발할 수 있는 모든 것을 버리고 완전히 강압적인 명령이 되어버린다. 우리는 그 명령에 복종해야만 하는데, 그 명령이 지시하는 행위들은 어떤 종류의 이익도 주지 않고, 우리의 본성과도 전혀 부합하지 않는다. 선(善)의 개념이 사라진다. 선의 개념은 의무만큼 필요하다. 우리의

　　　　　　　　　　　　　　　　도덕의 요소들

행동이 어떤 면에서 선하게 여겨지지 않는다면, 또한 그 행동을 하는 데 어느 정도 흥미를 느끼지 않는다면, 우리의 행동이 불가능하기 때문이다. 따라서 이 두 개념을 하나로 축소하고자 하는 모든 시도는 하나에서 다른 하나를 연역함으로써, 어떤 경우 의무가 선에 흡수되고 또 다른 경우 선이 의무에 흡수됨으로써 어떤 때는 선 어떤 때는 의무, 즉 둘 가운데 하나를 사라지게 한다. 그 결과 빈약하고 불완전한 도덕만 살아남게 된다. 따라서 이러한 용어들로 제기된 문제는 해결될 수 없다. 오히려 도덕의 이 두 요소가 동일한 현실의 다른 두 양상에 불과하다는 것을 잘 이해하는 순간 이 문제는 어렵지 않게 해결된다. 그것들을 단일하게 만든 것은 하나가 다른 하나의 파생 명제이기 때문이 아니라 그 반대다. 그것들은 현실 존재의 단일성 자체를 다른 행동 양식들로 표현할 뿐이기 때문이다.

사회가 우리 위에 있으므로 우리에게 명령한다. 다른 한편으로 우리 안에 있는 모든 것보다 우월하기 때문에 사회는 우리에게 침투한다. 왜냐하면 사회는 우리 자신의 일부이고, 특별한 매력으로 우리를 끌어당겨 도덕적 목적을 고취하기 때문이다. 그러므로 의무에서 선을 연역할 필요가 없고, 그 역도 마찬가지다. 그러나 우리가 사회를 어떤 양상으로 표현하는가에 따라 사회는 우리에게 법을 만드는 권력으로 보일 수도 있고, 우리가 헌신하는 사랑받는 존재로 보일 수도 있다. 우리의 행동이 의무에 의해 결정되는가, 선에 의해 결정되는가에 따라 우리는 의무를 존중해 행동하거나 선을 사랑해 행동한다. 아마도 우리는 이 두 견해 가운데 어느 하나를 완전히 배제한 채 하나의 견해로만 사회를 표현할 수는 없다. 또한 동일한 하나의 실체에 대한 두 가지 양상을 철저하게 분리할 수도 없다. 자연스러운 연상 작용에 의해 의무에 대한 생각이 의식의 제일선을 차지하고 있을 때조차도 비록 흐릿하기는 하지만 선에 대한 생각은 여전히 현존한다. 엄밀하게 말하면 우리는 완전히 순수한 의무만으로 행동하지 못하며, 이상에 대한 순수한 사랑만으로 행동하지도 못한다. 실제로는 적어도 보조와 보충이라는 명목으로 여전히 이 감정들 중 하나에 다른 감정이 수반된다. 최소한 그들에게 규정된 행동이 어떤 점에서 좋다는 막연한 의식도 없이 단지 의무라는 이유로 의무를 행할 수 있는 사람은, 있을 수도 있지만 거의 없다. 한마디로 그들이 지닌 감수성의 어떤 자연적 성향에 공감하지 않은 채 의무를 수행하는 경우는 없다. 반대로 사회가 우리 안에 있고 우리가 부분적으로 사회와 섞여 있다고 해도 우리가 추구하는 집합적 목적은 도덕적으로 행동하고 있을 때조차도 우리 위에 있다. 따라서 그 높이에 도달하고, 어떤 지점까지 자신을 초월하기 위해 보통 상당한 노력을 해야만 한다. 만일 의무에 대한 개념, 즉 이렇게 행동해야 한다는 느낌이 집단에 대한 우리의 애착을 강화하지 못하고 그 효과를 유지하지 못한다면 우리는 그런 노력을 할 수 없을 것이다.

그러나 이 두 요소를 결합하는 관계가 아무리 긴밀하고 서로 연루되어 있다고 해도 그것들이 매우 다르다는 점을 지적하는 것이 중요하다. 그 증거는 이렇다. 개인에게서나 민족에게서

도덕의 요소들

나 그것들은 서로 반대 방향으로 전개된다는 것이다. 개인의 경우 둘 가운데 한 가지 요소가 언제나 개인을 지배하며, 그 특별한 색깔로 개인의 도덕적 기질을 물들인다. 이러한 관점에서 우리는 인간의 도덕적 기질에서 극단적이고 대립적인 두 유형을 구분할 수 있다. 물론 그 두 유형에는 수많은 중간 색조들이 연결되어 있다. 어떤 사람들에게는 규칙, 즉 규율에 대한 감정이 우세하다. 그들은 의무를 보자마자 그것이 해야 할 의무라는 사실만으로 따지지 않고 망설임 없이 전심으로 의무를 수행한다. 그들은 견고한 이성과 강한 의지를 가진 사람들이다. 칸트가 그 이상적인 모범으로, 그에게는 감정 기능보다 이성 능력이 훨씬 더 발달했다. 이성이 말하면 그들은 즉시 복종한다. 그러나 그들은 그 감수성의 영향과는 거리가 있다. 그리하여 그들의 용모는 단호하고 결단력 있는 동시에 냉정하며, 엄하고 경직된 어떤 것을 가지고 있다. 그들의 특징은 스스로 행사할 수 있는 자기 통제력이다. 그래서 그들은 자신의 권리를 남용하지 않으며, 타인의 권리도 침해하지 않는다. 또한 그들에게는 기쁨으로 헌신하고 희생하는 자발적인 충동이 거의 생기지 않는다. 반대로 나른 부류의 사람들은 자제하고 집중하는 대신에 밖에서 활동하고 확장되는 것을 좋아한다. 그들은 소속과 헌신을 좋아한다. 사랑하는 마음, 관대하고 열성적인 영혼을 지니고 있지만, 반대로 그 행동을 통제하기 어렵다. 따라서 그들은 반짝하는 눈부신 활동은 할 수 있지만, 일상적 의무를 실천하는 데는 불편하게 억지로 따르고 있다. 그러므로 그들의 도덕 행위에는 앞의 사람들이 보여준 논리적 연속성과 아름다운 도덕적 태도가 없다. 이와 같이 열정적인 사람들을 신뢰하기는 어렵다. 열정이란 그것이 가장 고귀한 열정이라 할지라도 우발적인 상황의 영향하에 매우 다양한 방향으로 계속 흔들리기 때문이다. 요컨대 이 두 유형의 사람들은 마치 도덕의 두 요소처럼 서로 대립한다. 한편은 의무를 실천함으로써 발전된 자제력과 금지 능력, 그리고 스스로에 대한 권위를 가지고 있다. 다른 한편은 도덕적 에너지의 근원, 즉 사회와 맺은 가능한 한 친밀하고 연속적인 일체감이 발전시킨 활동적이고 창조적인 에너지를 가진다는 특징이 있다.

사회도 개인과 마찬가지다. 사회에서도 어떤 때는 이 요소가, 또 다른 때는 저 요소가 지배적이다. 그것이 어떤 것인가에 따라 도덕생활의 양상이 바뀐다. 어떤 민족이 안정과 성숙 단계에 도달할 때, 여러 가지 사회 기능들이 ─ 적어도 잠시라도 ─ 그 조직의 형태를 갖출 때, 중요한 본질을 지닌 집합감정이 대다수 개인에게 이론의 여지가 없을 때, 규칙과 질서에 대한 취향이 자연스럽게 우세해진다. 공인된 사상과 확립된 규칙들의 체계를 어떤 식으로든 교란하려는 의지들은 비록 그것이 고귀하고 그 체계를 완성하려는 것일지라도 괴리감만 불러일으킬 뿐이다. 심지어 이러한 정신상태가 강화되어 풍속뿐만 아니라 예술과 문학에서도 그 영향력이 감지되기도 한다. 풍속이나 예술은 나름의 방식대로 그 나라의 도덕구조를 표현한다. 예를 들면 루이 14세 시대와 아우구스투스 황제 시대가 이러한 시대적 특징을 보여준다. 그 시대는 사회를 완전히 장악하고 있었다. 반대로 과도기와 변화의

도덕의 요소들

시대에는 규율의 정신이 그 도덕적 활력을 유지할 수 없다. 왜냐하면 통용되는 규칙 체계가 적어도 어떤 부분에서 흔들리기 때문이다. 이때 사람들은 실제로 약화된 것보다 더 규율의 권위를 느끼지 못한다. 그래서 도덕성의 다른 요소, 즉 그들이 애착할 수 있는 목표, 그들이 헌신할 이상이 필요하게 된다. 한마디로 전형적인 도덕의 원동력은 희생과 헌신의 정신이다.

그러므로 우리는 이제 막 이 비판적 국면 가운데 하나를 건너뛰려는 결론으로 가고자 한다. 역사상 유럽 사회들이 지난 한 세기 전부터 직면했던 것만큼 중대한 위기는 없었다. 전통적 형태의 집합적 규율은 권위를 상실했다. 공공의식에 영향을 미치는 여러 가지 성향들과 거기서 기인한 불안이 그것을 증명하고 있다. 따라서 규율의 정신은 영향력을 잃어버렸다. 이러한 상황에서 오직 도덕의 다른 요소에서 그 방책을 찾아야 한다. 물론 어떤 순간에도 규율의 정신이 무시될 만한 요소는 아니다. 도덕 규칙들을 바꾸고자 할 때가 어느 때보다 더 그 필요성을 느껴야 할 시기라고 말한 바 있다. 어린아이에게 규율에 대한 이 느낌을 유지할 필요가 있다. 그것이 바로 교육자들이 설대 포기해서는 안 되는 임무다. 우리는 조만간 교육자가 어떻게 그 임무를 이행해야 하는지 살펴볼 것이다. 그러나 도덕 규율은 도덕이 확립되었을 때만 유용하게 작동할 수 있다. 규율은 도덕의 본질적 특성들을 결정하고 유지하는 것을 목표로 하기 때문이다. 반대로 도덕이 자기 모습을 찾으려고 모색할 때, 도덕이 확립되어야 할 때, 도덕을 만들기 위해서는 단지 보수세력에만 의지해서는 안 된다.

유지가 중요한 문제가 아니기 때문이다. 오히려 활동적이고 창의적인 의식의 힘에 의지해야 한다. 물론 도덕적 에너지를 제어해야 할 필요성이 있다는 시각을 절대 잃어서는 안 된다. 하지만 교육자가 열심히 해야 할 일은 다른 측면을 일깨우고 발전시키는 일이다. 특히 교육자는 헌신하고 봉사하는 능력을 자극하고 그러한 능력에 자양분을 공급해야 한다. 개인들이 애착할 수 있는 위대한 집합적 목적들을 추구하도록 그들을 이끌어야 한다. 그들이 사회적 이상을 사랑하도록 만들어서 언젠가 그 이상을 실현시켜야 할 것이다. 달리 말해 도덕성의 두 번째 원천이 일시적이지만 필연적인 첫 번째 원천의 부족함을 보충할 수 없다면 그 나라는 도덕적 무기력 상태로 떨어질 위험이 있다. 도덕적 무기력 상태는 국가의 물리적 존속을 위태롭게 할 수 있다. 만일 사회가 단일성을 가지지 못한다면 조금만 흔들거나 매우 약한 바람만 불어도 모래처럼 흩어질 것이다. 부분들 사이의 관계를 정확하게 규제하고, 좋은 규율이 여러 기능의 조화로운 협력을 보장하며, 모든 의지를 공동 목표로 집약시키는 데서 단일성이 만들어진다. 결과적으로 현 상황에서 특히 공통의 이상에 대한 믿음을 일깨워야 한다. 우리는 신령화된 애국심이 어떻게 필요한 목표를 제공할 수 있는지 살펴보았다. 정의와 연대성에 대한 새로운 사상들이 발전하고 있으므로 조만간 적절한 제도를 만들어낼 것이다. 거기서 여전히 혼돈스럽고 무의식적인 생각들을 제거해버리고, 어린아이들로 하여금 이 새로운 사상들을 사랑하게 만드는 것이 오늘날 도덕 교육의 가장 시급한 목표다. 현재 형성되고 있는 이

도덕의 요소들

넘들의 조건, 즉 과거가 물려준 이념이나 관행에 대해 반감을 갖지 않게 해야 한다. 무엇보다도 우리가 정신을 만들어야 하고 이 정신을 어린아이에게 준비시켜야 한다. 물론 이렇게 도출될 도덕적 삶이 단번에 조직되는 것이 아니므로 혼란스러워질 위험이 매우 클 것이다. 하지만 일단 생겨나면 시간이 지남에 따라 도덕적 삶은 규율이 잡히고 통제가 가능하리라고 본다.

이제 우리는 방금 행한 분석의 결과들이 우리가 계획했던 프로그램에 잘 부합하는지 확인하는 단계에 있다. 우리는 지금까지 종교적 형태로만 표현되었던 도덕적 믿음의 합리적 형태를 찾아볼 것을 제안했다. 과연 성공했을까? 이 질문에 답하기 위해 종교적 상징들에서 비교적 적합한 표현을 찾아낸 도덕 개념들이 무엇인지 살펴보자.

우선, 도덕을 초월적 힘에 결부시킴으로써 종교는 도덕적 계율에 내재된 권위를 쉽게 표현할 수 있게 해주었다. 규칙이 현실성이 빈약한 추상으로 보이는 대신 규칙 자체가 주권자의 의지가 발현된 것으로 여겨지는 순간, 규칙의 명령적인 특성은 이렵지 않게 설명되었다. 도덕적 의무는 우리보다 높은 곳에 우리를 강제하는 존재가 실재하는 순간부터 객관적 근거를 가지게 된다. 어린아이에게 적합한 방법을 사용해 이 초월적 존재의 실체를 느끼게 하는 것으로 충분했다. 그러나 신적 존재는 단순히 도덕적 질서의 입법자이자 수호자로 인식될 뿐만 아니라 개인들이 실현하고자 애쓰는 이상이기도 하다. 호모이오시스 토 테오

(Homoiôsis tô theô, 플라톤의『테아이테토스』에서 출현하는 신-동화 이념), 즉 신과 비슷해지고 신에 동화되는 것, 이것이 모든 종교적 도덕의 기본 원리다. 어떤 의미에서 신이 존재한다면, 다른 의미에서 신은 계속 되어가는 존재다. 즉 우리가 신을 모방하고 우리 안에 신을 재생산하는 한, 신은 세상에서 점차적으로 구현될 것이다. 만일 신이 인간의 모범과 이상이 될 수 있다면 그것은 신이 우리보다 훨씬 높은 존재임에도 불구하고 신과 인간 사이에 몇 가지 공통점이 있기 때문이다. 우리에게는 신의 단편이 들어 있다. 영혼이라 불리는 우리 존재의 탁월한 부분은 신에게서 유래하며, 우리 안에 신을 나타내준다.[15] 이것은 우리 본성의 신적 요소이며, 우리는 바로 이 요소를 발전시켜야 한다. 따라서 인간의 의지는 초개인적인 목적에 유보되어 있다. 하지만 그것을 위해 다른 개인에 대한 개인의 의무들은 금지되지 않았고, 오히려 그것이 유래된 더 고상한 근원과 연결되어 있다. 우리 모두가 신성의 표지를 지니고 있기 때문에 신성이 우리에게 불러일으키는 감정은 자연스럽게 우리와 함께 신의 뜻을 실현하려는 사람들에게 전이된다. 우리가 그들 속에서 사랑하는 것은 신이며, 이 조건에서 우리의 사랑은 도덕적 가치를 가질 것이다.

우리가 이 모든 도덕적 실체를 합리적 언어로 표현하는 데 성공했음이 분명하다. 우리에게는 초실험적인 존재에 대한 관

---

15 이러한 생각을 발전시키고 체계화한 것이 뒤르켐의 마지막 저서『종교생활의 원초적 형태』에 잘 나타나 있다.

도덕의 요소들

념(conception)을 직접 관찰된 존재, 즉 사회라는 경험적 개념(notion)으로 대체하는 것만으로도 충분하다. 적어도 사람들이 사회를 개인들의 산술적 합으로 여기지 않고, 개인과 구별되는 새로운 인격으로 여긴다는 조건에서 말이다. 사회가 우리를 지배하므로 우리는 이처럼 인식된 사회가 어떻게 우리를 구속하는지 살펴보았다. 또한 우리를 지배하는 동시에 우리에게 침투하므로 사회가 의지들을 어떻게 사회로 끌어당기는지도 밝혀보았다. 신도가 지극히 높은 의식(意識) 속에서 신의 단편과 반영을 보는 것처럼 우리는 사회에서 집합성의 단편과 반영을 보았다. 이 두 경우의 유사성이 매우 완벽하기에 이미 그것만으로도 여기서 여러 번 언급된, 즉 신은 집합성의 상징적 표현이라는 가설을 최초로 증명할 수 있을 정도다. 어쩌면 내세의 징벌에 대한 전망이 단순한 사회적 처벌보다 도덕 규칙의 권위를 더 보증해준다고 반박할 수도 있다. 사회적 처벌을 하는 것은 오류를 범하기 쉬우므로 언제나 불확실하다는 말이다. 그러나 우선 종교적 도덕의 효용성이 내세의 징벌 때문이 아님을 잘 보여주는 것은 이러한 사후 징벌에 기대지 않는 위대한 종교들이 있다는 사실이다. 그 역시가 상당히 발전된 시기까지 유대교의 경우가 그러하다. 게다가 오늘날 모든 사람이 다음의 사실을 인정한다. 즉 그 본질이 무엇이건 보상을 바라고 어떤 행동을 결정한다면 그 정도에 따라 그 행동의 도덕적 가치가 그만큼 결여된다는 것이다. 그러므로 어떤 행위의 도덕성을 손상시키면서 그 행위에 개입하는 관념에는 아무런 도덕적 호감도 부여할 수 없다.

그러므로 우리는 도덕적 실재를 합리적 형태로 표현함으로써 그것을 빈약하게 만들지 않았음을 확신한다. 그러나 우리가 예견한 바와 같이 형태의 변화가 내용의 변화를 내포하고 있음을 쉽게 알 수 있다. 물론 우리가 추구하는 목표에 비추어볼 때 도덕이 축소나 변형 없이 완전히 경험적 실재로 돌아온 것, 이어서 사물을 통한 교육이 지적 교양과 마찬가지로 도덕적 교양에도 적용될 수 있음을 밝힌 것은 사소한 성과가 아니다. 게다가 하나의 형태를 다른 형태로 대체하는 것은 자칫 묻혀 있을 뻔했던 도덕의 특성과 요소들을 드러내주는 효과가 있다. 물론 우리가 시도했던 것처럼 논리적이고 과학적인 단순한 작업이 무(無)에서 그것들을 창조해 존재하게 할 수는 없다. 과학은 그것이 무엇인지 설명할 뿐 창조하지 않는다. 과학은 도덕이 전혀 가지고 있지 않은 특성들을 도덕에 부여할 수 없다. 단지 현재 그리고 이전에 존재하던 특성들이 분명하게 드러나도록 도와줄 수 있을 뿐이다. 그러나 종교적 상징 이론은 그것을 표현하기에 적당하지 않았다. 왜냐하면 그 특성들은 너무 최근에 생긴 것이고, 따라서 종교적 상징 이론은 그것들을 부정하거나 적어도 어둠 속에 던져버리려고 했기 때문이다.

도덕이 합리적이라는 사실만으로도 도덕은 수구주의에서 벗어난다. 도덕은 종교적 기반에 근거할 때도 논리적으로 수구주의라고 비난받는다. 도덕이 영원히 변치 않는 존재의 법칙처럼 여겨질 때 도덕은 불변의 것으로, 신의 이미지로 인식되었음이 분명하다. 반대로 내가 증명하려 했던 것처럼 도덕이 사회적 기능을

도덕의 요소들

한다면 도덕은 사회가 보여주는 상대적 영구성과 상대적 가변성을 모두 지니는 것이다. 어떤 사회는 그 존재가 지속되는 동안 어느 정도 동일성을 유지한다. 그 사회가 겪는 변화에도 불구하고 늘 동일한 구성적 본질이 있다. 따라서 사회가 시행하는 도덕 시스템은 같은 정도의 동일성과 항구성을 보여준다. 중세 시대의 도덕과 우리 시대의 도덕 사이에는 공통된 특성들이 있다. 그러나 다른 한편으로는 사회가 그대로 유지되면서도 끊임없이 발전하듯 도덕성도 똑같이 변화한다. 사회가 더 복잡해지고 유연해짐에 따라 이러한 변화도 더 빨라지고 중요하게 되었다. 그래서 우리는 방금 실제로 우리의 주된 의무가 도덕을 만드는 것이라고 말할 수 있었다. 만일 도덕생활이 사회생활을 표현하는 것이라면, 일시적인 고정조차 전혀 허락하지 않는 유동성은 없지만, 도덕생활은 무한히 발전하게 될 것이다.

그러나 도덕을 인식하는 방식에 이러한 큰 변화가 생겨서 도덕이 탈종교화된다 해도 더 중요한 다른 것이 있다. 지금까지 언급하지 않은 도덕성의 다른 요소가 있는데, 그것은 논리적으로 합리적인 도덕에서만 자리를 잡을 수 있다.

사실상 지금까지 우리는 도덕을 개인의 외부에 있으면서 개인에게 부과되는 규칙 체계로 표현했다. 물론 물리적인 힘에 의해서가 아니라 규칙의 영향력 덕분이다. 이러한 관점에서 개인의 의지는 자기가 만들지도 않은 법률에 의해 지배되는 것 같다. 사실 우리가 도덕을 만드는 것은 아니다. 물론 우리는 사회의 일원이고 사회가 도덕을 만들기 때문에 어떤 의미에서 우리는 각각 도덕을 만드는 데 협력한다고 볼 수 있다. 그러나 무엇보다 도덕이 발전하는 데 각 세대의 공헌이 매우 줄어들었다. 우리 시대의 도덕은 우리가 태어나는 순간 그 중요한 선(線) 안에 고정된다. 개인이 존재하는 동안 일어나는 도덕의 변화들, 결과적으로 우리 각자가 참여할 수 있는 변화들은 무한히 제한된다. 왜냐하면 도덕이 크게 변하는 데는 언제나 많은 시간이 필요하기 때문이다. 게다가 우리는 변화에 기여하는 수많은 단위들 가운데 하나에 불과하다. 따라서 우리의 개인적인 공헌이라는 것은 복잡한 결과의 아주 작은 요인에 불과한데, 그것은 익명으로 사라질 것이다. 따라서 도덕 규칙이 집합적 산물이라면 우리는 규칙을 만든 것보다 받아들인 것이 더 많다는 사실을 인정하지 않을 수 없다. 우리의 태도는 능동적이라기보다 수동적이다. 우리는 영향을 미치기보다 더 많은 영향을 받는다. 그러므로 이러한 수동성은 도덕의식의 현실 성향과 모순되며, 날마다 더 강화된다. 사실 우리 도덕의 기본 공리들 가운데 하나는——하나의 기본 공리라고 말할 수 있을 것이다——인간 개개인이 특히 거룩한 사물이라는 것이다. 모든 종교의 신도가 자신의 신에게 바쳤던 것과 같은 존경을 받을 권리가 있다는 것이다. 우리가 인류애의 이념을 국가의 존재 이유와 목적으로 삼을 때 우리 자신이 표현한 바가 바로 그것이다. 이 원리 덕분에 우리의 양심에 가한 온갖 종류의 침해는 부도덕한 것으로 보인다. 왜냐하면 이것은 우리 인격의 자율성에 가해진 폭력이기 때문이다. 오늘날 모든 사람은 적어도 이론적으로는 다음의 사실을 인정하고 있다. 즉 어떤 경우에도 도덕적 권

도덕의 요소들

위라는 미명으로 우리에게 결정된 사고방식을 강제해서는 안 된다. 이것은 논리의 규칙일 뿐만 아니라 도덕의 규칙이다. 우리의 이성은 자발적으로 그렇다고 인정한 것만을 진실한 것으로 받아들여야 한다. 그러나 실행도 다를 바 없다. 행동을 인도하는 것이 이념의 존재 이유와 목적인데, 행동이 예속되어 있다면 사고가 자유롭다고 한들 무슨 소용이 있겠는가?

사실 도덕의식이 이러한 자율성을 요구할 권리가 있는지에 대해 몇몇 사람들이 이의를 제기하고 있다. 그들은 사실상 우리가 영원한 속박에 매여 있고, 사회 환경에 따라 주조된다고 지적한다. 또한 사회 환경은 유전을 통해 우리에게 숙명적으로 전해진 성향들을 언급하지 않은 채 숙고해보지 않은 온갖 종류의 여론을 우리에게 부과한다고 한다. 그들은 실제로 또 법적으로도 인격이 환경의 산물에 불과할 수 있다고 덧붙인다. 인격은 어디서 올까? 인격이 무(無)에서 생겨났는지 아니면 영원 전부터 존재했는지 알 수 없지만, 우리 몸속에 떨어진, 나눌 수 없는 하나의 진정한 심리적 원자라고 말해야 한다. 혹은 인격이 어떤 근원에서 나왔고, 세상에 존재하는 모든 것처럼 부분들로 형성되었다면 인격은 인종이나 사회에서 유래된 여러 힘들의 복합체이거나 그 결과물이어야 한다. 그리고 우리는 인격이 다른 근원에서 자양분을 취할 수 없음을 밝혀보았다. 그러나 이 모든 사실이 이론의 여지가 없고, 이러한 의존관계가 분명하다고 해도, 도덕의식이 이러한 예속에 점점 격렬히 대항하고 개인의 더 큰 자율성을 점점 강하게 요구하는 것 역시 분명한 사실이다. 이러한 요구는 일반적이고 지속적이기 때문에, 또한 도덕의식이 점점 명확해지고 있기 때문에 그것을 공공의식의 착각의 산물로 볼 수는 없다. 도덕의식은 어떤 것에 상응하고 있음이 틀림없다. 도덕의식은 그 자체가 하나의 사실이다. 같은 이유로 사람들은 도덕의식에 반대 사실들을 대립시킨다. 도덕의식을 반대하고 그것의 존재 권리를 부인하는 대신, 도덕의식이 존재하는 이상 그것을 설명해야 한다.

칸트는 분명히 이러한 이중의 필요성을 가장 강하게 느꼈던 도덕가다. 첫째, 도덕률의 명령적 특성을 칸트보다 더 강하게 느낀 사람은 없다. 그는 이 명령을 수동적으로 복종해야 하는 진정한 규칙으로 삼았다. "이 법과 인간 의지는 의존관계(Abhägichkeit)다. 우리는 거기에 강제(Nöthigung)를 지칭하는 의무(Verbịndlichkeit)라는 이름을 부여한다"고 말한다. 그러나 동시에 의지에 자율성이 없을 때, 의지가 자신이 만들지 않은 법을 수동적으로 따르는 것에 그칠 때 칸트는 의지가 충분히 도덕적이라고 인정하지 않는다. "모든 도덕 법칙과 그 법칙에 수반되는 모든 의무의 유일한 원칙은 의지의 자율성이다. 의지의 모든 타율성은 …의지의 도덕성과 …대립된다"고 칸트는 말한다.[16] 칸트가 이 이율배반을 어떻게 해결하는지 살펴보자. 칸트는 "의지는 그 자체로 자율적이다"라고 말한다. 만일 의지가 감각의 영향을 받지 않고, 오직 이성의 가르침에만 순응하도록 만들어졌다면 의지는 그 본성의 충동만

---

16 I. Kant, "Critique de la raison pratique", *des Pratiques*, §§ 7 et 8, BARNI (trans.), pp. 177, 179.

도덕의 요소들

으로도 저절로 의무로 향하여 갈 것이다. 순수하게 합리적 존재에게 법은 의무적 특성과 강제적 모습을 상실할 것이다. 자율은 완벽해질 것이다. 그러나 사실상 우리는 순수한 이성으로 이루어져 있지 않다. 우리는 감성을 지니고 있으며, 감성은 고유한 본성이 있고 이성의 명령에 저항한다. 이성이 일반적이고 비개인적인 것으로 가는 반면, 감성은 특별하고 개인적인 것에 친화력이 있다. 그러므로 이성의 법은 우리의 본능을 속박한다. 그래서 우리는 그 법을 의무이자 강제라고 느낀다. 이성의 법은 본능에 진정한 구속력을 행사한다. 그러나 이성의 법은 감성과 관련해서만 의무이고 강제적인 규율이다. 반대로 순수한 이성은 이성에만 지배되고 자율적이다. 우리 존재의 열등한 부분에 부과될 법을 만드는 것은 이성이다. 그러므로 우리 본성의 이분법에 의해 모순이 해결된다. 자율은 이성적 의지의 작품이고, 타율은 감성의 작품이다.

그러나 의무는 어느 정도 도덕법의 일시적인 특성이 될 수도 있다. 법 자체가 반드시 명령적일 필요는 없을 것이다. 법과 열정이 갈등을 일으킬 때만 법이 권위를 내세우게 될 것이다. 하지만 이러한 가설은 완전히 자의적이다. 그와 반대로 도덕률이 이성에게 존중을 강요하는 권위를 부여받았음을 모든 것이 입증하고 있다. 우리는 도덕법이 우리의 감성뿐만 아니라 우리의 모든 본성, 심지어 이성적인 본성까지도 지배하는 것을 느끼고 있다. 심지어 가장 고매한 이성에게 도덕률이 불어넣는 감성에까지도 종교적인 것이 있었음을 칸트는 누구보다도 잘 보여주었다. 따라서 우리는 이상이건 실제이건 우리보다 우월한 능력을 지닌 존재에 게만 종교적 감정을 가질 수 있다. 따라서 실제로 의무는 도덕 규범의 중요한 요소다. 우리는 그 이유에 대해 이미 말했다. 우리의 모든 본성은 제한되고 억제되며 한계를 정할 필요가 있다. 우리의 이성과 감성도 마찬가지다. 왜냐하면 우리의 이성은 초월적 능력을 지니고 있지 않기 때문이다. 이성 역시 세상의 일부분이고, 결과적으로 세상법을 따른다. 세상에 있는 모든 것은 제한된다. 이러한 제한은 그것을 제한하는 힘을 전제로 한다. 우리가 방금 말한 용어로 의지의 순수한 자율성을 인식하기 위해 칸트는 의지, 적어도 순수하게 이성적인 의지는 자연법에 따라 좌우되면 안 된다는 것을 인정해야만 했다. 따라서 칸트는 세상에서 현실을 분리해야만 했다. 하지만 세상은 분리된 현실에 영향력을 행사할 수 없다. 즉 그것은 자신의 세계에 틀어박혀 외적인 힘의 영향을 받지 않는 현실이다. 오늘날 이러한 형이상학적 개념을 논의할 필요는 없는 것 같다. 이 형이상학적 개념은 우리의 사고를 위태롭게 할 뿐이다.

의지의 자율성(마지막)

　우리는 선과 악, 개인과 집단, 규율이 부과하는 제한과 인간 본성의 전적인 확장 사이에 존재하는 이율배반처럼 도덕성의 여러 요소 사이에서 드러나는 이율배반에 이미 여러 번 부딪혔다. 이러한 잦은 이율배반 때문에 놀랄 일은 전혀 없다. 도덕적 현실은 복합적이지만 하나다. 그러나 도덕의 단일성은 그 토대를 이루는 구체적인 존재, 즉 사회의 본성을 표현한다. 반대로 도덕의 요소들을 현실과 동떨어지게 추상적으로 표현할 때 도덕에 대한 개념들 역시 틀림없이 불연속적으로 보일 것이다. 그리고 논리적인 기적이 일어나지 않는 한, 이 다양한 요소들을 서로 합쳐 각 요소에 자신의 위치를 배정하는 것은 거의 불가능한 일이다. 그로부터 정반대의 관점들과 대립들, 또는 이론가들의 사고를 종종 당황하게 만드는 부득이한 환원(réduction)이 생겨난다.

　이렇게 해서 우리가 지난 강의 마지막 부분에서 맞닥뜨린 새로운 모순이 생겨나는 것이다. 한편으로 도덕 규칙들은 우리가 보기에 분명히 의지와 무관한 것 같다. 규칙들은 우리가 만든 것이 아니다. 우리는 규율에 순응함으로써 결과적으로 우리가 만들지 않은 법에 복종하는 것이다. 우리는 도덕적인 인간이 되기 위해 현실적인 강제를 견디고 있는 셈이다. 다른 한편으로 의식은 확실히 이러한 의존에 반대한다. 우리는 어떤 종류의 압력 없이 자유롭게 완수한 행위만을 충분히 도덕적인 것으로 인식한다. 그러므로 만일 우리의 행위를 규제하는 법이 부과된다면, 또한 그 법을 자유롭게 원한 것이 아니라면 우리는 자유롭지 않은 것이다. 행위의 도덕성과 행위자의 자율성을 연결하고자 하는 도덕의식의 성향은 부인할 수 없는 사실이며, 또 우리는 그 성향을 설명해야 한다.

칸트가 이 문제에 대해 제안한 해결책을 살펴보았다. 그는 이 문제의 어려움을 잘 느끼고 있었으며, 이 문제를 가장 먼저 제기한 사람이기도 하다. 칸트에 따르면 도덕성의 원칙은 자율성이다. 사실상 도덕은 비개인적이고 보편적인 목적, 즉 개인들과 그들의 사적 이해관계에 좌우되지 않는 목적을 실현하고자 하는 것이다. 그러므로 이성은 그 본성 자체가 보편적이고 비개인적인 것을 지향한다. 왜냐하면 모든 사람, 모든 합리적인 존재들의 이성은 동일하기 때문이다. 하나의 이성이 존재할 뿐이다. 결과적으로 이성에 따라 움직이는 한 우리는 도덕적으로 행동하는 셈이다. 동시에 충분히 자율적으로 행동하는 것이다. 왜냐하면 우리는 합리적인 본성의 법에 따랐을 뿐이기 때문이다. 그렇다면

도덕의 요소들

의무감은 어디서 오는가? 사실상 우리는 순수하게 합리적인 존재가 아닐뿐더러 감성적인 존재다. 그런데 감성은 개인들이 서로 구분되는 특성이다. 나의 즐거움은 나에게만 속할 수 있고, 나의 개인적인 기질을 반영할 뿐이다. 감성은 우리를 개인적이고 이기적이고 비합리적이고 비도덕적인 목적으로 이끄는 경향이 있다. 그러므로 이성의 법과 우리의 감각 능력 사이에는 진정한 이율배반이 존재한다. 따라서 이성의 법은 진정한 구속을 통해서만 감성을 제어할 수 있다. 의무감은 이러한 구속에 대한 느낌으로 이루어진다. 신 안에서는 모든 것이 이성이므로 이러한 종류의 감성을 위한 여지가 없다. 신 안에서 도덕은 완전히 자율적이고 자발적으로 실현된다. 그러나 스스로 분열되고 이질적이며 혼성적 존재인 인간에게는 그렇지 않다.

이러한 관점에서 의무와 규율은 도덕 법칙들의 비본질적인 특성일 뿐임을 말한 바 있다. 도덕 법칙들이 반드시 명령적일 필요는 없다. 그것들은 감성과 갈등이 있을 때, 그리고 맹렬한 저항을 제압하기 위해 영향력을 행사해야 할 때만 이러한 명령적인 양상을 띨 것이다. 그러나 이러한 가설은 완전히 자의적이다. 의무는 모든 도덕 규범의 중요한 요소다. 우리는 이미 그 이유에 대해 말한 바 있다. 이성적 본성이나 정념적 본성이나 우리의 본성 전체는 억제되고 제한되며 한정되어야 할 필요가 있다. 사실 우리의 이성은 초월적 능력이 아니다. 이성은 세상에 속해 있다. 따라서 이성은 세상법을 따라야 한다. 세계는 제한되어 있다. 모든 제한은 제한하는 힘을 전제로 한다. 마찬가지로 의지의 순수한 자율성을 인식하기 위해, 칸트는 의지가 순수하게 합리적이라면 의지가 자연법칙에 좌우되지 않는다는 점을 인정해야만 했다. 칸트는 의지를 세상과 동떨어진 별개의 기능으로 만들어야 하는데, 그렇게 되면 세상은 의지에 영향을 미칠 수 없다. 의지는 자신의 세계에 틀어박혀 외부의 영향력을 배제했을 것이다. 사실과 극명하게 반대되는 관념을 가지고 논쟁하는 것은 무익해 보인다. 그것은 결속시켜야 할 도덕 이념들을 위태롭게 할 뿐이다. 만일 의지가 본성과 철저하게 분리되어야만 자율적일 수 있다면 그것은 우리에게 모든 종류의 자율성을 부인하는 셈이다. 게다가 우리가 밝힌 바와 같이 도덕 질서가 사회라는 현실적이고 구체적인 사물의 본질을 표현한다면 사물의 외부에, 현실의 밖에 있다고 추정되는 이성이 어떻게 도덕 질서의 법칙들을 제정할 수 있는가?

이러한 해결 역시 추상적이고 변증법적이다. 이 해결책이 부여하는 자율성은 논리적으로 가능하다. 그러나 그것은 비현실적이며 앞으로도 그럴 것이다. 왜냐하면 우리는 합리적인 동시에 감성적인 존재이고, 앞으로도 그럴 것이기 때문에 이성과 감성이라는 두 부분 사이에는 언제나 갈등이 존재할 것이며, 법적으로는 아니지만 실제로 규칙은 타율적으로 될 것이다. 그러므로 도덕의식이 요구하는 것은 효과적이고 진정한 자율성이다. 어떤 이상적 존재뿐만 아니라 우리처럼 현실적인 존재의 자율성 말이다. 이 점에 대한 우리의 요구는 항상 증가하고 있다. 이 사실은 추상적인 진리에도 언제나 통하기는 하지만, 중요한 것은 단순한 논리적 가능성이 아니라 역사에서 발전하고 점차적으로 행해지고 이루어지는 어떤 것임을 잘 가르쳐준다.

　이러한 점진적인 자율성이 무엇으로 이루어졌는지 알아보기 위해 우선 자율성이 물리적 환경과 우리의 관계에서 어떻게 실현되는지를 관찰해보자. 우리가 더 큰 독립성을 열망하고 쟁취하려는 것은 도덕관념의 영역에만 한정되는 일이 아니기 때문이다. 우리는 사물들에 대한 의존성에서 점점 더 벗어나고 있으며, 그것을 잘 의식하고 있다. 하지만 인간의 이성을 물리세계의 입법자로 여길 수 없다. 세계가 우리에게서 그 법칙들을 받는 것은 아니다. 만일 우리가 어떤 점에서 자유로워진다면 그것은 우리의 공적이 아니다. 우리는 과학 덕분에 이러한 상대적인 자유를 누리는 것이다. 사실상 논의를 간단히 하기 위해 사물들에 대한 학문이 통합적으로 완성되었고, 우리 각자가 그러한 지식을 소유하게 되었다고 가정해보자. 엄밀하게 말하자면 그때부터 세상은 더 이상 우리의 외부에 있는 것이 아니다. 세상은 우리 자신의 한 요소가 된다. 왜냐하면 우리 안에 세상을 적합하게 표현하는 표상 체계를 가지고 있기 때문이다. 세상에 있는 모든 것은 어떤 개념(notion)으로 우리의 의식에 표현된다. 이 개념들은 과학적인데, 말하자면 명료하고 정의되어 있기 때문에 우리는 그 개념들을 자유롭게 조작하고 조합할 수 있다. 예를 들면 마치 우리가 기하학 개념들을 대하는 것처럼 말이다. 결과적으로 어떤 주어진 순간에 세상이 무엇인지, 그리고 우리가 거기에 어떻게 적응해야 하는지를 알기 위해 더 이상 우리 밖으로 나와서 학교에 갈 필요가 없다. 우리의 내면을 바라보는 것으로도 충분하다. 마치 수학자가 자신의 외부에 존재하는 객관적인 넓이의 실제 비율을 관찰하지 않고도 단순한 암산만으로 면적의 비례를 결정할 수 있는 것처럼 우리도 내면만 바라보고 우리와 관계된 대상들에 대한 개념들을 분석하면 된다. 마찬가지로 세상을 이해하고, 세상과의 관계에서 우리의 행위를 규제하기 위해 자신에 대해 주의 깊게 생각하고 자신을 잘 인식하면 될 것이다. 이것이 자율성의 첫 단계이지만 전부는 아니다. 우리는 모든 것의 법칙을 알기 때문에 그 이유도 안다. 따라서 우리는 우주적 질서의 원인들을 알 수 있다. 달리 말해 좀더 고전적인 표현을 사용하자면 우리가 자연의 설계도를 만들지는 않았지만, 과학을 통해 그것을 되찾고 다시 생각함으로써 그 이유를 이해한다. 자연이 마땅히 되어야 하는 모든 것, 즉 사물의 본성을 내포하는 것임을 확신하는 정도에 따라 우리는 거기에 순응할 수 있다. 우리가 물리적으로 강요당하고 또 다르게 행동하면 위험을 감수해야 하기 때문에도 그렇지만, 순응하는 것이 좋고, 더 잘 행동할 수 있는 다른 대안이 없기 때문에 순응하는 것이다. 신도가 세상을 원칙적으로 선하다고 인정하는 것은 그가 선한 존재의 작품이기 때문이다. 믿음이 선험적으로(a priori) 가정하는 것을 과학이 이성적으로 확립하기로 허용하는 정도에 따라 우리는 경험에 의거해(a posteriori) 순응할 수 있다. 이러한 순응은 수동적인 체념이 아니라 계몽된 동조다. 마땅한 것이라는 확신에 따라 사물의 질서에 순응하는 것은 속박당하는 것이 아니라 자유롭게 이 질서를 원하는 것이다. 원인을 알게 되어 거기에 동조하는 것이다. 자유롭게 원하

도덕의 요소들

는 것, 그것은 부조리한 것이 아니라 반대로 합리적인 것을 원하는 것이다. 즉 사물의 본성에 합치되도록 행동하기를 원하는 것이다. 사실 사물들은 우발적이고 비정상적인 상황의 영향 때문에 그 본성에서 벗어나는 일도 있다. 그러나 과학은 우리에게 그것을 경고하는 동시에 그 본성들을 다시 세우고 수정할 방법을 제시한다. 왜냐하면 과학은 이 본성의 정상적이고 자연스러운 상태가 무엇인지, 이러한 비정상적 일탈의 원인들이 무엇인지를 알려주기 때문이다. 물론 우리가 방금 세운 가설은 완전히 이상적이다. 자연과학은 완전하지 못하며 앞으로도 그럴 것이다. 그러나 내가 방금 가설이 온전히 실현된 상태로서 고려해본 것은 우리가 무한히 접근해야 할 이상적인 한계다. 과학이 완성되는 정도에 따라 우리는 사물과의 관계에서 점점 더 자유로워지는 경향이 있다. 우리는 사물들을 이해함으로써 사물에서 벗어나고 있으며, 그밖에 달리 사물들에서 벗어날 방법은 없다. 우리 자율성의 원천은 바로 과학이다.

따라서 도덕의 영역에서는 다른 어떤 것에 대한 여지는 없지만, 자율성을 위한 자리는 있다. 도덕이 사회의 본질을 표현하고 있기 때문에, 또한 사회는 그 물리적 본질 외에 직접적으로 알려진 것이 없기 때문에, 개인의 이성이 물질세계와 정신세계의 입법자가 될 수 없다. 평범한 사람이 사회를 대상으로 만든 혼란스런 표현들은 사회를 적합하게 표현하지 못한다. 우리의 청각이나 시각 감각들이 물질현상의 객관적인 본질을 그에 상응하는 소리나 색채로 표현하지 못하는 것처럼 말이다. 그러나 개인 자격으로 만들지 않았고, 의도적으로 원하지 않았던 이러한 질서를 개인은 과학을 통해 지배할 수 있다. 우리는 이러한 도덕 규칙들을 수동적으로 따르기 시작했다. 어린아이는 교육을 통해 이것을 외부에서 받아들였고, 이 규칙들은 그 권위에 근거하여 어린아이에게 강요되었는데, 우리는 규칙들의 본질과 가깝고 먼 상황들, 그리고 그 존재 이유를 연구할 수 있다. 한마디로 우리는 도덕 질서의 과학을 만들 수 있다. 이러한 학문이 완성되었다고 가정해 보자. 우리의 타율성은 끝난다. 우리는 도덕세계의 주인이다. 도덕세계는 그때부터 명료하고 분명한 개념 시스템을 통해 우리에게 제시되기 때문에 더는 우리의 외부에 있지 않고, 우리는 그 모든 관계를 파악할 수 있다. 그러므로 도덕세계가 어떤 정도로 사물들의 본성, 즉 사회에 근거해 있는지 확인할 수 있다. 다시 말해 도덕세계가 어느 정도로 되어야 할 것으로 되고 있는가 말이다. 도덕세계를 있는 그대로 시인하는 정도에 따라 우리는 그것에 자유롭게 동의할 수 있다. 왜냐하면 도덕이 표현하는 현실의 자연적 구성이 내포하는 것과 다른 것을 원하는 것은 자유롭고 싶다는 구실로 헛소리하는 일이기 때문이다. 우리는 또한 도덕세계가 어느 정도로 사물에 근거하지 않는지를 알 수 있다.―왜냐하면 그것은 언제나 비정상적 요소들을 포함하기 때문이다. 그러나 우리가 만들었다고 가정하는 과학 덕분에 그것을 정상상태로 복원할 방법이 있다. 그러므로 도덕 규범들과 그 종속 원인들, 그리고 그것들 각자가 완수하는 기능들에 대한 적합한 지식을 가지고 있다는 조건에서 그것들에 동의할 수 있다. 단 분별 있게 그 이유를 알고 있을 때만 따를 수 있다. 이렇게 동의된 순응에는 더 이상 강제할 것이 없다. 물론 우리의 물질생활에 관한 것보다 우리의 도덕생활에 관한 것이 이러한 이상적 상태와 더 거리가 멀다. 왜냐하면 도덕에 관한 학문은 이제 막 시작되었고, 그 결과는 아직 불확실하기 때문이다. 그러나 그것은 중요하지 않다. 우리를 자유롭게 해주는 방법은 여전히 존재한다. 이것은 도덕의지의 더 큰 자율성을 열망하는 공공의식에 근거한 것이다.

그러나 우리가 도덕 규칙들의 존재 이유를 알게 되는 순간부터, 그리고 자발적으로 거기에 따르기로 하는 순간부터, 그 규칙들이 단번에 명령적 속성을 잃게 될까? 그렇다면 우리가 방금 칸트를 비난한 것처럼, 즉 자율성의 원리를 위해 도덕의 본질적인 요소들 가운데 하나를 희생했다고 비난한 것처럼 우리를 비난하지 않을까? 명령적 효력이 규칙의 가장 변별적인 특성들 가운데 하나임을 살펴보았다고 해도 자유로운 동의라는 개념이 강제적인 명령 개념을 배제하는 것은 아닐까? 하지만 전혀 그렇지 않다. 우리가 그 사물의 이유를 알고 있기 때문에 사실상 사물은 여전히 그대로 존재한다. 우리가 생명의 본질과 법칙을 알고 있다고 해서 생명이 그 종의 특성들 가운데 하나를 상실한다는 결론은 나오지 않는다. 마찬가지로 도덕적 사실에 대한 학문이 우리에게 도덕 규칙에 내재된 강제적 특성의 존재 이유가 무엇인지 알려준다고 해서 그것 때문에 이 규칙들이 강제력을 상실하지는 않는다. 우리가 받은 명령이 유익하다는 것을 알게 되면 우리는 불순종하지 않고, 자발적으로 순종하게 된다. 우리의 본성에는 외부의 힘으로 제한되어야 할 것이 있음을 우리는 잘 이해하고 있다. 그 후에 이 제한은 자연적이고 선한 것이기 때문에 이러한 제한이 실재하더라도 그것을 자유롭게 수용할 수 있다. 잘 알고 동의하기 때문에 그것은 더 이상 굴종이나 예속이 아니다. 따라서 이러한 자율성은 도덕 원칙에 모든 변별적 특성을 남겨둔다. 그 가운데 어떤 것은 거부(négation)의 의미로 여겨질 수도 있다. 이 정반대되는 두 용어는 화해하고 합쳐진다. 우리는 계속 제한된다. 왜냐하면 우리는 유한한 존재이기 때문이다. 어떤 의미에서 우리는 여전히 우리에게 명령하는 법칙에 대해 소극적이다. 물론 우리가 명령을 단호하게 원함으로써 적극적으로 협력한다면 이러한 수동성은 능동성이 된다. 우리는 명령의 존재 이유를 알기 때문에 그것을 원한다. 수동적 복종 자체가 우리의 인격을 약화시키는 것은 아니다. 그 원인을 충분히 알면서 동의하지 않는 것이 수동적 복종이다. 반대로 우리가 그 의미와 효력을 모르는 채 어떤 명령을 맹목적으로 수행하더라도 왜 맹목적인 도구의 역할에 동참해야 하는지 그 이유를 알게 되면 우리는 우리 행위의 모든 주도권을 가지고 있을 때만큼이나 자유롭다.

이것이 우리가 주장할 수 있고, 또 우리에게 가치 있는 유일한 자율성이다. 우리가 자연으로부터 받는 자율성은 완전히 만들어진 것이 아니다. 또한 우리가 태어날 때 우리의 모든 구성 요소에서 자율을 발견하는 것이 아니다. 그러나 사물에 대해 좀더 완전한 지성을 가짐에 따라 우리는 스스로 자율을 만들게 된다. 마찬가지로 자율이란 인간이 그의 측근 누군가를 통해 세상과 세상

도덕의 요소들

법을 빠져나가는 것을 의미하지 않는다. 우리는 세상을 구성하는 요소다. 세상은 우리에게 영향을 미치고 사방에서 우리에게 침투해 들어오는데, 그것은 당연한 일이다. 왜냐하면 이러한 침투가 없다면 우리의 의식은 내용 없이 텅 비어 있을 것이기 때문이다. 우리 각자는 외부의 힘들이 서로 만나는 교착점인데, 이 교착지점에서 우리의 인격이 비롯된다. 이러한 힘들이 서로 만나기를 멈춘다면 수학적인 점(point), 즉 빈 지점만 남게 될 것인데, 거기서는 의식과 인격이 형성될 수 없다. 단, 우리가 어느 정도 사물들의 산물이라면 과학을 통해 우리에게 이러한 영향력을 행사하는 사물들과 그 영향력 자체를 우리의 오성으로 제어할 수 있다. 이리하여 우리는 다시 우리의 주인이 될 것이다. 이러한 사고가 의지를 해방시켜준다. 모든 사람이 물리세계에 관한 것을 기꺼이 인정할 것이라는 이러한 전제는 도덕세계에서도 여전히 통한다. 사회는 우리가 원하거나 집중하기는커녕 알지도 못하는 법칙과 형태에 따라 결합하는 수많은 힘들의 산물이다. ─우리는 그 힘의 극히 미미한 부분에 불과하다─게다가 우리는 대부분 과거에 이미 만들어진 것을 받아들이고 있을 뿐이다. 따라서 사회적 본질을 표현하는 도덕이 반드시 필요하다. 도덕이 우리의 작품이라고 상상하는 것은 위험한 환상이다. 따라서 우리가 도덕을 완전하게 가지고 있고, 애초부터 도덕이 우리의 통제 아래 있으며, 우리가 원하는 것에 불과하다는 생각은 위험하다. 그것은 원시인의 환상과 유사하다. 원시인은 자신의 의지 작용으로 욕망을 표현하고 힘차게 명령함으로써 태양의 운행을 멈추고, 폭풍을 가라

앉히며, 바람을 불게 한다고 믿는다. 우리는 물리세계를 정복하는 방식으로만 도덕세계를 정복할 수 있다. 즉 도덕적 사물들에 대한 학문을 만들어야만 가능한 일이다.

우리는 도덕의 세 번째 요소를 결정하기에 이르렀다. 정상적으로 행동하기 위해 규율을 존중하고, 집단에 결속하는 것으로는 더 이상 충분하지 않다. 규칙을 따르든지 집합이상에 헌신하든지 우리는 행위의 이유에 대해 가장 명료하고 가능한 한 가장 완벽한 의식을 가져야 한다. 왜냐하면 이러한 의식이 우리의 행위에 자율성을 부여해주기 때문이다. 차후로 공공의식은 진실로 충분히 도덕적인 전 존재에게 그러한 자율성을 요구할 것이다. 그러므로 도덕의 세 번째 요소는 바로 도덕의 지성(l'intelligence de la morale)이다. 도덕성은 정해진 몇 가지 행위들을 단순하게, 심지어 의도적으로 완수하는 것이 아니다. 이러한 행위들을 규정하는 규칙이 자유롭게 원해져야 하고, 자유롭게 받아들여져야 한다. 이러한 자유로운 수용이 바로 식견을 갖춘 수용이다.

이것이 아마도 현대인들의 도덕의식이 보여주는 가장 큰 혁신이리라. 지성은 도덕의 요소가 되었고, 그 비중이 점점 더 높아지고 있다. 도덕성은 처음에는 행위 그 자체였고, 그 행위를 구성하는 행동의 내용이었다가 점점 더 의식으로 거슬러 올라간다. 이미 오래전부터 우리는 어떤 행동이 의도적일 때, 즉 행위자가 그 행동이 무엇인지, 그것이 규칙과 어떤 관계인지 미리 그려보았을 때만 그 행위의 사회적 가치를 인정했다. 그러나 이러한 최초의 표상 외에도 우리는 다른 표상을 요구하는데, 그것은 사물의 근원으로 더 깊이 내려가는 것이다. 그것은 규칙 자체, 그 원인과 존재 이유들을 설명하는 표상이다. 이것이 우리가 학교에서 도덕 교육에 부여하는 지위를 설명해준다. 왜냐하면 도덕을 가르치는 것은, 도덕을 설교하거나 주입하는 것이 아니라 도덕을 설명하는 것이기 때문이다. 그러므로 어린아이에게 이러한 종류의 설명을 거부하는 것, 지켜야 할 규칙들의 이유를 이해시키려 하지 않는 것, 그것은 불완전한 하류의 도덕을 어린아이에게 강요하는 일이다. 사람들이 때때로 비난하는 것처럼 설명을 통한 교육은 공공 도덕을 해롭게 하기는커녕 공공 도덕의 필요조건이다. 공공 도덕은 아직 형성 중인 과학에 의지하기 때문에 분명 교육하기가 무척 어렵다. 현 상태의 사회학 연구 수준에서 각각의 의무를 설명할 수 있을 만한 사회조직의 특징과 결부시키는 것이 언제나 쉬운 일은 아니다. 하지만 이제부터 유용하게 쓸 수 있는 일반 정보들이 있다. 그것들은 어린아이에게 자신의 의무가 무엇인지뿐만 아니라 왜 이 의무들을 수행해야 하는지 이해시켜줄 것이다. 학교에서 도덕 교육이 어떻게 되어야 하는지를 직접 다루고 나서 우리는 다시 이 문제로 돌아올 것이다.

도덕의 마지막 세 번째 요소는 세속 도덕의 변별적(caratéristique différntielle) 특성이다. 왜냐하면 그것은 논리적으로 종교적 도덕 안에 자리를 잡을 수 없기 때문이다. 사실상 도덕의 인문과학이 존재하는데, 결과적으로 도덕적 사실은 오직 이성에 속하는 자연스러운 현상이라는 것을 전제한다. 자연에 주어진 것, 즉 관찰 가능한 현실에 근거한 것만 과학이 될 수 있기 때문이다. 신은 이 세상 밖에 있기 때문에 과학의 밖에, 그리고 과학을 초월해 있다. 만일 도덕이 신에게서 비롯되고 신을 표현하는 것이라면 도덕은 우리 이성이 파악할 수 있는 능력 밖의 것이다. 실제로 수세기 동안 종교 시스템과 도덕을 하나로 묶은 긴밀한 연대감으로 인해 도덕은 어떤 현혹적인 특성을 가지게 되었다. 그래서 어떤 사람들은 아직도 도덕을 이른바 과학의 영역 밖에 두고 있다. 그들은 세상의 나머지 것에 대해서와 마찬가지로 인간의 사고로 도덕을 파악할 권리를 거부한다. 사람들은 도덕과 함께 신비주의 영역으로 들어가는 것 같다. 거기서는 과학적 연구의 일반 과정들이 더 이상 실행되지 않는다. 도덕을 자연현상으로 다루고자 하는 사람은 마치 신성모독처럼 일종의 스캔들을 불러일으키는 것 같다. 물론 도덕이 가진 이러한 권위와 존엄성을 벗겨내야만 도덕을 합리적으로 만들 수 있다면 이 스캔들은 정당화된다. 그러나 우리는 이 권위를 없애거나 실추시키지 않고, 순수하게 과학적인 표현만으로 설명할 수 있음을 살펴보았다.

이것이 도덕성의 주요 요소들이다. 그리고 우리는 적어도 그것들을 실제로 인식하고 있다. 이러한 요소들을 어떤 방법으로 어린아이들에게 형성할 수 있을까를 연구하기 전에 우리가 연이어 이르게 된 결과들을 일목요연하게 모아보자. 그리고 우리의 분석에서 도출된 도덕의 총체적인 개념을 만들어보자

우선 도덕이 제시하는 수많은 양상을 주목할 수 있었다. 그것은 의무의 도덕이다. 우리가 규칙과 규율의 필요성에 대해 쉬지 않고 주장했기 때문이다. 그러나 동시에 그것은 선의 도덕이다. 왜

냐하면 인간 행위에 선한 목적을 지정해주기 때문이다. 선한 목적은 욕망을 불러일으키고 의지를 끌어당기기 위해 필요한 모든 것을 가지고 있다. 합법적 존재에 대한 취향, 절제의 취향, 한계의 필요 그리고 자제력은 어렵지 않게 헌신의 요구, 희생과 호의의 정신, 한마디로 도덕적 에너지의 활동적이고 팽창적인 힘들과 잘 조화를 이룬다. 그러나 무엇보다도 그것은 합리적인 도덕이다. 사실상 우리는 모든 요소를 지성적이고 세속적이고 합리적인 용어로 설명했을 뿐 아니라 도덕 자체의 발전적인 지성을 도덕성의 고유한 요소로 삼았다. 우리는 이성을 도덕적 사실에 적용할 수 있음을 보여주었을 뿐 아니라 그것이 점점 더 미덕의 조건이 되어가는 추세임을 입증했고, 그 이유에 대해서도 말했다.

사람들은 때때로 우리가 도덕적 사실을 연구하면서 따르고 있는 방법이 실제로 무력하다고 비판했다. 기정사실을 존중하도록 인간을 가두어 두고, 이상에 대한 어떤 전망도 열어주지 않는다고 말이다. 이것은 우리가 선험적으로 결정하는 것 대신 경험에서 나타나는바 도덕의 현실을 객관적으로 관찰하는 규칙을 만들었기 때문이다. 우리는 이제 이러한 반박이 얼마나 근거가 빈약한지를 알 수 있다. 반대로 도덕은 우리에게 본질적으로 이상주의적으로 보였다. 개인 위에 선회하면서 개인의 활동을 열정적으로 부추기는 사상들의 몸체(un corps d'idées)가 아니라면 이상이란 과연 무엇이란 말인가? 따라서 우리가 도덕 행위의 목표로 삼은 사회는 개인적 이해관계의 수준을 끝없이 초월한다. 다른 한편으로 사회에서 우리가 사랑해야 하는 것, 우리가 무엇보다 애착해야 하는 것, 그것은 그 몸이 아니라 영혼이다. 그리고 우리는 이것을 사회의 영혼이라고 부른다. 고립된 개인은 절대로 이것을 인식할 수 없다. 사회의 영혼이란 개인의 심리 상태를 벗어나 연합된 개인들 다수의 협력에 의해 형성되고 살아남을 수 있는 사고들의 총체가 아니면 무엇이란 말인가?

그러나 다른 한편으로 이러한 도덕은 본질적으로 이상주의적이면서도 자신만의 현실감각(réalisme)을 가지고 있다. 왜냐하면 도덕이 우리에게 제안하는 것은 시간과 공간 밖에 있는 것이 아니기 때문이다. 도덕의 이상은 현실적이며 현실의 일부다. 그것은 우리가 보고 만지는 구체적이고 살아 있는 몸체에 생기를 준다. 말하자면 우리는 그 생명에 참여하고 있는데, 그 몸체란 바로 사회다. 또한 이러한 이상주의는 활기 없는 명상, 순수하지만 비생산적인 몽상으로 전락할 위험이 없다. 그것은 사고가 다소간 무기력하게 응시하는 단순한 내적인 것들에다 우리를 연결해주는 것이 아니라 우리 밖에 있는 사물들에 연결해주기 때문이다. 그 사물들은 우리처럼 즐기고 고통받으며, 우리가 그것들을 필요로 하는 것처럼 우리를 필요로 한다. 결과적으로 그것은 매우 자연스럽게 우리의 행동을 촉구한다. 우리는 이러한 이론적 개념의 교육학적 결과들을 쉽게 예측할 수 있다. 이러한 관점에서 볼 때, 실제로 어린아이를 도덕적으로 발달시키는 방법은 어느 나라 어느 시대나 가치 있는 매우 일반적인 몇 가지 격언을 확신하며 열심히 어린아이에게 반복하는 것이 아니다. 어린아이에게 자신의 나라와 그의 시대를 이해시키고, 그 시대의 필요를 느끼게 하며,

도덕의 요소들

그를 삶에 입문시키고, 그를 기대하는 집합적 과업에 참여하도록 준비시키는 것이다.

　마지막으로, 도덕이 이상주의적이라는 사실로 미루어보면 도덕이 인간에게 무사무욕을 강요하는 것은 분명하다. 사실상 규칙의 존중이나 집단에의 결속의 경우, 어느 정도 고통스럽고 사심 없는 노력 없이는 절대로 도덕 행위가 이루어지지 않는다. 설사 도덕 행위가 자발적인 욕망과 가장 잘 어울리는 경우라도 말이다. 반면 오래전부터 도덕가들이 서로 대립시켜온 도덕 행위와 욕망이라는 상반된 이 두 용어는 현실에서 어려움 없이 화해된다. 인간은 의무를 실천함으로써 절제의 취향을 배운다. 이러한 욕망의 절제는 자신의 행복과 건강의 필수 조건이다. 마찬가지로 집단에 결속함으로써 개인은 집단 중심의 더 높은 생활에 참여하게 된다. 반대로 개인이 외부에 대해 폐쇄적이고 자신의 세계에만 틀어박히고 모든 것을 자기중심으로 생각하려고 하면, 그는 불안정하고 부자연스러운 삶을 살 수밖에 없다. 따라서 의무와 희생은 더 이상 우리에게 인간이 어떻게든 자기 학대로 실천하는 일종의 경이로운 일로 보이지 않는다. 반대로 집단에 헌신하고 규율에 복종함으로써 개인은 진정한 인간이 된다. 도덕성은 분명히 인간적인 것이다. 인간으로 하여금 자기 자신을 초월하도록 자극함으로써 인간 본성을 실현하도록 선동하기 때문이다.

　도덕적 삶이 얼마나 복잡한 것인지 알게 되었다. 도덕적 삶은 정반대의 것들까지 수용하기 때문이다. 우리는 파스칼이 자신 안에 있는 모든 모순을 느껴보라면서 말한 이 문장을 기억한다. "그가 자만하면 나는 그를 낮추고, 그가 스스로 낮아지면 나는 그를 추어올린다. 그가 자신이 불가해한 괴물이라는 것을 이해하기까지 나는 언제나 그와 모순된다."[17] 어떤 의미에서 도덕도 마찬가지다. 도덕이 우리에게 남긴 이상은 종속과 위대함, 복종과 자율의 기이한 혼합이다. 우리가 도덕에 대항해 반역하고자 할 때 도덕은 우리에게 규칙의 필요를 엄하게 환기시킨다. 우리가 도덕에 복종하고자 할 때 도덕은 이성으로 하여금 우리를 구속하는 규칙 자체에 순응하게 함으로써 이러한 종속에서 우리를 해방시켜준다. 도덕은 우리 자신이 아닌 다른 것에 복종하고 헌신하라고 명령한다. 우리는 여기서 도덕성 전체를 그 요소들 가운데 하나에 귀속시키려 하는 도덕가들의 공식이 얼마나 옹색한지를 알수 있다. 반면 도덕성은 가장 풍성하고 가장 복잡한 현실 가운데하나다. 내가 예비적인 분석을 오래 말한 것은 이러한 풍성함과 복잡함에 대한 인상을 주기 위해서다. 교육가에게 과해지는 업무를 기꺼이 받아들일 수 있으려면 그 일에 관심을 가지고 사랑해야 한다. 그리고 사랑하기 위해서는 그것이 지닌 모든 생기를 느껴야 한다. 커리큘럼에 정해진 대로 다소 가까운 시차를 두고 주기적으로 돌아오는 주당 몇 시간의 도덕 수업에서 그 일을 할 때 이러한 일에 열심을 내기는 어렵다. 그 간헐적인 특성 때문에 어린아이에게 깊고도 오래 지속되는 흔적을 남기기에는 적합하지 않아 보인다. 그러한 흔적이 없으면 어린아이는 도덕적 교양을

---

17 Blaise Pascal, *Pensées*, 1670, VI, 420.

도덕의 요소들

지닐 수 없다. 도덕 수업이 도덕 교육에서 중요한 위상을 가진다 해도 그것은 도덕 교육의 한 요소에 불과하다. 도덕 교육은 수업 시간표 안에만 엄격하게 한정될 수 없다. 그것은 이러저러한 순간에 주어지는 것이 아니다. 그 교육은 매 순간 이루어진다. 도덕 자체가 집합생활의 모든 씨줄과 섞이는 것처럼 도덕 교육은 모든 학교생활과 섞여 있다. 그 근본은 하나로 단일하지만, 도덕이 삶 자체처럼 많고 다양한 이유다. 도덕을 적합하게 내포하고 표현할 수 있는 공식은 없다. 우리의 분석을 비난할 수 있는 정당한 비판이 있다 해도 이는 정말로 불완전한 것이다. 앞으로 좀 더 깊이 분석하게 된다면 분명히 우리가 인식하지 못했던 요소들과 모습들을 알 수 있을 것이다. 따라서 우리가 다다른 결론들이 마치 완전하고 완결된 시스템인 양 제시하지 않을 생각이다. 반대로 그것은 도덕적 현실에 대한 잠정적인 근사치일 뿐이다. 그러나 이러한 근사치가 아무리 불완전하다고 해도 그것은 우리에게 정말로 중요한 도덕성의 몇 가지 요소들을 밝혀준다. 이렇게 교육가의 역할에 몇 가지 확정된 목표가 부여되었다. 목적이 제시되었으므로 이제 어떤 방법으로 그 목표에 도달할 수 있는지를 찾아볼 시간이 왔다.

제 2 부

어린아이에게
도덕의 요소들을
어떻게
확립할까

교사는 사신을 초월하는 위대한 도덕적 실재이 도구다. 그는 어린아이보다 더 직접 도덕적 실재와 소통한다. 어린아이는 교사의 중재를 통해서만 그 실재와 소통할 수 있기 때문이다. 사제가 신의 해석자인 것처럼 교사는 자신의 시대와 국가의 위대한 도덕 이념의 해석자다. 이러한 이념에 관련된 것, 교사가 그 이념에 대해 인식한 모든 위대함과 권위는 필연적으로 자신과 자신에게서 비롯된 모든 것에 전달된다. 왜냐하면 교사는 아이들 앞에서 그것들을 표현하고 구현하기 때문이다.

I. 규율의 정신

학교 규율은 수업이 조용하게 진행될 수 있도록 외적인 평화를 유지하기 위한 단순한 책략이 아니다. 이른바 도덕은 사회단체의 규율이다. 마찬가지로 학교 규율은 교실의 도덕이다. 각 사회집단, 각 사회의 종류에 따라 자신의 조직을 표현하는 도덕이 없을 수 없다. 그러므로 교실은 작은 사회다. 따라서 교실은 그 구성원들의 본성과 수에 따라, 그리고 교실이라는 조직의 기능과 관련해 적합한 도덕을 가지는 것이 당연하고, 또 필요한 일이다. 규율은 곧 도덕이다.

규율과 아동심리학

    도덕성의 여러 요소를 확정했으니, 이제 우리는 어린아이에게 어떤 방식으로 그 요소들을 형성하고 발달시킬 수 있는지를 연구할 것이다. 우리가 구분한 첫 번째 요소, 즉 규율의 정신부터 시작해보자.

    문제의 본질에 따라 우리가 추구할 방법이 결정된다. 우리는 도달해야 할 목표를 알고 있다. 다시 말하면 어린아이를 인도할 종착점을 알고 있다. 그러나 어린아이를 인도하기 위한 적절한 방식, 어린아이가 통과해야 하는 길은 분명 출발 지점에 따라 달라지기 마련이다. 사실 교육 활동은 백지상태에서 수행될 수 없다. 어린아이는 자신만의 고유한 본성을 가지고 있다. 그리고 우리가 알려고 하는 것은 바로 이 본성이기 때문에 사실에 대해 온전히 알고 행동하기 위해서는 무엇보다도 먼저 어린아이의 본성을 알고자 노력해야 한다. 그러므로 우선 어느 정도로 또 어떤 방식으로 어린아이를 자극해 바람직한 정신상태에 이르게 할 수 있을지 자문해야 한다. 원하는 결과를 얻기 위해 어린아이의 자연적 성향 가운데 무엇을 활용할 수 있을지 알아볼 것이다. 따라서 이 점에서 우리에게 필요한 정보를 제공할 수 있는 유일한 것, 즉 아동심리학을 살펴볼 때가 되었다.

첫 번째 강의에서 교육이 어린아이에게 일깨워야 하는 심리상태들은 그것이 취해야 할 특정 형태와는 거리가 먼 매우 일반적인 잠재 능력의 형태로만 존재한다고 말했다. 규율의 정신과 관련해 이 주장은 매우 특별하게 확증될 것이다. 실제로 우리는 규율의 요소 가운데 어떤 것도 어린아이의 의식에 완전히 구성된 형태로 존재하지 않는다고 말할 수 있다.

이 요소들은 두 가지다.

첫째, 규칙의 존재를 선호하는 것이다. 동일한 상황에서 의무는 항상 같고, 또한 우리 삶의 주요한 상황들은 성별과 신분, 직업, 사회적 조건에 의해 결정적으로 정해진다. 때문에 사람들이 모든 규칙적 습관을 참기 어려워할 때 자신의 의무를 좋아서 행할 수는 없다. 모든 도덕적 명령은 이러한 규칙성에 근거한다. 어떤 사회적·가정적·시민적 또는 직업적 기능을 맡은 사람들이 각자 정해진 때에 정해진 방식으로 의무를 이행하지 않는다면 집합생활이 조화롭게 기능할 수 없기 때문이다. 반대로 유치한 행동의 특징은 완전히 불규칙하게 자신을 표현하는 것이다. 어린아이는 매우 빠르게 어떤 인상에서 다른 인상으로 넘어간다. 어떤 것에 몰두하다가 다른 것에 집중하며 감정도 시시각각 바뀐다.

어린아이에게 도덕의 요소들을 어떻게 확립할까

어린아이의 기질은 고정되어 있지 않다. 순간적으로 분노하고 진정하기도 한다. 울다가 웃기도 하고 동정하다가 미워하기도 한다. 반대로 객관적인 이유 없이 아주 사소한 상황에 영향을 받는다. 어린아이를 사로잡는 놀이도 그를 오래 붙잡아두지 못한다. 어린아이는 쉽게 싫증을 내고, 다른 것으로 넘어간다. 그 부모와 선생님들을 따라다니는 어린아이의 지치지 않는 호기심에서 이와 같은 변화무쌍함을 다시 발견할 수 있다. 우리는 그것을 때로 과학적 본능의 최초 형태로 여기기도 했다. 이러한 비교가 무조건 용납될 수는 없다. 틀림없이 어린아이는 질문할 때 그의 정신을 형성하는 이 작은 사고 체계 안에 자신이 본 사물과 느낀 인상들을 분류할 필요를 느낀다. 이 배열의 필요는 과학적 지식의 근거가 된다. 그러나 어린아이는 얼마나 변덕스럽고 유동적인가! 어린 관찰자의 관심을 끌었던 대상은 잠시만 그를 붙잡아 둘 뿐이다. 어린아이는 체면을 차리거나 다른 사람이 만족할 만한 개념을 줄 때까지 머물지 않는다. 우리가 어린아이에게 대답하자마자 그의 생각은 이미 다른 곳에 가 있다. 설리는 말한다. "어린아이에게 무지의 느낌이 아직 완전히 발달하지 않았디. 알고 싶은 욕망은 유지될 수 없고, 충분한 관심을 가지고 특정 대상에 주목하지도 않는다. 따라서 부모들은 답을 주기 전에 어린 질문자의 사고가 이미 그 주제와 멀어져 있는지, 그리고 그의 상상력이 다른 곳을 거닐고 있는지 점검해야 할 것이다."[18] 그러므로 어린아

---

18 James Sully, *The Teacher's Handbook of Psychology*, 1886, p. 401. 제임스 설

이의 불안정성과 즉흥성이 어린아이의 호기심을 지배한다.

더구나 이 점에 대해서는 다른 것들과 마찬가지로 어린아이는 원시 인류의 변별적 특성 가운데 하나를 재생산하고 있을 뿐이다. 문명의 가장 하위 형태들을 아직도 극복하지 못한 민족들은 사실상 사고와 감정이 곧잘 변하고, 개인의 행위에도 연속성이 부족하다는 특징이 있다. 가장 무의미하고 사소한 사건만으로도 성인의 의식에 놀라운 격변을 일으키는 데 충분하다. 어떤 행복한 몸짓, 찡그린 표정, 한마디 단어, 성난 분노가 호의의 감정으로 바뀐다. 반대로 뜨거운 환대 후에 죽음의 위협이 오기도 한다. 탐험가들은 이러한 심리적 특성을 잘 알고 있다. 그들은 종종 자신들의 의도에 따라 이러한 심리를 이용했다. 게다가 규칙성에 대한 취향, 연속적이고 지속적인 행동에 대한 취향이 어떻게 발전된 문명의 산물일 수밖에 없는지를 이해하기는 매우 쉬운 일이다. 기원이 단순한 사회에서는 합의된 활동이 많지 않다. 결과적으로 규칙적인 활동도 많지 않다. 사실 집합생활에는 오늘날과 같은 후속성과 연속성이 없다. 어떤 종교의식을 진행하기 위해, 또는 공적 사건을 토의하기 위해, 사냥이나 군대 파견을 기획하기 위해 부족이 공동으로 모일 때마다 집합생활이 확인된다.

리(1842~1923)는 영국의 심리학자이자 철학자다. 베를린 훔볼트 대학에서 헤르만 헬름홀츠(1821~94)와 에밀 두 보이스 레이몬트(1818~96)에게서 배우고, '유니버시티 칼리지 런던'에서 철학을 가르쳤다. 1901년 영국심리학회 창립 멤버로 활동했다. 프로이트와 분트의 찬사를 받은 『환상』(*Ilusions*, 1881)을 비롯해 『교사의 심리학 핸드북』(*Teacher's Handbook of Psychology*, 1886), 『아동기 연구』(*Studies of Childhood*, 1895) 등 여러 책을 썼다.

　　　　어린아이에게 도덕의 요소들을 어떻게 확립할까

그러나 이 불규칙한 상황 외에도 개인은 자신에게, 그리고 자신의 변덕스러운 모든 제안에 빠져들어 정해진 시기에 정해진 방식대로 완수해야 하는 특정 기능을 책임지지 않는다. 사회는 개인이 자기의 시간을 사용하는 것에 관심이 없다. 결과적으로 언제나 다소간 고통스러운 노력을 전제로 하는 규칙성을 개인에게 강요하지 않는다. 그러나 프랑스처럼 큰 사회에서는 사정이 다르다. 거기서 행하는 일들은 상당히 분업화되어 있고, 여러 가지 직업에 종사하는 개인들은 상호 영향을 미친다. 서로에게 작용하고 서로를 필요로 하는 많은 기능이 있다. 따라서 그 기능들을 개인의 변덕에 맡겨둘 수는 없다. 그러나 그 기능들이 협력하기 위해서는 조절될 필요가 있다. 거기서 우리의 존재를 고려한 규칙성이 유래한다. 우리는 하루 중 거의 모든 순간을 사회질서의 관리자로 활동하고 있다. 공적인 기능보다 규제가 덜하기는 하지만 경제활동 역시 집합활동이다. 사람들은 매일 똑같은 작업을 하는 소시민 노동자를 종종 비웃었다. 그러나 그것은 우리 모두가 어느 정도 영위하고 있는 존재의 유형을 과장한 형태이며, 그 캐리커처일 뿐이다. 우리의 활동계획은 대부분 미리 정해지고 언제나 그렇게 될 것이다. 그러나 이러한 규칙성이 문명의 산물이라는 사실을 알게 되면 어린아이에게 규칙성이 얼마나 결여되어 있는지 쉽게 설명할 수 있다.

둘째, 규율의 정신이란 욕망의 절제와 자제력이다. 나이가 어릴 때 절제가 매우 부족하다는 사실은 일상의 경험으로도 충분히 입증된다. 어린아이는 그의 욕망에 정상적인 한계가 있다는 사실을 전혀 느끼지 못한다. 그가 어떤 것을 사랑하면 그것을 질리도록 원한다. 그 스스로 멈추지도 않고, 다른 사람이 제지하는 것도 쉽게 원치 않는다. 어린아이는 심지어 자연법칙의 필연성에 대해 어른이 가진 개념으로도 억제되지 않는다. 어린아이는 자연법칙이 존재한다는 것에 대한 감각이 없다. 그는 가능한 것과 불가능한 것을 구분할 줄 모른다. 결과적으로 어린아이는 현실이 그의 욕망의 넘을 수 없는 한계라는 것을 느끼지 못한다. 어린아이는 모든 것이 자신에게 양보해주리라 여긴다. 어린아이는 인간이나 사물의 저항을 참을 수 없다. 매우 특별한 증거로서 어린아이의 기질적 특성을 보여주는 감정이 있다. 그것은 분노다. 우리가 알다시피 분노는 어린아이에게서 매우 자주 나타난다. 어린아이는 종종 극단적인 형태의 분노를 표출한다. 다윈(Darwin)이 말하기를, "어린아이들은 화가 나면 땅바닥을 구르고, 배를 깔거나 등을 대고 누워서 소리 지르고, 발길질하며, 할퀴고, 사정거리 안에 있는 모든 것을 때린다." 사람들은 사실 어린아이가 진정시켜야 할 정도로 소란을 일으키지 않는다고 말할 것이다. 따라서 어린아이가 규율이 함축하는 자제력과 정반대되는 심리상태에 있는 것은 아니다. 왜냐하면 그러한 심리상태는 일시적 인격 상실이기 때문이다. 우리는 화가 난 사람은 자신에 대해 더 이상 아무것도 느끼지 못하고 자신을 알지도 못하며 흥분했다고 말한다. 분노만큼 배타적인 열정은 거의 없다. 분노가 폭발할 때, 특히 그것이 강렬할 때에는 다른 모든 것을 몰아낸다. 분노는 그것을 억제할 수 있는 다른 모든 인상들을 몰아내고, 의식 전체를 장악한

어린아이에게 도덕의 요소들을 어떻게 확립할까

다. 그러므로 아무것도 분노를 중화시킬 수 없다. 분노의 무제한적 성향은 이렇게 설명된다. 분노는 더 멀리갈 에너지가 남아 있는 한 언제나 곧장 전진한다. 어린아이에게서 분노의 빈도와 그로 인한 폭력은, 어떤 관찰보다 어린아이의 타고난 무절제를 잘 입증해준다. 게다가 이 점에서 어린아이는 익히 알려진 원시인의 정신적 특징을 재생산할 뿐이다. 사실상 우리는 야만인들에게서 나타나는 무절제한 열정, 자제 불능, 모든 과잉에 대한 자연적 성향들에 대해 알고 있다.

우리는 어린아이의 출발점과 그를 데리고 가야 하는 도착점 사이의 거리가 얼마나 먼지 알고 있다. 한편에는 계속 요동치는 의식, 순간마다 변하는 진짜 요지경, 탈진할 때까지 몰입하는 격정적인 움직임들이 있다. 다른 한편에는 규칙적이고 절제된 활동이 있다. 인류가 수세기 동안 거쳐온 이 엄청난 거리를 어린아이들은 교육을 통해 몇 년 동안에 극복해야만 한다. 그러므로 단순히 잠재적 성향들을 활성화하고 자극하는 일만이 중요한 것은 아니다. 물론 잠재된 성향들을 깨우고 발전시킬 필요가 있다. 오히려 우리는 어린아이의 타고난 기질에서 미리 만들어지지 않은 원초의 상태를 철저하게 구성해야 한다. 하지만 본성이 어린아이를 미리 적절한 방향으로 ── 어린아이의 자연스런 발달을 감독하고 지도만 해도 될 정도로 ── 가게 만들지 않는다면, 본성이 거의 모든 것을 하도록 허용한다 해도 우리가 하는 그 일에서 성공할 수 없음은 확실하다. 즉 우리가 어린아이와 반대되는 본성을 가지고 있다면, 본성이 어린아이에게 확립시켜야 할 방향과 완전히 반대된다면 성공할 수 없다. 본성은 그렇게 말랑말랑한 것이 아니기 때문에 본성이 전혀 받아들일 수 없는 형태들을 어린아이에게 강요할 수 없다. 그러므로 어린아이는 만들어낼 필요가 있는 상태까지는 아니더라도 적어도 목표에 도달하도록 도와줄 수 있는 일반적인 소양을 지니고 있어야만 한다. 그러한 소질들은 교육활동이 어린아이의 의식 깊이까지 전달되게 하는 지렛대 역할을 한다. 그렇지 않으면 어린아이의 의식은 우리에게 닫힐 것이다. 우리는 어떤 행위들을 완수하라고 어린아이를 외부에서 물리적으로 강제할 수 있을 것이다. 그러나 내적 삶의 동기들은 우리에게서 빠져나갈 것이다. 그렇게 되면 조련은 있을지 몰라도 교육은 사라진다.

사실 우리의 영향을 받게 될 어린아이의 본성에는 적어도 두 가지 기본적인 성향, 즉 두 가지 선천적인 특징이 있다. 하나는 아동의 보수주의이고, 다른 하나는 제안, 특히 명령적 제안에 대한 아동의 수용성이다.

좀 특이하게 보일 수도 있지만 확실하게 대조해보면 ─ 게다가 우리는 얼마 후 그것을 설명할 계획이다 ─ 변덕스럽게 여겨졌던 어린아이는 동시에 진정한 인습주의자임을 알 수 있다. 어린아이가 어떤 습관들에 길들면 그 습관은 어른보다 어린아이에게 훨씬 더 큰 지배력을 행사한다. 어린아이는 같은 행동을 여러 번 반복했을 때 동일한 방식으로 그 행동을 재생산해야 한다고 느낀다. 가장 미미한 변화도 그에게는 불쾌하다. 예를 들면 일단 정해진 식사 순서가 그에게 얼마나 신성하고 불가침한 것인지 우리는 알고 있다. 그는 가장 까탈스러운 강박증에 이를 정도로 습관을 존중하게 된다. 어린아이는 자기의 물컵과 수저 세트가 제자리에 있기를 바란다. 그리고 같은 사람이 서빙해주기를 원한다. 그 질서가 조금만 흐트러져도 괴롭다. 우리는 방금 전에 어린아이가 한 가지 놀이에서 다른 놀이로 얼마나 쉽게 넘어가는지 살펴보았다. 그러나 다른 한편으로 어떤 놀이에 일단 습관이 들면 어린아이는 그 놀이를 무한히 반복할 것이다. 그는 지겨워하지도 않고 싫증내지도 않으며, 똑같은 책을 질리도록 읽고, 똑같은 그림을 수없이 볼 것이다. 우리는 똑같은 옛날 이야기들을 아이들에게 얼마나 많이 해주었던가! 어린아이들에게 그 이야기들은 언제나 새롭다고 할 수 있다. 심지어 일상 습관에서 주요한 약간의 변화를 내포하는 새로운 것은 어린아이들에게 진정한 거리감을 불러일으킨다. "어린아이를 가장 당황스럽게 하는 것들 가운데 하나는 갑작스러운 장소의 변화다. 아주 어린 아이는 그를 새로운 방에 데려다 놓았을 때 아무런 불안을 보이지 않는다. 그러나 얼마 후 그 방에 익숙해질 때쯤 그를 다른 방으로 옮기면 이상한 느낌을 깊게 될 것이다"[19]라고 설리는 말한다. 평상 시 어린아이는 주변 사람들의 변화에도 이와 동일하게 반응한다. 프라이어[20]는 6~7개월된 아들이 낯선 사람을 보고 울기 시작했다고 주

---

19 James Sully, *Études sur l'enfance*, Alcan, 1898, p. 274(프랑스어 번역).

20 윌리엄 티에리 프라이어(William Thierry Preyer, 1841~1897)는 영국 출신으로 독일에서 활동한 생리학자이자 심리학자다. 과학적 아동심리학의 창시자이며 경험적 관찰과 실험에 기반한 인간 발달 연구의 선구자였다. 아이들의 성장 과정과 심리 발달을 연구하기 위해 자기 아들의 행동(특히, 거울의 비친 모습에 대한 반

장한다. 의상에 약간만 변화를 주어도 같은 종류의 불편을 줄 수
있다. 프라이어의 아들은 17개월이 되었을 때 자기 엄마가 검은
옷을 입은 것을 보고 당황해했다. 색깔은 이러한 효과와 무관하
지 않다. 왜냐하면 설리의 정보에 따르면 "아이는 자신의 엄마가
새로운 디자인의 매우 다른 색깔 옷을 입은 것을 보자 울기 시작
했다. 다른 발표에 따르면 16개월에서 두 살 반까지의 아이는 사
람들이 애써 고생을 해서 간신히 입힌 새옷에 대해 심한 반감을
드러낸다." 이처럼 어린아이는 변덕스러운 동시에 새로운 것을
싫어하는 보수주의자다.

　어린아이는 자신의 개인적 습관뿐 아니라 그 주위 사람들에게
서 관찰한 습관들에도 집착한다. 자기 주위에 있는 모든 사람이
동일한 상황에서 똑같은 방식으로 처신하는 것을 눈여겨보았을
때 어린아이는 그와 다르게 처신하는 것이 불가능하다고 생각한
다. 관행에 저촉되는 모든 것은 어린아이가 보기에 일종의 스캔
들이며, 놀라움을 불러일으켜서 반항과 분개의 감정에 쉽게 빠뜨
린다. 물론 어른도 이러한 페티시즘에 끌리는 성향이 있다. 그러
나 어린아이는 어른보다 정도가 훨씬 더 심하다. 심지어 가장 의
미 없는 제스처라고 해도 어린아이 앞에서 같은 방식으로 반복
하면 그 몸짓은 어린아이가 보기에 절대 저촉되어서는 안 되는
불변적 질서의 구성요소가 된다. 의례를 존중하는 어린아이의 취

응)을 매일 관찰했는데, 그렇게 쓰여진 『아이의 정신』(*Die Seele des Kind*, 1882)
은 발달심리학의 기념비적인 책이 되었다.

　어린아이에게 도덕의 요소들을 어떻게 확립할까

향은 이렇게 생겨난다. 부모들이 어린아이를 어떤 방식으로 안아주면 어린아이는 자신의 자녀처럼 여기는 인형을 같은 방식으로 안아준다. 이러한 전통 보수주의는 그 범위가 일반적이기 때문에 이전 것보다 더 영향력이 크다. 어린아이는 이것을 자신과 자신의 행동에만 적용하는 것이 아니라 자신의 소우주 전체에 적용한다. 어린아이는 이것을 자신이 보기에 인류를 구성하는 모든 것만큼 가치 있는 일종의 일반 법칙으로 여긴다.

이처럼 보수성과 변덕성이 공존할 수 있다는 사실이 매우 이상하게 보이지만, 이러한 현상이 어린아이에게만 특별한 것은 아니다. 우리는 원시인에게서도 이러한 공존 현상을 볼 수 있다. 우리는 미개인의 성격이 그를 신뢰할 수 없을 정도로 매우 가볍고 유동적이라는 것을 살펴보았다. 그러나 우리는 또한 전통주의가 거기보다 더 강한 곳도 없다는 것을 알고 있다. 어디에서도 관습이 그만한 권위를 갖지는 못한다. 관습이 적용되는 모든 것은 세부까지 규제된다. 가장 작은 몸짓과 억양까지도 미리 정해진다. 모든 사람은 경건하게 관습에 따른다. 따라서 이러한 유형의 사회에서는 의례가 상당히 발달한다. 결과저으로 혁신이나 쇄신이 일어나기는 매우 어렵다. 어떤 실행방법이 일단 확립되면 오랜 세기에 걸쳐 변동 없이 반복된다. 그러나 처음 보기에 서로 조화를 이룰 수 없을 것처럼 보이는 이 두 정신상태의 공존을 검증하기 위해 굳이 역사의 기원까지 거슬러 올라갈 필요는 없다. 그 기질이 가장 유동적인 사람들, 그 의식이 가장 쉽게 한 극단에서 다른 극단으로 바뀌는 사람들, 결과적으로 개혁이 가장 빈번하게 일어나고 가장 반대 방향으로 연달아 일어나는 곳의 사람들이 가장 큰 변화의 주도권을 보여주는 것은 아니다. 반대로 오래된 전통과 오래된 인습이 가장 견고하게 뿌리 내린 곳의 사람들도 아니다. 그들은 외관만 변할 뿐이고 내용은 항상 그대로 남아 있다. 겉에서는 늘 새로운 사건들이 하나 뒤에 다른 하나가 밀려들듯 끊임없이 생긴다. 그러나 이러한 표면적인 유동성은 가장 단조로운 일관성을 은폐한다. 가장 혁명적인 사람들에게 관료적인 습성이 가장 강하게 남아 있는 법이다.

극도의 유동성과 극도의 타성(routine)은 겉으로만 서로 배제하기 때문이다. 사실상 일시적인 사고와 인상들은, 정확히 말하면 그것들이 오래가지 않기 때문에, 다른 것들로 쉽게 대체되기 때문에 이미 확립된 습관에 저항할 수 있는 상태가 아니다. 습관에는 반복을 통해 축적된 힘이 있기 때문에 나타났다가 곧 사라지는 불안정한 일시적 상태까지 이르지는 않는다. 이 불안정한 상태는 서로를 의식의 밖으로 밀어내고, 서로 모순되며, 서로 중화된다. 유동적이고 일시적인 의식상태의 가늘고 반투명한 씨실과 확립된 습관의 밀도나 일관성을 비교해볼 때, 주체가 습관 쪽으로 향할 수밖에 없음을 쉽게 이해할 것이다. 그러므로 습관이 군림한다. 왜냐하면 습관은 유일하게 형성된 원동력이기 때문이다. 행동의 중력 중심이 습관의 영역에 있다는 것은 어느 정도 기계적이고 필연적인 일이다. 성인, 특히 교양 있는 성인이 어린아이만큼 습관의 영향을 받지 않는 것은 성인의 이념과 감정들이 더 많은 연속성과 지속성을 가지고 있기 때문이다. 그것들은 금

어린아이에게 도덕의 요소들을 어떻게 확립할까

방 불타올랐다가 바로 꺼지는 단순한 도깨비불이 아니다. 그것들은 상당한 시간 동안 의식을 사로잡는다. 그것들은 습관에 저항하고 습관을 억제할 수 있는 실제적인 힘들이다. 내면적 삶은 더 연속성이 있으며 매순간 전복되지 않기 때문이다. 습관은 더 이상 유일하게 군림하지 못한다. 이와 같이 과도한 변덕은 인습과 양립할 수 없기는커녕 인습에 길을 터주고 인습의 지배력을 강화해준다.

그러므로 보수주의 성향 자체가 도덕적 상태를 만들지는 못한다고 해도 어린아이에게 행사해야 할 영향력의 근거가 된다. 어린아이의 심리적 삶의 불안정성을 바로잡고 억제하기 위해 그에게 습관의 영향력을 사용할 수 있기 때문이다. 어린아이로 하여금 실존의 주요한 상황에 관련된 모든 것에 대해 규칙적 습관을 가지도록 이끄는 것으로 족하다. 이러한 상황에서 어린아이의 삶은 끊임없이 변하는 극도의 유동성과 거의 광적인 수준의 인습 사이에서 더 이상 모순적 장면을 제공하지 않을 것이다. 어린아이의 삶이 가진 일시적이고 유동적인 특성은 거의 고정될 것이다. 그의 삶은 전반적으로 규정에 맞춰지고 조정될 것이다. 그것은 도덕적 삶으로 가는 첫 번째 관문과 같다. 자신의 습관적인 행동방식에 대해 어린아이가 느끼는 애착 안에, 그리고 주위의 사물들과 사람들을 익숙한 장소에서 다시 발견하지 못할 때 느끼는 불편함 안에는 사물들의 정상적인 질서가 존재한다는 모호한 느낌 같은 것이 들어 있다. 그 질서는 자연에 근거하며, 그 때문에 우발적인 조정과 대립되고, 따라서 우연보다 선호될 수밖에 없다. 도덕적 질서의 근저에는 이러한 종류의 구분이 있다. 물론 혼란스럽고 무의식적인 개념은 명확해지고 밝혀지고 공고화되고 발전될 필요가 있다. 그래도 이번에 우리는 문을 열었고, 그 문을 통해 적절한 도덕적 영향력이 어린아이의 영혼으로 들어갈 수 있을 것이다. 우리는 내면생활의 동기들 가운데 하나를 알고 있는데, 어린아이를 적절한 방향으로 인도하기 위해 그것을 사용할 수 있다.

그러나 알다시피 규칙적 삶에 대한 취향만이 규율의 정신은 아니다. 그 외에도 절제의 취향과 자신의 욕망을 억제하는 습관, 정상적 한계에 대한 견해가 있다. 어린아이가 동일한 환경에서 동일한 행위를 반복하는 습관을 가지는 것으로는 충분하지 않다. 어린아이는 외부에 자신의 힘을 제한하는 도덕적 힘이 있다는 느낌을 가져야 한다. 그는 도덕적 힘을 고려해야 하고, 그 도덕적 힘에 자신의 의지를 양보해야 한다. 물론 어린아이는 이 힘들을 육체의 눈으로는 보지 못한다. 그것들이 정신적이기 때문이다. 어린아이는 도덕적 권위의 변별적 특성들을 인식할 만한 지각이 없다. 어린아이를 사방에서 둘러싸고 있지만 어떤 의미에서는 그에게 보이지 않는 세상이 있다. 물론 어린아이는 그의 주변 환경을 가득 메우고 있는 사람들과 사물들 ─ 그의 가족을 의미한다 ─ 의 물리적인 모습을 잘 보고 있다. 어린아이는 거기에 있는 어른들, 말하자면 그의 부모들이 어린아이에게 부모의 의지를 따르도록 만든다는 것을 잘 느끼고 있다. 그러나 이러한 물리적인 강요는 어린아이에게 도덕적 힘들이 행사하는 고유한 매력에

어린아이에게 도덕의 요소들을 어떻게 확립할까

대한 인상을 조금도 줄 수 없다. 이 인상은 완전히 물리적인 강제력이 아니라 정중히 승낙함으로써 어린아이의 의지가 도덕의 추진력을 자발적으로 따르게 하는 것이다. 그러면 어린아이에게 어떻게 이 필요한 감각을 깨울 수 있을까? 그것은 온갖 종류의 권유에 대한 어린아이의 대단한 감수성을 사용함으로써 가능하다.

귀요[21]는 어린아이의 상태가 자연스럽게 최면에 걸린 사람의 비정상적인 정신 상황과 매우 유사하다는 것을 처음으로 지적했다. 실제로 최면 상태를 암시하는 조건은 무엇일까? 두 가지 중요한 조건이 있다. 1) 최면에 걸린 주체는 가능한 한 완벽하게 수동 상태에 있다. 그의 의지는 마비되었고 그의 정신은 백지 상태와 같다. 그는 자신에게 최면을 거는 최면술사 이외엔 더 이상 보지도 듣지도 못한다. 그는 주위에서 일어나는 모든 것에 무관심하다. 이러한 상황에서 권유된 이념은 아무런 저항 없이 어린아이의 의식에 훨씬 더 강하게 확립된다. 완벽한 진공이 실현되었기 때문에 이 이념은 다른 것에 의해 반박되지도 않는다. 따라서 그 이념 스스로 실행되는 성향이 있다. 왜냐하면 이념은 순수하게 지적인 상태노 아니고 사변적인 상태도 아니기 때문이다. 이념은 언제나 그것을 실현하는 행동을 견인하고, 이렇게 시작된 행동은 어떤 반대 상태가 그것을 금하지 않는다면 계속된다. 2) 하지만

---

21 장 마리 귀요(Jean Marie Guyau, 1854~1888)는 프랑스의 철학자이자 사회학자다. 뒤르켐보다 먼저 '아노미' 개념에 대해 말했다. 대표작으로 『의무나 제재와 무관한 도덕의 개요』(*Esquisse d'une morale sans obligation ni sanction*, 1885)와 『미래의 무종교』(*L'Irréligion de l'avenir*, 1887)가 있다. 그의 책들은 니체, 크로포트킨, 베르그송 등 당대의 주요 사상가에 큰 호응을 얻었다.

제안된 행동이 확실하게 실현되기 위해 일반적으로 이 첫 번째 조건만으로는 불충분하다. 최면술사가 "내가 원한다"고 말해야만 한다. 거절은 상상할 수도 없으며, 주체가 복종해야 한다는 것을 느껴야 한다. 그가 약해지고 이의를 제기한다면 그의 능력은 끝장이다.

그러므로 그 부모들과 선생님들의 관계 속에서 어린아이에 의해 이 두 가지 조건이 충족된다. 1) 어린아이는 인위적 과정들이 그를 최면에 빠지게 하는 수동 상태에 매우 자연스럽게 처해 있다. 어린아이의 의식이 순수한 백지 상태는 아니라 해도 정해진 성향이나 표현을 하기에는 빈약하다. 따라서 그의 정신적 환경에 도입된 새로운 모든 이념은 밀도가 거의 없고 저항도 거의 받지 않는다. 결과적으로 쉽게 행동으로 이어지는 경향이 있다. 그래서 어린아이는 어떤 모델을 쉽게 모방하고 거기에 감화되는 성향이 있다. 어린아이가 어떤 행동을 하는 것을 본다면 어린아이가 그 행동에 대해 가지는 표상 그 자체가 밖에서 유사한 행동으로 실현되는 성향이 있다. 2) 두 번째 조건에 관해 말하자면 교육가가 자신의 명령에 가하는 명령의 어조를 통해 매우 자연스럽게 충족된다. 자신의 의지를 강요하기 위해 의지를 단호하고 확실하게 주장해야 한다. 물론 교사의 권유는 이러한 단호한 외적 표현 덕분에 처음에만 강한 영향력과 지배력을 가진다. 어린아이가 부모와 선생님들에 대한 자신의 도덕적 의존 상태를 좀더 분명히 이해하게 될 때, 즉 그들에 대한 필요, 자신보다 뛰어난 그들의 지적 우월성과 이러한 우월성의 가치, 그들에게 만성적으

어린아이에게 도덕의 요소들을 어떻게 확립할까

로 부여된 영향력을 이해하게 될 때 그들의 가르침에 마음을 열고 그것들을 더 강화한다. 이것이 그 영향력의 원천을 이루는 권유의 명령적인 특성이다. 이것은 오랫동안 완전히 중요한 요소로 남아 있다.

비네와 앙리는 흥미로운 실험을 통해 어린아이의 타고난 피암시성(암시에 걸리기 쉬운 특성)을 입증했다.[22] 그들이 사용한 방법은 다음과 같다. 길이가 다른 선들을 같은 학교에 다니는 어린아이들에게 제시했고, 그들은 그것을 유심히 살펴보았다. 그들의 기억 속에 어떤 이미지가 확고하게 자리 잡고 나면 그들은 제시된 선들 외에 길이가 매우 다른 선들이 포함된 다른 그림에서 그 선들을 다시 찾게 될 것이다. 어린아이가 처음 실험에서 보았다고 생각하는 선을 찾았거나 가리켰다고 믿고 있을 때 관찰자는 아무런 주장을 하지 않고 이 한 가지 질문만 한다. "이것이 유일하게 정확한 선이라고 확신합니까? 이 하나의 질문만으로도 초급반 어린아이의 89퍼센트가 처음에 했던 대답을 바꾸는 데 충

---

22 알프레드 비네(Alfred Binet, 1857~1911)는 프랑스의 저명한 심리학자이자 의사로 실험심리학 발전에 크게 기여하고 현대 지능검사의 기초를 세웠다. 1895년 프랑스 최초의 심리학 저널인 『심리학 연보』(L'Année psychologique)를 창간했다. 『피암시성에 관하여』(La suggestibilité, 1900)라는 저서에서 인간의 암시 가능성과 그 심리학적 함의를 탐구했는데, 이 책은 19세기 실험심리학을 배경으로 하고 있으며, 인간 심리 이해에 중요한 이정표를 세웠다. 물리화학자이자 생리학자인 빅토르 앙리(Victor Henri, 1872~1940)와 함께 쓴 다음 논문은 오늘날에도 중요한 평가를 받는다. "De la suggestibilité naturelle chez Les enfants"(어린이의 자연스러운 암시성에 관하여), Revue Philosophique de la France Et de l'Etranger 38, 1894, pp. 337~347.

분할 것이다. 중급반이나 상급반 학생들은 그 비율이 80퍼센트와 54퍼센트였다. 어린아이들이 정당하다고 생각하고 있을 때조차도 그들은 56퍼센트에 달하는 상당한 비율로 처음 견해를 포기했다. 다른 한편 우리는 어린아이의 피암시성이 나이에 따라 다르다는 것을 알 수 있다. 어린아이는 정신이 풍요로워짐에 따라 그만큼 많은 저항력을 습득한다.

이 사실은 확실하며 교육자들 사이에 더 이상 반론이 없다. 놀라울 정도의 경신(輕信, 깊이 생각하지 않고 쉽게 믿음), 온순함, 호의, 순종, 의지의 연약 등은 어린아이들에게서 나타나는 수많은 소소한 특징들로 해석되며, 최면에 걸린 어른에게서 관찰되는 현상들을 상기시킨다. 예를 들어 두 살 반 정도의 어린아이가 자기 비스킷을 처음 한 입 베어 먹고 나서 새로 한 입 베어 먹으려고 할 때 내가 단호히 말한다. 아무런 이유도 제시하지 않고 어떤 반론도 허용하지 않는 확신을 가지고 아이를 놀라게 하지는 않지만 매우 큰 소리로 "자, 이 어린아이는 아주 '잘 먹어서, 배가 부릅니다'"라고 말한다. 그러면 어린아이는 자기 비스킷을 다 먹지 못하고 입에서 떼어 식탁에 내려놓는다. 그리고 식사를 끝마친다. 어린아이들, 3~4세 어린아이까지도 그들을 설득하는 것은 쉽다. 예를 들면 그들의 불평에 반대되는 주장이 반론의 여지 없이 단호히 행해진다면 한 대 맞아서 생긴 고통이 해소되고, 더 이상 배고프지도 않으며 피곤하지도 않다.

따라서 어린아이의 욕망과 열정을 제압할 수 있는 외부의 브레이크가 존재한다. 그렇게 해서 우리는 어린아이가 자족하고 절

어린아이에게 도덕의 요소들을 어떻게 확립할까

제하도록 일찍부터 습관을 들이게 할 수 있다. 우리는 어린아이에게 자신의 성향에 무제한 빠져서는 안 되며, 언제나 넘어서는 안 되는 경계가 있음을 느끼게 할 수 있다. 이러한 경우 어린아이는 물리적인 힘이 아니라 매우 특별한 성질을 가진 힘의 영향력에 순종하고 있음을 잘 느낀다. 사실상 어린아이는 이 힘이 자신의 외부에 있음을 분명히 인식하고 있다. 어떤 의미로는 자신이 행동의 주도권을 완전히 장악한 것처럼 행동하지 않을 것이다. 그는 이미 받은 명령에 따르기로 작정했기 때문이다. 그러나다른 한편으로 어린아이는 그가 물리적인 강요에 굴복하지 않았음을 잘 이해하고 있다. 그가 한 행위의 결정적인 원인은 이러저러한 태도를 힘으로 강요할 때와 같은 물리적 압력이 아니라 전적으로 내적인 상태, 즉 권유받은 생각이다. 그 효력을 결정하는것은 이 생각의 내적 특성들이다. 이른바 도덕적 힘 또는 도덕적권위에 대해 인간들이 만들었고 어린아이들이 만들고 있는 최초의 개념(notion)은 필시 이러한 요소들로 구성되었다. 도덕적 권위는 정확하게 외부에서 우리에게 작용하며, 실제적이거나 개연적이거나 물리적인 강제 없이 내면상태를 통해 작용한다는 특징이 있기 때문이다. 물론 이 최초의 핵심부 주변에 조금씩 다른 요소들이 빠르게 와서 응집된다. 어린아이가 특정인의 명령을 여러번 복종했다는 한 가지 사실에서 그 사람이 어린아이에게 행사하는 영향력의 속성을 자연스럽게 그 사람에게 돌리는 일이 초래된다. 어린아이는 그 인물을 마치 상상 속에서 비할 데 없는 고유한 권력을 가진 사람으로 표현한다. 그러나 우리는 그 생각의 진화 과정을 잠시라도 따라갈 필요는 없다. 어린아이의 본성과 만나는 접촉점이 무엇인지를 밝히는 것으로 충분하다.

그러므로 우리는 전혀 무장해제된 것이 아니다. 습관이 어린아이의 의식을 쉽게 장악한 덕분에 우리는 어린아이에게 규칙성의 습관을 가지게 할 수도 있고, 규칙에 대한 취미를 가지게 할 수도 있다. 이러한 피암시성(suggestibilité) 덕분에 우리는 또한 어린아이를 둘러싸고 있으며, 그가 의지하는 도덕적 힘들에 대한 첫인상을 줄 수 있다. 따라서 우리는 수중에 두 개의 강력한 수단을 가지게 되었는데, 이것은 너무나 강력하기 때문에 신중하게 다루어야 한다. 우리가 어린아이의 의식이 얼마나 쉽게 영향력에 민감한지, 어린아이의 의식이 얼마나 쉽게 조금 강하고 조금 반복적인 모든 억압의 흔적을 지니고 있는지를 생각해보면, 우리는 교육자의 무능을 걱정하기보다 권력의 남용을 두려워하게 된다. 교육의 전능성에 반대해 어린아이의 자유를 보호하기 위한 온갖 종류의 주의사항들이 존재한다. 이러한 상황에서 최근에 문제가 되었던 것처럼 어떻게 어린아이를, 말하자면 그의 인생을 한 선생님의 손에만 맡겨둘 수 있을까? 이러한 교육은 어쩔 수 없이 쉽게 굴종적이 될 것이다. 어린아이는 수동적으로 자신의 눈앞에 있는 유일한 모델을 재생산할 수밖에 없을 것이다. 이러한 노예화를 방지하고, 학생들을 양육하는 데 교사의 결점이 반복되지 않도록 하는 유일한 방법은 교사들을 많이 양성하는 것이다. 교사들이 서로 보완하도록, 그래서 다양한 영향력 덕분에 하나의 영향력이 너무 배타적으로 우세해지지 않게 해야 한다.

어린아이에게 도덕의 요소들을 어떻게 확립할까

하지만 매우 강력한 영향력의 도구들에도 불구하고, 우리는 아직도 목표에서 멀리 떨어져 있다. 한편으로는 습관과 권유에 대한 어린아이의 매우 일반적인 수용성이 있고, 다른 한편으로는 도덕 규칙에 대한 분명한 표상이 있다! 이 불명확한 맹아들과 비결정적 성향들을 어린아이에게 확정적이고 복합적인 감정으로 발전시키기 위해 교육은 그 맹아들을 잘 길러서 변화시켜야 한다. 어떤 방법으로 이러한 변화를 이뤄야 할지는 다음 장에서 살펴보기로 하자.

학교의 규율

우리는 지난 강의에서 규율의 정신을 주입하는 일에 이용할 수 있는 어린아이의 자연적 성향에 대해 살펴보았다. 습관에 대한 어린아이의 매우 큰 수용성 덕분에 우리는 어린아이의 변덕성과 불안정성을 체질적인 것으로 수용해 어린아이에게 규칙생활에 대한 취향을 가지도록 할 수 있다. 어린아이가 지닌 극도의 피암시성 덕분에 우리는 도덕적 권위에 대한 첫인상을 어린아이에게 심어줄 수 있다. 따라서 우리는 매우 강력한 두 가지 행동방식을 사용할 수 있게 되었는데, 그 방법은 너무 강력하기에 제한적으로 신중하게 사용되어야 한다. 실제로 치밀하지도 못하고 저항력도 별로 없는 어린아이의 의식을 상상해볼 때, 그것은 가장 작은 외부의 압력에도 지속적이고 깊은 흔적이 남을 수 있기에 권력을 남용하지 않도록 주의해야 한다. 교육가는 무능력의 위험보다는 권력의 남용에 빠질 위험이 더 크기 때문이다. 교사나 부모의 영향력이 도를 넘을 위험이 전혀 없지 않기 때문에 그들로부터 어린아이의 자유를 보호할 방법이 필요하다. 이 점에 대해 가장 주의할 사항 중 하나는 어린아이가 단 하나의 유일한 환경에서, 게다가 단 한 사람에게만 교육을 받지 않도록 금지하는 것이다. 이것이 가정 교육만으로는 불충분하다는 많은 이유 가운데 하나다. 오로지 가족 품안에서만 양육된 어린아이는 가족의 작품이 된다. 그 아이는 가족의 모든 특성과 특징, 심지어 가족의 표정과 버릇까지도 재생산한다. 하지만 그는 자신의 개성 있는 모습을 발전시키지는 못할 것이다. 학교는 지나치게 밀접한 이러한 가족의 의존관계에서 어린아이를 해방한다. 같은 이유로 학교에서도 연속적으로 여러 다른 교사들에게 교육을 받게 해야 한다. 최근에 사람들이 우리의 중등교육 기관들에 제안한 것처럼 학생이 몇 년 동안 교사 한 사람의 영향력 아래 있게 된다면 그 학생은 분명 자신이 계속해서 보았을 유일한 사례의 맹목적인 복사판이 될 것이다. 그렇지만 인간의 인간에 대한 이러한 굴종은 비도덕적이다. 인간의 의지는 오로지 비개인적이고 추상적인 규칙에 순응하는 것을 배워야 한다.

그러나 어린아이의 본성을 이용하는 실행 수단들이 아무리 강력하다 해도 그것 자체만으로는 기대할 만한 도덕적 효과를 만들어낼 수 없다. 이러한 성향만으로는 이제부터 이루고 실현하고자 하는 도덕적 상태를 만들 수 없다. 오히려 사람들이 사용하는 방식에 따라 그 성향들은 가장 반대되는 목적에 사용될 수도 있다. 어린아이에게 매우 쉽게 행사되는 습관의 지배력을 이용해

어린아이에게 도덕의 요소들을 어떻게 확립할까

규칙생활에 대한 취향을 형성할 수도 있다. 그러나 반대로 제때 적합한 방식으로 개입하지 못한다면 어린아이는 곧 불규칙성에 습관을 들일 수도 있다. 일단 습관이 붙고 뿌리를 내리면 거기서 벗어나기 어려워질 것이다. 마찬가지로 우리가 방금 지적한 바와 같이 어린아이의 극단적인 피암시성을 이용해 어린아이를 비개인적 규율의 자유로운 영향력에 개방하지 않고, 그를 어떤 개별 의지에 복종시켜 그에게서 모든 주도권을 제거할 수도 있을 것이다. 어린아이가 특정한 도덕적 성향들을 유전적으로 가지고 태어난다고 주장하는 것은 아니다. 자연이 우리의 성향에 제공하는 무기들은 양날의 검이므로 모든 것은 그것을 사용하는 방식에 따라 달라진다. 어린아이가 도덕적 혹은 비도덕적으로 태어나는가, 어린아이가 적어도 자신 안에 명백하게 도덕성 혹은 비도덕성의 인자를 소유하고 있는가에 대해 얼마나 많은 논쟁이 부질없이 되풀이되었는가. 이러한 문제는 결정적인 해결책을 갖고 있지 않다. 도덕적으로 행동한다는 것은 도덕 규칙들에 순응하는 것이다. 그런데 도덕 규칙들은 어린아이의 의식 외부에 있다. 즉 도덕 규칙은 어린아이의 외부에서 만들어신나. 어린아이는 생애의 특정 시기에만 도덕 규칙들과 접촉하게 된다. 그러므로 어린아이가 태어나는 순간 도덕 규칙에 대한 예정된 표상을 가지는 것은 불가능하다. 마찬가지로 어린아이가 눈을 뜨기도 전에 외부세계에서 물려받은 어떤 이미지를 가지는 것도 불가능하다. 어린아이가 태어나는 순간에 가질 수 있는 모든 것은 매우 일반적인 잠재성이다. 그 잠재성은 교육가가 행사하게 될 영향력과 실행방식에 따라 이런저런 방향으로 결정될 것이다.

우리는 이러한 실행방식이 요람에서부터 가족 내에서 시작될 수 있고, 또 그렇게 되어야 한다는 것을 이미 말할 기회가 있었다. 우리는 도중에 어떻게 도덕 교육이 시작되었는지 보여주었다. 그 시작을 통해 우리는 어린아이에게 규칙적인 습관을 형성할 수 있었다. 부모가 어린아이에게 아주 일찍 도덕적 권위에 대한 최초의 감정을 일깨우는 방법도 있었다. 그러므로 우리는 어린아이가 학교에 입학할 시점에는 태어날 때의 도덕적 중립상태에 더 이상 머물지 않는다고 추측할 수 있다. 우리가 방금 언급한 매우 일반적인 성향들이 이미 결정되기 시작한다. 특히 규칙적인 가정생활을 하는 아이는 확실히 규칙성의 취향을 더 쉽게 받아들인다. 더 일반적으로 어린아이가 도덕적으로 건전한 가정에서 양육된다면 그는 모범을 보고 동화되어 도덕적으로 건전하게 될 것이다. 하지만 가정교육이 도덕생활을 준비하는 최고로 훌륭한 것이라고 해도 그 효과는 매우 제한적이다. 특히 규율의 정신에 관해서는 더욱 그러하다. 왜냐하면 가장 본질적인 것, 즉 규칙을 존중하는 것은 가족적인 환경에서 발전하기 어렵기 때문이다. 사실상 가족은 특히 오늘날 매우 적은 사람들의 집단으로, 그 구성원들은 서로 친밀하게 알고 있으며, 매 순간 접촉하고 있다. 따라서 그들의 관계는 어떤 일반적이고 비개인적이며 변하지 않는 규정에 종속되지 않는다. 또 그들의 관계에는 언제나 그리고 정상적으로 자유롭고 편안한 무엇인가 있는 게 당연하다. 그런데 그 편안함 때문에 엄격한 결정에 저항한다. 가족의 의무는 좀 특

어린아이에게 도덕의 요소들을 어떻게 확립할까

별하다. 가족의 의무는 언제나 똑같이 적용되는 확고한 원칙으로 확실하게 고정될 수 없다. 가족의 의무는 여러 가지 특성과 상황에 따라 다양하게 적용되기 쉽다. 문제는 애정과 익숙함으로 인해 규율이 느슨해지기 쉽고 서로 화해하기도 쉽다는 점이다. 특히 가족은 자연스러운 애정으로 최초의 이타적 성향과 연대감을 꽃피우기 쉬운 환경이다. 가족 안에서 실행되는 도덕은 특히 온정적이다. 의무라는 추상적인 개념은 동정이나 자발적인 감동만큼 역할을 하지 못한다. 가족이라는 작은 사회의 모든 구성원은 서로서로 너무 가깝다. 그들은 이러한 도덕적 친밀함 때문에 상호 필요에 대한 감정을 너무 많이 가지고 있다. 그들은 서로의 필요를 너무 잘 알고 있어서 규정에 따라 그들의 협력을 보장하는 일이 필요하지도 않고 심지어 유용하지도 않다. 물론 가족이 노예와 손님, 수많은 세대를 포함해 큰 사회를 형성했던 예전에는 달랐다. 그러므로 이 집단의 수장, 가장에게 훨씬 더 높은 권위가 부여될 필요가 있었다. 아버지는 입법자이자 행정관이고, 그의 모든 가족 관계자들은 하나의 진정한 규율에 순종했다. 그러나 오늘날은 사정이 다르다. 가족은 이제 소수의 사람으로만 구성되어 있으므로, 가족관계는 원래의 비개인성을 상실하고 개인적이고 상대적으로 선택적인 특성을 띠게 되어 규제에 잘 순응하지 못한다.

하지만 어린아이는 규칙을 존중하는 법을 배워야 한다. 어린아이는 의무니까, 해야 하니까 자신의 의무를 행하는 법을 배워야 한다. 그 일이 쉽게 느껴지지 않더라도 말이다. 이러한 교육은 가족 안에서는 매우 불완전하게 행해질 수밖에 없으므로 학교에서 이루어져야 한다. 사실상 학교에는 어린아이의 행위를 미리 결정해주는 규칙들의 전 체계가 존재한다. 어린아이는 규칙적으로 수업에 들어와야 하고, 정해진 시간에 출석해야 하며, 적합한 태도와 자세를 갖춰야 한다. 수업 중에 질서를 어지럽히면 안 된다. 그는 교과목을 배우고, 숙제를 하고, 그것들을 충분히 응용해 과제를 해야 한다. 따라서 학교에는 어린아이가 따라야 할 많은 의무가 존재한다. 그 총체가 이른바 학교 규율이라는 것이다. 학교 규율을 실행함으로써 어린아이에게 규율의 정신을 주입할 수 있다.

학교의 규율을 마치 중요한 도덕적 역할을 하지 못하는 일개 개념으로 인식하는 일이 종종 있다. 사람들은 학교 규율을 외부 질서와 교실 안의 정숙을 확인하는 단순한 수단으로 여기고 있다. 이러한 관점에서 보면 어린아이가 복종해야 하는 까다로운 규칙의 전횡, 강압적인 요구들이 사실 야만적으로 보일 수도 있다. 우리는 어린아이를 획일화시켜서 교사들의 업무를 용이하게 하려는 이 규제에 반대해 항의했다. 이 체계가 그들 사이에 유지되어야 할 애정 어린 신뢰 대신 교사에 대한 적개심을 일깨우지 않겠는가?

그러나 현실적으로 학교 규율의 본질과 기능은 매우 다르다. 학교 규율은 수업이 조용하게 진행될 수 있도록 외적인 평화를 유지하기 위한 단순한 책략이 아니다. 이른바 도덕은 사회단체의 규율이다. 마찬가지로 학교 규율은 교실의 도덕이다. 각 사회집단, 각 사회의 종류에 따라 자신의 조직을 표현하는 도덕이 없을

어린아이에게 도덕의 요소들을 어떻게 확립할까

수 없다. 그러므로 교실은 작은 사회다. 따라서 교실은 그 구성원들의 본성과 수에 따라, 그리고 교실이라는 조직의 기능과 관련해 적합한 도덕을 가지는 것이 당연하고, 또 필요한 일이다. 규율은 곧 도덕이다. 우리가 방금 열거한 의무들은, 즉 국가나 회사에서 성인에게 부과하는 시민의 의무나 전문 직업인의 의무와 마찬가지로 학생의 의무다. 다른 한편으로 학교 사회는 가족보다는 성인들의 사회에 가깝다. 왜냐하면 학교 사회의 규모가 가족보다 훨씬 더 크다는 것 외에도 거기에 모인 사람들은 인간적 감정과 선택적 친화력으로가 아니라 완전히 일반적이고 추상적인 이유로 모인 사람들이기 때문이다. 나는 교사들의 사회적 기능과 연령에 따른 학생들의 심리적 상황을 말하는 것이다. 이 모든 이유로 인해 학교의 규칙은 가족의 규칙처럼 모든 상황의 조합에 따라 유연하게 휘어지면 안 된다. 학교의 규칙은 특정 기질에 맞추어져도 안 된다. 학교의 의무에는 더 냉정하고 비개인적인 것이 있다. 그것은 감성에는 적게 말하고 이성에는 더 많이 호소한다. 또한 더 많은 노력과 구속을 요구한다. 다시 말할 기회가 있겠지만, 사람들이 이러한 특성을 남용하지 않도록 주의해야 한다. 하지만 학교 규율이 규율답게 그 기능을 온전히 완수하기 위해서는 어느 정도의 남용은 불가피한 일이다. 이러한 조건에서 학교 규율이 가족 사랑의 도덕과 좀더 엄격한 시민생활의 도덕 사이에 중재자로 사용될 수 있기 때문이다. 어린아이는 학교 규칙을 존중함으로써 규칙에 대해 배울 것이며, 자신을 억제하고 스스로 자유를 자제하는 습관을 형성하게 될 것이다. 왜냐하면 그는 그

학교의 규율 **215**

렇게 해야 하기 때문이다. 이것이 의무의 엄격함을 지향하는 첫 번째 입문 과정이다. 비로소 진지한 삶이 시작된다.

　규율의 진정한 기능은 다음과 같다. 규율은 어린아이에게 공부를 잘 시키고, 배우려는 욕망을 자극해 교사의 힘을 덜어주려는 단순한 절차가 아니다. 규율은 진정으로 대체하기 힘든 도덕 교육의 도구다. 여러 학생을 관리하는 교사는 한 학생에게 너무 많이 신경을 쓸 수 없다. 이것은 단순히 교사의 관심과 평온에 관련된 문제가 아니다. 과장 없이 말하자면 교실의 도덕은 교사의 결단력에 근거한다고 할 수 있다. 사실상 규율이 없는 교실은 도덕성이 문란한 교실임에 틀림없다. 아이들이 제약을 느끼지 못할 때 그들은 모든 구속을 참지 못하는 일종의 흥분상태에 빠지게 된다. 이러한 행동은 학교생활 밖에서도 느껴진다. 가정교육이 너무 느슨해질 때 가족 안에서도 이와 유사한 현상들을 관찰할 수 있다. 그러나 이 흥분이 집합적이기 때문에 학교에서의 이러한 불건전한 흥분은 규율의 위반과 훨씬 더 중대한 도덕적 위험을 초래한다. 교실은 작은 사회라는 시각을 결코 잊어서는 안 된다. 이 작은 집단의 각 구성원은 마치 자신이 혼자인 듯 행동해서는 안 된다. 그러나 모든 사람이 각 개인에게 행사하는 영향력도 있는데, 그것을 가장 중요하게 고려해야 한다. 집합행동은 그것이 행사되는 방식에 따라 선이나 악을 확대할 수 있다. 집합행동이 비정상적인가? 엄밀히 말하자면 집합행동은 개인의 힘들을 자극하고 강화해 엄청난 에너지로 개인을 좋지 않은 방향으로 몰아가기 때문이다. 예를 들면 군중 속에서 부도덕이 쉽게 발전

　　　　어린아이에게 도덕의 요소들을 어떻게 확립할까

하고, 대개 매우 폭력적인 단계에 이르는 것도 바로 이러한 이유 때문이다. 우리가 알다시피 군중은 쉽게 죽인다. 군중도 하나의 사회인데, 그것은 합법적으로 조직된, 규율이 없는 불안정하고 미성숙한 사회다. 군중도 하나의 사회이기 때문에 군중이 발전시키는 열정적인 힘은 특히 강력하다. 따라서 그 힘은 과잉되기 쉽다. 그 힘을 정상적인 경계 안에 가두려면, 즉 그 힘을 분출하지 못하게 하려면 강력하고 복잡한 규제가 필요할 것이다. 그러나 요컨대 군중이나 무리에는 어떤 종류의 제도화된 규칙도 없고, 조절 장치도 없다. 따라서 이렇게 분출된 힘들은 완전히 자제가 되지 않으며, 결과적으로 모든 한계를 넘어 격발될 수밖에 없다. 그 힘들은 어떤 경계도 알지 못하며 소란스럽고 파괴적인 무질서로, 그 결과 필연적으로 부도덕으로 확장된다. 그러므로 규율 없는 교실은 군중과 같다. 상당수의 학생들이 같은 교실에 모여 있기에 공동생활과 모든 개인활동에서 기인하는 일종의 일반적인 자극이 존재한다. 모든 것이 정상적으로 행해지고 잘 조절될 때 그 자극은 각 개인이 따로 공부할 때보다 훨씬 더 열성적이고 잘해보려는 활기로 해석된다. 그러나 교사가 필요한 권위를 얻지 못했을 경우 이 과잉 행동은 문란해진다. 이것은 병적인 동요로 퇴화하고 진정한 도덕의 타락으로 변질된다. 학생 수가 많을수록 더 심각해진다. 이러한 도덕의 타락을 실감하게 만드는 사실 가운데 하나는 교실에서 도덕적 가치가 가장 적은 요소들이 공동생활에서 우월한 지위를 차지한다는 것이다. 마찬가지로 정치 사회에서 정상적인 시기라면 어둠 속에 가려져 있었을 수많은 해로운 요소들이 큰 혼란의 시대에는 공적 생활의 표면으로 올라온다.

수년 전부터 규율이 실추되어가고 있다. 그러므로 이런 신뢰 상실에 대응하는 것이 중요하다. 물론 교사가 준수해야 하는 행동 규칙들과 그 세부사항을 검토해보면, 그런 규칙들이 쓸데없이 성가시다고 판단하게 된다. 그리고 어린 시절을 떠올릴 때 자연스럽게 불러일으키는 호의의 감정도 규칙들이 지나치게 엄격한 것이라고 여기게 만든다. 바르고 착한 아이가 정해진 시간에 등교하지 못하거나 숙제나 수업 등을 제때 준비하지 못하는 것은 좀체 있을 수 없는 일 아닌가? …그러나 이러한 학교 규칙을 세부적으로 검토하는 대신, 총체적으로 학생이 지켜야 할 의무의 법전으로 생각한다면 모든 양상이 달라질 것이다. 그러면 이 모든 작은 의무들을 정확하게 완수하는 것이 미덕으로 여겨질 것이다. 이것이 어린 시절의 미덕이며, 이 연령대의 아이가 영위할 수 있는 삶과 관련된 유일한 미덕이다. 즉 어린아이에게 요구할 수 있는 유일한 삶의 미덕이라는 의미다. 그러므로 이러한 미덕을 매우 주의 깊게 길러야 한다. 만일 특정 교실에서 규율이 흔들려 부분적으로 도덕적 타락이 초래된다면 적어도 이러한 현상이 일시적이기를 바랄 뿐이다. 그러나 이 동요가 전반적인 현상이라면, 공공 여론과 교사 자신들이 보기에도 체계 전체가 신망을 잃을 정도라면 그것은 공공 도덕성의 살아 있는 원천 가운데 하나를 건드렸기 때문이다.

게다가 우리는 어린아이의 연약함에 대해 너무 쉽게, 또 과도

어린아이에게 도덕의 요소들을 어떻게 확립할까

하게 호의를 갖지 말아야 한다. 왜냐하면 어린아이들이 좋은 규율의 덕을 가장 많이 볼 것이기 때문이다. 우리는 종종 국민이 행복하기 위해서는 그들이 잘 통치되고 있음을 느낄 필요가 있다고 말했다. 아이들도 어른과 마찬가지다. 어린아이들 역시 그들 위에 그들을 자제시키고 지탱해주는 규칙이 있음을 느껴야 한다. 규율이 잘 잡힌 교실은 건강하고 행복한 분위기다. 각자는 제자리에 앉아서 잘 지낸다. 반대로 규율이 없으면 혼란해지고, 규율의 도움을 받으려는 아이들마저도 고통스러워진다. 무엇이 옳고 그른지, 무엇을 해야 하고 하면 안 되는지, 무엇이 합법이고 불법인지 더 이상 알지 못한다. 그리하여 신경증적인 동요상태가 발생하고, 어린아이가 감당하기 어려운 상호 흥분이 일어난다. 어쩌면 기분이 최고로 변덕스러워지는 것을 볼 수도 있다. 기분은 극에서 극으로 빠르게 변하고, 웃다가 울고 반대로 울다가 웃기도 한다. 어린아이가 자신의 외부에 제한하고 절제시키고 자기의 본성을 넘어서지 않도록 강제하는 것이 전혀 없다고 느낄 때 어른과 마찬가지로 더는 정상적인 상태가 아니다. 절제와 억제가 필요한 어린아이에게 자발적으로 행할 수 있을 만큼 자제력이 형성될 시간이 없을 때 특히 그러하다.

하지만 학교 규율은 스스로를 어떤 한계 안에 국한시킬 때만 기대할 만한 유용한 효과를 만들 수 있다. 사실상 교실생활은 큰 선에서 정해질 필요가 있다. 다른 한편으로 세부 항목까지 철저히 규제가 시행될 필요는 없다. 그래도 규칙은 꼭 필요하다. 하지만 모든 것이 규칙화되는 것은 좋지 않다. 어른들이 하는 모든 행동이 다 도덕의 규제를 받는 것은 아니다. 성인은 하든지 하지 않든지 자신이 선택할 능력이 있다. 한마디로 도덕적 판단 영역에 속하지 않는 것을 할 수 있다. 마찬가지로 학교 규율이 모든 학교 생활로 확장되어서는 안 된다. 아이들의 태도와 행동방식, 걷는 방식, 학과를 암송하고 숙제를 하며 공책을 정리하는 등등의 양식들이 과도하게 미리 상세하게 정해져 있으면 안 된다. 왜냐하면 미신이 진정한 종교의 이해(interets)와 상반되는 것처럼, 이렇게 광범위한 규율 역시 진정한 규율의 이해와 상반되기 때문이다. 거기에는 두 가지 이유가 있다. 첫째, 어린아이는 이러한 요구 속에서 그를 거북하고 짜증나게 만드는 기이하고 부조리한 방법들만을 보게 하는 상황에 노출되어 있다. 즉 어린아이가 보기에 규율의 권위를 해치는 것 말이다. 반면 어린아이가 수동적으로 저항 없이 규율에 따른다면 명령이 아니면 아무것도 할 수 없는 습관이 형성된다. 이것은 어린아이의 자주권을 말살하는 일이다. 그러므로 특히 개인이 스스로 행동하고 집합생활에서 자신의 역할을 하도록 요구받는 실제적인 도덕 상황에서는 이와 같이 공격적인 규제는 어린아이의 도덕성에 나쁜 영향을 미칠 수밖에 없다. 그러므로 규제가 저항까지 초래하지는 않더라도 도덕을 침체시킬 수 있다. 하지만 남용의 결과가 이렇게 심각한데도 교사는 너무 쉽게 규율을 남용하는 경향이 있으므로 그것을 잘 설명하는 것이 중요하다. 어느 것에도 제한받지 않는 모든 힘은 끝없이 나아가는 경향이 있으므로 교사가 사용하는 규제력도 제한될 필요가 있다. 교실 내에서 교사는 그에게 저항할 수 없는

어린아이에게 도덕의 요소들을 어떻게 확립할까

학생들을 마주하는 유일한 사람이다. 그러므로 교사 스스로 자신을 제한해야만 한다. 오랫동안 지속되어온 학교의 규제가 지나쳤던 것은 사실이다. 그러한 과잉 규제가 방금 지적했던 규율에 대한 반발을 불러일으켰는데, 그러한 반발 역시 적정 범위를 넘어설 위험이 있다.

이제 우리는 학교 교육이 무엇이며, 그 기능이 무엇인지를 알게 되었다. 그러면 아이들이 그 규율을 실천하기 위해 어떤 방식을 취해야 하는지 살펴보자. 하지만 규율에 맛을 들이기 위해서는 사실상 학교 규율을 아이들에게 강제로 부과하고 기계적으로 길들이는 것으로는 부족하다. 아이들이 그 규율 안에 그것을 순순히 지키게 만드는 무엇이 있다는 것을 스스로 느껴야 한다. 달리 말하면 아이가 규율 안에서 그것을 존중하게 만드는 도덕적 권위를 느껴야 한다. 존중이라는 내적인 감정이 순종이라는 외적인 표현으로 전환될 때 비로소 그 순종은 진정으로 도덕적이 된다. 그러나 이 느낌을 어떻게 아이의 마음에 새겨야 할까?

교사를 통해 아이에게 규칙이 밝혀지기 때문에 모든 것은 교사에게 달려 있다. 규칙은 교사가 학생에게 주는 것 외에 다른 권위를 가질 수 없다. 즉 교사는 학생들에게 그 권위에 대한 관념을 제시한다. 그러므로 제기된 문제는 이것이다. 교사가 이 권위를 주위 사람들에게 표출하려면 어떤 조건을 충족해야 하는가?

분명 이 일을 위해서는 몇 가지 개인적 자질들이 필요하다. 교사는 정신적으로 결단력과 의지력을 가져야 한다. 명령적 규범은 의심과 주저함을 잠재우는 중요한 특징을 지니고 있다. 따라서 만일 그 규칙이 불분명하게 적용되는 것을 어린아이가 본다면, 또한 규칙을 알려줄 책임자가 그 규칙의 당위성에 대해 확신하지 못하는 것으로 보인다면, 그 규칙이 반드시 지켜야 할 것으로 여겨지지 않기 때문이다. 결국 그로부터 두 번째 조건들이 발생한다. 무엇보다도 중요한 것은 교사가 규칙의 권위를 느끼고 전달하는 것이다. 즉 규칙에 대해 교사 자신이 실제로 느끼는 감정을 제시하는 것이다. 권위는 교사가 실제로 권위를 가지고 있음을 드러낼 수 있을 때만 힘이 있다. 그렇다면 교사의 권위는 어디서 오는가? 교사가 무장하고 있는 물리적인 힘에서인가, 아니면 벌이나 상을 주는 교사의 권리에서인가? 그러나 벌에 대한 두려움은 권위를 존중하는 것과는 다르다. 그 두려움은 벌을 받는 사람이 그 벌이 정당하다고 인정할 때만 도덕적인 특성과 가치를 가진다. 즉 그때만 벌을 주는 권위 그 자체가 합법적으로 인식됨을 의미한다. 문제는 바로 그것이다. 교사는 외부에서 혹은 그가 불러일으키는 공포에서 자신의 권위를 얻는 것이 아니다. 교사는 스스로에게서 그 권위를 얻는다. 권위는 오직 교사 자신의 양심의 심판에서 온다. 교사는 자신, 그리고 자기 지성이나 의지의 우월한 특질이 아니라 그의 업무와 그 업무의 위대함을 믿어야 한다. 사제(司祭)가 자신의 사명에 대해 가진 고매한 관념은 사제의 언행과 태도를 쉽게 물들인다. 그는 자신이 느끼는 하느님의 이름으로 말하기 때문이다. 적어도 사제는 그가 상대하는 세속의 대중보다 자신이 훨씬 더 하느님과 가깝다고 믿는다. 교사는 세속인이지만 이러한 감정적인 무언가를 가질 수 있고, 또 가져야

어린아이에게 도덕의 요소들을 어떻게 확립할까

만 한다. 교사는 자신을 초월하는 위대한 도덕적 실재의 도구다. 그는 어린아이보다 더 직접 도덕적 실재와 소통한다. 어린아이는 교사의 중재를 통해서만 그 실재와 소통할 수 있기 때문이다. 사제가 신의 해석자인 것처럼 교사는 자신의 시대와 국가의 위대한 도덕 이념의 해석자다. 이러한 이념에 관련된 것, 교사가 그 이념에 대해 인식한 모든 위대함과 권위는 필연적으로 자신과 자신에게서 비롯된 모든 것에 전달된다. 왜냐하면 교사는 아이들 앞에서 그것들을 표현하고 구현하기 때문이다.

역시 비개인적인 근원에서 흘러나오는 이러한 권위에 거만과 허영, 현학적 태도가 개입할 수 없다. 이 권위는 그가 하는 기능, 즉 이렇게 표현할 수 있다면 자신의 역할에 대한 존중으로 온전히 이루어진다. 교사의 말과 몸짓을 통해 이 존중은 교사의 의식에서 그가 각인시키고자 하는 어린아이의 의식으로 전달된다. 물론 교과를 설명하거나 과제를 구술하기 위해 성직자 같은 어조를 사용해야 한다는 의미는 아니다. 존중의 효과를 만들기 위해서 이러한 감정이 반드시 생생하게 현재형일 필요는 없다. 원하는 순간에 확실하게 주장하는 것으로 족하다. 그 감정이 잠재되어 있을 뿐이라고 해도, 그 감정을 공공연하게 밖으로 드러내지 않더라도, 그 감정은 일반적으로 교사의 태도를 물들인다.

그러나 다른 한편으로 이 감정이 생성되는 데 교사가 취해야 할 탁월한 부분, 즉 그의 개인적 역할은 위험을 경고하는 것이다. 사실 어린아이가 규칙 개념을 교사의 인격 개념과 너무 긴밀하게 결부시키는 습관을 형성할까 두려워하는 것은 당연하다. 그리고 학교 규칙을 너무 구체적인 형태, 다시 말해 마치 교사 의지의 표현으로 여기게 될까 봐 두렵다. 게다가 언제나 사람들은 행위의 법을 거룩한 인격이 제정한 것으로 표현할 필요를 느꼈다. 이러한 개념은 우리가 도달하고자 하는 목표와 반대될 것이다. 왜냐하면 규칙이 비개인적이 아니라면, 또한 사람들의 생각에 비개인적인 것으로 제시되지 않는다면, 규칙은 더 이상 규칙이 아니기 때문이다. 그러므로 교사는 규칙을 제시하는 데 열성적이어야 한다. 즉 그의 개인적인 작품이 아니라 자신보다 우월한 도덕적 힘으로서의 규칙을 제시해야 한다. 교사는 규칙의 도구일 뿐 규칙을 만든 사람이 아니다. 아이들과 마찬가지로 교사도 규칙을 지켜야 한다. 교사는 규칙을 제거할 수도 없고, 수정할 수도 없으며, 단지 규칙을 적용할 뿐임을 학생들에게 이해시켜야 한다. 규칙은 학생들을 강요하는 것처럼 교사를 강요하고 지배한다는 사실을 이해시켜야 한다. 프랑스처럼 민주적인 사회에서, 교사가 학생들에게 공공의식의 근거이며 또 근거가 되어야 하는 감정을 일깨울 수 있는 것은 바로 이러한 조건에서만 가능하기 때문이다. 다시 말해 그것은 적법성에 대한 존중, 그 객관성 자체에서 영향력을 끌어내는 비개인적 법에 대한 존중이다. 법이 눈에 드러날 정도로 형상화하는 어떤 특정 인물로 구현되지 않는 순간부터 비로소 정신은 법을 일반적이고 추상적인 형태로 인식하고 그렇게 준수하기 때문이다. 사실상 카스트와 왕조의 특권을 인정하지 않는 사회에서도 살아남고, 또 유일하게 정상적으로 살아남을 수 있는 것은 법의 비개인적인 권위가 아닌가? 모든 집합적인

어린아이에게 도덕의 요소들을 어떻게 확립할까

규율이 와해되지 않는 한, 법의 비개인적 권위는 결코 약화되지 않기 때문이다. 불행하게도 이러한 개념이 수세기 전부터 뿌리내린 오래된 관습과 부딪친다는 사실 그리고 사람들의 정신 속에 이 개념을 주입하기 위해서는 모든 교양이 필요하다는 사실을 인정하지 않으면 안 된다. 학교가 이 업무에 무관심하다면 이 주요 의무 가운데 하나를 실패하게 될 것이다.

우리는 학교 규율의 본질이 무엇인지, 어떻게 어린아이에게 그 규율의 권위를 느끼게 할 수 있을지 연속해서 살펴보았다. 우리는 규칙과 관련된 어떤 벌칙 개념도 개입시키지 않고, 이 두 문제를 다룰 수 있었다. 벌칙은 규율의 정신을 형성하는 데 탁월한 역할을 할 수 없었다. 하지만 벌칙 없는 규칙은 없으므로 규칙 개념과 벌칙 개념은 분명히 관계가 있다. 벌칙은 어떤 방식이든 규칙이 작동하는 데 도움이 된다. 이 관계는 과연 무엇인가?

이 질문에 답하기 위해 학교 규칙에 관련된 두 종류의 벌칙을 마치 도덕과 법률 규칙처럼 따로 분리해서 살펴보는 것이 좋을 것 같다. 한편으로는 벌칙, 다른 한편으로는 보상으로 말이다. 우리는 벌칙부터 시작할 것이다. 학교 벌칙의 기능은 무엇인가?

제11강

학교의 벌칙

우리는 지난 강의에서 학교 규율의 도덕적 역할이 무엇인지, 어린아이에게 비개인적이고 추상적인 규칙을 존중하도록 주입하고, 또한 어린아이가 자신을 다스리고 자제하는 습관을 형성하는 데 학교 규율이 어떻게 도움이 되어야 하는지 살펴보았다. 그 후에 우리는 학교 규율이 그 존재 이유인 이러한 목적에 어떤 방식과 어떤 조건으로 도달해야 하는지를 탐구해보았다. 어린아이기 스스로 규칙의 명령을 따르기 위해서는 그 규칙이 존중할 만하다는 것을, 즉 그 규칙에 있는 도덕적 권위를 느껴야만 한다. 그러므로 교사를 통해 어린아이가 규율을 배우고, 규율을 어린아이에게 가르쳐주는 주체도 교사이기 때문에, 규율은 교사가 전달하는 것 외에 다른 권위를 가질 수 없다. 규율이 규정하는 행동, 곧 성가시고 불편한 행동조차도 그 자체로는 의지를 강제할 만한 게 아무것도 없다. 따라서 규율에 필요한 영향력은 외부에서 올 수밖에 없다. 규율은 교사로부터 그 영향력을 얻는다. 따라서 모든 문제는 이 권위가 어디서 교사에게 올 수 있는가를 알아내는 것이다. 우리는 교사가 권위를 길어내는 유일한 원천이 교사 자신에게 있음을 살펴보았다. 즉 교사가 자신의 업무에 대해 가지는 소신에, 애착을 가지고 아이들에게 전달하려고 애쓰는 도덕적 이상에 교사의 권위가 있다. 어떤 사람의 말을 권위 있게 만드는 것은 바로 그가 가진 확신에 대한 열정과 신념이다. 그가 표현하는 추상적 진리뿐 아니라 특히 도덕적 가치에서 그러하다. 우리의 경험적 개인보다, 평범한 이웃들보다 우리를 더 고매하게 만드는 도덕적 권위는 우리보다 위에 있는 유일한 실재(réalité)를 내적으로 좀더 긴밀히 애착하는 데서만 나올 수 있기 때문이다. 즉 도덕적 실재에 대한 우리의 애착을 의미한다. 외적 표지들은 불완전할 수 있다. 만일 내적 감정이 현재적이고 생생하다면 그렇지 않을 때보다 더 확신 있게 전해질 것이다. 그러므로 권위를 교사의 최대 특질로 꼽는 것에 이유가 없지는 않다. 권위는 좋은 외적 질서의 조건일 뿐만 아니라 교실의 도덕생활이 그 권위에 좌우되기 때문이다. 물론 이러한 권위를 통해 교사는 자신의 업무와 그 업무의 중대성을 깨닫는다. 이 권위는 교사가 아이들과 관계를 맺고 그들에게 불어넣어준 존경과 신뢰에 따라 커질 수 있다. 교사는 자신이 하는 일에 더욱 더 믿음을 가진다. 왜냐하면 자신만이 그것을 믿는 유일한 사람이 아니고 학생들 또한 신뢰하기 때문이다. 학생들의 믿음은 교사의 확신을 강화하고 보강해준다. 마치 어떤 정치가가 국민이 지지할 때만 국민을 다

어린아이에게 도덕의 요소들을 어떻게 확립할까

스릴 수 있는 것처럼 교사도 학급이 그를 신뢰할 때만 학급을 다스릴 수 있다. 그러나 교사를 지지해주는 이 집합감정은 이미 교사 자신에게 있는 권위의 산물이다. 교사에 대한 아이들의 감정이 이런 방식으로 나타나기 때문이다. 권위는 교사와 관련된 모든 아이들의 의식을 통해 반사되기 때문에 권위는 바로 이 모든 반향을 통해 확대되어 교사에게로 돌아온다. 결과가 원인에 다시 영향을 주고 그 강도는 더욱 커진다. 교사가 가진 권위는 더 이상 제1원인으로 그치지 않고, 나머지 모든 것을 뒤흔드는 커다란 원동기가 된다. 그러나 이러한 반향이 아무리 중요하다 해도 이것은 2차적 현상일 뿐이다.

우리가 교사의 권위와 그 권위의 필요성을 말할 때 학급을 마치 군대처럼 다루어야 한다는 의미가 전혀 아님을 덧붙일 필요가 있다. 물론 규율을 즐거운 외관으로 가장하는 것보다 더 규율의 정신에 위배되는 것은 없다. 몽테뉴가 주장하는 바 규율을 친절하고 쉬운 것으로 표현하는 것은 규율을 왜곡하는 것이다. 인생에서 모든 것은 장난이 아니다. 따라서 어린아이는 노력과 고봉을 사오해야 한다. 결과적으로 모든 것이 놀면서 이루어질 수 있다고 믿는 것은 재앙이 될 것이다. 무엇보다도 사회생활은 캠프생활이 아니다. 다른 한편으로 어린아이가 진지한 삶에 입문해야만 한다면, 즉 그 최초의 들어섬(introduction)이 중요하다는 시각을 잃어서는 안 된다. 어린아이는 어른이 아니기 때문에 어린아이의 본성에 맞게 다루어야 함을 잊어서는 안 된다. 그러므로 확고함이 가혹함이나 냉혹함으로 변질되지 않도록 교사의 권위가 호의를 통해 완화되어야 한다. 우리는 의무의 양면성에 대해 자주 말했다. 하나는 엄격하고 명령적으로, 다른 하나는 바람직하고 매력적으로 보인다. 가족 안에서는 두 번째 요소가 더 우세하다. 반대로 학교에서는 첫 번째 요소가 더 중요한 것 같다. 하지만 어린아이의 도덕적 체질은 너무 연약하고 유동적이기 때문에 매우 엄격한 의무에 적절하게 대처할 수 없다.

이 관점이 어찌 되었든 규율 존중이 규율 위반을 억제하는 처벌의 두려움에서 기인하지 않는다는 것을 우리는 알고 있다. 사실상 학교생활의 경험이 있는 사람은 누구나 규율이 잘 잡힌 학급에서는 거의 벌 받을 일이 없음을 잘 알고 있다. 벌칙과 규율 위반은 보통 한 쌍으로 움직인다. 따라서 벌칙은 규율의 기능에 있어서 몇몇 이론가들이 종종 부여하는 중요한 역할을 하지 못한다. 학교나 일상생활에서도 마찬가지다. 그러나 다른 한편으로 규칙의 개념과, 규칙 위반을 억제하는 벌의 개념 사이에 밀접한 관계가 존재함은 분명하다. 어느 시대에나 항상 어린아이의 행동을 결정하는 규칙들에 ─어른의 행위를 결정하는 규칙들과 마찬가지로─ 벌칙이 따르는 것은 일리가 있다. 그러면 이 두 항목을 서로 연결하는 관계는 무엇인가? 달리 말하면, 왜 벌을 받아야 하는가? 우선 단순해 보일 수도 있는 이 문제에 대해 매우 다양하고 심지어 상반되는 해결책이 제시되었다. 매우 실용적인 관심을 가지고 그 해결책들을 검토해보는 것이 중요하다. 벌을 주는 방식은 학교 벌칙과 그 기능에 대한 관념에 따라 완전히 달라지기 때문이다.

어린아이에게 도덕의 요소들을 어떻게 확립할까

여기에 두 가지 이론이 있다.

어떤 사람에게 벌은 규칙 위반을 방지하기 위한 단순한 수단이다. 나쁜 행동을 더 이상 못하게 금지하고, 다른 사람들이 그것을 모방하지 못하게 방지하려면 아이에게 벌을 주어야 한다. 금지된 행동을 다시 못 하게 할 만한 두려운 예측이 머릿속에 떠올라서 잘못을 하면 어떤 고통을 받아야 한다는 개념을 가지는 것이 중요하다. 달리 말하면 형벌의 역할은 근본적으로 예방이다. 처벌의 위협으로 인한 위축이 예방작용을 한다.

물론 처벌이 어느 정도 그러한 효과를 만드는 것은 사실이다. 처벌에 대한 두려움이 어떤 사람들의 의지에 유익한 영향을 줄 수 있다는 사실을 미리 부정할 생각은 없다. 그러나 그것이 중요하고 유일한 처벌의 존재 이유는 아니다. 만약 처벌이 예방의 목적만 가지고 있다면 처벌의 용도는 완전히 2차적일 것이다. 우리는 처벌로 인한 도움이 과연 매우 심각한 처벌의 부정적인 측면을 보상할 수 있는지 자문해볼 수 있을 것이다. 사실 형벌은 외부에서, 그리고 외부에 작용하기 때문에 도덕적 삶의 근저에 닿을 수 없다. 형벌은 정해신 한도 내에서 어떤 행동들을 하지 **말**라고 아이들을 기계적으로 훈련시킬 수 있다. 그러나 악을 행하도록 어린아이를 유혹하는 성향에 반대하여 선을 행하는 성향을 불러일으키지 못한다. 형벌이 효과가 있다 해도 위협 그 자체는 도덕적이지 않다. 만일 형벌이 죄의 의향을 협박으로 제압하는 것 외에 다른 기능이 없다면 아마 외적이고 실제적인 적법성을 보장하는 기능, 즉 형사 절차가 있음을 알게 될 것이다. 그러나 그것은 전혀 도덕화의 도구가 될 수 없다. 게다가 이러한 특별한 관점에서조차도 그 효과는 극히 제한적이다. 이탈리아의 형법 학자들은 놀라운 예들을 통해 통상적으로 형벌에 부여된 범죄 예방의 효력이 사실보다 더 과장되었다고 밝힌 바 있다. 그 영향력이 왜 매우 제한적인지 이해하기는 어렵지 않다. 물론 형벌이 야기하는 고통은 해악이다. 도덕적 주체가 심사숙고할 때 그 형벌의 고통을 예측하지 않을 수 없다. 그러나 자신의 의무를 완수하기 위해 자제하거나 고생하는 것도 역시 고통이다. 어떤 의무라도 그것이 특히 자연스럽게 끌리는 일이 아닐 때 그 의무를 완수하기 위해서는 고난과 희생, 포기를 각오해야 한다. 이 두 종류의 고통 가운데 왜 형벌의 고통이 가장 두렵게 여겨지는 것일까? 반대로 형벌의 고통은 시간적으로 멀리 있기 때문에, 또한 수많은 다양한 조합이 그 고통을 피할 수 있을지 모른다는 희망을 주기 때문에, 벌을 받는다는 생각만으로 현재의 유혹에 저항하거나 눈앞의 즐거움을 포기할 때 생기는 확실한 고통을 억제하기 어렵게 만든다. 결국 형벌은 전과 경력이며, 그것은 직업의 위기가 된다. 하지만 직업의 위기가 유난히 큰데도 별 어려움 없이 충원되는 많은 직업이 있다. 광부들, 위험한 공장 노동자들, 아이슬란드의 어부 등은 죽음이나 질병이 그들의 동료나 선배들을 덮치는 것을 보더라도 그 일을 그만두지 않는다. 그들은 자신들이 좋아하는 직업과 일종의 좋아하는 활동을 포기하기보다는 기꺼이 확실하고 중대한 위험에 노출된다. 그러면 왜 범죄자가 자초하는 위험이 범죄자로 하여금 자신의 성향을 더 이상 따르지 못하게 막을

어린아이에게 도덕의 요소들을 어떻게 확립할까

수 있다는 말일까? 이렇게 말해도 된다면 물론 형벌은 소명감이 없는 사람들을 멈추게 할 수 있을 것이다. 즉 이 두 방향 사이에서 주저하며 흔들리는 보통사람들을 막을 수 있을 것이다. 그러나 그 영향력은 거기까지가 한계다. 우리가 성인 범죄자에 대해 한 말은 학교의 비행 학생에게도 동일하게 반복할 수 있다. 어린 아이의 천성적인 게으름은 거기에 따르는 가능한 벌칙을 예상함으로써 억제될 수 있다. 대부분 벌을 예상하면서도 성향을 이기지 못하는 경우를 두려워할 만하다. 만일 학교 벌칙의 존재 이유가 우리에게 몇 가지 범법행위를 면하게 해주는 것뿐이라면, 그 벌칙이 책임자에게 줄 수 있는 몇 가지 서비스는 학교 벌칙이 모든 교육 시스템에서 항상 차지해왔고, 지금도 차지하고 있는 지위와 분명 아무런 관계가 없을 것이다. 특히 벌칙의 모든 비용과 힘의 손실, 그것에 내포된 시간 낭비, 더 나아가서 벌칙이 어린아이에게 일깨울 위험스러운 나쁜 감정들을 생각한다면 더욱 그러하다.

게다가 형벌의 다른 기능을 잘 보여주는 사실이 있다. 우리 모두는 형벌은 잘못에 비례해야 한다는 것을 알고 있다. 학교뿐만 아니라 실제 생활에서도 도덕적 양심은 불공정한 잘못에 공정한 벌이 부과되는 것, 아니면 그와 반대의 경우를 인정할 수 없다. 그렇지만 우리가 검토하는 이론이 주장하는 바대로 만일 형벌이 위협을 통해 금지된 행위를 예방하고, 죄를 저지를 수 있는 성향을 억제하는 것 외에 다른 기능이 없다면 형벌은 이 행위의 심각성이 아니라 이러한 성향의 강도에 비례해야 할 것이다. 하지만 사소한 잘못들, 즉 경미하게 여겨질 수 있는 위반을 저지를 성향은 중대한 학교의 범법 행위를 저지를 수 있는 성향보다 훨씬 더 강하고 더 질기다. 예를 들면 교사에게 대놓고 반항하거나 면전에서 교사를 모욕하고 동료들에게 나쁜 짓을 할 성향이 강한 학생은 거의 없다. 반대로 주의산만하거나 열심히 공부하지 않는 학생들의 수가 많다. 그렇지만 이 단순한 방종을 ─ 심지어 만성적이고 거의 고질적인 ─ 공개적인 반발 행위보다 더 심하게 처벌할 수는 없을 것이다. 이처럼 비례에 맞지 않게 처벌한다면 그것은 잘못을 저지른 이에게도 불공정해 보이며, 교사와 그가 대표하는 도덕적 질서에 대해 반항하게 만들 위험이 있을 것이다. 그러나 형벌이 공정하게 유지된다면, 즉 저지른 범죄의 심각성에 비례한다면 그것은 형벌의 유일한 목적이 겁주려는 일은 아니기 때문이다. 형벌과 그 억제행위에 대한 도덕적 가치의 관계는 형벌이 다른 기능을 가지고 있음을 보여준다.

이전 세대와 대립되는 모럴리스트 학파에 따르면 이 기능은 저지른 잘못의 재발을 예방하는 것이 아니라 그 잘못을 지우는 것이다. 형벌 그 자체는 범죄에 내포된 도덕적 악을 보상하는 덕(vertu, 효력)을 가지고 있다. 그들은 범죄를 억제하기 위해서가 아니라 범법 행위와 그 결과를 배상하기 위해 벌을 주어야 한다고 말한다. 자네는 말한다. "형벌은 법의 집행을 보장하는 위협일 뿐만 아니라 법 위반을 바로잡는 배상 혹은 속죄여야 한다."[23] 이

---

23 Jean Marie Guyau, *Esquisse d'une morale sans obligation, ni sanction*(의무

와 같이 이해된 형벌은 범죄를 없애고 사물을 제 위치로 돌려놓는 일종의 반-범죄(contre-délit)다. 형벌은 미래를 향하지 않고 과거를 향한다. 형벌 덕분에 과거는 마치 없던 일처럼 될 것이다. 범죄는 질서를 교란시켰다. 형벌은 교란된 질서를 다시 세운다. 그러면 형벌은 어떻게 이러한 결과에 이르게 되는가? 그것은 형벌에 내포된 고통을 통해서다. 자네는 말한다. "반항적 의지가 교란한 질서는 저지른 잘못의 대가로 받는 벌을 통해 다시 확립된다." 죄인에게 가해지는 고통으로 그가 일으킨 죄악을 배상한다. 벌은 악을 속죄하기 때문에 악을 배상한다. 벌은 본질적으로 속죄일 것이다. 이러한 관점에서 벌과 범죄의 균형은 어렵지 않게 설명된다. 범죄를 말소하고, 재발을 방지하기 위해 형벌은 균형이 맞아야 한다. 형벌이 상쇄 기능을 가지려면 범죄에 비례해 형벌도 증가해야만 한다.

이러한 개념의 근거 원리가 터무니없고 부조리하다는 반대에도 일리가 있다. 고통 그 자체는 언제나 악이라고 말한다. 그렇다면 죄인에게 가해지는 악은 어떤 점에서 그가 저지른 잘못을 보상할 수 있는가? 이 악들 가운데 첫 번째 악(즉 죄인에게 가해지는 고통)은 두 번째 악(그가 저지른 악)에 더해지기는 하지만 뺄 수는 없다. 사람들은 잘못된 균형을 실현할 수 있을 뿐이다. 귀요는 말

와 처벌이 없는 도덕의 고찰), Paris: F. Alcan, 1909, p. 186 재인용. 폴 자네(Paul Alexandre René Janet, 1823~1899)는 프랑스의 철학자이자 작가다. 부르주 대학과 스트라스부르 대학을 거쳐 소르본 대학에서 도덕철학을 가르쳤다. 헤겔을 추종했고 칸트에게 많은 영향을 받았다. 철학, 정치, 윤리를 주제로 많은 글과 책을 썼다.

한다. 그것은 의사가 아픈 팔을 고치려고 다른 팔을 절단하기 시작하는 것과 같다. 한마디로 속죄로 인식되는 형벌은 과거의 보복법(talion, 눈에는 눈처럼 동일한 고통을 주는 법)이 다시 회생한 형태에 불과하다. 우리 동시대인들의 도덕적 양심으로는 그 보복법을 더 이상 인정할 수 없다.

하지만 이 이론에도 참작할 만한 것이 있다. 즉 형벌이 죄를 지워주는 것, 적어도 가능한 한 죄를 배상한다는 원리를 보존해야 한다. 단, 이러한 배상의 효력은 형벌이 내포하는 고통에서 기인하는 것은 아니다. 형벌 역시 하나의 악이며, 악이 악을 배상하고 상쇄시킨다는 것은 분명히 부조리하기 때문이다. 그러나 형벌이 야기하는 고통이 형벌 기능의 전부는 아니다. 고통은 비합법적 행위를 억압하는 데 생각보다 부차적인 역할만 할 뿐이다. 형벌과 벌의 본질은 다른 데 있다.

형벌이 어떻게 범죄를 보상할 수 있는지를 이해하기 위해 우선 범죄가 불러일으키는 도덕적 악이 무엇인지, 그리고 그 악을 줄이거나 없애려면 어떻게 해야 하는지 살펴보기로 하자.

어른과 마찬가지로 어린아이에게도 도덕적 권위는 여론의 산물이며, 여론에서 모든 힘을 끌어낸다. 결과적으로 학교 규칙의 권위는 어린아이들이 그 규칙에 대해 가지고 있는 감정, 즉 아이들이 학교 규칙을 마치 그들의 범위를 벗어난, 거룩하고 침해할 수 없는 것으로 표현하는 방식에서 나온다. 이 감정을 약화시킬 수 있는 모든 것, 어린아이들로 하여금 이러한 불가침이 비현실적이라고 믿게 만들 수 있는 모든 것은 그 규율의 원천에 타격

어린아이에게 도덕의 요소들을 어떻게 확립할까

을 가할 것이다. 따라서 규칙이 위반될수록 규칙은 불가침한 것으로 여겨지지 않을 것이다. 모독된 거룩한 것은 그 최초의 본질을 회복시킬 새로운 것이 개입되지 않으면 더 이상 거룩하게 여겨지지 않는다. 사람들은 신성한 것에 속인이 손을 대면 벌을 받는다고 믿는다. 마찬가지로 규칙을 위반하는 행위는 규칙을 범할 수 없는 것으로 여기는 어린아이의 신뢰에 상처를 줄 수 있다. 어린아이들이 규칙을 따르는 것은 그들이 규칙에 특권, 즉 일종의 도덕적 힘을 부여하기 때문이다. 도덕적 힘의 에너지는 그 영향력으로 평가된다. 규칙이 만장일치로 지켜지는 것을 본다면 규칙은 그 효력의 중요성에 따라 어린아이들에게 매우 막강하게 보일 것이다. 반대로 제멋대로 그 규칙을 쉽게 회피하는 것을 보게 되면 아이들은 그 규칙이 약하고 영향력도 없다고 느낄 것이다. 이것이 바로 범법 행위 때문에 생기는 진정한 도덕적 해악이다. 위반행위는 학교 법의 권위에 대한 어린아이의 신뢰를 동요시키고, 마찬가지로 도덕법의 권위에 대한 어른의 신뢰를 흔든다. 그 결과 실제로 권위가 약화된다. 한마디로 만일 그 풍기문란의 결과를 중화시키 못한다면 도덕적 범죄 행위는 도덕을 타락시키게 된다. 비규율적 행위가 규율을 약화시키기 때문이다. 그렇다면 저질러진 악을 보상하기 위해 무엇이 필요할까? 위반된 법이지만, 그 법은 보기와는 다르게 여전히 법 자체로 존재한다는 것, 그 법을 부정하는 행위에도 불구하고 그 권위가 조금도 손상되지 않았음을 보여주어야 한다. 달리 말하자면 법은 위반에 맞서 명확해야 하고, 법을 공격하는 힘에 비례해 법의 힘을 보여주는 방식으로 대응해야 한다. 형벌은 의미 있는 표시일 뿐이다.

　스스로 확증하고 대응하는 법에 대해 말하다 보면 법이라는 추상적 관념이 실제로 구현되고 있다는 느낌을 가지게 된다. 그러나 방금 말한 모든 것은 매우 구체적인 용어로 쉽게 번역될 수 있다. 물론 규칙이 직접 응징에 개입해서 그 존재를 확증하는 것은 아니다. 그러나 규칙은 그 기관에 속한 사람의 중재에 의해, 즉 교사의 중재로 대응하고 확증된다. 어린아이가 규칙을 믿는 것은 어린아이가 자신의 선생님을 믿기 때문이라는 것을 우리는 알고 있다. 교사가 규칙을 존중할 만하다고 확신하고, 또 교사 스스로 규칙을 존중하기 때문에 학생도 규칙을 존중한다. 그러나 만일 교사가 규칙 위반에 개입하지 않고 그것을 방임한다면 그러한 관용은 교사가 규칙을 더 이상 확고하게 신뢰하지 않으며, 존중하지 않는다는 증거로 보일 것이다. 마찬가지로 학생도 규칙을 신뢰하지 않게 될 것이다. 교사에게서 단순하게 나타난 의심은 학생의 의심을 견인한다. 학생의 의심은 규율을 그 근본부터 흔든다. 그러므로 범법행위 앞에서 교사는 명확하게 그의 감정이 변하지 않았음을, 언제나 동일한 힘을 가지고 있음을 증언해야 한다. 즉 규칙이 위반되는 일이 있더라도 규칙은 여전히 규칙이며, 전혀 특권을 상실하지 않았고, 언제나 동일하게 존중되어야 함을 증언해야 한다. 이것을 위해 교사는 노골적으로 범법행위를 비난하고 강하게 배척해야 한다. 이 열렬한 비난, 그것이 바로 형벌의 본질이다.

　그러므로 형벌의 중요한 기능은 죄인에게 고통을 줌으로써 잘

　어린아이에게 도덕의 요소들을 어떻게 확립할까

못을 속죄하게 하는 것도 아니고, 위협으로 미연에 있을 모방자들을 억제하려는 것도 아니다. 형벌의 기능은 규칙 위반 때문에 신뢰가 흔들린 그들의 의식에 다시 규칙에 대한 확신을 심어주는 것이다. 비록 그들이 납득하지 못하더라도 이 믿음이 언제나 동일한 존재 이유를 가지고 있음을 보여주는 것이다. 좀 더 구체적으로 학교에 관해서 말하자면, 신뢰는 언제나 학생들에게 전달하는 사람을 통해 느껴진다. 그러므로 신뢰는 학교 도덕이 기능하는 데 중요한 역할을 한다. 물론 우리가 제시한 바와 같이 신뢰가 규율에 권위를 부여하지 않는다. 그러나 신뢰는 규율이 이러한 권위를 잃지 않도록 막아준다. 만일 저지른 범법 행위들이 벌을 받지 않게 된다면 점차적으로 권위가 약화될 것이다. 그러므로 신뢰가 범죄로 인해 초래된 악을 바로잡고 보상하는 것은 사실이다. 그러나 수형자에게 가해지는 고통이 이러한 보상을 만들어내는 것은 아니다. 중요한 것은 어린아이가 고통받는 게 아니라 그의 행위가 엄하게 질책받는 것이다. 이러한 행위에 가해진 비난만이 유일한 신뢰 회복자다. 물론 비난받는 사람이 고통스럽다는 사실은 어쩔 수 없다. 행위를 비난하는 것은 그 일을 행한 사람에 대한 비난을 내포하기 때문이다. 사람들이 누군가를 비난한다는 사실을 나타내는 유일한 방법은 그를 다르게 취급하는 것이다. 즉 보통사람들보다 못하게 여기는 것이다. 그러한 이유로 형벌은 거의 필연적으로 그 당사자를 가혹하고 고통스럽게 취급하는 것이다. 그러나 고통은 형벌의 여파일 뿐 형벌의 본질은 아니다. 그것은 범죄에 대한 명확한 감정을 외부로 드러내는 표지다. 그러나 범죄로 인한 도덕적 무질서는 나타난 표지가 아니라 표현된 감정에 의해 중화된다. 그리고 범법행위를 지탄하는 데 추호도 의심할 여지가 없는 경우에만 가혹하게 취급해도 정당하다. 만일 형벌의 주요 기능이 억제하거나 속죄하는 것이라면 형벌의 전부라고 할 수 있는 고통은 사실상 전적으로 결여될 수도 있는 이차적인 요소다. 학교 벌칙도 시민사회의 형벌도 근본적으로 반항적인 본성에게 진정으로 고통을 줄 수 없다. 어쨌든 그 벌칙들은 나름대로 존재 이유를 가지고 있다. 형벌의 단계를 정하는 것, 그것은 교묘하게 등급화한 형벌을 가정하는 것이 아니다. 여기서는 그러한 개념을 지적하는 것으로 만족하고, 다음에 그 실제 결과를 살펴볼 것이다.

이제 우리는 형벌이 어디에 쓰이는지, 그 기능은 무엇인지 알게 되었다. 그렇다면 그 목적을 완수하기 위해 형벌이 어떻게 되어야 하는지를 살펴보자.

아직도 주요 인사들이 지지하는 어떤 이론에 따르면, 벌이란 비난받을 만한 행위에 마땅한 결과를 받는 것으로 한정해야 할 것이다.

사람들은 루소[24]에게 부성애가 있다고 했다. 사실상 『에밀』 제

----

24 장 자크 루소(Jean-Jacques Rousseau, 1712~1778)는 프랑스의 철학자이자 음악가·소설가·교육학자다. 그는 인간 불평등의 기원을 탐구하는 나름의 '과학적' 방법으로 인류생활의 초기단계를 재구성했으며, 최초의 인간은 사회적 존재가 아니라 고독한 존재였다고 보는 점에서 홉스의 자연 상태에 관한 설명에 동조했다. 그러나 자연 상태의 인간생활이 '가난하고 불결하고 거칠고 부족한' 것이라고 본 이 영국 비관론자와는 달리 최초의 인간이 건강하고 행복하고 착하고 자유롭다고

어린아이에게 도덕의 요소들을 어떻게 확립할까

2권에서 이러한 원리를 인정하는 듯한 제안들을 발견한다. "어린 아이들에게 결코 응징으로서 벌을 내려서는 안 된다. 벌은 언제나 그들의 나쁜 행동의 당연한 결과로 오게 되는 것이다." 그는 다른 곳에서 이렇게 말한다. "어린아이를 자신이 저지른 일에 좌우되도록 내버려두라. 그러면 당신은 교육의 진정한 질서를 따르게 될 것이다. 에밀은 자기 방의 유리창을 깼다. 그가 일으킨 피해를 수선하지 않도록 자제해야 할 것이다. 밤의 추위 때문에 그는 감기에 걸릴 것이고 그것이 바로 벌이 될 것이다." 단지 루소는 이러한 방법을 유년기 초기, 즉 12세까지만 적용하도록 추천한다. 12세까지 그 방법이 적용될 수 있다고 생각하는데, 루소에 따르면 이 나이가 지나야 도덕적 삶이 시작될 것이기 때문이다. 인간이 처음에 그랬던 것처럼 그때까지 어린아이는 모든 도덕적 사고와는 무관하다. 그는 동물처럼 순수하게 육적인 삶을 산다. 동물들은 인위적인 처벌 시스템에 복종하지 않는다. 동물들은 사물의 영향 아래서 발전한다. 그것들은 경험 이외에 다른 교훈을 받아들이지 못한다. 어린아이가 순수하게 '동물적'인 생활을 하는 한 다른 규율이 필요하지 않다. 그를 강제적 영향력에 복종시키는 것은 자연 질서를 침해하는 일이 될 것이다. 그러나 12세부터는 그에게 새로운 삶이 시작된다. 그때부터 이른바 규율이 필요할 것이다. "우리는 단계적으로 선과 악을 구분하는 도덕 개념에 접근한다. 지금까지 우리는 필연성 외에 다른 법을 알지 못했

주장했다.

다. 이제부터 우리는 유용한 것이 무엇인지에 관심을 기울인다(12세에서 15세까지). 우리는 곧 적합한 것과 선한 것에 이르게 될 것이다(15세 이상)."

루소에 따르면 이처럼 자연적 반응으로 벌을 주는 방법은 순수하게 물질적(신체적) 교육에만 적용된다. 이른바 도덕 교육이 시작되면 체계는 바뀌어야 하고, 교육자가 직접 개입해야 한다.

스펜서를 통해 이 이론이 교육 전반에 널리 퍼지게 되었다. 이 학설의 원리는 다음과 같다. 스펜서는 이렇게 말한다. "어떤 가설에서 출발하더라도 모든 도덕 이론은 어떤 행위의 결과가 당장에 생기든 나중에 생기든 결국 그 결과가 선한 것이면 좋은 행위라는 데 동의한다. 반면 가깝거나 먼 결과가 해로우면 악한 것으로 여긴다. 이 마지막 분석에서 인간이 행위를 판단하는 기준은 그 행위가 만드는 행복 또는 불행이다. 우리는 음주벽을 나쁘게 여긴다. 왜냐하면 음주로 인한 육체적 퇴화와 해악들이 술 취한 사람과 그의 가족에게 나쁜 영향을 미치기 때문이다. 만약 도둑질이 도둑질한 사람이나 물건을 잃어버린 사람에게 똑같은 즐거움을 준다면 도둑질은 범죄 리스트에 올라가지 않았을 것이다." 이것을 인정한다면 어린아이를 도덕적으로 양육하기 위해 더 이상 인위적인 처벌 시스템에 의존할 필요가 없다. 되는대로 내버려 두면 된다. 어떤 행위가 악하다면 그것을 행한 사람에게는 그의 잘못을 일깨울 고통스러운 대응이 생길 것이고, 그 고통스러운 기억은 그로 하여금 다시는 그런 일을 하지 못하게 할 것이다. 따라서 벌칙을 주는 교사의 역할도 매우 간단해질 것이다. 교사

어린아이에게 도덕의 요소들을 어떻게 확립할까

의 역할은 어린아이로 하여금 자신의 행동으로 인한 당연한 결과들을 깨닫지 못하게 만드는 인위적인 개입을 감시하는 것으로 충분하다. 스펜서는 이러한 방법이 일반적으로 행해지는 체계들보다 두 가지 장점을 가지고 있다고 말한다. 첫째, 이 방법은 어린아이의 도덕적 기질에 좀더 견고한 근거를 제공한다. 사람들이 타인의 강제력에 따라 자신의 행위를 생각할 때보다 자신이 행한 행동의 선하고 나쁜 결과들을 스스로 이해하게 될 때 인생에서 품위 있게 행동하리라는 것을 우리는 확신한다. 그런데 어린아이는 인위적인 처벌을 피하기 위해 행동하거나 자제할 때 자신의 행동을 진실로 이해하지 못하면서도 단지 권위, 즉 강제력을 존중해서 행동한다. 우리를 두렵게 하는 것은 이러한 권위가 그의 행동을 자제시키지 못하는 나이에 이르게 되었을 때, 즉 어린아이가 성인이 되었을 때 스스로 잘 처신하지 못하는 상태에 빠지게 될까 우려하는 것이다. 둘째, 이러한 벌이 어떤 일 때문에 생겨난 것이고, 그 행위에 따른 당연하고도 필연적인 결과이기 때문에, 어린아이는 그 누구도 탓할 수 없다. 그는 자신에 대해서만 불평할 수 있다. 우리는 이렇게 해서 부모와 자녀, 교사와 학생 사이에서 매우 자주 일어나고 그들의 관계를 해치는 분노의 폭발, 신랄한 행동들을 피하게 된다. 객관적인 처벌은 그러한 것들을 허용하지 않는다. 그러므로 개입하는 대신 무분별한 행동이 그러한 효과를 만들기를 기대하는 수밖에 없다. 어린아이가 산책을 가려고 하는데 제 시간에 절대 준비하지 않는가? 그러면 그를 내버려두고 떠나면 될 것이다. 어린아이가 자기의 물건을 쉽게 망가뜨리는가? 그러면 대체해주지 않을 것이다. 어린아이가 장난감 정돈을 거부하는가? 우리가 장난감을 정돈해야 할 것이다. 그러나 어린아이가 그것을 사용하고 싶을 때 그는 장난감을 더 이상 찾을 수 없을 것이다 등등.

이것이 바로 그가 말하는 시스템이다. 이 시스템이 근거한 원리를 살펴보기 전에 그 시스템에 부여된 장점들이 헛되지는 않더라도 매우 불확실하다는 점을 지적해두는 것이 좋다. 어린아이는 벌에 대해 부모나 선생님을 비난할 수 없다고 한다. 그들이 한 일이 아니기 때문이다. 그러나 어린아이가 벌 받은 경험을 정확하게 해석하는 상태라고 가정해보자. 사실상 이것은 어린아이의 지적인 교양이 상당한 단계에 도달할 때만 가능한 일이다. 어떤 현상과 그 원인 사이에는 그렇게 분명한 관계, 즉 심지어 경험이 없는 사람의 눈으로도 확실히 식별할 수 있을 만큼 물리적으로 드러나는 관계가 존재하지 않는다. 과식한 어린아이는 소화불량에 걸린다. 그는 고통받는다. 그리고 자신도 그 사실을 안다. 그러나 그의 고통이 어디서 오는 것일까? 이와 유사한 경우 어른들도 이러한 문제를 언제나 척 보고 단번에 풀 수 있는 것이 아니다. 여러 다양한 설명이 가능하다! 어린아이의 설명이 좀더 타당할 것이며, 어린아이의 경험은 자신을 정당화하는 설명을 하는 데 더 유리하게 작용할 것이다. 원시인은 그에게 닥치는 불쾌한 사건들이 자연법칙의 필연성 때문이라는 생각조차 하지 못한다. 그는 자연법칙이 무엇인지 모르기 때문이다. 그는 자신을 고통스럽게 하는 병과 가까운 사람들의 죽음을 객관적이고 비개인적

어린아이에게 도덕의 요소들을 어떻게 확립할까

원인으로 돌리지 않고, 그를 증오하는 어떤 사람과 마술사, 적의 탓으로 돌린다. 어린아이도 동일한 이유로 이런 식의 추리를 할 경향이 상당히 크다. 우리는 어린아이가 좋지 않은 사소한 일들을 주변인 탓으로 돌리는 것을 본다. 사실상 그가 단독으로 책임져야 할 일인데도 말이다. 이러한 방법으로는 우리가 회피하고자 하는 나쁜 감정들을 절대 피할 수 없다. 다른 한편으로 경험을 이렇게 해석하는 것도 쉬운 일이 아니다. 왜냐하면 이러한 해석은 자의적으로 될 여지가 많기 때문에 어린아이가 인생에서 어떻게 처신해야 하는지를 배우려면 그러한 해석에만 의지할 수 없기 때문이다. 실제로 스펜서도 자신의 이론에 만족할 수 없었다. 그는 제안한 규칙과는 반대로 부모들에게 은밀하게 개입해 이른바 가장된 형벌에 의지하도록 했다. 어린아이가 장난감을 어질러놓으면 부모는 그것들을 정돈한다는 구실로 장난감을 빼앗는다. 어린아이에게 장난감을 박탈하는 것은 완전하게 인위적이지만 진정한 벌칙이 아닌가? 만일 자연적인 결과가 생겨나도록 내버려두어야 한다면 장난감들이 스스로 그 상황에서 벗어날 수 없을 것이다. 그것들은 어린아이가 내버려둔 대로 무질서하게 남아 있어야 하며, 어린아이는 매우 쉽게 그러한 무질서에 습관이 들 것이기 때문이다.

그러나 그 이론의 원리 자체까지 거슬러가보자. 스펜서가 말하기를, 나쁜 행동은 어린아이나 그 주변인 또는 동시에 그 둘 다에게 나쁜 결과를 초래하는 것이다. 바로 이러한 해로운 결과 때문에 그 행위를 금지하는 것이다. 따라서 이러한 결과를 경험한 어린아이는 왜 그가 그러한 행위를 자제해야 하는지 알게 된다. 어린아이가 직접 상처를 입었다면 그는 자신이 느낀 고통으로 인해 주의할 것이다. 만약 주위 사람이 상처를 입는다면 그 행위의 상당한 여파를 인식할 것이다. 불필요한 논의를 길게 끌지 않기 위해 중요한 유보 조항이 있지만 이 원리를 인정하도록 하자. 하지만 넓은 의미에서 사실 나쁜 행동은 언제나 나쁜 영향을 미친다고 말할 수 있다. 단, 어린아이가 이러한 나쁜 영향을 항상 인식하지 못한다는 점이 문제다. 대부분 그러한 나쁜 결과들은 어린아이의 시야가 미치지 않는 곳에서 그의 작은 범위, 즉 그가 살고 있는 작은 세상 밖에서 생겨나므로 그것을 눈여겨볼 수 없기 때문이다. 그렇다면 어떻게 어린아이에게 그것들을 느낄 수 있게 할까? 예를 들면 그는 부모를 존경해야 한다. 왜 그런가? 물론 합법적인 선(善)에서 부모의 권위를 존중하는 것은 가풍과 규율을 유지하는 데 꼭 필요하기 때문이다. 한편 가풍이 약화되면 집합 생활에 재난적인 결과를 초래할 수 있다. 그래서 사회는 자식으로서 부모 존중을 어린아이에게 엄격하게 의무화하는 것이다. 그러나 어린아이가 자신의 행동이 먼 훗날 초래할 반향을 어떻게 인식할 수 있을까? 어떻게 자신의 불복종이 사회질서의 원리 가운데 하나를 교란하는 데 기여한다는 것을 이해할 수 있을까? 어른도 종종 이해 불가능한 경우가 있다. 도덕은 스펜서가 상상한 것만큼 단순하지 않기 때문이다. 우리처럼 복잡한 사회에서 사회 관계를 규제하려고 만들어졌기 때문에 도덕 그 자체도 매우 복잡하다. 사회라는 방대한 조직체 전반에 걸쳐 나쁜 영향을 미치

어린아이에게 도덕의 요소들을 어떻게 확립할까

는 여러 가지 반향들 때문에 도덕은 어떤 행위들을 비난한다. 그 반향들은 어린아이의 육안으로 인식되지 않는다. 오직 과학만이 과학이 사용하는 특별한 방법들과 특별한 정보 덕분에 그것들을 점차로 발견하게 된다. 그러나 스펜서의 원칙은, 특히 학교의 도덕에 관해서는 적용할 수 없을 것 같다. 사실 학생이 따르고 있는 의무들 대부분이 그 자체의 목적도 없고, 매우 가까운 미래의 목적도 가지고 있지 않다. 왜냐하면 어른이 되어 살아야 할 삶을 위해 어린아이를 준비시키는 단순한 연습이기 때문이다. 만약 우리가 어린아이에게 자신에게 전념하고 자연스러운 게으름과 방임 상태에 빠지지 말라고 요구한다면, 그것은 단지 어린아이로 하여금 선생님과 학급의 명예인 선량한 의무들을 잘 완수하게 하려는 것이 아니다. 그가 나중에 활용하게 될 교양을 얻기 위해서이고, 근로자가 사회에서 취업하는 데 필요한 노력의 습관을 갖도록 하기 위해서다. 따라서 아이가 학교를 떠나 진지한 삶에 참여할 때 비로소 학생 시절에 익힌 행동 습관의 자연스러운 결과가 나타나게 된다. 만일 그가 자신의 행동을 납득하기까지 기다려야 한다면 너무 늦는다고 말할 필요가 있을까? 나는 한편으로 아이가 제때 깨닫기 위해서는 사물의 자연적 흐름을 예견할 필요가 있다. 교육가가 개입해 장래의 삶에서 예측되는 처벌 규범의 규칙들을 연계해주어야 한다. 스펜서가 제안한 방법은 매우 특수한 경우에만 유용할 뿐이며, 우리에게 학교 벌칙의 기본 원리를 제공할 수 없다.

학교의 벌칙(계속)

학교 규율이 무엇이고 그 본질과 기능이 무엇인지 밝혀본 후, 어린아이가 학교 규율을 의식하도록 하기 위해, 다시 말해 어린 아이들이 규칙에 내재된 권위를 인정하고 자발적으로 그 규율에 따르게 하기 위해 어떤 방식을 취하는 것이 좋을지 살펴보았다. 이러한 의식은 그들에게 전달될 수 있고, 또 그렇게 되어야만 한다. 그러나 의식이 결여된 채 행동만 억제하는 벌칙으로 위협을 가함으로써가 아니라 의식 자체가 식섭 전딜되이야 한다. 규칙을 존중하는 것은 벌칙에 대한 공포와 벌을 회피하고자 하는 욕망과는 전혀 다르다. 그것은 학교의 행동 원칙에 규칙을 범할 수 없게 만드는 어떤 것, 즉 어떤 의지도 감히 규칙을 범할 수 없게 만드는 지배력이 있다는 느낌이다. 학생들은 교사(maître)에게서 규칙의 권위에 대한 느낌을 받는다. 학생들에게 권위를 전해주는 것은 바로 교사다. 교사는 그 권위를 느끼기 때문에, 즉 자신의 업무가 중요하다는 것을 깨닫기 때문에, 추구하는 높은 이상에 도달하는 데 필요한 방법들이 학교 규율의 수많은 규칙에 있다는 것을 알기 때문에 학생들에게 권위를 전달한다. 자신이 느끼는 이 느낌을 교사는 말로, 몸짓으로, 모범을 보임으로써 학생들에게 제시한다.

그렇다면 처벌 기능이란 무엇인가? 처벌은 기생적이고 병적인 일종의 불필요한 중복에 불과한가, 반대로 학급의 도덕생활에서 정상적인 역할을 하는가? 이것이 지난번 강의에서 검토한 문제다. 우리가 살펴본 바는 처벌이 규칙의 권위를 세워주지는 못한다 해도 적어도 규칙이 권위를 잃지 않도록 방어해준다는 것이다. 위반 행위가 처벌을 받지 않는다면 위반이 매일 저질러질 것이고, 점차로 규칙의 권위를 갉아먹게 될 것이다. 어린아이가 규율을 범할 수 없는 것으로 생각하는 것 자체가 바로 권위를 만들기 때문이다. 그러므로 규율을 위반하는 모든 행위는 이 불가침성이 실제가 아니라고 믿게 만드는 경향이 있다. 학생들이 규율에 순응하고 규율을 존중한다면 그것은 규율이 존중되어야 한다고 확인해준 교사의 신념에 근거한다. 만일 교사가 규율을 존중하지 않는 행위에 대해 개입하지 않고 내버려둔다면, 같은 말이지만 이러한 관대한 행위(벌을 면제해주는)는 교사 스스로 규율을 그다지 존중받을 것으로 여기지 않는다는 사실을 증명해보이는 일이리라. 교사의 태도에서 드러나는 주저와 의심, 신념의 약화는 반드시 아이들에게 전달된다. 따라서 교사는 위반 행위를 보게 되면 학급의 도덕적 신념이 약화될 것을 예견해야 한다. 교

어린아이에게 도덕의 요소들을 어떻게 확립할까

사는 분명한 방식으로 자신의 감정은 변하지 않았고, 규칙은 언제나 성스러우며, 비록 위반되는 한이 있어도 규칙은 여전히 존중되어만 한다는 것을 확실하게 보여주어야 한다. 교사는 이러한 위반과 어떤 타협도 할 수 없으며, 위반을 밀어내고 멀리한다는 것을 확실히 보여주어야 한다. 다시 말해 교사는 위반 행위를 비난하고, 그 행위의 중요한 정도에 따라 맹비난해야 한다. 이것이 벌의 주요한 기능이다. 벌을 주는 것은 비판하는 것이고, 비난하는 것이다. 그러므로 처벌의 주요한 형태는 항상 죄인을 요주의 대상으로 놓고 그를 멀리하고 고립시키며 외톨이로 만들어 정직한 사람들과 분리하는 것이다. 우리는 존중할 만하지 못하다고 여겨야만 누군가를 비난할 수 있다. 또 비난받는 행위가 불러일으킨 감정을 다른 방식으로 표현할 수 없기 때문에, 모든 비난은 일반적으로 비난 대상에게 어떤 고통을 가하는 것으로 귀결된다. 그러나 그것은 다소 중요하지 않은 형벌의 일시적 반향에 불과하다. 고통을 가하는 것이 형벌의 본질은 아니다. 벌 받는 사람이 고통스럽게 느끼지 않더라도 벌은 나름의 존재 이유가 있다. 벌을 주는 것은 타인에게 정신적·육체적으로 고통을 주려는 것이 아니다. 벌을 주는 것은 잘못에 대해 그 잘못이 부정했던 규칙을 확인하는 것이다. 이것이 바로 어린아이의 교육과 동물의 조련에서 처벌의 역할이 크게 다른 점이다. 동물을 조련하기 위해 가하는 벌들은 동물이 실제로 그 고통을 느낄 때만 효과가 있다. 반대로 어린아이에게 벌은 내적 상태를 표현하는 물리적 기호일 뿐이다. 그것은 기호 체계, 즉 언어인데, 이 기호 체계를 통해 어떤 사회의 공공의식 또는 학교에서 교사의 의식은 금지된 행동이 초래하는 감정을 표현한다.

처벌의 주요한 역할을 위와 같이 정의한 다음, 우리는 처벌의 존재 이유인 그 목적에 도달하기 위해 처벌은 어떠해야 하며, 또 어떻게 실행되어야 하는지를 연구할 수 있었다. 이 시점에서 우리는 우선 처벌은 범죄 행위가 스스로 만들어내는 당연한 결과라고 주장하는 이론을 만났다. 이것은 특히 스펜서가 공식화한 것처럼 자연스러운 반응 이론이다. 이 학설이 불러일으킨 반박들을 다시 살펴볼 필요는 없다. 이 학설의 출발점이 된 흥미롭고 올바른 개념을 알려주는 것이 더 유익하리라. 그 체계에 대해 토론한 교사들과는 매우 다르게 적용할 수도 있지만, 우리가 수용할 수 있는 개념을 알려주는 것이 더 유용할 듯하다.

이 개념이란 인간이 인위적으로 개입하지 않아도 사물의 영향으로 직접 이루어지는 지성과 의지의 교육이 존재한다는 것이다. 이 자발적인, 다시 말해 자동적인 교육은 모든 교육 시스템이 추구해야 할 표준 형태다. 그러므로 어린아이는 자신을 둘러싼 사물들 가운데서 말하고 처신하는 법을 스스로 배운다. 어린아이가 팔다리를 어떻게 움직여야 하는지, 멀고 가까움에 따라 외부 대상들에게 가까이 가거나 멀어지려면 어느 정도 노력해야 하는지 가르쳐주는 것은 부모가 아니다. 실제로 아이는 매우 복잡한 이 모든 기술을 스스로 터득한다. 어린아이는 개인적인 경험으로 현실과 접촉하면서 시행착오를 통해 기술을 얻는다. 어린아이에게 실패와 다시 시작해야 할 필요성을 알려주는 것은 실패한 동

어린아이에게 도덕의 요소들을 어떻게 확립할까

작이나 부적절한 움직임의 결과, 즉 고통이다. 마찬가지로 즐거움은 당연한 보상인 동시에 성공의 표지다. 동일한 방식으로 어린아이는 자신의 언어, 즉 단어들로 이루어진 어휘를 배우고, 언어의 특징인 문법과 그 문법에 내재된 논리를 배운다. 우리가 말하고 발음하고 단어들을 결합해 문장을 만드는 방식을 재생산하려고 노력하는 것은 사실 어린아이가 스스로 하는 일이다. 엄밀한 의미에서 그 후에 교육이 어린아이에게 가르치는 것은 예절바른 행동, 우아함, 적절함에 대한 취향인데, 이것들은 어린아이가 스스로 배우는 기본적인 지식과 비교해볼 때 별로 중요하지 않다. 게다가 사물과의 직접 경험을 통한 교육은 유년 시절과 청소년기 이후에도 지속된다. 이 교육은 일생을 통해 지속된다. 왜냐하면 어른 역시 언제나 배워야 하고, 삶 외에는 다른 교사가 없기 때문이다. 대부분 이러한 행동의 결과 자체가 자신의 행동에 대한 유일한 벌이다. 우리는 모색하고 시도하고 좌절하고 또다시 시도하고, 행동방식을 조금씩 고쳐가면서 직업의 기술을 배운다. 이러한 실용적 지혜에 대해 우리가 가질 수 있는 모든 것을 배운다. 그것을 경험이라는 한마디 명확한 단어로 밀힐 수 있디. 그러나 이 방법이 이렇게 효과적이고 인류가 이 방법에 그토록 은혜를 입고 있다면 왜 이 방법이 모든 교육에 적용되지 않았을까? 왜 아이는 어른들이 기술문화를 습득하는 것과 같은 방식으로 도덕문화를 습득하지 못하는 것일까? 그렇다면 단계적인 형벌 시스템을 고안할 필요 없이 자연에 맡겨두기만 하면 되었을 것이다. 어린아이가 사물과 접촉하면서 스스로 발전하도록 놔두면 되는 것이다. 어린아이가 틀리면 사물들이 알려줄 것이다. 다시 말해 어린아이의 행동들이 마땅히 되어야 할 바대로 되지 못할 때, 사물의 본질에 적합하게 행해지지 않을 때, 사물들이 경고할 것이다. 톨스토이의 교육학은 이와 동일한 개념에 근거해 있다. 사실상 톨스토이에 따르면 사람들은 박물관·도서관·실험실, 회의나 공공 강의, 또는 단순하게 학자들과의 교류에서 이상적인 가르침의 모델을 스스로 찾아낼 것이다. 이 모든 경우 어떤 제약도 가해지지 않는다. 우리는 이러한 방식으로 배우지 않았던가? 왜 어린아이는 동일한 자유를 누리지 못하는가? 어린아이는 그에게 유용하리라고 여겨지는 지식만을 마음대로 사용할 수 있을 뿐이다. 그러나 우리는 어린아이에게 그 지식을 습득하라고 강요하지 말고 단지 지식들을 제공해야 한다. 그 지식이 정말 어린아이에게 도움이 된다면, 경험이 그에게 그 필요성을 느끼게 한다면 어린아이는 스스로 그 지식들을 찾을 것이다. 이러한 이유로 야스나야 폴랴나(모스크바 남부 지역 툴라 근처에 있는 톨스토이의 고향이자 영지) 학교에서는 벌이라는 것을 모르고 지낸다. 학생들은 그가 오고 싶을 때 오고, 원하는 것을 배우며, 원할 때 일한다.

이 학설의 극단적인 결과들이 놀랍게 보이더라도 그것이 근거한 원리 자체는 나름대로 이유가 없지도 않고, 이론의 여지가 없다. 또한 보존할 만한 가치가 있는 것으로 여겨진다. 우리가 적응하기로 작정한 환경의 영향을 받아야만 처신하는 법을 확실히 배울 수 있다. 우리 행동의 원천적 동기들은 우리 안에 내재하기 때문이다. 그 동기들은 우리 스스로에 의해, 그리고 내적인 것에

어린아이에게 도덕의 요소들을 어떻게 확립할까

의해서만 흔들릴 수 있다. 그 무엇도 어떤 것을 억눌러야 하고 자제해야 하는지 외부에서 우리에게 말할 수 없다. 또한 각각의 동기에 어느 정도의 에너지를 쏟아야 하는지, 그것들의 영향력을 어떻게 결합해야 하는지 등등을 말할 수 없다. 그것을 느끼는 것은 우리들 자신이며, 우리는 환경과 접촉해서만, 다시 말해 우리의 행동이 목표로 삼은 사물과 접촉하고 직접 시도함으로써 그것을 느낄 수 있다. 환경이 우리의 행동에 반응하는 방식이 우리에게 경고하는 셈이다. 이 반응은 우리의 행동이 적절한가, 그렇지 않은가에 따라 호의적일 수도 있고 불쾌할 수도 있기 때문이다. 따라서 일반적으로 우리를 둘러싸고 있는 사물 혹은 사람들의 자발적인 반응들은 우리의 행동에 대한 자연스러운 상벌이라고 말할 수 있다. 그러나 이 원리가 일단 인정된다고 해서 이른바 벌, 즉 부모가 자녀에게, 교사가 학생에게 가하는 벌이 우리의 도덕 교육 체계에서 사라져야만 한다는 의미는 아니다. 사실상 비도덕 행위가 의식에 불러일으키는 비난 외에 비도덕 행위의 당연한 결과가 무엇인가? 잘못으로 인한 비난은 필연적으로 잘못에서 나오는 것이다. 반면 저벌 자체가 이러한 비난의 외적 표현에 불과하다면 처벌 역시 그 위반 행위에 대한 자연스러운 결과다. 이런 식으로 사회환경은 범죄행위에 대해 자연스럽게 반응한다. 물론 처음에 사람들은 이 두 용어를 묶고 있는 관계를 분명하게 인식하지 못한다. 형벌과 위반 사이에 어떤 공통분모가 있을까? 두 가지 이질적인 것들이 서로 인위적으로 결합된 것처럼 여겨지기도 한다. 그러나 그것은 그 둘을 연결하는 중간항, 하나에서 다른 하나로 넘어가게 만드는 중간항을 보지 못하기 때문이다. 그것은 말하자면 느낌이다. 즉 위반이 불러일으키는 느낌, 형벌이 유래되는 느낌, 그 행위의 결과이자 처벌의 핵심인 느낌이다. 그 느낌을 인식하면 사건들의 연속된 맥락이 명확하게 나타난다. 만일 스펜서가 이러한 연속성을 무시했다면, 따라서 그가 처벌에서 인위적인 체계만 보았다면 위반 행위의 해악이 범죄자 자신이나 그의 측근들에게 초래할 수 있는 고통스럽고 해로운 결과에만 한정되는 것이 아니라는 사실을 알지 못했기 때문이다. 범죄 행위가 규율을 위반하고 부정함으로써 규칙의 권위를 위협하고 더럽히고 약화시키는 데서 매우 심각한 해악이 비롯된다. 이 해악 때문에 형벌이 생겨나고, 형벌이 필요하게 된 것이다. 스펜서 자신의 예를 들어보자. 어린아이가 장난감을 부수는 잘못을 저지른다면 어린아이의 잘못은 생각 없이 매우 어리석게 기분전환의 수단인 장난감을 포기해서가 아니다. 그는 공연히 파괴하는 것, 단지 재미로 파괴하는 것을 금지하는 일반 원칙을 저버렸기 때문이다. 마찬가지로 새로운 장난감을 사주지 않으리라는 사실만 가지고는 자신이 저지른 잘못의 정도를 다 이해하지 못할 것이다. 이와 같은 박탈만으로는 그가 무분별하게 행동했다는 사실과 자신의 이해관계를 몰랐다는 사실만 깨닫게 할 뿐이다. 그는 도덕적인 의미에서 잘못 행동했다는 사실을 깨닫지 못한다. 따라서 그는 도덕적으로 비난을 받아야만 자신이 도덕적인 잘못을 범했음을 느낄 것이다. 오직 비난만이 자신이 경솔하게 잘못 행동했다는 것, 그리고 존중해야 하는 규칙을 위반했다는 것을 경고할 수 있다. 참으로 당연한 결과로서 진정한 형벌은 바로 비난이다.

사실 톨스토이를 반박하는 것은 아니다. 왜냐하면 우리가 방금 말한 모든 것은 학교 규칙, 즉 처벌을 통해 보호하고 존중해야 할 학교의 도덕이 존재한다는 것을 전제로 하기 때문이다. 학생은 공부할 의무가 있고, 나태와 태만은 벌을 받아야 할 도덕적 잘못이기 때문이다. 하지만 톨스토이에 따르면 이러한 도덕, 즉 어린 아이에게 부과된 이 모든 의무들은 존재할 이유가 없다. 그것은 완전히 인위적인 제도이며, 사물의 본질에 근거하지 않은 인간의 제작물이다. 톨스토이에 따르면 일과 교육, 도덕적 책무, 승인된 의무가 존재할 필요가 없다. 자발적인 욕망이면 모든 것에 충분할 것이다. 지식은 강요될 필요가 없다. 지식은 그 자체로 탐구될 만큼 충분히 유용하다. 어린아이 혹은 어른이 지식을 원하면 지식이 무엇인지 이해하는 것으로 족하다. 그러나 나는 역사가 우리에게 가르쳐준 모든 것과 명백하게 반대되는 어떤 개념에 대해 논쟁을 멈추지 않을 것이다. 사람들이 배움이나 일에 대한 사랑으로 인해 스스로 교육을 받는 것은 아니다. 그들은 강요받았기에 배우고 일하는 것이다. 그들은 사회에 의해 강요받는데, 사회는 점점 더 강압적인 의무를 이행하게 만든다. 사회는 더 많은 지식을 필요로 하기 때문에 그 구성원들에게 더 많은 지식을 요구한다. 사회가 점점 더 복잡해질수록 사회를 유지하는 데 더 많은 양의 에너지가 필요하기 때문에 우리 각자에게 더 많이 일할 것을 요구한다. 하지만 인간은 의무감으로 교육받고 자기를 계발한다. 의무를 통해 인간은 일하는 습관을 가지게 된다. 성경의 신화는 인류가 최초의 무기력에서 빠져나오려고 했던 긴 노력의 여정에서 힘들고 고통스러운 것들을 신화의 형태로 나타냈을 뿐이다. 역사 초기에 인간이 의무로 삼았던 것들을 어린아이도 살아가면서 의무로 할 수밖에 없다. 우리는 이번 강의에서 이 의무가 얼마나 혹독하게 시작되었는지, 그리고 얼마나 느리게 조금씩 완화되었는지 보게 될 것이다.

이처럼 모든 정황은 우리를 한 가지 동일한 결론으로 이끈다. 즉 형벌의 본질은 비난이라는 것이다. 우리가 분석을 통해 형벌 기능이 무엇인지 찾고 있는가? 형벌의 진정한 존재 이유는 그것에 함축된 비난이다. 형벌이 통상적으로 어떤 행동에 덧붙여진 인위적인 수단이 아니라 그 행동의 자연적인 결과임이 분명하다는 이념에서 출발할까? 우리는 같은 결론에 도달하게 된다. 왜냐하면 비난이란 사회가 위반 행위에 대해 자발적으로 반응하는 방식이며, 학문적 법이든 시민법이든 법은 이러한 자발적인 반응들을 법전화하고 조직하며 체계화할 뿐이기 때문이다. 그러므로 우리는 학교의 벌칙이 어떻게 되어야 하는지 결정하기 위해 자부심을 가져도 될 만한 원리를 가지게 되었다. 벌을 주는 것은 비난하는 것이기 때문에 가장 좋은 벌은 가능한 한 가장 비용이 덜 들면서 가장 표현적인 방식으로 벌의 본체인 비난을 나타내는 것이다. 물론 우리가 언급한 이유들로 미루어 보면 비난은 가혹한 처사다. 그러나 가혹한 처사들은 그 자체의 목적을 가지고 있지 않다. 그것은 수단에 불과하다. 결과적으로 그러한 가혹한

어린아이에게 도덕의 요소들을 어떻게 확립할까

처사들은 그 존재 이유인 목적에 도달하기 위해 필요한 경우에만 정당화될 수 있다. 다시 말해 그 목적이란 아이에게 자신의 행동이 야기한 감정에 대한 가장 적합한 인상을 주는 것이다. 마치 고통에 어떤 신비한 미덕이 있는 것처럼, 혹은 어린아이를 무섭게 하고 주눅 들게 하는 것이 고통의 본질인 것처럼 아이를 고통스럽게 하려는 것이 아니다. 오히려 의무가 위반되는 순간 범법자와 잘못을 목격한 사람들에게 의무에 대한 느낌을 공고히하기 위해 재확신하게 만드는 것이다. 그 범법행위는 도덕을 타락시키는 경향이 있기 때문이다. 형벌에서 이 목표에 도움이 되지 않는 모든 것, 이 결과를 만드는 데 기여하지 못하는 모든 가혹함은 나쁜 것이고 심지어 금지되어야 한다.

이 원리를 적용해보자. 첫째, 이 원리는 프랑스 학교 벌칙의 근거가 된 원칙 —즉 신체적 체벌 절대 금지— 을 어렵지 않게 정당화해준다. 벌이 속죄로 인식되고, 고통을 주는 것이 벌의 주요 목적이라면 체계적으로 가해진 때리기와 가혹행위들은 쉽게 이해될 수 있다. 그러나 무엇보다도 처벌의 목적이 비난하는 것이라면 어린아이가 사신이 비난 대성임을 느끼기 위혜 이 고통들이 필요하다는 것을 증명해야 하리라. 오늘날 어린아이에게 이러한 느낌을 주는 다른 방법들이 많이 존재한다. 물론 개인의 감수성이 매우 강한 자극원의 영향력에만 반응해 감동하기 어려운 미개한 사회에서는 비난이 이러한 폭력적인 형태로 나타날 필요성이 있을 수도 있다. 따라서 이러한 현상을 통해 부분적으로 —우리가 곧 보게 될 것처럼 오직 부분적으로만— 역사의 어떤 시기에 신체의 매질이 그렇게 널리 행해졌던 일이 설명된다. 그러나 어느 정도의 문화 수준에 이른 사람들은 좀 더 섬세한 신경 체계를 가지고 있으므로 약한 자극원에도 민감하다. 이런 무지한 방법들은 더 이상 필요하지 않다. 소통하기 위한 개념과 감정 역시 도를 벗어난 힘의 과시(manifestations)로, 즉 그렇게 조잡하게 물리적인 기호로 표현될 필요가 없다. 사람들이 그러한 힘의 과시에 의지하려면 적어도 그 과시들이 위험하지 않아야 할 것이다. 사실상 그러한 힘의 과시는 오늘날 매우 심각한 도덕적 결함을 나타낸다. 실제로 그러한 힘의 과시는 우리 도덕성의 바탕인 감정, 즉 인간에 대한 종교적 존중에 상처를 준다. 이러한 존중 덕분에 인간에게 가해진 모든 폭력은 원칙적으로 불경스럽게 보인다. 매질과 온갖 종류의 학대에는 우리에게 혐오감을 주고 우리의 양심을 격분시키는, 한마디로 비도덕적인 것이 있다. 그러므로 비도덕적인 수단을 가지고 도덕을 보호하고자 하는 것은 이상한 방법이다. 그것은 한편에서 강화하고자 하는 감정들을 다른 한편에서 약화시키는 일이다. 도덕 교육의 주요 목표 가운데 하나는 어린아이에게 인간의 존엄성에 대한 느낌을 불러일으키는 것이다. 그러므로 체벌은 이 감정을 영구히 위반하는 행위다. 따라서 신체적 형벌은 이러한 관점에서 볼 때 비도덕적인 영향을 미친다. 우리의 법전에서 신체적 형벌이 점점 사라지는 이유다. 우리 학교의 벌칙에서 체벌이 사라져야 하는 매우 강력한 이유들이 얼마나 많은가! 어떤 의미에서 이러한 표현은 분명 매우 부정확하지만, 범죄자는 더 이상 인간이 아니며, 그를 더 이상

어린아이에게 도덕의 요소들을 어떻게 확립할까

인간으로 볼 수 없다고 말할 수 있는 근거가 된다. 그러나 차후에 인류에서 제외시킬 지경까지, 초보자인 어린아이의 의식을 좌절시킬 권리는 없다.

체벌은 어린아이가 아직 작은 동물에 불과할 때만 받아들여질 수 있다. 그러나 그것은 교육이 아니라 조련, 즉 길들이기다. 이러한 종류의 체벌은 특히 학교에서 금지되어야 한다. 가족에서는 체벌의 악영향들이 애정의 표현으로, 부모와 자녀 사이에 끊임없이 교환되는 애정의 토로로, 이러한 폭력의 일상적 의미를 지워주는 존재의 친밀성으로 쉽게 완화되고 중화된다. 그러나 학교에는 이러한 난폭함과 가혹함을 완화해줄 장치가 전혀 없다. 왜냐하면 처벌은 비개인적으로 적용되는 것이 원칙이기 때문이다. 신체적 가혹행위가 도덕적으로 증오스러운 것은 학교에는 아무런 완화책이 없기 때문이다. 그러므로 어떤 유보 조항 없이 그것들을 금지하는 것이 낫다.

그러나 체벌이 완전히 금지되어야 하는 이유들을 밝혀본 후, 반대로 과거의 교육 체계에서는 왜 체벌이 절대적으로 우월한 지위를 차지했는지 연구해보는 것도 무의미한 일은 아니다. 그 연구는 아주 예기치 않은 결과를 제공할 것이다.

선험적으로 이러한 형벌 체계, 즉 체벌이 원시적 풍습의 잔인함과 초기 시대의 야만성에서 생겨났다고 생각할 수도 있다. 그러나 이러한 가설은 처음에는 매우 자연스러워 보이지만 사실과 다르다. 민족학자인 슈타인메츠(Steinmetz)는『사회과학잡지』[25]에 실은 논문과『형벌의 초기 발전사에 대한 민속학적 연구』[26]에서 원시 민족들의 교육에 관한 많은 자료를 수집했다.그는 대부분의 경우 원시인들의 규율이 상당히 온화하다는 놀라운 사실을 확인했다. 캐나다 인디언들은 아이들을 따뜻하게 사랑하고, 결코 때리지 않으며 꾸중조차 하지 않는다. 인디언을 잘 알고 있는 늙은 선교사 르죈[27]은 산악 인디언(Indiens Montagnais)에 대해 이렇게 말했다. "그들이 아이들을 벌주거나 심지어 야단치는 것을 볼 수 없다. 그들은 우는 아이에게 아무것도 거절하지 않는다." 그에 따르면 알곤퀸족(Algonquins)도 마찬가지다. 수족(Sioux) 추장은 백인들이 자신의 아이들을 때리는 것을 보고 야만인이라고 생각했다. 상당수의 북부와 남부 아메리카 종족들에게서도 체벌이 발견되지 않는다. 이들 아메리칸 인디언들의 다수는 비록 현대 유럽이나 심지어 중세 유럽보다는 낮지만, 이미 일정한 수준 이상의 문화에 도달해 있었다. 문명의 계단을 더 내려가보기로 하자. 만일 오스트레일리아 원주민들에게서 최초 인간의 완벽한 유형을 발견하지는 못한다 하더라도 그들이 우리가 알고 있는 가장

---

25 *Zeitschrift für Sozialwissenschalt*, August 1898, p. 607.

26 Sebald Rudolf Steinmetz, *Ethnologische Studien zur Ersten Entwicklung der Strafe*, t. II, Leiden: 1892, p. 179. 슈타인메츠(1862~1940)는 프랑스의 뒤르켐처럼 네덜란드의 교육 시스템을 만들고 교사 양성 훈련에 공헌한 네덜란드 사회학의 선구자다. 위트레흐트 대학, 레이든 대학, 암스테르담 대학에서 민족학과 사회학을 가르쳤다.

27 폴 르죈(Paul Le Jeune, 1591~1664)은 프랑스 출신 예수회 선교사다. 산악 인디언은 캐나다 퀘벡 지방에서 살고 있는 원주민의 일파로 수렵채집에 의존하는 무리사회 단계에 머물러 있다. 르죈은 산악 인디언과 함께 생활하면서 이들의 풍습에 관한 자료를 『예수회 보고서』(*Jesuit Relations*)라는 기록으로 남겼다.

어린아이에게 도덕의 요소들을 어떻게 확립할까

원시적인 민족으로 분류될 것은 확실하다. 여기서 아이는 학대 받기는커녕 지나치게 애지중지하는 대상이다. 코부르(Cobourg, 오스트레일리아 북부)라는 작은 반도에서는 "아이들이 사랑을 듬뿍 받고 산다. 벌을 받지도 않고 욕을 먹지도 않는다." 뉴노르시아(New Norcia, 오스트레일리아 서부의 도시로 무어 강변에 있으며, 빅토리아 평원 주 근처에 위치한 유일한 중세 도시) 지방에서는 부모가 아이의 말은 무엇이든 거절하지 않는다. 일단 말을 들어준 다음, 잘못 행동한 아이에게 몇 마디 나무라는 정도다. 모레턴만 (Moreton)의 원주민들은 아이를 때린다는 생각 자체를 극악무도한 일로 여긴다. 이와 같이 104개의 사회를 비교해보니, 단지 13 개의 사회에서만 아이들이 엄격하게 교육받고 있었다. 게다가 그 엄격함도 결코 과도하지 않다. 사용되는 가장 엄격한 취급은 손이나 회초리로 몇 대 때리는 정도다. 혹은 먹을 것을 안 주기도 한다. 그러나 더욱 흥미로운 것은 엄격한 교육을 하는 이 13개 민족들은 상대적으로 발전된 문명에 속한다는 사실이다. 대체로 이들 사회는 앞에서 언급한, 아이들에게 너그러운 민족들보다 훨씬 더 교양이 있다. 문명이 발전할수록 임격힘이 강회되는 것은 다른 사례에서도 관찰할 수 있다.

로마에서 교육의 역사는 두 개의 다른 시기, 즉 아우구스투스 이전과 이후를 포함한다. 아우구스투스 이전에는 교육이 매우 부드러워 보인다. 수업 중 잠자는 아이를 주먹으로 때려서 깨운 소피스트가 있었는데, 이 일이 로마에서 전례 없는 스캔들이었다. 따라서 때리는 것은 관행이 아니었다. 카토(Caton)에 따르면 아내나 아들을 때리는 행위는 진정한 신성모독을 저지르는 일이었다. 아이들을 더 이상 아버지가 기르지 않고, 교육자라고 불리는 가정교사나 학교 교사(ludimagister)에게 교육을 맡길 때 이러한 온화한 습속은 훨씬 더 엄격한 것으로 대체된다. 이때부터 구타가 관례화되었다. 호라티우스는 학교 교사 오르빌리우스[28]에 대해 몇 가지 사항을 전해주는데, 그에게는 매우 명확하게 '때리는 자'(plagosus)라는 수식어가 붙어 있다. 폼페이에서 발견된 벽화[29]에는 그 당시 학교생활의 장면이 그려져 있다. 옷이 벗겨진 한 학생이 그의 동료 학생의 등에 올라타고 있는데, 그 동료 학생이 그의 팔을 붙잡고, 다른 학생이 발을 붙잡고, 제3자가 가는 회초리를 들고 때릴 준비를 하는 장면이다. 가장 가벼운 처벌은 회초리(ferula)로 손을 수차례 내려치는 것이었다. 가장 심한 범죄는 노예들에게 사용되는 일종의 채찍(flagellum)으로 때리는 벌을 받았다. 물론 키케로, 세네카, 특히 퀸틸리아누스[30]는 체벌에 항의했

---

28 오르빌리우스(Lucius Orbilius Pupillus, 기원전 114~기원전 14?)는 로마에서 라틴어 문법을 가르쳤다. 호라티우스(Quintus Horatius Flaccus, 기원전 65)는 그의 제자 중 한 명이다. 호라티우스는 아우구스투스 시대 로마의 시인이었는데『서간집』(*Epistles*) 제2권에서 자신의 라틴어 문법 교사 오르빌리우스를 "때리는 자"로 묘사했으며, 이후 오르빌리우스는 혹독한 교사의 대명사가 되었다.

29 Gaston Boissier, "L'instrauction Publique dans L'empire Roman", *Revue des Deux Mondes*, 15 mars 1884, pp. 316~349. 가스통 부아시에(1823~1908)는 프랑스의 역사가이자 고전문헌학자다. 로마 유적이 풍부한 님(Nîmes)에서 태어나 일찍이 고대 역사 연구에 천착했다. 1861년 콜레주 드 프랑스의 라틴어 수사학 교수가 되었고, 가장 오래된 비평저널 『르뷔 데 되 몽드』지에 활발히 글을 썼다.

30 퀸틸리아누스(Marcus Fabius Quintilianus, 35~96)는 스페인 출신으로 로마 제국의 수사학자이며 웅변술 교사다. 체벌을 금하고 체벌보다 포상이 효과적이라고 믿는 교육 사상을 전개했다.

어린아이에게 도덕의 요소들을 어떻게 확립할까

지만 실제로 효과는 없었다. 게다가 체벌을 옹호하는 이론가들도 있었다. 스토아 철학자 크리시포스(Chrysippe)는 교육과 관련해 체벌을 합법적이라고 생각했다.

그러나 이러한 제도가 아무리 가혹하다 해도 중세 시대에 확립되고 보편화된 제도와 비교하면 아무것도 아니다. 초기 기독교 시대에 가족 안에서 이루어진 교육은 매우 온화했을 것이다. 하지만 수도원 학교가 세워지면서 채찍, 회초리, 금식 등의 처벌이 가장 흔하게 사용되었다. 이 경우에도 초기보다는 후기에 더 가혹했다. 12세기경에 가혹함은 절정을 이루었는데, 이 시기에 여러 대학과 칼리지들이 설립되고, 사람들로 가득 차서 중세의 학교생활은 최고로 발전하고 체계화되었다. 반면에 체벌은 너무나 중요한 수단이 되어 오히려 사방에서 체벌을 규제할 필요성을 느낄 정도였다. 체벌을 제한하는 한도를 정하려 했다는 사실은 체벌이 남용되었다는 것을 설득력 있게 증언한다. 무엇이 허용되었는가를 알면 무엇이 사용되었는가를 판단할 수 있기 때문이다. 『작센슈피겔』[31]은 채찍을 연속 열두 대까지로 제한했다. 보름스 학교의 규칙은 실제로 부상을 입거나 팔다리가 부러지는 경우에만 체벌을 공식적으로 금지했다. 주요한 체벌 방식은 따귀 때리기, 발로 차기, 주먹으로 치기, 몽둥이, 채찍, 구금, 금식, 꼬집기

---

31 『작센슈피겔』(*Sachsenspiegel*, 1215~1218)은 당시 가장 중요한 중세 법전이었다. 기사 아이케 폰 레프고(Eike von Repgow)가 각 지방 재판소에서 일한 경험을 바탕으로 독일 작센지방의 관습법을 성문화했다. 오늘날 다양한 언어로 400개 이상의 사본이 있다.

(vellicatio), 무릎 꿇리기 따위였다. 특히 채찍은 일종의 우상 역할을 했다. 몇몇 인장들에 채찍이 조각된 것을 볼 수 있다. 독일의 일부 지역에서는 매년 채찍을 위한 축제가 열렸다. 학생들이 엄숙하게 숲으로 가서 자신들을 때릴 회초리를 모아온다. 더욱 흥미로운 것은 이러한 학교의 관행이 가정의 풍습에도 영향을 미쳐 가족생활을 더 엄격하게 만든 것 같다는 점이다. 가정교육 역시 더 가혹해졌다. 루터는 아침에 열다섯 대까지 맞은 적이 있다고 이야기한다.

르네상스 시대부터 체벌에 대한 항의가 터져 나왔다. 우리는 라블레, 에라스무스, 몽테뉴가 외친 분노의 외침을 잘 알고 있다. 하지만 로마 시대와 마찬가지로 이 달변가들의 요구도 체벌 금지에 별로 영향을 주지 못했다. 기껏해야 체벌의 관행이 매우 느리게 조금씩 완화될 뿐이었다. 예수회가 라티오 스투디오룸(Ratio studiorum, 1599년에 만들어진 예수회의 연학 규정)에 극히 중한 경우 외에는 체벌을 금지한다고 기재했지만, 채찍은 18세기 중엽까지 여전히 체벌 도구로 선호되었다. 라우머는 『교육사』[32]에서

---

32 Karl Georg von Raumer, *Geschichte der Pädagogik*, II, 6 éd., Stuttgart, 1889, p. 241. 카를 게오르크 폰 라우머(Karl Georg von Raumer, 1783~1865)는 독일의 지리학자이자 교육자다. 1810년 브레슬라우 대학의 광물학 교수로, 1827년부터 죽을 때까지 에를랑겐 대학의 지질학 교수로 있었다. 반나폴레옹 활동으로 프로이센 정부하에서 핍박받았다. 할레 대학과 에를랑겐 대학에서 교육 문제에 대해 강의한 것이 그의 가장 주목할 만한 저서 『교육사: 고전 연구의 부활에서 우리 시대까지』(*Geschichte der Pädagogik, vom Üiederaufbliihen klassischer Studien bis auf unsere Zeit*, I·II, 1843; III, 1847; IV, 1854; 6~7th ed., 1897~1908)이다. 특히 제2권은 볼프강 라트케(Wolfgang Ratke, 1571~1635)

어린아이에게 도덕의 요소들을 어떻게 확립할까

18세기 중엽 한 교사가 일생 동안 222만 7,302회 체벌한 것을 자랑했다는 이야기를 했다. 이런 악행은 세기말이 되어서야 줄어들기 시작했다. 그 후로 체벌을 금지하는 법률이 꾸준히 제정되었다. 하지만 영국, 바덴 공국, 작센, 러시아 등지에서는 여전히 체벌을 완전히 금지하지 않았음을 유의해야 한다. 독일의 저명한 교육학자로서 교육학을 체계화하는 데 애쓰고 있는 라인[33]과 바우마이스터[34]는 여전히 이러한 종류의 체벌을 완전히 금지하지 않는 것이 적절하다고 평가하고 있다. 실제 체벌의 시행이 법이나 이론이 정한 한계를 많이 벗어나는 것은 의심할 바 없다. 게다가 모든 법률의 규제에도 불구하고 프랑스에서조차 이 오래된 악습이 최근 학교의 혁신이 이루어질 때까지 지속되었다.

사실이 이러하다. 이제 여기서 어떤 교훈을 끌어낼 수 있는지 살펴보자.

체벌 옹호자들은 체벌이 가정교육에서 정당하다고 종종 주장한다. 그리고 아이들을 학교로 보냄에 따라서 아버지가 자신의 권리를 그의 대리인인 교사에게 양도했다고 주장한다. 지금까지 살펴본 아동 처벌의 간략한 역사에서 드러나듯이 학교 체벌

에서 페스탈로치까지 독일의 교육개혁가들을 다루었다.

33 빌헬름 라인(Wilhelm Rein, 1847~1929)은 독일 최초로 교육학 정교수직을 지냈고, 헤르바르트 교육학의 형성과 발전에 기여했다. 고등교육 의무화, 우수 학생에게 장학금 지원, 교사의 직업 격상 등 개혁적 교육 정책을 폈다.

34 카를 바우마이스터(Karl August Baumeister, 1830~1922)는 독일의 교육학자이자 고전 문헌학자다. 1871년 스트라스부르의 시의원이 되어 알자스-로렌 지방의 고등교육 시스템을 설계했다.

에 관한 이러한 설명과 정당화는 어떤 경우라도 역사적 근거가 전혀 없다. 체벌은 가정에서 만들어진 것이 아니다. 따라서 명시적 또는 암묵적 위임을 통해 가정에서 학교로 그런 권리가 이전될 수 없다. 오히려 정식으로 조직된 체벌은 전적으로 학교에서 기원했다. 교육이 가족 안에서만 이루어질 때는 체벌은 간헐적으로 행해졌고 예외적인 현상이었다. 이 경우 일반 규칙은 오히려 지나치게 관대했다. 가혹행위는 드문 경우였다. 학교가 출현하면서 체벌은 합법적인 훈육방법이 되기 시작했다. 그 후 수세기에 걸쳐 학교와 함께 체벌도 발전하게 되었다. 학교생활이 더 풍성해지고 복잡해지고 조직화되면서 형벌의 무기고도 늘어나고, 그 사용 빈도도 늘어났다. 학교의 속성에는 체벌로 강하게 이끌리는 무언가가 있어서 이러한 유형의 형벌이 일단 확립되면 수세기 동안 지속된다. 체벌에 가해지는 모든 항의와 가장 빈번하게 법률적 금지 조치가 반복됨에도 불구하고 체벌은 수세기 동안 지속되었다. 이런 관행은 최근 여론의 압력으로 매우 천천히 줄어들기 시작했다. 학교생활에는 오랫동안 저항할 수 없는 어떤 힘으로 교사들에게 폭력적 훈육을 부추기는 어떤 강력한 원인이 내재되어 있음이 틀림없다. 그 원인이 무엇일까? 어째서 인류 문화의 온상이 되어야 할 학교가 일종의 합법적 필요성을 구실로 야만의 원천이 되었던 것일까?

원시인보다 문명인의 교육이 더 엄격할 필요가 있다는 것은 쉽게 설명이 된다. 원시인의 삶은 단순하다. 원시인의 사고들은 몇 가지에 불과하고 복잡하지도 않다. 그들의 직업 역시 다양하지

어린아이에게 도덕의 요소들을 어떻게 확립할까

않고 언제나 똑같다. 결과적으로 장래의 삶을 위해 아이들을 준비시켜야 하는 교육도 당연히 단순할 수밖에 없다. 심지어 이런 종류의 사회에서는 교육이 거의 존재하지 않는다고 말할 수도 있다. 아이들은 개인적이고 직접적인 경험을 통해 배울 필요가 있는 모든 것들을 쉽게 배운다. 부모가 개입하지 않더라도 생활하면서 배운다. 그리하여 자유방임의 원리가 지배적이며, 따라서 체계적으로 조직된 엄격함이 존재할 이유가 없다. 인류가 달성한 정신적이고 도덕적인 문화가 너무 복잡해지고 공동생활에서 매우 중요한 역할을 차지하게 되어 환경의 우연성에만 의지하다가 한 세대에서 다음 세대로의 전승을 보장할 수 없게 되면서부터 비로소 진정한 의미의 교육이 시작된다. 그러므로 어른들은 필요한 문화를 전승하기 위해 영향력을 미치고 개입할 필요성을 느낀다. 그들은 자신들의 의식에 있는 관념, 감정, 지식을 요약해서 젊은 세대에게 직접 전수하고자 한다. 젊은이들이 인생이 권고하는 바에 따라 자발적으로 배우는 대신, 이제 어른들이 그들을 가르친다. 이러한 행동은 분명히 고생스럽고 강제적일 수밖에 없다. 이러한 교육은 어린아이가 가진 역량보다 더 빨리 성숙하게 만들려고 아이로서의 본성을 뛰어넘고 거스를 것을 강요하기 때문이다. 그 후로 아이의 활동은 환경의 흐름에 자유로이 떠다니도록 내버려두는 것이 아니라 의지적으로 고통스럽게 자신에게 주어진 과제에 집중해야 한다. 한마디로 문명은 아이들의 삶에 어느 정도 그늘을 드리우게 마련이다. 톨스토이가 주장한 바와 같이 교육이 자발적으로 아이의 관심을 끌지 못한다. 다른 한편으로 역사의 이 시기에 폭력적 방법이 빈번히 사용되었고, 그것이 양심에 거슬리지도 않았다. 폭력만이 거친 본성을 다스리는 데 효과가 있다고 생각한다면 문명의 시작은 체벌의 출현과 때를 같이했다는 사실이 어렵지 않게 설명된다.

그러나 이러한 해명은 관찰된 사실들을 단지 부분적으로 설명할 뿐이다. 이 설명은 문명의 여명기에 체벌이 어떻게 나타났는지 이해하도록 해준다. 하지만 다른 어떤 원인이 개입하지 않았다면 그러한 처벌은 일반적으로 널리 사용된 시점부터 점차로 그 영역을 상실했을 것이다. 사람들의 도덕적 양심이 점점 세련되고, 풍속이 순화됨에 따라 그러한 폭력은 점점 더 혐오감을 주었을 것이기 때문이다. 하지만 인간이 문명화함에 따라 그러한 억압 체계가 줄어들기는커녕 수세기 동안 점점 더 발전했다. 그리고 중세 말에 절정에 달했다. 16세기 초 기독교 사회가 아우구스투스 시대의 로마 사회보다 더 높은 도덕적 단계에 이르렀음은 분명하다. 특히 그 모든 금지에도 불구하고 그러한 야만적 관행이 어떻게 오늘날까지 지속되는지 그 저항력을 설명할 수 없다. 그렇다면 학교제도의 특성에 이런 방향으로 이끄는 무언가가 있음이 틀림없다. 사실 이 규율은 끈질기게 계속되는 보다 더 일반적인 어떤 법의 결과에 불과하다는 것을 알게 된다. 우리는 다음 장에서 그 법을 살펴보겠다. 그러면 학교생활이라는 고유한 사회생활의 변별적 특징 가운데 하나가 드러날 것이다.

어린아이에게 도덕의 요소들을 어떻게 확립할까

제13강

학교의 벌칙(마지막)

포상

　지난번 강의에서 우리는 체벌이 가족 안에서 생겨나 학교로 전이된 것이 아니라 오히려 학교에서 생겨났고, 상당 기간 학교가 발전함에 따라 체벌도 확산했음을 살펴보았다. 우리는 이러한 놀라운 연관관계의 원인이 무엇인지 찾아보기 시작했다. 물론 인류의 문화가 일정 단계까지 발전한 후에는 문화의 전승이 훨씬 더 엄격한 방식으로 이루어진다는 것을 잘 이해하고 있다. 문화가 훨씬 복잡해졌기 때문에 문화의 전승을 우연한 접촉과 상황에 맡겨버릴 수 없게 된 것이다. 시간을 절약해 빨리 전승할 필요가 있었고, 따라서 인간의 개입이 불가피하게 되었다. 하지만 이러한 작업은 인위적으로 어린아이에게 성숙의 단계를 앞당기는 것이므로 필연적으로 본성을 거스르는 일이다. 그러므로 원하는 결과를 얻기 위해서는 상당히 힘든 이러한 방법이 필요했다고 설명한다. 당시의 공공의식은 그러한 폭력적 방법에 대한 거부감이 적었고, 또한 그러한 방법만이 조야한 본성에 영향을 미칠 수 있다고 생각했으므로 폭력적 방법을 사용했다고 이해한다. 이와 같이 체벌은 인류가 원시 야만 상태를 벗어난 다음, 학교가 출현한 후에 비로소 생겨났다. 학교와 문명은 동시대의 산물이며, 서로 밀접한 관계가 있기 때문이다. 그러나 이러한 설명은 문명이 진보함에 따라 풍속이 순화되었는데도 왜 이러한 훈육방법이 수세기 동안 지속적으로 강화되었는지 해명하지 못한다. 유순해진 풍속이 통용되던 가혹행위를 용납할 수 없었을 텐데 말이다. 무엇보다 이런 방식으로는 체벌의 진정한 과잉, 즉 역사가들이 14~16세기 학교에서 보고한 폭력의 남용을 설명할 수 없다. 몽테뉴의 표현에 따르면 "애원하는 아이의 비명과 분노에 취한 교사의 비명만 들릴 뿐이었다."[35] 어떤 이들은 이러한 과잉의 원인을 수도원의 도덕에서 찾는다. 고통을 미덕으로 삼고, 고통에다 온갖 종류의 신비한 덕을 부여한 금욕 관념 말이다. 하지만 우리는 동일한 악습을 독일의 프로테스탄트 학교에서도 발견했다. 오늘날 프랑스, 스페인, 이탈리아, 벨기에, 오스트리아 등 가톨릭 국가에서는 체벌이 완전히 폐지되었고, 프로이센과 영국에서는 비록 완화된 형태이지만 아직도 남아 있다. 따라서 이러한 체제는

---

35 Michel Eyquem de Montaigne, *Essais*, I, xxv(영역자 주). 뒤르켐의 각주가 너무 대략적이지만, 독자들은 이것들이 단순하게 강의에 삽입된 참고 사항이라는 사실을 기억할 필요가 있겠다. 예컨대 이 주석에는 몇 번째 판인지 나와 있지 않은데, 실제 수많은 판본이 있었다. 아마 다음 판본이었으리라고 추정된다. *Essais de Michel de Montaigne*, Bordeaux: R. Dezeimeris and H. Barckhausen, 1870~73.

어린아이에게 도덕의 요소들을 어떻게 확립할까

특정 종교와 관련 있는 게 아니라 일반적으로 학교의 체질적 특성과 관련이 있다.

사실상 사람들은 이것을 어떤 원리의 특수한 경우라고 보는 듯하다. 그 원리는 다음과 같이 표현될 수 있을 것이다. 상이한 문화를 가진 두 국민, 두 개인 집단이 지속적으로 접촉할 때마다 가장 문명화된 집단 혹은 스스로 그렇다고 생각하는 집단이 다른 집단을 억압하려는 어떤 감정이 확장된다는 법칙이다. 유럽 문명을 대표하는 국가들에게 장악된 열등한 문명국가들의 모든 지역과 여러 식민지에서 지금도 흔히 일어나는 일이다. 폭력은 아무런 소용도 없고, 폭력을 휘두르는 사람들이 무서운 보복을 당할 심각한 위험도 있지만, 그럼에도 이런 폭력은 거의 불가피하게 발생한다. 그리하여 탐험가들은 열등하다고 생각되는 인종과 접촉하게 될 때 이러한 피비린내 나는 일종의 광기에 사로잡힌다. 부당한 우월성에 사로잡혀 단지 우월성을 표명하는 즐거움을 위해 아무런 목적도 이유도 없이 잔혹하게 그 우월성을 입증하려는 경향이 있다. 이것은 자아에 대한 과도한 찬양처럼 극단으로 치닫는 일종의 과대망상증이고 진정한 지이도취다. 이 원인을 파악하는 것은 어렵지 않다. 우리가 살펴본 것처럼 사실상 개인은 자신이 통제되고 있다고 느낄 때만 자신을 통제할 수 있다. 즉 그가 존중하는 힘, 감히 위반할 수 없는 도덕적 힘 앞에 있다는 전제에서만 자신을 통제할 수 있다. 그렇지 않으면 개인은 한계를 알지 못하고, 한도 끝도 없이 자신을 확대시킨다. 자신과 관련된 유일한 도덕적 힘이 자기 눈앞에서 펌하되는 순간부터, 또 도덕적 힘을 열등하다고 여겨 존중할 만한 권위를 인정하지 않는 순간부터, 그러한 도덕적 힘은 억제자의 역할을 할 수 없다. 결국 아무것도 개인을 구속하지 못한다고 느끼기 때문에 아무런 저항도 받지 않는 폭군처럼 폭력에 빠진다. 그에게 폭력은 일종의 게임이며, 스스로 즐기는 공연이고, 자인하는 우월성을 스스로 입증하는 수단이다.

문명화된 국가들에서도 이와 동일한 현상을 관찰할 수 있다. 같은 생활 영역에서 연장자 집단과 연소자 집단이 지속적으로 접촉할 때 이와 같은 현상이 생긴다. 두 집단 사이에 매우 특수한 종류의 적대감이 생겨나는데, 이른바 '신고식'이라는 것이다. 신참을 괴롭히는 것은 단순하게 어떤 비상식적인 변덕의 산물, 병적 판타지가 아니다. 병적이라면 그렇게 일반화되지 못했을 것이고, 근절하기도 어렵지 않았을 것이다. 실제로 그것은 어떤 원인의 필연적 결과물인데, 양방향의 도덕적 힘이 같은 강도로 대립하지 않으면 나타나게 되어 있다. 선배들은 후배들보다 자신들이 우월하다고 느낀다. 그들은 선배이고 신참들이 모르는 전통과 관습의 수호자들이기 때문이다. 그들은 이미 집단정신을 가진 응집력 있는 집단, 즉 집합적 단위를 구성하고 있기 때문이다. 반면 신참들은 그들끼리 집합적 단위를 설립하고 조직할 시간조차 갖지 못했기 때문에 공통점이 없다. 하지만 이러한 우월성은 그 토대가 그리 견고하지 못하고, 이렇게 가까워진 두 세대 사이에 도덕적 차이는 별것 아닌 것으로 줄어들기 때문에, 또한 그 격차도 일시적이고 곧 사라질 운명이기 때문에 여기서의 폭력 그 자체

어린아이에게 도덕의 요소들을 어떻게 확립할까

는 그리 심각하지 않다. 오히려 폭력은 무해한 게임 같은 양상을 띤다. 좀 특별한 게임, 즉 약간의 폭력과 괴롭힘을 필요로 하는 일종의 게임이라고도 할 수 있다. 약간 다른 형태이기는 해도 여기서도 동일한 원인이 동일한 결과를 낳고 있음을 알게 된다.

교사와 학생의 관계도 여러 면에서 앞의 예들과 비슷하지 않을까? 실제로 이들 사이에 불균등한 문명을 가진 두 국민만큼이나 차이가 존재한다. 아니, 이들 두 의식집단 사이에는 더 상당한 거리가 존재하지 않을 수 없다. 왜냐하면 한쪽은 문명에 문외한인 반면, 다른 쪽은 완전히 문명에 젖어 있기 때문이다. 게다가 학교의 본성상 교사와 학생은 밀접하게 가깝고, 지속적으로 관계를 맺어야 한다. 이러한 접촉이 방금 위에서 기술한 것과 매우 유사한 감정들을 불러일으키는 것은 전혀 특별하지 않다. 이미 교사의 현학적 태도 근저에 우리 전문직의 특징, 일종의 과대망상이 들어 있지 않을까? 도덕적으로나 지적으로 자기보다 못한 사람들과 계속해서 관계를 맺게 될 때 어찌 자신에 대해 과장된 느낌을 갖지 않을 수 있겠는가? 그 느낌이 몸짓이나 태도, 말투에서 표출되기 마련이다. 이러한 느낌은 쉽게 폭력적 표현으로 나타난다. 왜냐하면 그의 기분을 상하게 하는 모든 행동은 쉽게 신성모독처럼 여겨지기 때문이다. 대등한 관계보다는 아랫사람에게 인내하기가 더 어렵고, 자제하는 데 더 많은 노력이 요구된다. 심지어 원하는 결과를 얻기 어렵다는 단순한 어려움, 혹은 의도치 않은 반발에 대해서조차 놀라고 화를 내며 쉽게 잘못으로 여기고 위반 행위로 취급한다. 앞에서 말한 바와 같이 그는 자신의 우월

성이라는 것이 자신의 존재를 입증하는 쾌락으로 향하는 성향이
있음을 인식하지 못한다. 가족 안에서도 나이 차가 많은 형제와
자매 사이에 이런 종류의 현상이 생기는 것을 종종 볼 수 있다.
형에게는 가장 어린 동생을 열등하게 취급하려는 경향인 고질적
인 조급함이 있다. 하지만 가족이라는 감정만으로도 매우 과도한
지경에까지 이르지 않는다. 그러나 학교에는 이러한 유용한 길항
작용이 존재하지 않는다. 따라서 학교생활의 조건에는 폭력적 규
율로 쏠리는 무언가가 있다. 이것을 눌러주는 어떤 힘이 개입하지 않
는 한, 학교가 발전하고 조직화함에 따라 이런 원인은 점점 영향
력이 커질 것이 분명하다. 왜냐하면 교사의 사회적 중요성이 커
지고, 전문직으로서 교사의 특성이 강조될수록 전문직업적인 감
정의 힘도 비례해서 커질 것이기 때문이다. 중세 초기 교구 학교
에서 교사 기능을 담당했던 겸손한 성가대원보다 14~15세기 유
수한 대학의 담임교사들이 훨씬 더 권위가 높았다. 이들은 강력
한 조합원이었고, 자신들과 그들의 탁월한 품위에 대한 믿음으로
스스로를 유지했으며, 동료들에게도 공통의 신뢰를 가지고 있었
다. 방금 전에 말했던 학자의 과대망상증은 아마도 이 당시에 가
장 높았을 것이다. 사람들은 그 시대의 규율 체계를 이처럼 이해
하기 시작한다.

그런데 이러한 정신상태를 제지하는 힘이 존재하는데, 그것이
바로 주위의 도덕 여론이다. 도덕 여론의 힘은 아이를 교사의 권
위에서 보호하고, 어린아이에게 적어도 맹아상태로 머물고 있는
도덕적 기질과 그것에 대한 존중을 환기시키는 역할을 수행한다.

어린아이에게 도덕의 요소들을 어떻게 확립할까

그리하여 문명국가가 열등한 사회와 관계를 맺을 때 빠지기 쉬운 악습이 여론에 의해 억제되기 시작했다. 여론은 정보력이 뛰어나 먼 나라에서 일어나는 일들을 감시하고 판단할 능력이 더 크기 때문이다. 하지만 중세의 학교는 공공 여론이 반향을 일으키지 못할 정도로 치밀하게 조직되어 있었다. 다른 모든 길드와 마찬가지로 교사 길드도 일종의 닫힌 사회, 즉 외부로부터 차단되어 자신만 바라보는 거의 비밀결사에 가까웠다. 국가도 원칙적으로 개입할 수 없었다. 따라서 학생들은 외부 환경과 완전히 격리되어 있었다. 학생과 부모 사이의 소통은 드문 일이고, 때로는 금지되었다. 교사 길드의 폐쇄성 때문에 공공의식이 발전한다 해도 규율을 지키도록 하는 데 거의 영향을 미칠 수 없었다. 이것이 오랜 악습이 그렇게 오래 지속된 이유다. 웅변적인 항의에도 불구하고(중세 시대에 이런 항의가 많았다), 세속 당국의 개혁 노력에도 불구하고, 다른 조합에서처럼 학교에서도 오랜 관행이 계속되었다. 학교가 눈길을 피해 도피해 있던 그늘에서 벗어나 외부의 생활에 문을 열고 밝은 빛으로 나오기를 더 이상 두려워하지 않게 될 때까지 구습이 지속되었다.

이렇게 보면 학교의 설립이 악의 근원이다. 내가 이 문제를 다루는 것이 유익하다고 생각하는 바는 단지 학교에 대한 역사적 관심 때문만이 아니라 이 문제가 학교라는 사회와 거기서 전개되는 특수한 생활의 특징을 보다 잘 규정해볼 기회를 주기 때문이다. 본질적으로 학교는 군주제적 형식을 지니기 때문에 전횡에 빠지기 쉽다. 우리는 이 위험에 빠지지 않도록 항상 조심해야 한다. 이 위험은 학생과 교사 사이의 격차가 클수록, 즉 학생들이 어릴수록 더욱 커진다. 이 위험을 방지하는 진정한 방법은 학교가 폐쇄적이 되지 않도록, 너무 배타적으로 자기 방식의 생활을 하지 않도록, 너무 편협한 직업적 특성을 가지지 않도록 하는 것이다. 학교는 외부와 다양하게 자주 접촉함으로써 스스로를 경계할 수 있다. 모든 조직집단과 마찬가지로 학교 역시 자율성을 지향한다. 그러므로 학교는 외부 통제를 쉽게 받아들이지 않는다. 하지만 지적 관점뿐만 아니라 도덕적 관점에서도 학교는 반드시 통제를 받아야 한다.

체벌뿐만 아니라 아이의 건강에 해가 될 만한 모든 처벌은 금지되어야 한다. 체벌을 이유로 레크리에이션 시간을 빼앗는 것은 매우 신중해야 하고, 그 경우에도 레크리에이션 시간을 완전히 박탈해서는 안 된다. 그러나 레크리에이션 시간에 놀이를 금지하는 것은 그렇게 부정적이지 않고, 오히려 신중한 특혜일 수 있다. 방금 잘못을 저지르고 야단을 맞은 아이에게는 놀고 싶은 마음이 없는 게 일반적이다. 기쁨과 기쁨의 확산이 수반되는 놀이는 만족이라는 내적 감정을 외적으로 표현한 것으로 여겨야 한다. 그런데 의무를 저버린 사람은 이와 같은 만족감을 느낄 수 없다. 그러므로 놀이에 참여하지 못하게 하는 것은 합법적이고도 효과적인 처벌이다. 이 벌은 잘못에 따르는 후회의 감정을 아이에게 불러일으키거나 유지하기에 매우 적합하다. 적용하는 데 약간의 어려움이 있을 뿐이다.

그러나 해로운 처벌을 배제하는 것만으로는 충분치 않다. 되

어린아이에게 도덕의 요소들을 어떻게 확립할까

도록이면 벌을 받는 아이에게 도움이 될 수 있는 처벌을 찾아내야 한다. 일반적으로 성인에 대한 형벌 규율은 점점 더 인도주의적 감정을 따르는 경향이 있다. 점점 더 죄인에 대한 일종의 교육이 되어가고 있다. 따라서 이른바 교육도 이러한 경향에 관심을 기울이지 않을 수 없다. 그래서 지난날의 베끼기 처벌(pensum)은 완전히 사라졌다. 그것은 어떤 지겨운 일을 반복시켜서 아이들을 싫증나게 만드는 것 외에 다른 목적이 없었다. 게다가 이런 처벌은 도덕적 효과가 전혀 없다. 처벌이 벌 받는 사람에게 교육적 영향력을 발휘하려면 벌 받는 사람이 보기에 존중할 만한 것으로 여겨져야 한다. 그러나 베끼기 처벌은 아무 의미도 없는 부조리한 처벌이다. 사람들은 부조리한 것을 무시한다. 잘못한 아이에게 강요되는 부가적 과제도 일상의 숙제와 동일한 특성을 가져야 하며, 그렇게 다루어지고, 또 고쳐주어야 한다.

벌을 받게 된 한 학급 또는 여러 학급의 모든 학생들을 함께 모아놓고, 그들에게 특별한 보충 과제를 내주고 교사의 감시 아래 그것을 시행하는 경우가 있다. 나는 이런 관행이 별로 유용하지 않다고 본다. 비록 거의 모든 나라의 학교기관에서 규정에 따라 통용되기는 하지만, 심각한 부작용도 없지 않다. 별로 좋지 못한 도덕적 자질을 가진 사람들을 너무 가까이 있게 하거나 서로 긴밀하게 접촉하게 하는 것은 언제나 좋지 않다. 서로를 망치게 할 뿐이다. 모두 어린 일탈자들로만 구성된 인위적인 교실의 혼잡은 감옥의 혼잡만큼이나 위험하다. 거기에는 언제나 무질서와 반란이라는 은밀한 반항정신이 지배하고 있다. 게다가 학생들은 일반적으로, 적어도 일부 학생들은 담임교사의 감독을 받지도 않는다. 따라서 보충 과제의 수행은 통상적인 숙제에 해당하는 정도의 관심으로는 통제되지 않는다. 이 사실로 미루어 이러한 낡은 방법은 방과 후에 행해지는 베끼기 처벌과 더욱 유사하다.

놀이에 참여하지 못하게 하는 것, 보충 과제를 내주는 것, 무엇보다 비난과 꾸지람이 학교 처벌의 주된 요소들이다. 사용되는 처벌의 본질이 무엇이든 이 모든 것을 지배하는 하나의 원칙이 있다. 처벌 체계는 주의 깊게 단계적으로 구성되어야 하는데, 가능한 한 관대한 단계부터 시작해 가장 신중하게 하나의 단계에서 다른 단계로 이행해야만 한다는 것이다.

사실상 모든 벌은 일단 집행되면 집행되었다는 그 사실만으로도 효력의 일부를 상실한다. 처벌의 권위, 처벌의 두려움은 그것이 가하는 고통보다는 처벌이 표현하는 비난에 내포된 도덕적 수치심에 근거하기 때문이다. 잘못을 저지르지 않게 막아주는 이러한 도덕적 수치심은 가장 섬세한 감정이다. 이 수치심은 원래의 순수함을 잃지 않은 사람들에게만 강력하고 완전하고 강한 효력을 가질 수 있다. 우리는 종종 최초의 범죄가 또 다른 범죄들을 부른다고 말한다. 일단 수치심을 느끼면 다음번에는 이러한 수치심에 덜 민감해지는 것은 사실이다. 따라서 처벌에는 도덕생활의 주요 원동력 가운데 하나에 타격을 가하고, 장차 그 효력을 감소시키는 매우 중대한 장애가 있다. 처벌은 오직 위협적인 경우에만 그 영향력을 온전히 발휘할 수 있다. 그런고로 경험이 많은 교사는 착한 학생이 비록 벌 받을 짓을 하더라도 처벌하기를

어린아이에게 도덕의 요소들을 어떻게 확립할까

주저한다. 처벌은 그가 재범에 빠지는 데만 기여할 수 있기 때문이다.

따라서 처벌 단계가 너무 짧은 것은 위험하다. 너무 빨리 처벌 과정을 마치면 처벌의 위협적인 힘이 빠르게 소진될 위험이 있기 때문이다. 위협의 힘은 아직 처벌을 받지 않을 때 비로소 온전히 유지된다. 위협의 힘이 소진되면 무장 해제상태가 된다. 이것이 모든 엄벌주의 법(드라콘 법전)[36]의 약점이다. 엄벌주의 법은 즉시 극단적이고 가혹한 형태의 처벌로 이어지기 때문에 얼마 못 가서 바로 반복되지 않을 수 없으며, 반복될수록 처벌 효과는 떨어진다. 그러므로 가장 중요한 원리는 다음과 같다. 극히 예외적인 경우는 유보하더라도 처벌은 대량 투여방식으로는 안 된다는 것, 좀더 지혜롭게 조금씩 희석해 써야 효력이 증가한다는 것이다. 이것이 바로 처벌 단계를 세분해야 하는 이유다. 그러기 위해서는 온갖 형태의 책망과 비난을 다 시도한 다음, 비로소 처벌에 의지하는 것이 좋다. 그런데 책망과 비난은 무수히 많다. 언제나 개인적인 비난부터, 거의 은밀하게 꾸중하는 것부터 시작해야 한다. 그다음으로 하급에서의 공개적 꾸지람과 부모에게 알리는 방식의 비난, 그리고 처벌을 보류해주는 것이 있다. 비난하기 전에도 아이 스스로가 잘못하고 있음을 깨닫고 잘못을 멈추도록

---

36 기원전 7세기 말의 아테네 법률가 드라콘(Dracon, Draco)이 공포한 최초의 성문법이다. 채소나 과일을 훔친 자에게도 사형을 내릴 정도로 가혹한 법으로 악명이 높았다. 훗날 아테네의 웅변가 데마데스는 이 법전이 "잉크가 아니라 피로 쓰여졌다"는 명언을 남겼다.

경고하기 위한 수많은 방법들이 있지 않은가! 응시, 몸짓, 침묵 등은 그 사용방법을 알게 되면 매우 의미 있으며, 아이도 그 뜻을 이해할 수 있다. 정말로 처벌까지 가기 전에 교사가 무한한 뉘앙스로 다양하게 활용할 수 있는 무수한 방법이 있다.

처벌 단계를 느리게 진행해야 하는 또 다른 이유가 있다. 처벌 강도가 강해질수록 그 효과는 줄어들기 때문이다. 자극으로 생겨난 감동은 이 자극제가 더 강화되는 데 비례해 무한히 증가하지 않는다는 것이 심리학의 일반 법칙이다. 새로운 증가가 더 이상 인식되지 않는 한계에 도달하는 순간이 온다. 따라서 고통이 일정 단계를 넘어서면 새로운 고통을 더해도 더 이상 느껴지지 않는다. 소리도 일정한 주파수를 넘으면 인식되지 않는다. 게다가 한계에 가까울수록 자극의 강도에 비해 느낌의 강도는 더 느려지고, 그 간격은 점점 커진다. 다시 말해 자극이 더 많이 증가하더라도 의식에는 영향을 미치지 않는다. 마치 자극이 증가하지 않은 것처럼 여겨진다. 보통사람은 재산이 약간만 늘어나도 크게 기뻐한다. 그러나 재산이 많은 사람은 똑같은 양의 재산이 늘어나더라도 아무런 느낌을 받지 못할 것이다. 엄청난 이득만이 그에게 기쁨을 줄 수 있는데, 이 기쁨조차도 보통사람이 훨씬 더 적은 재산 증가에서 얻는 기쁨에 못 미칠 것이다. 당연히 처벌에도 동일한 법칙이 그대로 적용된다. 처벌 단계가 높아질수록 처벌하는 데 사용된 에너지의 증가분이 상실된다. 동일한 효과를 얻기 위해서는 처벌을 더 강화해야 하는데, 그 효과는 처벌 강도가 증가하는 것에 비례하지 않는다. 결국 처벌이 강할수록 경제성이

어린아이에게 도덕의 요소들을 어떻게 확립할까

떨어진다. 처벌이 지닌 효력이 상실되는 것과 그 유용성은 비례하지 않는다. 그러므로 비용은 많이 드는데 효과는 별로 없는 처벌에 너무 쉽게 의존하지 않도록 어느 정도 거리를 두어야 한다.

그러나 처벌 단계를 정하고 잘 선택하는 것으로는 충분치 않다. 모든 유용한 효과를 만들기 위해서는 처벌을 적용하는 기술이 필요하다. 벌을 주는 방법은 처벌 그 자체만큼 중요하다.

격분한 상태(ab irato)에서 벌을 주어서는 안 된다는 말이 있다. 실제로 아이가 교사의 충동적인 분노심이나 신경질적인 성급함 때문에 매를 맞았다고 생각해서는 절대 안 된다. 이런 일은 처벌을 폄하하고 처벌의 도덕적 의미를 없애기에 충분하다. 아이의 입장에서 처벌이 충분히 숙고되었고, 또한 냉정한 판결의 결과라고 느껴야 한다. 따라서 위반행위가 확인된 순간과 처벌이 행해지는 순간 사이에는 비록 짧더라도 어느 정도 시간이 흐르는 것이 좋다. 즉 숙고를 위한 침묵의 시간이 필요하기 때문이다. 이 멈춤의 순간은 단지 교사가 심사숙고하고 있다는 환상을 아이에게 주려는 눈속임이 아니라 교사가 성급한 결정을 내리지 않도록 하는 방법이다. 조급히 내린 결정은 폐기하기도 어렵고, 유지하기도 어렵다. 모든 사법 절차가 느리고 복잡한 것은 판사가 서두르지 않고 판결 이유를 충분히 알게 하기 위함이다. 교사도 자신에 대해 이러한 주의를 해야 한다. 처벌해야 하는가, 특히 어떻게 처벌해야 하는가는 작지만 늘 복잡한 문제다. 극히 단순한 경우가 아니라면 이 문제를 해결하는 데 시간이 필요하다. 교사는 조급하지 않게 자신의 판단을 정당화하고, 이것을 학급 아이들에게 이해시키는 데 이 시간을 사용할 수 있다. 그는 이런 문제를 숙고해야 하기 때문이다.

한편 홧김에 벌을 내리지 말라고 하지만, 냉정하게 처벌하는 것 역시 주의해야 한다. 지나친 무감동이나 냉정함은 지나친 분노만큼이나 좋지 않다. 앞서 말했듯이 사실상 벌을 주는 것은 비난하는 것이고, 비난은 항의하는 것이다. 그것은 비난받는 행위를 거부하는 것이며, 위반행위가 야기한 혐오를 입증하는 것이다. 처벌이 처벌답게 되려면 어느 정도 분개도 필요하다. 이런 표현이 너무 강하게 여겨진다면 비난 어린 불만족이 표현되어야 한다. 열정이 다 고갈되면 처벌의 도덕적 내용은 빠져나가고, 벌이 부과하는 물리적 행동으로 축소되어버린다. 그렇게 되면 처벌의 존재 이유인 비난의 의미가 없어진다. 이렇게 문자적으로 지켜지는 의례에서 아무런 정신이 느껴지지 않는다면 그것이 무슨 효력이 있겠는가? 모든 일은 자동적으로 진행될 것이다. 가격표가 정해진다. 아이는 각각의 잘못에 대해 자신이 지불해야 할 것을 알고 있다. 아이는 받은 지불명령에 대해 수동적으로 지불한다. 그러나 일단 계산을 치르고 나면 아이는 자신에 대해서든 타인에 대해서든 면제되었다고 생각한다. 아이가 처벌에서 벌 외에 다른 점을 보지 못하기 때문이다. 처벌이 이런 식으로 이해되면, 규율은 확립될 수 있어도 교육은 이루어질 수 없다. 처벌이 내적 효과를 만들지 못했기 때문이다. 게다가 이런 식의 처벌은 반발을 일으킬 위험도 있다. 아이는 의미가 없는 처벌, 정신에 아무런 감응을 주지 못하는 처벌을 용납하기 어렵다. 그러므로 교사는

어린아이에게 도덕의 요소들을 어떻게 확립할까

습관으로 인해 자신의 직업적 감수성이 무뎌지지 않도록 경계해야 한다. 학생들의 잘못을 냉담하고 무관심하게 바라보지 않도록 학생들에게 관심을 가져야 한다. 교사는 학생들의 잘못으로 인해 고통스러워하고 항의하며 분명하게 자기감정을 표출해야 한다.

처벌이 냉정하게 행해져서는 안 된다는 것이 당연한 일이므로 처벌을 정하기 전에 숙고의 시간이 필요하다는 데 동의하더라도 그 기간이 너무 길어서는 안 된다. 처벌의 근저에 있는 감정 — 이것이 처벌에 활력을 준다 — 은 시간이 흐름에 따라 다시 식기 때문이다. 그 후 감정의 표현은 인위적이게 된다. 최근 2차 교육기관(중등교육기관)에 일종의 대학 재판소가 설치되어 중대하게 여겨지는 교칙 위반에 대한 판결을 담당하고 있다. 퇴학과 같은 중벌을 선언하는 데는 이런 기관이 유용할 수도 있을 것이다. 그러나 일반적인 사안의 경우 사람들이 기대할 수 있는 모든 서비스를 제공할 수 있을지 의심스럽다. 위반 행위가 행해진 지 오랜 시간이 지난 다음, 인간미 없는 사법관이 공식적인 형태로 내린 엄숙한 판결이 어린아이를 감동시킬 수 있을까? 과연 그것이 학생이 잘못했을 당시 담임교사가 그 잘못 때문에 아픈 심정으로 타이르는 몇 마디 말보다 — 적어도 그 학생이 교사를 좋아하고 존경한다면 — 더 감동이 있을까? 학급도 하나의 사회이고, 학교라는 제도도 해당 사회제도와 유사하지만, 학교가 사회를 단순히 그대로 따라해서는 안 된다. 아이들의 사회가 어른의 사회처럼 조직될 수 없기 때문이다. 학교에서의 위반행위는 모두 일종의 현행범(flagrants délits) 범주에 포함되는 특성이 있다. 따라서 이를 판결하기 위해 복잡한 재판 절차가 통용되지 않는다. 더욱이 위반 행위의 나쁜 효과를 중화하기 위해 가능한 한 빨리 위반을 억제해야 하는 도덕적 관심이 있다. 아이들은 기분에 따라 산다. 위반 행위가 야기한 감정은 지체 없이 다른 반대 감정으로 대체되어야 한다. 그러나 어떤 처벌이든, 판결을 내리는 방식이 어떠하든 간에 일단 결정되면 처벌을 번복해서는 안 된다. 아이가 자발적으로 분명히 자기 잘못을 뉘우치는 경우에 한해서만 처벌을 유예할 수 있다. 이것은 아무리 엄격하게 지켜도 지나치지 않은 교육학적 법칙이다. 사실 아이가 규칙 안에서 자연법칙과 같은 필연성을 느끼는 것이 중요하다. 이런 상황에서 아이는 의무를 적절하게 생각하는 습관, 다시 말해 저항할 수 없이 의지를 강제하는 습관을 지니게 될 것이다. 논쟁할 수 없고, 회피할 수 없으며, 비록 방식은 다르지만 물리법칙과 같은 정도로 단호하게 여기는 습관을 지니게 될 것이다. 반대로 어린아이가 모든 종류의 우발적인 상황에 따라 규칙이 바뀌는 것을 본다면, 즉 규칙이 언제나 불확실하게 적용되는 것을 본다면, 규칙이 물렁하고 불분명하며 탄력적이라고 느낀다면 아이는 실제로 규칙을 그렇게 인식하고, 또 그렇게 대할 것이다. 게다가 아이의 눈에 규칙이 가변적으로 보이기 때문에 상황에 따라 규칙을 마음대로 바꾸기를 두려워하지 않을 것이다. 규칙이 타협을 허용하기 때문에 아이는 규칙을 상황에 맞추려고 할 것이다. 약하고 불확실하게 억제하는 것은 아이들의 양심 그 자체를 약하고 불확실하게 만드는 데 기여할 뿐이다. 도덕적 공정성의 조건은 단호함이며, 이러한 공정성을 아이에게 전달하기 위해 규칙을 단호하게 실행해야 한다.

지금까지 처벌의 도덕적 역할이 무엇인지, 처벌이 되어야 할 바 그 목표에 이르기 위해 처벌을 어떻게 적용해야 하는지 차례로 살펴보았다. 그러나 성인들의 도덕 규칙과 마찬가지로 학교의 도덕 규칙에서도 처벌만이 유일한 제재는 아니다. 처벌 외에 포상이 있다. 포상은 처벌의 반대급부이자 논리적인 짝이다. 포상에 대해 간략히 살펴보기로 하자. 포상이 도덕 교육에서 처벌에 비해 매우 작은 위치를 차지하고 있기 때문이다.

사실 학교에서 포상이 마음이나 성품보다 지적 자질을 발전시키는 자극제로 어린아이에게 사용된 것은 확실하다. 포상은 도덕적 공로보다는 오히려 성과를 인정하는 것이다. 좋은 성적, 높은 위상, 상장, 학급의 명예 등은 실제로 지적으로 우수한 학생들에게 해당되는 것이지 바르고 섬세한 양심을 가진 학생들을 위한 게 아니다. 포상은 도덕적 소양보다는 지적 소양을 위한 도구다. 실제로 어떤 이는 학교 포상에서 미덕의 부분이 너무 빈약한 것에 대해 치명적인 모순이라고 지적했다. 베시오는 말한다. "현재 실제로 시행 중인 교육 체계의 특성은 무엇인가? 처벌이 포상보다 훨씬 더 큰 부분을 차지한다. 처벌은 아이가 저지를 수 있는 모든 잘못을 포함하지만, 포상은 아이가 할 수 있는 선하고 칭찬할 만한 모든 것을 대상으로 하지 않는다. 게다가 모든 포상은 지적 경쟁심을 부추기기 위한 것이며, 도덕적 경쟁심을 장려하기 위한 것은 거의 없다."[37] 그러나 우선 처벌과 포상 간의 이러한 비대칭적인 현상은 현실 사회에서도 마찬가지라고 지적할 수 있다. 사회에서의 포상은 이른바 미덕보다는 지적·예술적·산업적 성공에 훨씬 더 많이 주어진다. 기본적인 의무를 위반하는 행위는 처벌을 받는다. 최저 점수를 초과한 사람들에게 정해진 포상을 하는 경우는 매우 예외적이다. 많은 법률이 상세하게 정해진 수많은 규정과 처벌 조항들을 가지고 있지만, 헌신적인 행위를 보상하는 명예로운 상이나 칭호 혹은 휘장 등을 수여하는 일은 점점 더 줄어들고 있는데, 이 얼마나 크게 대조가 되는가! 심지어 이러한 단체에서 주는 포상도 점점 감소하고 그 위신도 떨어지고 있는 것 같다. 일반적으로 어떤 특별한 선을 행한 사람이 받는 보답은 단지 공적인 인정과 칭찬, 존경, 그리고 신뢰 정도다. 의무를 적극적으로 이행한 대가는 그 횟수나 중요도, 조직화의 정도에서 규칙 위반에 대한 억압적 제재와 비교할 수 없을 정도로 적다. 학교의 목적은 아이들에게 사회생활을 준비시키는 것이다. 따라서 아이들에게 나중에 사회생활의 상황과 모순을 일으킬 습관을 지니게 한다면 학교는 자기 임무에 실패하는 것이다. 모든 좋은 일을 할 때마다 포상이 따르는 학교생활에 익숙해진다면 나중에 사회에 진출했을 때 고결한 행동에 대해 그렇게 상세하고 정확하게 포상하지 않는 사회를 확인하게 되면 아이들이 얼마나 큰 실망과 환멸을 느끼게 될 것인가! 아이는 도덕적 자아

---

37 Alexandre Vessiot, *De l'éducation à l'école*, 1885, p. 144. 알렉상드르 베시오(1829~1908)는 프랑스의 교육학자다. 고등사범학교(the école Normale Supérieure)에서 공부했으며, 1886년 초등학교 교육 감독관에 임명되었고 프랑스 공교육 최고협의회 위원으로도 활동했다. 19세기 프랑스의 교육 시스템을 탐구한『교육에서 학교까지』를 비롯해 교육에 관한 많은 저술이 있다.

어린아이에게 도덕의 요소들을 어떻게 확립할까

의 일부를 새로 형성해야 하고, 학교가 가르쳐주지 않은 무심함도 배워야 할 것이다.

그렇다면 성인 사회에서 포상이 부족한 것 자체가 비정상적인 일이라고 말할 수 있을까? 모든 사회에서 이러한 현상이 나타난다. 그러므로 이러한 보편적 관행을 비정상이라고 보기는 매우 어렵다. 사실 이런 현상에는 그럴 만한 이유가 있다. 도덕생활의 기능에 꼭 필요한 행위들을 엄격하게 요구하는 것이 중요하다면, 또 반대로 그러한 행위를 요구하는 규칙들을 위반하는 모든 것을 반드시 처벌해야 한다면, 역으로 도덕성에 꼭 필요한 최소 규정을 능가하는 모든 것은 규제 전체를 싫어하게 될 것이다. 자유와 개인의 노력, 자유로운 주도권의 영역에서는 규제가 예측될 수도 없고, 가능하지도 않기 때문이다. 형법의 처벌 체계에 병행하는 포상 체계가 불가능한 이유다. 게다가 행위자가 보상을 바라지 않고 행동했을 경우에만 그 행위는 온전한 가치가 있다. 보상의 불확실성과 비결정성, 물질적 중요성이 별로 없을 때 더 가치가 있다. 행위에 미리 가격표가 붙여진다면 바로 상업주의 분위기가 지배해서 그 행위의 가치가 떨어질 것이다. 따라서 진실로 가치 있는 행위보다 위반 행위가 더 정확하고 확실하며 규칙적인 제재를 받는 것은 당연하다. 이 점에서는 학교 규율이 사회 규율을 닮아야 한다.

그렇지만 앞서 살펴본 비판에 유념할 바가 전혀 없는 것은 아니다. 물론 학생들에게 정직이나 진실성 등을 경쟁시키려는 것이 아니다. 선행상을 준다는 개념은 우리를 미소 짓게 하는데, 이는 순전한 보수주의라서가 아니다. 이렇게 결합된 두 개념이 잘 조화를 이루기 때문이다. 우리는 재능과 같은 방식으로 도덕적 선행을 보상하는 것을 보기 싫어한다. 거기에는 놀라운 모순이 있는데, 이유가 없지 않다. 선행에 대한 진정한 포상은 그것이 주는 내적인 만족상태, 즉 존경과 공감의 감정이며, 거기서 비롯되는 위안이다. 그렇지만 학교생활에서는 지적인 공적만 과도하게 존중받고 있는데, 도덕적 가치도 상당히 존중되어야 할 것이다. 이를 위해 작문 시험에 새로운 시험을 추가하거나 우리의 수상 명부에 새로운 상을 추가할 필요는 없다. 실제로 너무나 자주 부차적인 것으로 취급되었던 이러한 도덕적 자질에 대해 교사가 보다 큰 중요성을 부여하기만 해도 충분할 것이다. 아무리 노력해도, 재능이 많은 친구들만큼 성공할 수 없다 해도 근면한 학생에게 교사가 애정과 관심을 보여주는 것 자체만으로도 가장 좋은 보상이 될 것이다. 그동안 부당하게 깨어지고 왜곡되었던 균형을 오늘날 재확립할 수 있을 것이다.

어린아이에게 도덕의 요소들을 어떻게 확립할까

II. 사회집단에의 결속

공동의 이념, 공동의 감정, 공동의 책임감은 학급이라는 집합생활에 자양분이 된다. 그러나 학급은 같은 세대, 같은 나이의 젊은이 집단이다. 반대로 사회는 서로 연결되고 중첩된 다수의 세대를 포함한다. 우리가 사회생활에 입문하면 주위에 이미 우리보다 앞서 다른 사람들이 인정하고 실행해온 사고, 신앙, 관습의 총체가 있음을 알게 된다. (…) 우리보다 높은 곳에 있는 비개인적인 힘의 존재를 느낀다. 그 힘은 우리가 태어나기 전에 형성되었고, 우리보다 더 오래 살아남을 것인데, 우리는 그 힘의 영향을 받고 있다. 그 힘이 바로 사회다.

어린아이의 이타주의

우리는 방금 어린아이에게 도덕성의 두 번째 요소를 구성할 수 있는 방법을 찾아보았다. 이 두 번째 요소란 일반적으로 사회집단에의 결속, 특히 국가에의 결속이다. 단, 국가가 매우 이기적이고 공격적인 인격체가 아니라 인류의 이상을 실현하는 기관 가운데 하나로 인식된다면 그렇다.

도덕생활의 이러한 부분은 분명 우리 자신 외에 다른 것에 공감하는 능력, 즉 이른바 이타적이고 사리사욕 없는 성향들의 총체에서 기인한다. 결과적으로 우리가 제기하는 첫 번째 질문은 어린아이들에게 이러한 성향이 존재하는지, 그리고 존재한다면 어떤 형태인지 알고자 하는 것이다. 왜냐하면 이러한 행동이 적용될 수 있는 거점, 즉 우리가 사용할 수 있는 수단을 어린아이의 내적 성향에서 찾을 수 있는지 없는지 확신하는 정도에 따라, 심지어 이 수단의 본질에 따라 사용방법들이 완전히 달라질 수밖에 없기 때문이다. 어린아이가 순수한 이기주의자라고 여겨지는가, 아니면 반대로 태어나면서부터 이타주의자에 가까워서 이타주의자로 충분히 발전할 수 있는가에 따라 우리가 의도한 목표로 어린아이를 데려가기 위해 취해야 할 방법들이 전적으로 달라질 것이다. 따라서 어린아이에게 도덕의 첫 번째 요소인 규율의 정신을 발전시킬 방법을 연구하기 전에 어린아이의 자연적 정신상태가 어떤지를 질문하는 것으로 시작했다. 이 질문은 원하는 결과에 도달하도록 우리를 도와줄 수 있다. 또한 이 질문은 우리가 오늘날 검토해야 하는 질문과 완전히 대칭을 이룬다.

그러나 이 문제를 해결하기 위해 첫째, 이타주의 혹은 이해타산 없는 성향, 그리고 이기주의적 성향이 의미하는 바가 무엇인지 알아야 한다. 그 성향들은 서로 대립하는데, 하나가 없으면 다른 하나를 정의하기 어렵기 때문이다. 이 두 개념은 서로 병합되어 있다. 다른 한편으로 우리가 어떤 정의를 내리는가에 따라 어린아이의 이기주의와 이타주의의 문제를 매우 다른 방식으로 해결할 수도 있다.

일반적으로 행위자의 즐거움을 목적으로 하는 것을 이기주의 성향이라고 하고, 행위자가 아닌 다른 존재를 즐겁게 하려는 것을 이타주의 성향이라고 한다. 이러한 관점에서 볼 때 반대 명제 역시 가능하다. 나의 즐거움과, 나와 상관없는 사람의 즐거움은 그 둘 사이에 중간항(절충안)이 없다면 철저하게 대립적이기 때문이다. 그 차이가 상당히 크기 때문에 이 두 종류의 감정이 하나의 동일한 기원을 가진다는 것이 불가능하게 여겨질 정도다. 우

어린아이에게 도덕의 요소들을 어떻게 확립할까

리는 첫 번째 성향, 즉 이기주의를 인간의 자연스러운 체질로 보는 경향이 있는 반면, 이타주의를 상대적으로 후에 행해진 교육과 문화의 산물로 여기기 때문이다. 인간은 본능적으로 동물처럼 자신의 즐거움만을 알고 그것을 추구한다. 인간은 전적으로 이기주의자다. 원시인은 지독한 이기주의자인데, 문명의 영향을 받아 아주 더디게 이기주의를 순화했으리라는 주장은 진부하다. 삶을 시작한 어린아이는 역사에 진입한 인간과 동일한 조건에 있다. 따라서 어린아이 역시 순수하게 이기주의자일 것이다. 그렇다면 교육이 어린아이에게 애초에 없었던 이타주의 성향을 전부다 만들어야 했을 것이다.

사실대로 말하자면 궁극적으로 무로부터(ex nihilo) 진정한 창조를 내포하는 변화가 어떻게 가능할 수 있을까 자문하게 될 것이다. 어떤 역사의 진보도 인간에게서 적어도 맹아의 상태로라도 존재한 것 외에 달리 이룬 일이 없었고, 어떤 교육도 아이에게서 없던 것을 끌어내지 못한다. 그 어떤 방법으로도 완전히 이기적인 존재를 무사무욕한 존재로 만들 수 없음을 우리는 알고 있다. 그러나 여기서 도덕가와 심리학자들이 '무사무욕'한 존재를 만들수 있다는 기적 같은 일을 설명하기 위해 상상해낸 이론들을 검토할 필요는 없다. 그 가설을 뒷받침하는 개념을 즉각 반박하는 편이 더 낫다. 즉 이기주의와 이타주의를 서로 소통 불가능한 대립적인 정신상태라고 정의하는 것 말이다. 사실 상식선에서 아무리 명확한 정의라고 해도 이 정의가 수많은 반박을 불러일으키는 것을 보게 되리라.

첫째, 모든 사심 없는 성향이 행위자 이외에 다른 감각적 존재의 즐거움을 목적으로 한다고 말하는 것은 정확하지 않다. 실제로 비감각적 존재, 순수하게 이상적 존재와 관련된 것도 있다. 과학을 사랑하는 학자는 과학을 위해 과학 자체를 사랑한다. 물론 자신의 작업이 다른 인간의 운명에 선한 영향력을 미칠 수 있기 때문에 그렇기도 하다. 분명히 이러저러한 발견으로 인류에 봉사할 수 있다는 기대감이 연구의 부차적인 자극제일 수 있다. 그러한 기대감이 과학자를 어떤 방향으로 이끌어 가기도 한다. 그러나 그가 과학을 사랑하는 데는 다른 요소들이 개입한다. 알고 싶고 이해하고 싶은 욕망과 순수한 호기심 등이 진실로 최초의 동기가 되기도 한다. 인류의 불행을 크게 위로해주고 싶은 욕구 때문에 파스퇴르와 그의 제자들은 광견병과 디프테리아와 같은 심각한 질병에 백신 원리를 적용하기로 결정할 수 있었다.

그러나 학설과 그것을 적용하는 근본 사상은 모두 완전히 이론적이다. 그것은 삶의 본질에 대한 관점이며, 미생물처럼 무한히 작은 것들에 관련될 때에는 아마도 최초의, 매우 사변적인 호기심일 수도 있다. 게다가 모든 실리적인 관심사에는 종종 과학적 연구가 부재하는 경우가 있다. 역사가와 석학, 철학자는 자신들의 업적이 어떤 정해진 형태로 사용될 것인지조차 제시할 수 없다. 그들의 업적은 고작해야 동료들끼리 서로를 잘 이해할 수 있게 해줄 뿐이다. 원칙적으로 학자는 그의 발견에서 생길 수 있는 실제적인 결과에 신경 쓰지 말고, 사물들을 알기 위해 전념해야 한다는 것을 방법의 규칙으로 제시할 수 있다. 우리가 과학에 대

어린아이에게 도덕의 요소들을 어떻게 확립할까

한 사랑을 말한 것은 예술에 대한 사랑에도 적용할 수 있다. 그러나 감각적 존재들에 관련된 성향들 가운데 분명히 사심 없는 것들도 있다. 하지만 그것들은 타인에게 즐거움이 아니라 고통을 주려는 목적으로 하는 것이다. 증오하는 사람이 그를 열받게 하는 감정에 종종 자신의 생명을 바칠 정도로 이기심이 개입하지 않는 증오도 있다. 그러나 이 감정은 결국 다른 사람을 해치려는 목적이 있다. 가족 증오가 이러한 감정이라고 할 수 있는데, 가족 복수의 관습이 아직도 남아 있는 곳에서는 어디서나 흔하게 발견된다. 범죄와 죄인에 대한 증오 역시 마찬가지다. 물론 추천할 만한 사심 없는 성향의 형태들이 있는지 알아보기 위해 논쟁할 수도 있다. 그러나 그러한 형태들은 존재하며, 그것들의 무사무욕은 논의의 여지없이 명백하다.

이타주의 성향이 반드시 타인의 즐거움을 목적으로 삼을 필요가 없는 것처럼 이기주의 성향 역시 우리의 즐거움을 목적으로 할 필요는 없다. 그러므로 마시고 싶은 욕구나 훔치고 싶은 욕구에 굴복하는 음주벽 또는 도벽이 있는 사람은 자기 행위의 결과가 괴로움이나 고통뿐임을 잘 알고 있다. 하지만 그들은 자신들을 끌어당기는 그 성향에 저항할 수 없다. 그들은 기대되는 즐거움을 예상해서 행위를 하는 것이 아니다. 자석이 철을 끌어당기듯이 그들을 끌어당기는 것은 술 또는 갈망하는 어떤 대상이다. 그들은 자신의 치부가 드러난다는 유쾌하지 못한 결과에도 아랑곳없이 정말로 신체적인 요구에 따라서 행동한다. 사람들은 그것을 병적 상태라고 말할 것이다. 그러나 병이란 건강상태의 특징들이 과도한 형태로 나타난 것뿐이다. 사실상 정상인에게서 이와 같은 사실들을 찾아보는 것은 어렵지 않다. 구두쇠는 이기주의자다. 그러나 진정한 구두쇠는 자신을 위해 금을 사랑하고 추구하는 것이지 금이 제공하는 기쁨을 위해 그렇게 하지 않는다. 자신의 금을 보존하기 위해 그가 모든 만족을 스스로 포기하는 것을 그 증거로 들 수 있을 것이다. 그는 보물을 건드리느니 차라리 보물 옆에서 죽는 편을 택할 것이다. 그가 자신의 부를 전혀 사용하지 않더라도 자신의 부를 느끼는 것만으로도 즐거움을 느낀다고 말할 수 있을까? 물론 모든 욕구는 만족되었을 때 즐거움을 수반한다. 그러나 이러한 점에서 이타주의 성향과 이기주의 성향이 구분되지는 않는다. 어머니는 기꺼이 아이를 위해 자신을 희생한다. 하지만 어머니가 이러한 희생에서 추구하는 것은 아이의 건강이지 희생의 즐거움이 아님은 분명하다. 이러한 기쁨은 부가적이며, 희생을 용이하고 달콤하게 만들어준다. 이 기쁨은 희생의 결정적인 원인도 아니고 대상도 아니다. 구두쇠가 자신의 금에 대해 희생하는 것도 이와 다르지 않다. 어머니가 자신의 아이에게 애착하는 것처럼 그는 자신의 금에 애착할 뿐이다. 만일 그의 열정이 열정으로 인한 기쁨만을 목표로 한다면 그 열정은 이해하기 어려울 것이다. 권력에 대한 사랑도 마찬가지라고 할 수 있다. 권력은 종종 그것을 가진 사람에게 많은 슬픔과 쓰라린 경험의 계기가 되기도 한다. 하지만 권력을 행사하는 것이 아무리 힘들더라도 일단 습관이 붙으면 사람들은 권력을 사랑하고 거기에 빠져들어 권력 없이 살 수 없게 될 수도 있다. 우리는 가장 기

어린아이에게 도덕의 요소들을 어떻게 확립할까

본적인 성향들에서도 이와 같은 특성을 발견한다. 배가 고프면 음식을 먹을 때 따라오는 즐거움이 아니라 음식 자체를 추구한다. 욕구 대상은 음식이다. 즐거움이 거기에 더해질 수는 있지만, 즐거움은 행위의 자극제도 아니고 목표도 아니다. 일반적으로 이기적 성향의 전형은, 아주 적절치는 않지만 보존 본능이라고 부르는 것이다. 다시 말해 지속되고자 하는 모든 생명체의 성향이다. 그러므로 이러한 성향은 생명이 우리에게 줄 수 있는 즐거움을 생각하지 않더라도 생명의 활동을 느끼게 해준다. 생명이 고통만 줄 뿐이며 우리가 그 사실을 알고 있더라도 그렇다. 그래서 절망으로 물에 뛰어든 사람도 살기 위해 모든 노력을 다하는 법이다. 하지만 그가 물에 뛰어들었다고 해서 그의 상황이 바뀌지 않으며, 그가 상황을 대하는 방식도 바뀌지 않는다. 그의 삶이 아무리 불행하다고 해도 그는 스스로 알고 있는 것보다 더 자신의 목숨을 중하게 여긴다. 따라서 우리는 생명 그 자체를 생명을 위해 사랑하는 것이다. 생명이 비록 우리에게 고통의 근원이 될 뿐이어도 말이다. 물론 고통이 이러한 삶의 충동을 절대 이길 수 없다고 주장하려는 것은 아니다. 그러나 삶의 충동이 강할 때, 생명 사랑이 깊이 뿌리를 내릴 때, 고통스러운 경험들이 이상하게 누적되는 경우가 아니라면 사람은 쉽게 자살하지 않는다. 라퐁텐의 시구가 떠오른다.

내가 살아 있다는 것, 그것으로 충분하리.

이것은 경험적 사실에 대한 예시에 불과하다. 마지막으로 주체의 즐거움이 아니라 고통을 목적으로 삼는 이기적인 성향이 있다. 르네상스 시대에 유명인사인 지롤라모 카르다노[38]는 그의 자서전에서 이렇게 말했다. "고통 없이는 살 수 없다. 고통이 없으면, 다른 고통에 의해 진정된 것 같았던 혈기가 내 안에서 올라오는 것을 느낀다." 이 상태에서 눈물을 흘릴 때까지 자신의 몸을 고문에 내어주는 습관이 형성되었다. 동일한 유의 매우 많은 사건이 신경쇠약증 환자에게서 관찰되었다. 그러나 우리는 정상인들에게서도 그런 현상을 볼 수 있다. 멜랑콜리 취향이 병적인 것은 아니지만 그것이 슬픔에 대한 사랑이 아니면 무엇이란 말인가?

이와 같이 성향들이 우리에게 제공하는 즐거움의 본질이 다름에 따라 이 성향들을 구분할 수 있는 것이 아니다. 왜냐하면 이기적 성향들은 다른 모든 성향과 마찬가지로 많은 대상을 가지고 있는데, 거기서 기인하는 즐거움은 우리를 위한 것도 있고 타인을 위한 것도 있다. 정상적으로, 우리가 사랑하는 것, 우리가 추구하는 것들을 지향한다. 그것은 바로 생명과 건강, 재산, 타인, 고통 그 자체일 수 있다. 물론 이러한 욕구가 채워지면 우리는 만

---

38 지롤라모 카르다노(Girolamo Cardano, 1501~1576)는 르네상스 시기 이탈리아의 의사이자 수학자다. 특히, 확률론의 체계를 잡고 허수 개념을 고안하고 3차방정식의 해법을 증명하는 등 수학에서 천재성을 드러냈다. 하지만 자식들로 인해 그의 삶은 비극적이었다. 장남은 아내를 독살한 죄로 처형되었고, 차남은 도박으로 재산을 탕진한 뒤 추방되었으며, 그 자신은 네로를 찬양한 책을 쓴 뒤 이단으로 몰려 투옥되기도 했다. 사후에 출판된 자서전에서 카르다노는 인생의 가장 큰 슬픔 네 가지에 대해 "첫째는 결혼, 둘째는 아들의 쓰라린 죽음, 셋째는 투옥, 넷째는 막내의 기본 인성이다"라고 썼다.

어린아이에게 도덕의 요소들을 어떻게 확립할까

족을 느낀다. 그러나 이 만족은 욕구의 단순한 부수물일 뿐이다. 그것은 욕구가 쉽게 작동하고, 저항 없이 발전하며, 자신의 목표에 도달한다는 신호다. 그러나 이 만족이 욕구의 목표도 아니고, 존재의 이유도 아니다. 즐거움은 어떤 욕구든, 이타적인 욕구라 할지라도, 모든 욕구를 작동시키는 기제다. 그러므로 아무것도 욕구들을 서로 구분할 수 없다. 사실 즐거움, 즉 쾌락을 목표로 삼는 성향이 있다. 그것은 즐거움, 더 나아가 여러 즐거움을 사랑하는 욕구이며, 새롭고 반복적인 유쾌한 상태를 느끼고 싶은 욕구다. 마찬가지로 고통을 목적으로 삼는 성향도 있다. 그러나 그것은 개인에 따라 매우 다르게 발전하는 특수하고 개별적인 성향에 불과하다. 그것이 모든 성향의 전형은 아니다. 고통을 사랑하는 것 외에 병적인 성향들은 극소수에 불과하다. 쾌락 욕구에는 모든 도덕가들이 지적한 도덕적 위기가 있다. 쾌락이 어떤 것의 결과와 당연한 귀결, 부수적 상태가 되어야 할 뿐인데도, 쾌락 그 자체를 목적으로 삼는 것, 쾌락을 위해 쾌락을 추구하는 것에는 병적인 무언가가 있다는 점을 우리는 잘 느끼고 있다. 우리가 살기 위해 필요한 것은 우리 존재와 연계되어 있는 사물들 자체이지, 그것들을 추구하는 데서 얻을 수 있는 유쾌한 인상이 아니다. 쾌락만 중요하고, 추구할 가치가 있는 유일한 것은 아니다.

그러므로 욕구에서 기인하는 즐거움과 관련해 욕구들을 정의하고 구분하는 것을 거부해야만 한다. 그러나 우리의 욕구가 집착하는 온갖 종류의 대상들 자체에 대해서는 숙고해야 한다. 대상들을 그 경우의 인상들에서 떼어내 분류해보아야 한다. 그러면 모든 대상은 두 가지 큰 범주로 나뉠 것이고, 그 구분은 우리가 찾던 정의(définition)를 제공할 것이다. 한편으로 우리의 욕구 대상은 우리의 개성을 드러내는 요소이기도 하다. 그것은 우리의 몸과 건강, 재산, 사회적 조건, 명성, 그리고 간접적으로 이러한 개인적인 목적을 이루는 데 도움이 될 수 있는 모든 것이다. 예를 들면 생명과 부, 명예에 대한 사랑 등이다. 이 모든 욕구는 우리로 하여금 자신의 여러 양상들에 집착하게 할 뿐이며, 결과적으로 정말 이기적이라고 할 수 있다. 그러나 우리의 개성을 벗어난 다른 성향들이 있는데, 그것들은 우리의 타고난 성향이 아니다. 첫째, 우리와 매우 가까이 있으며 우리 인격의 한도, 즉 우리의 삶이 영위되는 장소, 우리와 친근한 모든 종류의 사물들에 관련된 성향이 있다. 그다음, 우리를 넘어서 동료들 그리고 그들과 관련된 성향이 있다. 마지막으로, 조금 더 멀리 우리가 속한 사회 집단, 가족, 회사, 정당, 인류, 집합생활을 유지하는 데 쓰이는 모든 것, 과학, 예술, 직업, 도덕성 등과 관련된 성향이 있다. 이 모든 대상은 우리와 결부된 어떤 관계를 통해 우리와는 다른 고유한 존재를 가지고 있다는 공통점이 있다. 그것들을 사랑하고 추구함으로써 우리는 우리 자신과 다른 것을 사랑하며 추구한다. 우리가 자신에게서 벗어나고, 스스로와 거리를 두고, 우리를 구성하는 것에서 어느 정도 무관심해져야만 그것들과 관계를 맺을 수 있다. 따라서 이러한 성향에 대해 이타적이라는 표현을 보류하는 편이 좋을 것 같다. 그러므로 이타주의와 이기주의를 구분하는 것은 우리의 감각 행위의 두 가지 형태에 수반되는 즐거움

어린아이에게 도덕의 요소들을 어떻게 확립할까

의 본질이 아니다. 이 두 경우, 이 행위가 따르는 다른 방향으로 이타주의와 이기주의를 구분한다. 이기주의는 구심적이며, 그 행위자의 밖으로 발산되지 않는다. 이타주의는 행위자의 밖으로 확산되는 것이다. 이타주의는 자기 외부에 중력의 중심이 있으므로 원심적이다.

이러한 구분을 일단 인정하면 이기적 성향과 이타적 성향을 갈라놓는 것처럼 보이던 넘을 수 없는 거리가 사라진다. 방금 전에는 그 둘 사이에는 이질적인 어떤 것이 있는 것 같았다. 그래서 그 둘을 하나의 동일한 기원에 연결시키는 것이 불가능해 보였다. 사실 나의 즐거움은 완전히 내게 있고 다른 사람의 즐거움은 전적으로 그 자신에게 있다. 결과적으로 목적이 이렇게 다른 두 가지 행위 형태 사이에 공통점이 전혀 없을 수도 있었다. 그리고 어떻게 하나의 동일한 존재 안에 이 두 형태가 존재할 수 있을까 자문할 수도 있다. 그러나 이 두 종류의 성향을 구분하는 차이가 개인의 외부에 있는 대상과 개인에게 내재된 대상의 개념 차이로 축소된다면 더 이상 그렇지 않다. 왜냐하면 이러한 차이는 절대적이 아니기 때문이다. 사실상 우리가 우리 외부에 있는 어떤 것에 애착할 때 이타주의가 있다고 말했다. 그러나 우리는 그 본질이 무엇이든 어떤 사물을 상상하지 않는, 즉 어느 정도 혼란스럽더라도 거기에 대한 어떤 생각이나 느낌이 없이는 외부 사물에 애착할 수 없다. 우리가 그 사물을 마음속에 그려본다는 사실만으로도 그 사물은 어떤 면으로는 우리의 내부에 있게 된다. 그 사물은 그것을 나타내고 반영하는 표상의 형태로 우리 안에 존재하며, 표상과 긴밀한 연대를 가진다. 그러므로 이 표상이 없었다면 우리에게 아무것도 아니었을 사물은 이 표상과 동등한 자격으로 우리 자신의 한 요소가 되고 우리의 의식상태가 된다. 결과적으로 이러한 의미에서 우리는 여전히 우리 자신에게 애착하는 셈이다. 우리가 친척의 죽음 때문에 고통스럽다면 우리 마음에 그 친척의 육체적이고 정신적인 형상을 나타내는 표상, 그리고 그것에 연관된 모든 종류의 표상들이 제 기능을 하지 못하게 되기 때문이다. 우리는 그의 현존이 우리에게 불러일으킨 부드러운 느낌을 더 이상 새롭게 할 수 없다. 감정의 토로와 친근한 대화의 표출, 거기서 얻는 위안감, 그 어느 것도 더 이상 생겨날 수 없다. 따라서 우리 의식에 빈 곳이 생긴다. 우리를 고통스럽게 하는 것은 바로 이 공허감이다. 우리와 연관된 존재들의 활력이 줄어들기 때문에 우리의 생명력도 쇠퇴한다. 그것들에 애착하는 것은 우리의 일부에 애착하는 것이나 마찬가지다. 그러므로 이타주의 안에도 이기주의가 있는 셈이다. 반대로, 이기주의 안에도 이타주의가 있다. 사실상 우리의 개성은 비어 있는 형태가 아니고, 외부로부터 오는 요소들로 이루어져 있다. 우리 자신에게서 외부의 기원을 가진 모든 것을 제거해보자. 그러면 우리에게 무엇이 남는가? 우리는 돈과 권력과 명예를 좋아한다. 그러나 돈과 권력과 명예는 우리의 외부에 있는 것들이다. 그것들을 얻기 위해 우리는 자신의 밖으로 나가지 않으면 안 된다. 우리는 노력하고, 비용을 치르며, 자신의 일부를 우리 외부에 남겨두고, 원심적 활동을 진작시켜야 한다. 이러한 여러 가지 목표 — 물론 그것들이 내

어린아이에게 도덕의 요소들을 어떻게 확립할까

적이기도 하지만—에 도달하기 위해 펼치는 행위 안에 순수한 이기주의와는 다른 무엇이 있다는 것을 우리는 잘 느끼고 있다. 거기에는 어떤 헌신, 헌신하려는 성향, 자신을 확장하고, 자기 자신에만 좁게 갇혀 있지 않으려는 성향이 존재한다. 우리는 다른 많은 예를 들 수 있을 것이다. 우리는 습관에 집착하는데, 그 습관들이 우리의 개성을 이루는 요소이며, 이러한 성향은 자기애의 한 양상에 불과하다. 그 결과 우리는 이러한 습관이 형성된 환경, 이 습관들이 반영하는 환경에 애착한다. 이 환경에서 서식하는 것들과 그와 관련된 사물들에 애착한다. 우리로 하여금 자신으로부터 벗어나도록 강요하는 것은 또 다른 자기애의 형태다. 우리는 순수한 이기주의자로 사는 것이 얼마나 어려운지를 방금 언급했다. 심지어 불가능한 일이라고 말할 수도 있을 것이다. 이제 그 이유에 대해 살펴보도록 하자. 우리의 인격은 정확하게 정해진 시점에 시작하고 끝나는 일종의 절대, 즉 형이상학적 개체가 아니다. 즉 라이프니츠가 말한 단자(모나드)처럼 우주를 향한 창문도 없고, 열린 문도 없는 개체가 아니다. 반대로 외부 세상은 우리 안에 메아리를 일으키고, 우리 안으로 연장된다. 마찬가지로 우리도 외부 세계로 확산되어간다. 사물과 존재들이 외부에서 우리의 의식으로 침투해 들어오고, 우리의 내적 존재와 섞인다. 우리도 외부의 존재와 우리를 뒤섞는다. 우리의 관념과 감정은 우리의 뇌에서 타인의 뇌로 전이되고, 그 역도 성립한다. 우리 안에 우리와 다른 것이 존재하며, 우리 안에 있는 것이 다 우리의 것만은 아니다. 서로 연합했거나 우리의 삶에 연합했던 사물들 안에 우리의 어떤 것이 들어 있다. 그러므로 우리의 개성은 전부 상대적이다. 우리를 구성하는 요소들 가운데는 좀더 중심적인 것들이 있다. 말하자면 더 엄밀하게 개인적이라고 하는 것 안에는 우리의 자아를 더 분명하게 구성하는 요소들이 있다. 그러한 요소들은 우리의 표지를 지니고 있으며, 더 특별하게 우리를 다른 사람이 아닌 우리 자신으로 만들어준다. 우리 몸의 형태와 우리의 사회적 조건, 우리의 성격 등이 그러한 요소들이다. 우리 인격의 핵심과는 조금 멀지만, 약간 별스러운 다른 요소들도 있다. 그것들은 어느 면으로는 우리의 일부를 구성하면서도 우리와 다른 존재들과 더 특별하게 관련되어 있는데, 우리가 다른 사람들과 공통점을 가지는 이유다. 그것은 예를 들면, 우리 안에 우리의 친구, 부모, 가족, 국가 등을 표현하는 표상들이다. 우리가 자신과 관련된 첫 번째 요소들에 애착한다면 우리가 애착하는 것은 바로 우리 자신이다. 왜냐하면 그것들이 좀 더 개인적인 특성을 가지고 있기 때문이다. 우리가 비교적 우리와 다른 요소들에 애착한다면, 그것들이 첫 번째 요소보다 더 비개인적인 특성을 가지고 있기 때문이다. 거기에서 두 종류의 성향이 비롯되지만 이 둘 사이에는 정도의 차이만 있을 뿐이다.

결국 이기주의와 이타주의는 모든 의식적 삶과 긴밀하게 얽힌 동시대적인 두 가지 표현일 뿐이다. 일단 의식이 존재해야 자신이 아닌 모든 것과 구별된다고 생각되는 주체, 즉 '나'라는 주체가 존재한다. 그가 자신에 대해 이런 식으로 생각하고, 이렇게 표현된 자신에게 행동을 집중하는 한, 그는 이기주의자로 행

　어린아이에게 도덕의 요소들을 어떻게 확립할까

동하는 것이다. 그러나 다른 한편으로 의식은 그를 둘러싸고 있는 존재들을 다소간 혼란스럽게 표현하지 않을 수 없는데, 외부의 존재들이 없다면 의식은 '없는 것'(vide)을 생각하게 될 것이다. 의식이 외부의 존재들을 외적으로 표현하는 한, 그리고 그것들을 자기 행동의 대상으로 여기는 한, 이타주의는 존재한다. 그러나 이러한 두 가지 형태의 활동은 하나가 없으면 나머지 하나도 존재할 수 없다. 우리 자신에 대한 감정, 독일어로 젤프스트게퓔(Selbstgefühl), 즉 자존심, 자기감정은 우리가 외부 대상에 대해 가지고 있는 감정에서 완전히 사라질 수 없다. 더구나 자아에 대한 감정은 절대 충족되지 않는다. 그러나 그것은 언제나 그가 표현하는 대상, 그리고 그와 대립되는 대상에 대한 감정을 내포하고 있다. 결과적으로 이기주의와 이타주의는 순수한 상태로 존재하지 않는 두 가지 추상이다. 비록 이 두 가지가 동일 감정에서 같은 정도로 발전하지는 않더라도 하나는 다른 하나를 적어도 어느 정도 내포하고 있기 때문이다. 그러므로 우리는 사람들이 종종 묘사한 것처럼 어린아이가 순수한 이기주의자가 아니라는 것을 미리 확신할 수 있다. 어린아이가 의식을 가진 존재라는 사실만으로도, 그의 의식이 아무리 조야하다 할지라도, 어린아이에게는 생의 시작부터 어떤 이타주의가 가능하다.

사실 우리는 어린아이가 그의 친숙한 환경을 채우고 있는 온갖 종류의 대상들에게 얼마나 쉽게, 또 얼마나 강하게 애착을 가지는지 잘 알고 있다. 우리는 이미 몇 가지 예를 말한 바 있다. 어린아이는 평소에 자신이 사용하던 컵이 아닌 다른 컵에 마시느니 차라리 마시지 않는 편을 더 좋아한다. 습관이 든 자기 방이 아닌 다른 방에서 잠을 자려고 하지 않는다. 그러므로 어린아이는 그 사물과 분리되면 고통스러워할 정도로 여러 가지 사물에 집착한다. 물론 이러한 애착은 수준이 낮은 것이지만, 자기 자신 외에 다른 것과 연대하는 어린아이의 성향을 함축한다. 이 감정과 마을, 고향, 부모의 집에 대한 사랑 사이에는 정도의 차이만 있을 뿐이다. 어느 누구도 그 도덕성과 이타주의 성격에 반론을 제기하지 않는다. 어린아이는 사물뿐만 아니라 사람에게도 애착을 가진다. 우리가 알다시피 어린아이는 보모만 바뀌어도 때로 고통스럽고 불안한 위기를 맞기도 한다. 어린아이는 낯선 사람의 젖을 먹는 것을 거부하고 낯선 이가 자신을 돌보는 것에 저항한다. 그러므로 어린아이는 매우 혼란스럽게 표현할 수 있을 뿐이지만 그를 떠난 사람에게 집착한다. 부모 역시 매우 일찍 유사한 감정의 대상이 된다. 설리는 이렇게 말한다. "13개월 된 어린 딸이 6주 동안 엄마와 떨어져 있었는데, 엄마가 돌아오자 기뻐서 아무 말도 하지 않고 있었다. 그런데 얼마 동안은 엄마가 잠시도 곁을 떠나는 것을 견디지 못했다. 17개월인 M양은 아빠가 5일 동안 부재한 후에 매우 특별한 애정 표시를 하면서 아빠를 맞았다. 그 아기는 아빠의 얼굴을 부드럽게 쓰다듬으면서 자기 방에 있던 모든 장난감을 아빠에게 가져다주었다."[39] 이 모든 경우를 통해 우리는 어린아이가 자신의 존재를 다른 사람의 존재와 연결하려

---

[39] James Sully, *Études sur l'enfance*, 1898, p. 334(프랑스어 번역).

어린아이에게 도덕의 요소들을 어떻게 확립할까

는 욕구를 느끼고 있으며, 그 관계가 끊어지면 고통스러워한다는 것을 분명하게 알 수 있다.

우리가 이미 지적한 바대로 어린아이의 이타주의는 이러한 형태로 유아적 본성을 띠고 있다. 이것은 어린아이의 전통주의이며 그의 습관에 대한 애착이다. 어린아이에게 느끼고 행동하는 어떤 방식이 한번 형성되면 그 습관을 버리는 것은 매우 어렵다. 아이는 거기에 매달리고, 이어서 그러한 조건에 맞는 사물들에게도 집착한다. 고집스럽게 동일한 인상을 추구하기 때문에 어린아이는 역시 자신에게 그러한 인상을 일깨우는 대상들을 찾는다. 그러나 이것은 우리가 어린아이에게서 관찰할 수 있는 이타주의적 감정의 유일한 근원은 아니다. 다른 근원도 있다. 그것은 특별한 기능(facilité), 어린아이가 자신의 눈앞에서 일어나는 모든 것을 재생산하는 열심(empressement)이다. 어린아이는 자신을 둘러싼 사람들의 모습에서 자신이 인식한 얼굴 표정을 모방한다. 그들이 울면 어린아이도 울고, 그들이 웃으면 어린아이도 웃는다. 어린아이는 같은 말과 몸짓을 반복한다. 그래서 몸짓과 말이 특정한 개념과 감정의 상징이 되면 그는 사람들의 얼굴에서 읽은 표정이나 사용된 말을 통해 이해한다고 생각하는 개념과 감정을 재생산한다. 이와 같이 그의 시계(視界)의 외부세계 일부에서 일어나는 모든 것은 그의 의식에 반향을 일으킨다. 그 이유는 다음과 같다. 어린아이의 내면생활은 매우 빈약하고 일시적인 몇 개의 요소들만 이해할 수 있기 때문에 이질적인 요소들이 침입해 올 때 저항할 수 있는 상태가 아니다. 좀 더 강하게 형성된 인격이나 어른의 인격, 특히 어떤 교육을 받은 어른의 인격은 그렇게 쉽게 침입을 받지 않는다. 이질적인 영향들이 우리의 내적 성향과 조화를 이루는 경우에만, 또 우리의 천성이 자연스럽게 기우는 방향으로 갈 때에만 깊은 영향을 미친다. 우리 앞에 나타나는 감정 상태는 단지 그것을 목격했다는 하나의 사실 때문에 우리에게 전달되지는 않을 것이다. 그보다는 우리의 기질, 즉 우리의 개인적 감정과 잘 일치했기 때문일 것이다. 그렇지 않으면 그 상태는 우리에게 감동을 주지 못하거나 피상적으로만 감동시킬 뿐이다. 어떤 생각이 우리의 면전에서 표현된다는 사실만으로 그것이 우리의 생각이 되지는 못한다. 그 사고가 우리의 정신상태와 조화를 이루지 못한다면 우리는 그것을 밀어낼 것이다. 적어도 그 사고가 우리에게 강한 인상을 주려면 매우 강한 도덕적 압력과 매우 설득력 있는 논의, 활기차고 쉽게 전달되는 열기가 있어야 한다.

그러나 어린아이는 아직 견고하고 결정된 마음이 구성되지 않았기 때문에 이러한 우발적인 영향에 훨씬 더 많이 열려 있다. 어린아이에게는 일시적 감정에 흔들리지 않을 만큼 강한 습관이 형성되어 있지 않다. 물론 우리가 방금 살펴본 바와 같이 몇 가지 강한 습관이 있기는 하다. 그러나 그것은 극히 적다. 어린아이의 의식은 특히 유동적이고 취약한 상태로 이루어져 있는데, 이 상태들은 계속해서 서로 밀어내고, 너무 빨리 지나가서 공고해질 수 없으며, 외부의 강한 제안을 이겨낼 수 없다. 이것이 적절한 표현은 아니지만 이른바 모방 본능이라고 부르는 것의 기원

어린아이에게 도덕의 요소들을 어떻게 확립할까

이다. 왜냐하면 단어의 엄밀한 의미에서 본능적인 것이 전혀 없기 때문이다. 어떤 의미로는 어린아이의 유기체 내부에 이미 들어 있는 것을 모방할 필요는 없다. 막 생겨난 어린아이의 의식에는 확실한 선택적 친화력이 없기 때문에 그는 모방한다. 그러므로 어린아이의 의식은 외부에서 오는 더 강한 모든 인상들을 어렵지 않게 저항 없이 동일시한다. 타인의 감정을 재생산하고 나누는 이러한 능력이 분명히 사회적이고 이타적인 성향의 최초 형태, 즉 타인에게 공감하는 능력과 다른 것이란 말인가? 사실상 어린아이의 의식과 외부인의 의식 사이에 항구적인 소통관계가 수립된 것이다. 외부인의 의식에서 생겨난 것이 어린아이의 의식에 반향을 일으킨다. 어린아이는 자신의 삶을 살고, 자신의 쾌락에 즐거워하며, 자신의 고통 때문에 슬퍼한다. 이처럼 그는 자연스럽게 타인의 고통을 완화하거나 예방하는 방식으로 행동하게 된다.

"1년 2개월 된 아기가 마루 위를 기어가고 있었다. 6세인 그의 누이 캐서린은 털실로 뜨개질을 하고 있었는데 잘되지 않자 울음을 터뜨렸다. 아기는 누이를 보고 자기 뺨을 손가락으로 위아래로 계속 문지르면서 칭얼대기 시작했다. 그의 이모가 캐서린에게 아기에게 주의하라고 요청하자, 그것이 새로운 눈물 바람을 일으켰다. 아기는 조금씩 방을 가로질러 통통거리고 뛰어가서 캐서린 옆으로 가는 데 성공했다. 그리고 여러 번 칭얼거리면서 의미심장한 표정을 반복했다. 캐서린이 아기의 간청에 감동되어 아기를 팔에 안고 미소 지었다. 그러자 손가락으로 자기 누이의 뺨에 있는 눈물 자국을 따라가면서, 아기는 곧 손뼉을 치고 재잘대기 시작했다."[40]

아기는 자기가 목격한 슬픔을 위로하고 함께 나누려고 한 것처럼 또한 기쁘게 하려고 애를 썼다. 그러나 아기가 필요한 사람이 되기 위해 이렇게 수행한 적극적 행위들은 좀더 발달한 시기에 나타나는 것이 일반적이다. 이러한 행위들은 더 발달된 정신상태를 전제하기 때문이다. 사람들이 위로하고자 하는 고통은 실제적이며, 그 고통과 싸우거나 고통을 완화하는 행동을 불러일으키는 것은 현재 감각 안에 주어진 사실이다. 그러나 생겨날 즐거움은 다가올 현상이며, 이것을 미리 예측하고 표현해야만 한다. 따라서 아이의 정신상태가 자신의 행동에 대한 미래 결과를 예측할 수 있을 정도로 발달해야 한다. 하지만 관찰해보면 3세 혹은 좀 더 이른 시기부터 아이는 선견지명의 공감 능력이 있음을 발견하게 된다.

"2년 1개월 된 남자아이가 자신의 보모가 말하는 것을 들었다. 앤이 놀이방의 주전자를 채워놓는 것을 기억하면 좋을 텐데. 어린아이의 주의력이 깨어났다. 그는 좀 더 멀리 떨어진 방의 벽난로를 청소하고 있던 앤을 찾으러 갔다. 그리고 앤의 앞치마를 잡아당기기 시작했다. (…) 그녀를 놀이방으로 데리고 와서 '저거, 저거'라고 말하며 손가락으로 주전자를 가리켰다. 소녀는 이해했고 아이가 요구한 것을 해주었다."[41]

---

40 같은 책, p. 336.

어린아이에게 도덕의 요소들을 어떻게 확립할까

요약하자면, 자기 자신이 아닌 다른 것에 집착하는 이타주의는 우리가 가끔 말하듯이 거의 설명할 수 없는 일종의 신비스럽고 특별한 기능이 아니다. 이타주의를 통해 인간은 자신의 최초 본성을 침해하며 자신의 본성과 모순된다. 덕의 가치에 대한 연설에서 르낭(Renan)은 헌신, 희생, 연대의 정신을 마치 아름다운 부조리, 칭찬할 만한 비논리(illogisme)인 것처럼 말할 수 있다고 생각했다. 실제로 어느 것도 덜 신비스럽지도 않고, 더 자연스럽지도 않다. 이러한 이른바 신비주의를 일소하기 위해 라로슈푸코[42]와 공리주의자들처럼 이타주의는 이기주의가 퇴화한 형태에 불과하다고 할 필요는 없다. 이것은 이기주의의 모든 변별적 특성들을 제거하는 일이다. 사실상 이 두 감정은 하나에서 다른 하나가 나온 것이 아니다. 둘 다 우리의 심리적 본성에 근거하며, 서로 연루되어 있고, 상호 보완적인 두 양상을 표현할 뿐이다. 그러한 이유로 우리는 인생 초기부터 어린아이에게서 이타주의를 찾아볼 수 있었던 것이다. 물론 어린아이의 이타주의는 그리 크지도 않고 복잡하지도 않은데, 그 이유는 어린아이의 지적 지평이 매우 한정되어 있기 때문이다. 어린아이가 직접 접촉하는 것을 넘어서면 바로 미지의 것이 펼쳐지기 시작한다. 어떤 면에서는 어린아이가 공감하는 존재의 범주가 어른보다 훨씬 더 넓을 수

---

41 같은 책, p. 338.

42 프랑수아 드 라로슈푸코(François de La Rochefoucauld, 1613~1680)는 프랑스의 고전문학 시대의 뛰어난 모럴리스트다. 인간 행동과 심리의 냉혹한 본성을 묘사한 『잠언』(Maximes, 1665)으로 유명하다.

있다는 사실을 고려해야만 한다. 왜냐하면 어린아이는 심지어 무생물도 감수성이 있다고 여기기 때문에 무생물의 삶에도 관여하며, 그것들의 고통을 상상하고 괴로워하고, 그것들의 즐거움으로 인해 즐거워한다. 어린아이는 인형이 다쳐서, 종이가 찢어지고 구겨져서, 돌이 움직이지 않고 언제나 같은 자리에 있기에 슬퍼한다. 더구나 어린아이의 이기주의는 그의 이타주의와 연결되어 있다는 시각을 잃어서는 안 된다. 어린아이의 개성은 전혀 복잡하지 않고, 이기적인 감정에 몇 가지 접점만 제공하기 때문이다. 어린아이가 느끼는 유일한 것은 그의 물질적인 삶과 놀이에 관련된 것들이다. 어른의 이기주의는 더 복잡하다. 하지만 문화의 효과로 우리 본성의 이기주의적인 면보다 이타주의적인 면이 상대적으로 더 발전하게 되었음을 부인해서는 안 된다. 그러나 어린아이에게 영향을 주기 위한 필요한 방법을 어린아이에게서 발견했다는 것은 여전히 사실이다. 그 방법을 어떻게 사용하는 것이 좋을지 찾는 일만 남아 있다. 그것이 바로 우리가 다음 강의에서 해야 할 일이다.

어린아이에게 도덕의 요소들을 어떻게 확립할까

학교 환경의 영향

　우리는 종종 이타주의, 자신 외의 다른 것들에 대한 애착을 일종의 신비스럽고 비범하며 거의 설명 불가능한 능력으로 표현했다. 즉 그러한 능력에 의해 인간은 자신의 최초 본성을 침해하고, 그 본성과 모순된다고 했다. 지난번 강의에서 어느 것도 덜 신비하지도 않고, 더 자연스럽지도 않다는 것을 살펴보았다. 이러한 자칭 신비주의를 해소하기 위해 라로슈푸코와 공리주의자들이 했던 것처럼 이타주의를 이기주의의 가장된 형태에 불과한 것이라고 한정할 필요는 없다. 그것은 이타주의를 설명할 수 없다는 핑계로 이타주의를 부정하는 것이다. 실제로 이타주의는 이기주의와 마찬가지로 인간의 심리학적 본성에 근거하고 있다. 이 두 가지 종류의 감정은 다르면서도 불가분한 모든 심리적 메커니즘의 두 가지 양상을 표현할 뿐이다. 우리의 활동이 우리 자신에 집중하고, 우리의 개성을 만드는 것, 그리고 우리를 외부의 존재나 사물들과 구분하는 것에 집중하는 한, 이기주의가 지배하는 것이다. 반대로 우리의 활동이 우리 외부에 있는 대상, 우리 인격의 특성에 개입하지 않는 대상들을 추구할 때 이타주의가 존재한다. 그러나 우리가 어느 방식이든 대상들을 표현하지 않으면 그 대상들에 애착할 수 없기 때문에 어떤 의미에서 그 대상들은 비록 외부에 있기는 하지만 우리 자신의 요소라고 할 수 있다. 왜냐하면 그 대상들은 그것들을 나타내는 표상의 형태로 우리 안에 존재하고 살아 있기 때문이다. 우리는 바로 이 표상에 직접 연결되어 있다. 표현된 사물이 더 이상 거기에 존재하지 않거나 그것이 아닐 때 우리에게 결여되는 것은 바로 이 표상이다. 결과적으로 모든 이타주의 안에는 이기주의가 존재한다. 그러나 반대로 우리의 자아는 밖에서 차용해온 요소들로 이루어져 있고, 의식은 혼자서 스스로 자랄 수 없으며, 우리는 없는 것을 생각할 수 없다. 그러므로 외부 세계에서만 올 수 있는 물질도 필요하기 때문에 우리 안에는 우리와 다른 것이 있다. 결론적으로 이기주의 안에 이타주의가 있다. 특히 우리 존재를 확장하려는 목표를 가진 활동적이고 발전적인 이기주의가 어떻게 확장하고, 외부 활동을 전개하며, 헌신하고 노력하는 진정한 능력을 내포하게 되었는지 앞에서 살펴보았다. 한마디로 인간 본성의 요구에 의해 의식은 우리가 관습적으로 서로 대립시키는 안과 밖 두 방향을 동시에 향한다. 어느 것도 완전히 자기를 벗어날 수 없으며, 어느 것도 자신에게만 갇혀 있을 수 없다. 이 두 상태에서 의식적인 삶은 정지된다. 자신의 세계에 틀어박히는 고행자의 경우처럼 순수한 황홀

어린아이에게 도덕의 요소들을 어떻게 확립할까

경에서 사고와 활동은 동시에 멈춘다. 이것이 정신적 죽음의 두 가지 형태다. 그러나 이기주의와 이타주의가 이렇게 상호 침투할 정도로 가깝다고 해도 그것들은 여전히 구분된다. 그것들이 더 이상 서로 대립되지 않는다고 해서 합류하는 것은 아니다. 왜냐하면 두 경우에 애착했던 대상들 사이에는 언제나 차이가 존재하기 때문이다. 물론 정도의 차이긴 하지만 실제로 차이가 있다. 이타주의 성향들이 충족될 때 우리에게 만족을 주기 때문에 그 성향들은 이기주의적이라고 할 수 있을 것이다. 이기주의에서는 우리가 개인적 대상들을 추구하는 데서 만족을 찾는다. 반면 이타주의에서는 우리의 의식에 표상되기는 하지만 우리 인성의 변별적 요소가 아닌 다른 대상들을 추구하는 데서 만족을 찾으므로 이 둘 사이에는 여전히 상당한 차이가 있다.

이제 우리는 어린아이의 의식이, 의식이라는 사실만으로도 이러한 두 종류의 감정에 필연적으로 열려 있다고 확신할 수 있다. 실제로 우리는 어린아이에게서 이타주의의 이중 근원을 찾아보았다. 첫째, 어린아이는 습관의 영향을 받아 주위의 친근한 대상들과 인물들에게 집착한다. 반복에 의해, 그리고 반복이 어린아이의 본성에 미치는 영향에 의해, 그것들과 어린아이 사이에 어떤 관계가 형성된다. 둘째, 어린아이는 외부의 영향을 받아들이는 탁월한 수용력으로 인해 자기 앞에서 표현된 감정들에 쉽게 공감한다. 그 감정들을 재생산하고 결과적으로 그것들을 공유한다. 자신이 목격한 고통 때문에 슬퍼하고 타인의 기쁨으로 인해 기뻐한다. 한마디로 타인과 공감한다. 이러한 공감은 단순히 수동적인 것이 아니다. 그것은 어린아이에게 적극적인 행동을 제안한다.

　이렇게 자주 인용된 사실은 무엇을 의미하는가? 무엇이 어린아이가 체질적으로 이타주의에 거부반응을 보인다고 주장하려하는가? 우선 사람들은 어린아이가 동물에게 타고난 잔인성을 드러낸다고 종종 비난했다. '이 나이'는 '무자비한' 시기로 여겨진다. 어린아이는 자기가 만든 고통에 슬퍼하지 않을뿐더러 재미있어 한다. 이것이 바로 어린아이에게 진정한 악의적 본능이 있다는 증거가 아닌가? 그러나 어린아이에게 이렇게 가혹한 판단을 내리기 위해서는 어린아이가 저지른 죄악의 행동들이 진정으로 괴롭히려는 욕구에서 나온 것인지 확증해야 한다. 그렇지 않다면 어느 것도 어린아이에게 난폭한 행위에 대한 자연적 성향이 있다고 정당화할 수 없다. 어린아이에게 폭력을 저지르도록 충동한 것은 그 자체로 비도덕적인 것이 전혀 없는 성향들이다. 단순하게 그 자체로는 비난받을 것이 없는 호기심이나 감정 때문에 종종 그렇게 할 수 있다. 어린아이는 어떤 사물의 내부를 살펴보기 위해 그 사물을 부수는 경우도 있다. 그 몸통이 어떻게 만들어졌는지, 피는 어디에 있는지, 날개가 몸통에 어떻게 붙어 있는지 등등을 알기 원한다. 사람들이 가정한 대로 그럴 듯하기도 하지만, 동물에게 자신의 지배력을 나타내고, 자신의 우월한 권리를 확증하려는 어떤 욕구가 있을 수도 있다. "어린 고양이를 짓밟은 사실은 아마도 어린아이가 보기에는 순수한 소유행위에 불과할 수 있다"고 설리는 말한다.[43] 이러한 파괴적인 행동에 다른

　어린아이에게 도덕의 요소들을 어떻게 확립할까

목적이 없는 경우가 얼마나 많은가! 어린아이에게는 잠재된 활동력이 있는데, 그것은 영원한 긴장 상태에 있다. 이러한 활동력은 일정한 간격을 두고 조금씩 방출되는 식으로 규칙적으로 소비되지 않는다. 이것은 갑자기 한번에 폭발한다. 당연히 이러한 폭발은 폭력적이고 파괴적이다. 어린아이는 뛰고 소리를 지르는 것처럼 자신의 운동 욕구를 만족시키기 위해 부순다. 다른 한편으로 어린아이는 자신이 야기하는 고통에 대해 혼란스럽고 불확실한 표상을 가지고 있을 뿐이다. 어린아이는 동물의 의식에 어떤 일이 일어나는지 명확한 개념을 가지고 있지 않다. 왜냐하면 동물은 인간 존재들처럼 자기의 느낌을 전달하지 못하기 때문이다. 이러한 느낌들은 모호하고 의심스럽기 때문에 어린아이는 잔인한 장난을 치려고 하는 강한 성향을 억제하지 못한다. 어린아이는 잔인성을 느끼지도 않는다. 만일 어린아이가 동물에게 공감하지 않는다 해도 그것은 타고난 악이나 악에 대한 본능적 취향 때문은 아니다. 어린아이는 자기가 하는 일을 이해하지 못하기 때문이다.

우리는 가족의 불행을 대하는 어린아이의 무심함에 대해서도 이렇게 말할 수 있다. 그러한 무심함은 타고난 냉정함에서 기인하는 것이 아니다. 일정 나이에 이르지 못한 아이의 상태는 근친의 죽음이 자신과 주변 사람에게 미칠 수 있는 결과를 인식하지 못하기 때문이다. 죽음이 무엇인지에 대한 개념이 형성되려면 숙

---

43 같은 책, p. 329.

고가 필요하다. 어떤 존재의 갑작스러운 단절, 완전한 소멸과 같은 급격한 변화는 심지어 어른에게도 쉽게 표현될 수 없다. 만일 누군가가 아이에게 더 이상 존재하지 않는 사람을 영영 다시 보지 못할 것이라고 말해도 아이를 깊이 자극할 수 없을 것이다. 왜냐하면 '결코'라든가 '언제나'라는 단어가 아이의 정신에 상세한 의미를 전달하지 못하기 때문이다. 따라서 아이는 영원한 이별과 일시적인 이별을 분간하지 못한다. 게다가 아이는 관계 맺고 있는 여러 사람들을 분명하게 구별하는 개념을 가지고 있지도 않다. 아이는 엄마나 유모처럼 직접 관계를 맺고 있거나 매우 가까운 사람들만 구분할 뿐이다. 따라서 어린아이의 존재에 생긴 빈틈을 대체가 용이한 다른 사람들이 쉽게 메워줄 수 있다. 어린아이와 친밀한 사람들 가운데 한 사람이 방금 사라진 그의 자리를 별 저항 없이 대체할 것이다. 이러한 가벼운 변화로 인해 약간의 곤란을 겪은 후 어린아이의 삶은 정상적인 흐름을 되찾게 될 것이다. 어린아이의 천성적인 불안정성이 이러한 방심을 더욱 용이하게 한다는 사실을 덧붙이도록 하자. 어린아이의 유동적인 생각은 끌리는 주체에게서 어려움 없이 돌아선다. 어린아이들은 더 친근하고 더 생생하게 상상할 수 있는 그들의 친척과 친구들의 죽음에는 더 많이, 더 일찍 민감하게 느낄 수 있다. 나쁜 교육이 그들의 이기주의를 자극하고, 공감 능력을 무디게 하지 않는다면 말이다.

관찰된 사실들로 미루어 보면 우리가 종종 어린아이에게 전가했던 총체적 이기주의를 드러내는 것은 하나도 없다. 물론 어린

어린아이에게 도덕의 요소들을 어떻게 확립할까

아이의 이타주의는 여전히 조야한 수준이다. 그러나 우리는 그 중요한 이유를 알고 있다. 일반적으로 어린아이의 의식 역시 마찬가지로 조야한 특성을 가진다. 어린아이의 의식이 막 형성되기 시작하기 때문에 그 의식은 가장 친밀한 환경을 넘어 멀리 확장되지 못한다. 결과적으로 자신의 외부에 있는 소수의 존재들, 부모, 친구, 친밀한 대상들, 즉 그가 알고 있는 모든 것을 넘어 확장되지 못한다. 그 나머지는 그와 멀다는 이유로 유동적이고 희미한 표상으로만 나타날 뿐인데, 거기서는 사물의 개성이 다소간 희미해진다. 어린아이가 가장 생생하게 느끼는 것은 자신의 유기체와 그 상태다. 그래서 존재가 시작되는 몇 년 동안은 개인의 이기적인 느낌이 정말로 지배적이다(유기체의 감각보다 이러한 개인적 특징을 더 많이 지닌 것은 없기 때문이다). 행동에 가장 많은 영향력을 미치는 것은 바로 그러한 감각이다. 이 순간부터 다른 종류의 감각을 가지게 되지만 유년의 삶에서 중력의 중심은 바로 이러한 개인의 감각이다. 따라서 어린아이에게는 이타주의보다 이기주의가 더 많다고 할 수는 있지만 어린아이가 이타주의 감정을 모른다고 할 수는 없다. 게다가 이 두 종류의 성향을 통합하는 긴밀한 유대감을 확인할 수 있다. 만일 이타주의가 어른보다 어린아이에게서 덜 발전했다면 이기주의 역시 마찬가지다. 어린아이의 의식 영역이 좁기 때문에 외부 세계의 극히 일부만 어린아이에게 반향을 일으킨다. 그나마 뚜렷한 인상을 불러일으키지도 못한다. 어린아이의 인격은 매우 빈약하고 자양분이 부족할 것이다. 따라서 어린아이의 인격은 매우 적은 요소만을 포함하게 되고, 결과적으로 이기주의 감정과의 접점을 조금밖에 제공할 수 없다. 어린아이의 개인적 이해관계의 범주는 매우 제한되어 있다. 자기의 놀이와 먹을거리의 범주를 벗어나지 않는다. 어른의 이기주의는 훨씬 복잡하다. 인간이 자신의 지평을 확장하고, 더 많은 존재와 사물과 관계를 맺음에 따라 재산·권력·명예·명성에 대한 사랑, 우아한 의상과 삶의 안락함에 대한 취향 등 이 모든 것이 나타난다. 우리 감각적 본성의 두 양상은 동일한 보조는 아니더라도 같은 원인의 영향을 받아 평행적으로 발전한다.

우리는 어린아이에게서 교육을 통해 발전된 이타주의의 한 유형을 찾을 수 있다고 확신한다. 앞에서 언급한 것은 이러한 발전을 가능하게 하는 방법들을 결정해준다. 인생 초기의 연약한 이타주의 감정은 유아 의식의 편협함에서 비롯되기 때문에 유기체의 테두리를 넘어 이타주의 감정을 조금씩 확장해야만 한다. 어린아이는 어렵지만 그 범위를 조금씩 넓혀간다. 어린아이가 처음에 어렴풋이 인식했던 존재들에 대해 알려주어야 한다. 특히 어린아이가 알지도 못한 채 속하게 된 이 사회집단에 대해 가능한 분명한 개념을 제공해야 한다. 바로 이 시점에서 교육자의 역할이 가장 중요해진다. 왜냐하면 아이를 그냥 방치하여 이러한 사회들에 대한 개념이 너무 늦게 어설프게 형성된다면 아이의 눈으로는 방대하고 복잡한 이 사회들을 볼 수 없기 때문이다. 물론 가족집단만은 예외인데, 가족은 협소하기 때문에 쉽게 파악할 수 있다. 그러나 아이들이 이 사회집단에 애착을 가지려면, 그것이 도덕 교육의 궁극적인 목표인데, 그 집단에 대한 어떤 표상을 제

어린아이에게 도덕의 요소들을 어떻게 확립할까

공하는 것으로는 충분하지 않다. 게다가 이 표상은 끈질기게 반복되어야 하며, 오로지 반복에 의해서만 아이의 중요한 구성요소가 될 수 있다. 그래서 아이가 그 표상 없이는 지낼 수 없을 정도가 되어야 한다. 한 번 더 말하지만, 우리는 사물에 대한 인상을 통해서만 사물과 연결될 수 있기 때문이다.

우리가 어떤 사물과 결속되었다고 하는 것은 거기에 대한 개념이 우리 의식의 나머지와 결속되고 우리 안에 고통스러운 빈곳을 만들어내지 않는 한 사라지지 않는다는 의미다. 개념을 반복해야 할 뿐만 아니라 그것을 반복함으로써 그 개념이 쉽게 행동을 이끌 수 있도록 다양한 색깔과 지형, 말하자면 삶을 제공해야 한다. 그 개념이 가슴을 뜨겁게 하고 의지를 뒤흔드는 무언가를 가지고 있어야만 한다. 왜냐하면 우리의 이론적 개념으로 정신과 사변적 관념을 풍성하게 하는 것이 중요한 게 아니라, 필요하고 가능한 만큼 효과적인 행동 원칙을 세우는 것이 중요하기 때문이다. 달리 말하면 이러한 표상에는 감동하기 쉬운 무엇이 있어야 하며, 이 표상은 개념보다는 감성의 특징을 더 많이 지니고 있어야 한다. 결국 우리는 행동함으로써 행동하는 것을 배우기 때문에 이렇게 아이에게 전달된 감정들이 행동으로 표현될 수 있도록 많은 기회를 만들어야 한다. 집합적 삶을 사랑하기를 배우려면 생각이나 상상뿐 아니라 실제로 집합적 삶을 살아야 한다. 생각만으로는 잠재상태와 가능상태의 아이에게 연합 기능을 형성하기에 충분하지 않다. 이 능력이 효과적으로 실행되도록 자극해야 한다. 왜냐하면 이 능력은 실행을 통해서만 결정되고 강화될 수 있기 때문이다.

　요약하면 어린아이가 속하거나 속하게 될 사회집단의 이념을 조금씩 주입하는 방식으로 어린아이의 의식을 조금씩 확장시키는 것, 반복을 통해 이 표상들이 끊임없이 정신에 연상되도록 이러한 표상들에 가능한 많은 수의 다른 의식 상태들을 긴밀히 연결시키는 것, 그래서 그 표상들을 지키고 심지어 줄어들거나 사라지지 않게 보전할 정도로 의식 안에 자리를 잡게 하는 것, 열정적인 말과 느끼고 표현된 진실한 감정을 통해 행동력과 감화력을 효과적으로 전달하는 것, 실천을 통해 이러한 행동력을 발전시키는 것, 이것이 집합적 목적에 어린아이를 결속시키기 위해 추구해야 할 일반적인 방법이다. 이 일을 위해 교육자의 노력보다 더 나은 것은 없다. 왜냐하면 존재하는 사물에 대해 이렇게 생생하고 강한 감명을 어린아이에게 달리 전달할 방법이 없기 때문이다. 따라서 학교에서 이러한 방법을 어떤 형태로 적용할지 찾는 일만 남아 있다. 우리가 아이에게 행사할 수 있는 두 가지 방법이 있다. 첫째는 학교 환경이고, 그다음은 거기서 행해지는 여러 가지 교육이다. 그렇다면 우리가 원하는 목표를 달성하기 위해 어떤 행동 수단들을 사용해야 하는지 살펴보도록 하자.

I. 학교 환경의 일반적 영향

　도덕 교육에서 할 수 있고 또 해야 하는 중요한 학교 환경의 역

어린아이에게 도덕의 요소들을 어떻게 확립할까

할을 이해하려면 어린아이가 학교에 가는 순간 어떤 조건에 있게 되는지 상상해보아야 한다. 그때까지 아이는 두 종류의 집단밖에는 알지 못했다. 그 가운데 하나가 가족이다. 가족의 연대감은 혈연관계에서 비롯되며, 혈연에서 비롯된 도덕적 친밀감을 통해, 관련된 모든 의식의 친밀하고 항구적인 접촉을 통해, 그리고 그들 존재의 상호 침투를 통해 강화된다. 그다음은 친구나 동료의 소집단이다. 그 집단들은 가족 밖에서 자유로운 선택으로 형성될 수 있다. 그런데 정치적 사회인 국가는 이러한 특징들 가운데 어느 것도 보여주지 않는다. 한 국가의 시민들을 서로 연결하는 끈은 친척관계도 아니고 개인적 성향도 아니다. 그러므로 가족에서 나온 어린아이가 놓여 있는 상태와 그가 도달해야 할 상태 사이에는 엄청난 거리가 있다. 그 길은 단번에 주파할 수 있는 것이 아니다. 중개자가 필요하다. 학교 환경은 가장 좋으면서 바람직한 중개자다. 학교는 가족이나 친구들의 소집단보다 큰 단체다. 학교는 혈연에서 나온 것도 아니고, 자유로운 선택에서 생겨난 것도 아니다. 비슷한 나이와 사회 조건들을 근거로 함께 소집된 대상자들 사이에 우연하고도 불가피한 친목에서 생긴 것이다. 그런 면에서 학교는 정치적 사회와 닮았다. 그러나 다른 한편으로 학교는 매우 한정되어 있기에 개인적인 관계들을 맺을 수 있다. 학교는 광대한 지평이 아니기 때문에 어린아이의 의식은 학교를 쉽게 포용할 수 있다. 그런 점에서 학교는 가족과 동료 사회에 가깝다. 교실 안에서 공동생활의 습관, 학급과 심지어 학급이 속한 학교에 대한 결속은 우리가 발전시키기를 원하는 것보다 더 고양된 감정을 자연스럽게 준비시킬 수 있다. 이것이 바로 매우 드물게 사용하지만 가장 큰 도움이 될 수 있는 귀중한 수단이다.

가족보다 더 큰 사회를 형성하며, 학교 사회의 구성원들과 어느 정도 비교할 만한 젊은이 집단이 있다. 그렇더라도 이러한 목적에 학교를 활용하는 것이 훨씬 더 자연스럽다. 이미 에스피나스[44]는 동물과 관련해서 다음의 사실을 보여주었다. 새들과 포유동물 집단은 만일 그들 생의 어떤 시기에 젊은이들이 부모를 떠나 가족이 아닌 새로운 형태의 사회를 함께 형성하지 않았다면 생겨날 수 없었을 것이다. 사실 가족이 자신의 구성원들을 보호하는 곳에서는 쉽게 자족한다. 따라서 각 개별 가족은 생필품을 좀더 쉽게 공급하기 위해 다른 가족들과 떨어져 자신만의 자율적인 삶을 사는 성향이 있다. 이러한 상황에서 좀더 방대한 다른 종류의 사회가 구성되는 것은 확실히 불가능하다. 중소부족(peuplade)은 일단 성장한 새로운 세대가 새로운 종류의 집합생활을 함께 하기 위해 가족의 틀을 벗어나는 곳에서 나타난다. 마찬가지로 만일 애초부터 열등한 인간 사회가 하나의 가족으로 한정되지 않았다면, 다시 말해 인간 사회가 복수의 가족 —— 가장 변변치 않은 형태라도 —— 을 포함했다면, 그것은 대체로 다음의 이유 때문이다. 여기서 연구할 필요가 없는 어떤 상황의 영향 때

---

44 알프레드 빅토르 에스피나스(Alfred Victor Espinas, 1844~1922)는 프랑스의 사회학자다. 콩트와 스펜스의 제자였으며 생물학적 진화론에 영향을 받은 과학자 그룹에서 활동했다. 그의 연구는 흔히 동물사회학으로 불린다. 사회는 유기체와 유사하기에 사회적 연대는 생물학적 세포의 협력에 해당한다고 보았다.

어린아이에게 도덕의 요소들을 어떻게 확립할까

문에 어린아이의 도덕 교육이 각 부부를 통해 그의 친자녀에게 별도로 행해지지 않고, 씨족의 원로들에 의해 동일한 세대에게 집합적으로 이루어졌기 때문이다. 원로들은 일정한 나이에 이른 젊은이들을 모아놓고 그들에게 종교적 믿음과 의례, 전통, 즉 한마디로 그 집단의 모든 도덕적·지적 자산을 전수하려고 했다. 혈연이 아니라 나이에 따라 형성된 특별 집단인 젊은이들의 모임 덕분에 가족을 벗어난 사회가 생겨나고 지속될 수 있었다. 정확히 말하자면 학교 역시 이런 종류의 집단이다. 학교는 동일한 원리에 따라서 모인다. 원로들의 지도를 받고 가르침을 받은 젊은 초보자들의 모임을 원시사회에서 발견할 수 있는데, 이 모임은 이미 진정한 학교사회이며, 학교의 초기 형태로 볼 수 있다. 아이들에게 가족보다 더 수준 높은 사회생활을 준비해주기를 학교에 요청하는 것은 학교의 본질에 적합한 요구다.

그러나 학교의 역할이 특별히 중요하고 필요한 나라가 있다면 바로 프랑스다. 이러한 점에서 우리는 매우 특별한 상황에 살고 있는데, 그것을 설명하는 일이 중요하다. 사실 학교를 제쳐두면 우리에게는 가족과 국가 사이에 존재하는 중간 사회가 없다. 여기서는 피상적이고 인위적인 사회가 아니라 진정한 사회를 의미한다. 과거에는 이러한 종류의 집단들이 가족사회와 정치사회 사이에 단계적으로 존재했다. 그리고 그러한 사회들은 각각 강제로 읍·면·조합에 참여했는데, 이제는 완전히 없어졌거나 거의 사라진 상태다. 교구와 조합은 추억으로 남아 있을 뿐이다. 면 단위의 삶은 빈약해졌고, 우리의 머릿속에서 부차적인 자리만 차지하고 있을 뿐이다. 오늘날 이러한 상황의 원인은 잘 알려져 있다. 국가의 정치적·도덕적 단일성을 실현하기 위해 군주제는 모든 형태의 지역적 자치주의와 싸웠다. 군주정치는 읍과 주의 자율성을 축소하고, 그들의 도덕적 개성을 약화시키는 데 전력을 기울였다. 프랑스라는 위대한 집합적 인격에 그것들을 더 쉽고 완벽하게 용해하기 위해서였다. 이 점에서 대혁명은 군주제의 과업을 추구하고 완성했다. 혁명의 핵심인 이 위대한 국가적 중앙집권운동에 대립되는 모든 집단들, 공화국의 개성과 단일성에 장애가 될 수 있는 모든 것은 산산조각이 났다. 심지어 대혁명의 사람들을 고무했던 정신까지도 모든 중간 집단에 적대적이었다. 중간 집단에 거리를 두었으며 모든 개별 단체에 미신적인 공포를 가지고 있었다. 그리하여 최근까지도 우리의 법은 솔직하게 이러한 종류의 사회에 적대적이다.

이러한 사정으로 인해 이례적으로 중대한 위기가 생겨났다. 사실상 도덕성이 건전한 토대를 가지기 위해서는 시민이 집합적 삶의 취향을 가져야 한다. 그래야만 집합적 목적, 특히 도덕적 목적에 애착을 가질 수 있다. 그러나 이 취향 자체는 저절로 생기는 것이 아니다. 특히 가능한 지속적 실행을 통해서만 행동을 결정할 수 있는 충분한 힘을 얻을 수 있다. 없으면 살 수 없을 정도로 공동의 삶을 누리기 위해서는 공동으로 행동하고 생각하는 습관을 가져야만 한다. 이러한 사회관계들은 비사교적인 사람들에게는 무거운 사슬인데, 그들은 이것을 사랑하기를 배웠어야 한다. 홀로 사는 즐거움이라는 것은 얼마나 차갑고 창백한 것인지 경

어린아이에게 도덕의 요소들을 어떻게 확립할까

험으로 비교해서 알아야 한다. 반복적인 연습을 통해서만 형성될 수 있는 어떤 기질과 정신적 체질이 있는데, 그것은 영원히 숨 돌릴 틈을 주지 않는다. 반대로 만일 우리가 가끔씩만 사회적 존재로 행동하도록 요구받는다면 사회에 대한 애정을 갖기가 불가능하다. 이러한 상황에서 우리는 매우 불완전하게만 사회에 적응할 수 있을 뿐이다. 그러므로 우리가 간헐적으로 참여할 수 있는 것이 정치적 삶의 본질이다. 국가는 우리와 멀리 떨어져 있다. 그러므로 우리는 국가활동에 직접 관여할 수 없다. 국가에 영향을 주는 많은 사건 가운데서 가장 중요한 것들만 우리에게 파급 효과를 미친다. 우리는 열정을 가지고 전적으로 헌신해도 좋을 만한 위대한 정치적 목적을 매일, 매순간 만날 수는 없다. 가족을 예외로 하고, 만일 우리가 참여하는 집합적 삶이 없다면, 과학적·예술적·직업적 등등 인간의 모든 활동, 즉 우리 존재의 원칙을 구성하는 모든 것에 대해 우리가 혼자서[45] 행동하는 습관을 가진다면, 우리의 사회적 기질이 확고하게 발전할 기회는 매우 드물 것이다. 결과적으로 어느 정도 어두운 고립 성향을 가지게 될 것은 불가피한 일이다. 적어도 가족 외의 삶에 관한 모든 것에 대해서 그렇다. 사실 연합정신이 약한 것이 프랑스의 국가적 기질의 특징 가운데 하나다. 우리는 특별하게 완강한 개인주의 성향이 있

---

45 이 부분의 원어는 'solidairement'(연대해서, 함께)이다. 그러나 이렇게 번역하면 문맥상 모순이 된다. 아마 이 단어는 'solitairement'(혼자, 독자적으로)의 오기인 것 같다. 영어판에서는 후자로 이해해 'acting like lone wolves'(외로운 늑대처럼 홀로)의 의미로 표기되었다.

는데, 그것은 모든 공동생활에 따르는 의무를 참을 수 없게 만든다. 그리고 우리로 하여금 공동생활의 기쁨을 느끼지 못하게 한다. 우리의 자유를 속박하고 그 자유의 위상을 줄이지 않으면 사회생활에 입문할 수 없는 것처럼 여긴다. 그래서 우리는 가능한한 최소한으로 마지못해 사회생활에 입문한다. 이 점에 대해서는 독일과 프랑스 학생의 생활을 비교해보는 것만큼 교육적인 것은 없으리라. 독일에서는 모든 것이 공동으로 이루어진다. 노래도, 산책도, 놀이도 공동으로 한다. 철학, 과학, 문학도 공동으로 연구한다. 온갖 종류의 단체들은 인간활동의 가능한 모든 형태와 상응하면서 나란히 활동한다. 그러므로 젊은이는 언제나 틀에 맞춰진다. 진지한 직업에 전념하는 것도 집단으로 행하고, 쉬는 것도 집단으로 행한다. 반대로 프랑스에서는 아주 최근까지도 혼자 하는 것이 원칙이다. 만일 공동생활에 대한 취향이 다시 생겨난다고 해도 심도 있게 실행되지는 못할 것이다. 젊은이나 어른이나 마찬가지다. 우리가 선호하는 유일한 사회관계들도 우리 자신의 가장 피상적인 부분만 참여할 수 있을 정도로 외적이다. 프랑스인에게 살롱 생활이 그렇게 중요하고 또 발전한 이유다. 살롱은 모든 것에도 불구하고 우리에게 남아 있는 사회성의 필요를 피하기보다는 그래도 어느 정도 만족시키는 방법이다. 살롱과 같은 형태의 공동생활은 진지한 실존과 관계없는 유희에 불과하다. 그러므로 이러한 만족이 환상에 불과하다는 것을 입증할 필요가 있을까?

이러한 상황을 개선할 필요성이 있다고 해도 과거의 집단화를

어린아이에게 도덕의 요소들을 어떻게 확립할까

되살리거나 과거의 행위를 복원하려는 것은 아니다. 과거의 것들이 사라졌다면 그것들은 집합적 존재의 새로운 상황과 더 이상 관련이 없기 때문이다. 해야 할 일은 새로운 집단을 일으키는 것이다. 즉 현실 사회의 질서, 그리고 그 근거 원리들과 조화를 이루는 새로운 집단 말이다. 그러나 다른 한편으로 그렇게 되기 위한 유일한 방법은 연합정신을 되살리는 것이다. 새로운 집단을 우격다짐으로 만들 수는 없기 때문이다. 이 집단이 실제로 만들어지기 위해서는 여론이 그것들을 소환해야 하고, 거기에 있는 인간들이 그 필요성을 느끼고 자발적으로 집단을 만드는 일에 마음이 움직여야 한다. 그러므로 우리는 악순환에 갇혀 있는 것 같다. 우리에게 결여되어 있는 이러한 사회, 이러한 연합은 결합의 정신과 집단의 의미가 다시 깨어나야만 재탄생할 수 있기 때문이다. 다른 한편으로 우리는 이미 조직된 단체들 가운데서 실행을 통해서만 이러한 의미를 얻을 수 있음을 살펴보았다. 우리는 집합적 삶을 사랑해야만 집합적 삶을 되살릴 생각을 할 수 있으며, 집합적 삶을 무기력 상태에서 살려낼 수 있다. 그러나 우리는 집합적 삶을 실아야만 그것을 사랑하는 것을 배울 수 있다. 그렇게 되려면 집합적 삶이 존재해야 한다. 여기서 학교의 역할이 중요해질 수 있다. 아마도 학교는 우리가 이 악순환에서 빠져나올 수 있는 유일한 수단이기 때문이다. 사실상 학교는 존재하는 실제 집단이며, 어린아이는 자연스럽고 필연적으로 학교에 속하게 된다. 학교는 가족과는 다른 집단이며, 무엇보다도 가족처럼 마음을 털어놓거나 감정의 발로를 위해 만들어진 것이 아니다. 그렇지만 지적 활동의 모든 형태들이 맹아의 형태로 학교에서 전개된다. 결과적으로 우리는 학교를 통해 가정생활과는 다른 집합생활에서 아이를 훈련시키는 수단을 가지게 된 것이다. 일단 형성되면 학창 시절 이후까지 지속될 습관, 덕분에 만족하게 될 습관을 아이에게 만들어줄 수 있다. 따라서 우리가 아이를 사로잡을 수 있는 결정적이고 독창적이며 대체 불가능한 귀중한 순간이 있다. 그런데 우리 사회조직의 결함으로 인해 아직도 어린아이의 본성을 심층적으로 변화시킬 수 없었다. 일부 공동생활을 기피하는 감정들을 일깨우지 못했다. 어린아이의 마음은 처녀지며 우리는 거기에 씨를 뿌릴 수 있다. 씨가 거기서 뿌리를 내리면 스스로 자라나게 될 것이다. 물론 이러한 해악을 치유하는 데 교육가만으로 충분하다는 의미는 아니다. 또한 입법부의 행동을 촉구하는 제도들이 필요 없다는 의미도 아니다. 그것이 여론에 근거하고 진정한 필요에 따라 요구되어야만 교육의 영향력이 풍성한 열매를 맺을 수 있다는 것이다. 그러므로 학교 없이 아이에게 사회적 감각을 형성하는 일은 언제나 매우 어렵다. 물론 학교가 결코 피해서는 안 되는 자연적인 기능이 있다. 그런 까닭에 오늘날 우리가 처한 위기 상태 때문에 학교가 기여할 서비스는 비할 수 없이 중요하다.

어린아이에게 도덕의 요소들을 어떻게 확립할까

제16강

학교 환경(마지막)

과학 교육

지난번 강의의 말미에서 연합정신의 쇠퇴를 프랑스의 국가적 기질의 특성으로 지적한 바 있다. 우리 프랑스인에게 집합생활은 매력적이지 않다. 오히려 집합생활이 가하는 의무와 우리의 자유를 구속하는 제한을 부담스럽게 느끼고 있다. 그래서 우리는 가장 피상적인 부분에 한해서만 집단에 자발적으로 참여한다. 즉 가능한 한 가장 적게 참여하려고 한다. 우리가 가족과 국가 사이에 존재하는 중간 집단에 대해 거리감을 느끼고 있다는 가장 좋은 증거는 집단에 참여하는 데 수많은 장애물이 존재한다는 것이다. 최근까지도 프랑스의 법이 그러한 장애물을 만들었다. 개인주의를 선호하는 이러한 국가적 특질이 우리 안에 뿌리를 내리고 있는데, 이 특징은 좀더 오래된 심오한 역사적 기원에서 발원한다. 사실상 프랑스 군주정이 자신과 자신의 역할을 의식한 때부터 진행된 중앙집권운동과 도덕적 단일화로부터 이러한 특징이 유래되었다. 프랑스 대혁명도 이것을 추구하고 완성했다. 프랑스를 특징짓는 도덕적 인성을 단일하게 확립하기 위해서 면 단위, 지방 단위, 동업조합 등 온갖 형태의 자치주의와 싸워야만 했다. 살아 있는 존재와 마찬가지로 사회는 단일화할수록 더 발전된 조직을 가지기 때문에, 이처럼 프랑스를 유럽에서 가장 일찍 그리고 가장 완벽하게 통일된 국가로 만든 역사적 운동을 유감스럽게 생각할 필요는 없다. 그러나 새로운 종류의 집단이 기존의 집단을 대체하지도 않은 채 이 모든 중간 집단이 철저하게 사라진 것은 공공 도덕성의 급소 가운데 하나에 치명적인 상처를 주었다. 왜냐하면 이러한 상황에서 인간 행위의 주요 형태들은 모든 집단을 벗어나 발전하기 때문에 인간이 공동생활을 할 수 있는 기회가 줄어든다. 공동생활에 습관이 덜 들수록 공동생활에 대한 취향도 줄어들 것이다. 공동생활의 매력도 덜 느낄 것이고, 공동생활의 부담을 더 생생하고 고통스럽게 느낄 것이다. 집단의 목표를 소중히 여기기 위해서는 집단에 애정과 의미를 두어야만 한다. 집단에 헌신하기 위해서는 옹기종기 모여 사는 집단의 삶을 사랑해야 한다.

이러한 면에서 우리가 얼마나 많이 부족한가에 대한 느낌이 확산되기 시작하면서 몇 년 전부터 우리는 중간 연합의 새로운 개화를 목격하게 되었다. 산업협회와 상업협회, 과학단체, 지성적 학회들, 대학생단체들이 그러한 중간 연합에 해당된다. 어느 정도 부질없어 보이지만, 심지어 사라진 지역의 활력을 되살리려는 노력도 있다. 사람들은 거침없이 도시와 지방의 분권에 대해 말한다. 이 다양한 시도들의 매우 불균등한 가치를 평가하려는 것

어린아이에게 도덕의 요소들을 어떻게 확립할까

은 아니지만, 불행히도 이러한 제도들 대부분은 입법부의 의지에 따른 존재일 뿐이다. 이러한 제도들은 아직도 우리의 풍습에 깊이 들어오지 못했다. 이 제도들은 대부분 외부 협정인데, 우리가 느끼는 중간 단체의 필요성을 입증은 하지만, 활력은 없다. 이 중간 단체들은 여론에 따라 원하고 요구되고 소환되어야만 생생한 실체가 될 수 있다. 다시 말해서 연합정신이 교양 있는 어떤 동아리 안에서뿐만 아니라 많은 사람들 사이에서 어느 정도 힘을 되찾아야만 실체가 될 수 있다. 지난번에 제시한 바와 같이 우리는 분명히 악순환에 빠져 있다. 왜냐하면 한편으로 연합정신이 되살아나야만 단체들이 다시 태어날 수 있고, 그 정신은 이미 존재하는 단체에서만 다시 깨어날 수 있기 때문이다. 이 악순환에서 빠져나올 수 있는 유일한 방법은 가족을 떠나 학교에 들어가는 순간, 아이를 사로잡아서 그에게 집합적 삶의 취향을 불러일으키는 것이다. 왜냐하면 학교는 하나의 사회이며 자연적인 집단이기 때문이다. 심지어 학교는 어린아이의 주위에 있는 모든 것을 온갖 종류의 다양한 하부조직과 파생 단체의 형태로 다각화할 수 있기 때문이다. 이 결정적인 순간에 만일 어린아이가 사회생활의 흐름 속에서 잘 훈련된다면 평생토록 이 방향을 유지할 수 있는 기회가 될 것이다. 만일 어린아이가 자신의 행위를 여러 형태의 집단에서 표명하는 습관을 기른다면 학교를 졸업한 후에도 그러한 습관을 유지할 것이다. 따라서 입법부의 활동은 정말로 풍성해질 것이다. 왜냐하면 그 활동이 교육이 준비해놓은 영역에서 행해질 것이기 때문이다. 그것이 바로 오늘날 학교가 매우 특별하게 사회적 중요성을 지니는 이유이고, 여론이 교사에게 많은 것을 기대하는 이유다. 단순히 교사가 줄 수 있는 지적인 교양 때문만은 아니다. 많은 사람들은 어느 것으로도 대체할 수 없는 이 영향력이 어린아이에게 행사될 수 있는 특별한 시기가 있음을 예감하고 있다.

이 기대에 부응하기 위해 학교는 무엇이 되고, 교실은 무엇이 되어야 하는가?

아이들로 하여금 그동안 익숙했던 것보다 더 범위가 넓은 비개인적 집합생활을 좋아하게 만들기 위해, 모든 문제는 같은 교실에 있을 수밖에 없는 이러한 '회합'(association)을 이용하는 데 달려 있다. 물론 극복할 수 없는 어려움은 아니다. 현실적으로 어린 나이부터 거기에 습관이 들면 집합생활만큼 즐거운 것도 없다. 사실 집합생활은 각 개인의 활동력을 높이는 결과를 가져온다. 사람들은 혼자가 아니라고 느낄 때 자신에 대해 더 확신하며 더 강하게 느낀다. 공동생활에는 의지를 강하게 하고 마음을 뜨겁게 하는 열렬한 무언가가 있다. 종교적 소수 집단은 이러한 특성의 기질을 보여주는 흥미로운 예다. 강하게 응집된 집단이 그 구성원들에게 전달해주는 생명의 활기가 그것이다. 교회가 소수인 곳에서는 주위의 적의(敵意) 혹은 악의와 싸우기 위해 신도들은 안으로 결집한다. 외부의 저항 없이 교회가 자유롭게 역량을 펼칠 수 있고, 사회관계망이 느슨해져 있을 때보다 신도들은 훨씬 더 확고한 관계로 연결된다. 이렇게 집중된 관계화 덕분에 존재의 어려움을 버텨나갈 위로와 활기를 얻는다. 동일한 종교의 교

어린아이에게 도덕의 요소들을 어떻게 확립할까

파라 할지라도 예배 인원이 다수인가 소수인가에 따라 자살 성향이 감소하기도 하고 늘어나기도 하는 이유다. '나'라고 말하는 것보다 '우리'라고 말하는 것이 즐겁다. 왜냐하면 '우리'라고 말할 권리가 있는 사람은 자신 뒤에 무엇인가, 그가 의지할 수 있는 지지자, 즉 어떤 힘이 있음을 느낀다. 그 힘은 고립된 개인들이 흩어져 있을 때보다 훨씬 더 강하다. 더 큰 확신과 신념을 가지고 '우리'라고 말할 수 있을 때 이 기쁨은 더욱 더 커진다. 어린아이가 이 기쁨을 맛보게 가르치고, 이러한 욕구를 가지게 하는 것이 중요하다. 어떤 면에서는 어른보다 어린아이에게 접근이 용이하기 때문에 더 쉽게 성공할 수 있을 것이다. 사실상 공동의식을 구성하는 데 가장 큰 장애물은 자기 본위의 개성이다. 주변인들과 분명하게 단절될수록, 자기 자신 외에 다른 것과 융합하기 어려울수록 그러한 개성은 더 비난을 받는다. '우리'라고 말하는 즐거움을 경험하기 위해서는 '나'라는 말을 너무 많이 해서는 안 된다. 적어도 개별의식의 개성이 강화되는 정도에 따라 매우 복잡한 연대만 가능하게 될 것이다. 각자에게 자율성의 여지를 남겨두면서도 서로시로 전체의 다른 부분들과 관계를 맺을 만큼 충분히 능숙한 조직을 내포하는 연대 말이다. 우리는 여기서 상반되는 요구들을 어떻게 조정할지 연구하지는 않을 것이다. 이 문제가 어렵다는 것을 깨닫는 것으로도 충분하다. 그러나 아이에게는 이러한 어려움이 존재하지 않는다. 예나 지금이나 어린아이는 나이가 어린 만큼 불확정적이고 유연하기 때문이다. 아직은 개인의 특성이 인간이라는 종의 일반적 특성을 압도할 정도는 아니다. 아이 편에서 보면 공동생활이 그의 개성을 희생하라고 요구하지 않는다. 공동생활은 요구사항보다는 주는 것이 더 많다. 그래서 아이에게는 더 큰 매력이 있다. 가족 안에서 혼자 자란 후에 처음으로 잘 조직되고 활기찬 교실에 들어간 아이에게 일어나는 도덕적 변화를 살펴보기만 해도 된다. 아이는 완전히 변화되어서 나온다. 머리는 반듯하게 들고, 얼굴은 생기가 넘치며, 말은 빠르고 열의가 있다. 이러한 일종의 흥분상태는 일반적으로 아이가 처음으로 새로운 삶, 즉 지금까지 알고 있던 것보다 더욱 강렬한 삶을 살고 있으며 행복하다는 것을 증언한다. 그는 더 이상 자신만의 에너지로 그렇게 자기를 유지하는 것이 아니다. 학교라는 환경에서 오는 다른 힘들이 그의 힘에 더해진다. 그것은 그가 집합생활에 참여하기 때문이다. 그리고 그 결과 전 존재가 전반적으로 향상된다. (물론 학교생활을 어둡게 만드는 것이 의무라고 생각하는 교사와 상대하지 않는다는 것을 전제로 한다. 나중에 이 문제를 다시 다루도록 하겠다.)

그러나 이렇게 되기 위해서는 진실로 학급이라는 집합생활이 있어야만 한다. 그러므로 교사는 집합생활을 장려하는 데 모든 힘을 쏟아야 한다. 학급, 학급의 정신, 학급의 명예와 같은 말이 학생들의 마음에 추상적인 표현으로 그쳐서는 안 된다. 모든 학생들은 자발적으로 어느 누구의 개입도 없이 각 학급이 저마다 고유한 특징을 가지고 있음을 알아야 한다. 즉 존재하고 느끼고 생각하는 방식, 즉 해마다 지속되는 그 학급의 기질이 있음을 알아야 한다. 학급은 인격적 존재이며 진정한 개인이고, 그 정체성

어린아이에게 도덕의 요소들을 어떻게 확립할까

은 몇 년이 지나도 알아볼 수 있다. 우리가 어떤 학급이 좋다 혹은 나쁘다고 말할 때, 좋은 정신이 있다 혹은 나쁜 정신이 있다고 할 때, 열기와 생명이 있거나 반대로 무기력하고 연약하다고 말할 때 우리가 이렇게 판단하고 특정하는 것은 다름 아닌 집합적 개성이다. 학급이 소집되는 조건들과 지적·도덕적 동질성이 큰가, 작은가에 따라 이러한 특성이 만들어진다. 학급은 그 구성요소들이 동일한 기원을 가지고 있는가, 정반대로 다양한 기원을 가지고 있는가에 따라 완전히 달라진다. 예를 들면 기초수학 학급처럼 말이다. 스스로 생겨나는 집합생활, 그리고 이와 같이 결합된 아이들 사이에서 만들어진 이념과 감정의 교환에서 비롯되는 집합생활은 무작위로 형성된다. 이러한 집합생활은 정당한 이념과 좋은 습관을 가진 공동체에서 생겨날 수도 있지만, 바람직하지 않은 공동체에서 생겨날 수도 있다. 정상적인 방식으로 학급을 운영하는 것은 교사에게 속한 일이다. 교사는 어떻게 처신해야 할까?

우리가 방금 한 말에서 기인하는 것인데, 교사는 학급을 마음대로 만들고 주무를 수 있는 것처럼 생각하지 않도록 조심해야 한다. 왕이 국가의 정신을 만들 수 없는 것처럼 교사가 학급의 정신을 만들 수는 없다. 우리가 방금 보여준 것처럼 학급의 구성방식이 부분적으로 그 성격을 결정한다. 마찬가지로 같은 교사의 손을 거쳐간 각각의 학급은 물론 그 교사의 흔적을 지니고 있지만, 그럼에도 그것들은 서로 다르다. 따라서 아무리 해도 만들어질 수 없고 어느 것으로도 대체할 수 없는 전적으로 자발적인 집합생활이 존재한다. 교사의 역할은 ── 한정되어 있지만 매우 중요하다 ── 학급을 지도하는 것이다. 공통의 사고와 감정이 자유롭게 생겨날 수 있는 환경을 배가시키고, 거기서 결과물을 얻어서 그것을 조정해 확립하는 것이다. 또한 나쁜 감정이 퍼지지 못하게 하고, 나쁜 표현을 억누르며, 자신의 권위의 무게로 온전한 것을 강화하고, 학교생활의 모든 사건들을 이용해 온전한 것들이 확정되고 전통이 되도록 학생들을 계도하는 것이다. 이것들이 교사가 사용할 수 있는 행동 수단이다. 한마디로 교사는 공동활동을 통해 특정 학급의 전체 아동들을 감동시킬 수 있는 모든 기회를 엿보고 있어야 한다. 교사가 찾기만 한다면 이러한 결과를 얻기 위한 유리한 경우들이 많이 제시될 것이다. 감동적인 이야기를 읽어주면서 교실 전체를 사로잡는 공동의 감동을 느낄 기회가 있다. 또 다른 기회에 그 도덕적 가치와 사회적 역량을 다함께 토의한 후 어떤 인물 혹은 역사의 기념일에 대해 판단을 내릴 수도 있다. 그리고 저지른 잘못이든지 칭송받을 행동이든지 공동생활의 수많은 사건들 가운데 하나가 불러일으킬 수 있었던 존경 또는 비난이 있다. 교실에 일종의 법정을 만들자고 제안할 수도 있다. 그 법정은 학급 구성원들의 행동을 심판하고, 교사는 사회만 보기로 한다. 이념은 교실의 도덕생활에서 교사가 해야 하는 중요한 역할과 양립하기 어렵다. 그러나 다른 한편 공공 여론이 동의하지 않는데 교사가 혼자 정의를 제시하는 학급은 마치 국민 감정이 비난하지 않는 행위에다 사법관이 형벌을 제정하는 사회와 유사하다. 이러한 선고는 권위도 없고, 영향력도 없을 것이다.

　　　　어린아이에게 도덕의 요소들을 어떻게 확립할까

교사는 상을 줄 때와 마찬가지로 벌을 줄 때도 학급의 지지를 얻을 줄 알아야 한다. 학급이라는 집합생활의 근거가 얼마나 많은지 우리는 알고 있다. 그러나 만일 이 작은 세계에 널리 퍼져 있는 온갖 종류의 감정들이 그 흔적도 남기지 않은 채 바로 사라진다면 이 집합생활은 너무나 무질서하고 불안정해서 아이를 강하게 붙들어주지 못할 것이다. 그런 이유로 학급의 집합감정들이 학생들 사이에 관계를 만들지도 못하고, 내일도 기약하지 못하는 일시적 감동 상태로 머물지 않게 하는 것이 좋다. 감동을 지속하고, 그 감정들을 다시 기억나게 하는 무언가가 있어야만 한다. 학교의 역사 이야기나 기념적인 사건이 일깨우는 이념에는 당시의 개별적 경우를 초월하는 무언가가 항상 있다. 거기에는 도출해내야 할 일반적인 결론이 있는데, 그것을 끌어내서 확립해야 한다. 이렇게 되면 아이는 거기에 불연속적인 일련의 사건들만 있는 것이 아니라 일관성 있게 지속되는 생활이 있다는 느낌을 가질 것이다. 동시에 향후 집합적으로 만들어진 여론 혹은 행동 유형에 순응하는 습관, 특히 사회적 습관을 가질 것이다. 이렇게 해서 어른의 사회에서는 집합감정들이 유행하는 속담, 경구, 도덕적 혹은 법적 규범의 형태로 결정(結晶)된다. 마찬가지로 각 학급은 일상생활에서 만들어진 작은 원칙의 코드를 가지고 있어야 할 것이다. 그것은 집합적 경험이 응축된 개요일 수도 있다. 이 규범의 표현방식에서 매우 자연스럽게 교사의 정신과 학급의 정신이 드러나게 될 것이다. 마치 국민정신이 그 나라의 법과 가족의 규율, 속담 등에서 드러나는 것과 마찬가지다.

어린아이에게 연대감을 일깨워줄 수 있는 다른 방법은 신중하고 합리적인 집단 보상과 집단 벌칙을 사용하는 것이다. 사실 이러한 제안은 몇 가지 편견에 부딪칠 것이다. 모든 책임이 필연적으로 개인 소관이라는 점은 합의가 된 것 같다. 그러나 엄밀하게 개인의 책임이라는 것은 어떤 행동을 전적으로 혼자서 했을 때만 정당한 표현이다. 사실 우리가 속한 공동체는 크든 작든 우리가 하는 모든 것에 기여하지 않을 수 없다. 결과적으로 책임을 분담하지 않기란 거의 불가능한 일이다. 우리의 기질 그리고 교육이 우리에게 심어놓은 사상과 습관은 우리 개인의 작품이 아니다. 따라서 집단 책임은 사라졌고, 다시 돌아오지 않을 과거 세대의 추억에 불과하다는 말은 전혀 사실이 아니다. 반대로 공동체는 그 구성원들의 도덕성에 대한 책임을 의식하는 것이 중요하다. 따라서 시민 사회에 통하는 것이 교실에도 동일하게 적용된다. 심지어 학교 사회라는 제한된 크기, 거기서 비롯되는 친목, 개개인 간의 친밀함 등으로 인하여 사회적 전파 현상이 다른 곳보다 학교에서 더 용이한 것 같다. 그 결과 집단 책임의 중요성이 다른 곳보다 더 큰 것 같다. 학교에서는 일반적인 상황에서 비롯되는 공적이나 잘못도 많아서 그것을 특정 개인의 탓으로 돌릴 수 없다. 때로 교실에서 규율 전체에 대한 집단 반발을 견인하는 집합적 흥분이 일어나기도 한다. 이러한 반발이 학급의 잘못에 가장 책임이 없는 사람들에게서 가장 노골적으로 나타나는 경우가 종종 있다. 비록 그들이 반발을 주도하지 않았더라도 이 성향은 학생들에게 반향을 일으킴으로써 증폭되고 과장된다. 따라서

어린아이에게 도덕의 요소들을 어떻게 확립할까

그들은 가장 큰 죄인이 아닌데도 처벌의 대상이 된다. 반대로 개인적으로 전혀 좋은 일을 하지 않았는데도 착한 학생으로 만들어주는 건강한 도덕적 분위기가 있다. 학급 구성원 각자가 그 분위기를 만드는 데 기여한다. 따라서 집단 상벌이 학급생활에서 중요한 지위를 차지하는 것은 정당하다. 어린아이들에게 그들의 동료와 결합해주는 연대감, 즉 공동생활의 의미를 줄 수 있는 더 강력한 방법이 무엇인가? 사실상 어린아이들 각자의 가치는 전체의 가치에 따라 좌우된다. 우리의 행동이 우리 인격의 범위를 초월하는 원인과 결과를 동시에 지니고 있다고 느끼게 하는 것보다 그들을 좁은 개인주의의 틀에서 꺼내줄 다른 좋은 방법은 없다. 우리는 스스로 자족하는 전체가 아니고 우리를 감싸고 우리에게 침투하며 의존하는 전체의 부분임을 더 잘 느끼게 할 수 있는 다른 방법은 없다.

그러나 이 원칙을 일단 인정하더라도 절도 있고 신중하게 적용해야 한다. 개인의 잘못은 그 개인의 책임이다. 잘못한 사람과 학급 사이에 책임을 나눌 필요는 없을 것이다. 집단 책임은 다른 모든 것과는 별도로 극소수의 특별한 행위에 한정되어야 한다. 집단 책임은 일정 기간에 학급의 일반적 사고방식 가운데 모두에 의해 행해진 행위들의 총체에서만 현실적으로 느껴진다. 학급을 평가하기 위해서는 일정한 간격을 두고, 말하자면 이런저런 개인이 아니라 학급을 집합적으로 고려해 도덕의 대차대조표를 만들어야 한다. 그리고 학급을 전체적으로 평가하고, 이 평가에 따라 정해진 상벌을 부과해야 한다. 예를 들면 매주 행한 모든 착한 일과 나쁜 일의 목록을 만들고, 매일 기록하며, 그날그날의 소견을 적고, 이러한 일람표를 점검하면서 느끼는 감동에 따라 학급 전체에 주는 이런저런 보상에 동의하기도 하고 거부하기도 할 것이다. 예를 들면 좋아하는 운동, 특별한 레크리에이션, 독서, 산책 등의 보상은 모두에게 제공될 것이다. 개인을 구별하지 않고 모두가 받을 자격이 있기 때문이다. 이러한 평가를 위한 규칙들의 세부사항을 여기서는 검토하지 않겠다. 공동체가 저지른 잘못의 심각성이나 칭찬받을 행위의 중요성에 어떤 비율을 적용해야 하고, 그 빈도에는 어떤 다른 비율을 적용해야 하는지도 검토하지 않겠다. 그것은 일단 실행하다 보면 어려움 없이 해결될 문제다. 삶의 매 순간 아이들이 모든 사람이 그를 위해 일하고 자신도 모든 사람을 위해 일한다는 사실을 어느 정도 느끼는 것이 중요하다. 상황에 따라 마음대로 동의할 수도 거절할 수도 있는 집단 보상의 존재는 교사의 양심을 때로 당황케 하는 교과서적인 결의론(casuistique, 개개의 도덕문제를 법률조문식으로 해결하는 방법) 문제를 해결하는 데 도움을 준다. 진짜 범인이 알려지지도 않았을 때, 그 한 사람의 잘못 때문에 학급 전체를 벌주어야 하는지를 알고자 하는 문제다. 잘못을 벌주지 않고 내버려두는 것도 심각한 일이다. 하지만 죄 없는 사람에게 벌주는 것은 매우 잔인한 일이다. 차라리 모든 것이 정상적일 때만 베풀 수 있는 특혜를 주지 않는 것이 가장 자연스럽다. 집단 보상을 박탈하는 것이 익명의 범죄에 대한 가장 좋은 징벌이다.

공동의 이념, 공동의 감정, 공동의 책임감은 학급이라는 집합

어린아이에게 도덕의 요소들을 어떻게 확립할까

생활에 자양분이 된다. 그러나 학급은 같은 세대, 같은 나이의 젊은이 집단이다. 반대로 사회는 서로 연결되고 중첩된 다수의 세대를 포함한다. 우리가 사회생활에 입문하면 주위에 이미 우리보다 앞서 다른 사람들이 인정하고 실행해온 사고, 신앙, 관습의 총체가 있음을 알게 된다. 그것들은 우리 선조들의 유산이며, 우리가 개인적 삶을 사는 동안 거의 수정되지 않을 것이다. 그 점에서 우리는 동료들이나 선배들과 연계되어 있다. 그래서 우리보다 높은 곳에 있는 비개인적인 힘의 존재를 느낀다. 그 힘은 우리가 태어나기 전에 형성되었고, 우리보다 더 오래 살아남을 것인데, 우리는 그 힘의 영향을 받고 있다. 그 힘이 바로 사회다. 각 세대를 서로 이어주고, 하나의 동일한 존재, 즉 집합적 존재가 발전해가는 연속적 국면을 연결해줄 유대감이 없다면 사회적 연대는 매우 불안정해질 것이다. 그러한 유대감이 없다면 사회적 연대는 한 시대만 지속될 것이다. 즉 새로운 세대마다 다시 형성되어야 하기 때문이다. 결과적으로 어린아이 자신이 교실에 들어갈 때 그가 속한 집단이 급조된 것이 아니며, 새 학년이 시작된 날이 아니라 이미 형성된 도덕 환경에 들어간다고 느끼는 것은 좋은 일이리라. 이런 목적에서 각 학급이 이전 세대들에 대한 추억을 간직하는 일은 유익할 것이다. 이전 학생들이 만든 가장 우수한 과제를 모아놓은 명예의 공책들은 현재와 과거를 연결하는 방법이 될 것이다. 마찬가지로 이전 해에 일어났던 특별한 모든 사건과 교실의 생활, 좋은 행동, 특별한 보상, 예외적인 축제들을 기록할 수 있을 것이다. 한마디로 각 학급은 거기에 속한 과거의 역사를 가지고 있는데, 그것을 통해 과거와 그 의미를 배워야 한다. 같은 이유로 각 교사는 교실에서 일어난 일을 알아야 한다. 그가 맡은 학급의 역사, 학생들, 그들의 학교생활에서 일어난 주요한 사건들을 알고 있어야 한다. 이러한 상황에서 어린아이는 연말이 되면 관계가 끊어졌다는 느낌, 즉 새해가 될 때마다 새로운 관계가 생기고, 그것은 잠시만 지속될 거라는 느낌을 갖지 않게 되리라. 그는 자신이 거쳐온 모든 학교, 모든 학급이 지속적인 전체를 형성하고, 동일한 도덕 환경을 이루고 있다고 느낄 것이다. 그는 자신이 더욱 보호받고 지지받는다고 느낄 것이며, 그만큼 연대감이 강화될 것이다. 학교생활의 불연속을 예방하기 위해서 사람들은 같은 교사가 같은 학급을 계속 담당하기를 종종 제안한 적이 있다. 몇몇 기관에서 효과적으로 실행되는 방법이다. 우리는 그것의 불리함과 위험성에 대해 언급한 바 있다. 교사의 권위가 너무 크기 때문에 학교에 다니는 동안 아이들을 같은 교사 한 사람의 영향에 내내 복종하게 내버려둘 수는 없다. 다양한 교사가 연이어져야 너무 배타적인, 결과적으로 아이의 개성을 너무 억압하는 영향을 막을 수 있다. 그러나 중요한 것은 이러한 연이어지는 영향들이 서로를 상쇄해서는 안 된다는 것이다. 어느 정도까지는 그 영향들 사이에 관련이 있어야 한다. 아이는 자신이 따르고 있는 영향력이 다양하기는 해도 일관성이 있다는 것을 느껴야 한다. 특히 그가 속한 학교의 교장은 이러한 일관성을 보장해주어야 한다. 교사가 아무리 애써도 학교정신을 만들 수 없는 것과 마찬가지로 교장도 자신의 권위를 가지고 아무리 애써도 그

어린아이에게 도덕의 요소들을 어떻게 확립할까

것을 만들 수 없다. 그러나 교장은 여러 교사를 서로 교류시킴으로써 각자가 자신의 업무를 마치 그 자체로 충분한 전체로 여기지 않고, 서로 조화를 이루도록 해야 한다. 반면에 교사의 업무는 비슷한 일들을 지속하고 준비하는 것임을 일깨워야 한다. 한마디로 교장은 학교정신과 도덕적 단일성에 대한 책임이 있고, 교사는 학급정신과 도덕적 단일성에 대한 책임이 있다.

이와 같이 학교는 아이에게 연대정신(solidarité)과 집단적 삶의 의미를 일깨우기 위해 필요한 모든 것을 갖추고 있다. 그러나 학생이 마지막 학급의 문턱을 넘자마자 집합생활을 갑자기 그만두어야 한다면, 또 유년 시절 그의 피난처였던 좁게 닫혀 있던 학교라는 사회를 떠나자마자 집합생활이 멈춘다면, 그리고 갑자기 사회의 큰 고독 속에 던져진다면, 그가 학교에서 얻은 사회성의 맹아들은 사회라는 거대한 공간에서 불어오는 차고 강한 바람의 영향으로 말라죽고 얼어 죽을 위험이 상당히 크다. 다행히 얼마 전부터 학교 사회는 스스로 학교 밖으로 가지를 뻗어 발전해 나갈 필요성을 느꼈다. 이러한 가지 덕분에 학교 사회는 성인 사회까지 지속된다. 졸업생들의 활동과 동창회, 청소년선도회 등을 통해 옛 학생과 새로운 학생이 서로 만나고 공동생활에 참여한다. 그것들은 시민의 힘으로 이루어진 훌륭한 학교일 뿐만 아니라 비할 데 없는 장점을 가지고 있다. 즉 아이들이 학교를 떠나는 순간 그들을 환영하고 둘러싸서 지지해주며, 숨 돌릴 틈도 주지 않고 바로 새로운 집단을 제시해준다. 한마디로 도덕적 고립상태의 암울한 영향으로부터 어린아이를 벗어나게 해주는 새로운 단체를 마련해준다. 일반적으로 이어지는 세대 사이의 접촉을 늘릴수 있는 모든 것은(이것이 졸업생 조직이 하는 일이다) 가장 큰 사회적 유용성을 가지고 있다. 사실 각 세대에게는 고유의 기질이 있고, 고유하게 생각하는 방식과 느끼는 방식, 그들의 욕구와 열망이 있다. 거기에는 그 원인이 아직도 잘 알려지지 않았지만, 이론의 여지가 없는 한 가지 사실이 있다. 그것은 각 세대의 언어변화를 비롯해 유행, 예술 취미, 철학적 견해의 변화다. 매우 편협한 국가적 이상에 사로잡힌 세대가 지나간 후에 범세계주의를 주장하는 세대가 이어진다. 그 반대도 가능하다. 염세주의가 낙천주의를 이어가기도 하고, 무정부주의가 종교적 교조주의의 뒤를 잇기도 한다. 만일 여러 세대들이 가능한 한 빠르고 완벽하게 연합해 상호 침투하고, 그들을 갈라놓은 도덕적 차이를 줄이는 조치를 취하지 않는다면 세대 간의 이러한 도덕적 불연속은 역사 속에 다양한 방향의 흔적을 남기면서 연속적인 변동으로 사회발전을 동요시킬 위험이 있다.

II. 교육의 일반적 영향

우리는 학교가 설립된 집단이라는 이유만으로 어떻게 어린아이에게 집단생활의 습관을 형성해주고 집합적 힘에 결속할 필요를 느끼게 만들었는지 살펴보았다. 그러나 이러한 매우 일반적인 영향력 외에도 학교에서 주어지는 다양한 교육을 매개로 학교가

어린아이에게 도덕의 요소들을 어떻게 확립할까

동일한 방향에서 행사할 수 있는 다른 것이 있다.

첫째, 물론 교실 교육이 도덕 교육에 도움이 될 수 있다는 사실이 놀랍게 여겨질 수 있다. 사실 교육은 이론과 사변의 계열에 속하고, 도덕은 행동과 실천의 계열에 속한다. 그러나 우리의 행위는 우리의 영향력이 미치는 사물들을 표현하는 방식과 관계가 있다. 우리가 지적 존재라는 사실만으로 우리의 도덕성은 지성에 근거한다. 특히 사회적 현실에 대한 관념에 따라 우리는 사회와 많게든 적게든 결합하게 될 것이다. 우리가 어떤 인물에 대해 가진 개념에 따라, 우리는 그 인물을 더 지지할 수도 있고 덜 지지할 수도 있다. 그러므로 사회적 현실에 대한 이러한 관념은 이론적이다. 다양한 가르침이 그 관념을 만드는 데 기여하기 때문이다. 물리학과 자연과학의 가르침은 여기에서 중요한 역할을 한다.

사실상 연대감을 형성하는 데 심각한 방해물이 되는 정신의 어떤 국면이 존재한다. 특히 과학적 가르침은 연대감을 공격하는 경향이 있다. 우리는 그것을 지나치게 단순한 합리주의라고 부를 수 있으리라. 이러한 정신의 특징은 세상에서 오로지 그것만 현실이라고 생각하는 근본적인 경향이 있다. 그들이 말하는 현실이란 완벽하게 단순하고 그 질과 물성이 빈약해서 이성이 단번에 파악할 수 있는 것이다. 즉 수학 공식과 유사하게 빛나는 명쾌한 표현을 할 수 있는 것이다. 이러한 관점에서 모호함이나 혼미함이 전혀 없는 즉각적이고 확실한 직관으로 파악될 수 없다면 현실의 진정한 요소라고 확신할 수 없는 것이다. 그러므로 물체(corps) 안에서 진실로 실제적인 유일한 것은 원자라고 말할 것이다. 단순하고 보이지 않는 원자는 색깔도, 맛도, 소리도, 형태도, 크기도 없는 추상적 공간의 단순한 결정이다. 그러나 소리, 맛, 모양 등이 복합된 이 특질들이 혼합된 지각에만 주어진다면 도대체 그것은 무엇인가? 그것들은 우리가 사물을 보기 위해 자리를 잘못 잡은 탓에서 비롯된 단순한 가상(假象)에 불과하다. 그것들을 멀리, 밖에서, 우리의 감각을 통해서 보면 처음에는 마치 성운처럼 보여서 정확한 것을 하나도 볼 수 없다. 그러나 오성(悟性)을 가지고 분석해보면 이 혼란스러운 베일은 찢어질 것이고, 우리의 특별한 시각의 산물에 불과한, 현실을 덮고 있던 이 구름은 사라질 것이다. 또한 우리가 그때까지 인식하던 나누어지지 않고 구분되지 않은 혼돈스러운 덩어리는 서로서로 구별되는, 가장 단순한 요소들로 분해될 것이다. 서로 중첩되어 속성들이 뒤얽힌 복합체 대신 우리는 말하자면 수학적인 점들의 체계만을 가질 수 있을 것이다. 결국 이러한 태도는 근대에 가장 유명하고 가장 고차원적 표현의 대표자인 데카르트의 태도와 같다. 사실 우리가 잘 아는 바와 같이 데카르트에게는 정신에 투명하고 명료한 개념의 대상이 될 수 있는 것은 현실에는 아무것도 없다. 그에게는 수학적 단순함으로 환원될 수 없는 것은 어느 것도 이러한 명증성의 대상이 될 수 없다.

이러한 정신 자세가 학자와 철학자들의 집단에 여전히 남아 있다면 여기서 굳이 그것을 말할 필요는 없으리라. 그러나 여러 가지 원인의 영향으로 이러한 과도한 단순주의가 프랑스 정신의 중요한 요소가 되었다. 따라서 사물을 이렇게 인식하는 방식

어린아이에게 도덕의 요소들을 어떻게 확립할까

이 원칙상 사변적이라 해도 그것은 실천, 특히 도덕적 실천에 역사적으로 중요한 반향을 불러일으켰다. 사실상 사회는 엄청나게 복합적인 전체다. 만일 우리가 사회에 너무 단순한 합리주의 원칙을 적용한다면 이러한 복잡성이 그 자체로는 아무것도 아니고 아무런 실체도 없다고 말해야 한다. 그리고 사회에서 유일하게 실제적인 것은 단순하고 명료하고 쉽게 파악될 수 있는 것뿐이라고 말해야 하리라. 그러므로 이 모든 조건을 만족시키는 유일한 것은 바로 개인이다. 따라서 개인은 사회에서 유일한 실체가 될 것이다. 그 말은 사회는 그 자체로는 아무것도 아니며, 고유한 실체를 구성할 수 없다는 의미다. 사회는 개인들의 합을 지칭하는 집합 용어에 불과하다. 이런 식의 논리에 따르면 우리의 도덕 활동은 모든 목적을 상실한다. 우리가 사회를 사랑하고 헌신하며 사회를 행위의 목표로 삼기 위해서는 사회는 말로 그치는 추상적인 용어가 아닌 다른 것이 되어야 한다. 사회는 그 구성원인 개인들과 구별되는 특별한 존재를 통해 생기를 얻는 살아 있는 실체가 되어야 한다. 이러한 조건이 충족되어야만 사회는 우리를 우리 자신의 울타리에서 꺼내줄 수 있고, 결과적으로 도덕적 목적을 제시하는 역할을 수행할 수 있다. 이와 같이 현실을 잘못된 방식으로 표현하는 것이 얼마나 행동에 악영향을 미치는지, 그리고 그것을 바로잡는 일이 얼마나 중요한지 우리는 알고 있다. 과학 교육은 이러한 점에서 우리에게 도움을 줄 수 있다. 우리는 어떤 방법으로 그것이 가능한지 살펴볼 것이다.

과학 교육(마지막)

지난번 강의에서 사물을 인식하는 몇 가지 방식과 지적인 태도들이 민족과 개인의 도덕을 형성하는 데 얼마나 영향을 미칠 수 있는지 살펴보았다. 특히 내가 지나치게 단순한 합리주의라고 부른 정신의 특이한 방식이 이러한 경우에 해당된다. 일반적으로 우리는 사물이 단순할수록 더 잘 이해한다고 말할 수 있다. 우리가 수학적인 것을 완벽하게 이해한다면 그것이 극도로 단순하기 때문이다. 반대로 복잡성은 복잡하기 때문에 희미하고 혼돈스러운 방식으로 지성에 표현될 수밖에 없다. 그래서 복잡성에는 현실성이 전혀 없다고 부인하는 성향, 복잡한 것을 단순한 가상(假象)으로 바꾸려는 성향, 복잡성을 환상의 산물로 여기는 성향이 생겨난다. 우리의 허약한 지성적 능력이 이 환상의 유일한 원인일 것이다. 복잡성이란 우리가 처음에 그것을 구성하는 매우 단순한 요소들을 분간하지 못하기 때문에 그렇게 복잡해 보이는 것이다. 그러나 실제로 복잡성은 단순한 것들의 복합체일 뿐이다. 이 사실은 복잡한 것을 어떻게 지성적인 언어로 표현할 수 있는지의 문제를 면제해준다. 이처럼 예를 들면 데카르트에게는 물질의 모든 이차적 특질들과 형태, 색깔, 소리 등은 현실에 근거가 없는 것이다. 수학적 면적만 실제적이다. 물체는 면적의 부분들이 결합된 것에 불과하다.

이러한 인식방식이 몇몇 철학자들에게만 한정된 것이라면 여기서 그 문제에 전념할 필요는 없을 것이다. 그러나 이러한 방식은 프랑스의 국민정신에 깊이 뿌리박혀 있다. 결국 적어도 최근까지 프랑스 정신의 특징들 가운데 하나가 되고 말았다. 사실 이것이 데카르트의 철학에서 가장 체계적인 방법과 방식으로 확증된다는 것을 방금 살펴보았다. 그러므로 일반적으로 프랑스인은 의식적이건 무의식적이건 어느 정도 데카르트 철학을 따른다고 말할 수 있다. 우리의 국가적 기질의 특징인 구분과 명료성에 대한 욕구는, 사실 너무 복잡해서 분명한 개념의 형태로 머릿속에 쉽게 표현될 수 없는 모든 것을 외면하게 만드는 경향이 있다. 그리고 우리는 보지 못하는 것, 관찰하지 못하는 것을 자연스럽게 부인하는 경향이 있다. 우리의 언어조차도 사물들의 이러한 어두운 이면을 설명하기 위해 만들어진 것이 아니다. 우리는 그것에 대한 느낌은 가지고 있지만, 명료하게 이해하는 것은 아니다. 언어는 분석적이기 때문에 분석된 사물, 즉 그 요소들로 분해된 것들만 잘 표현한다. 언어는 그것들 각각에 대해 상세한 단어를 가지고 분명하게 재단된 의미를 지시한다. 그러나 구체적 현실의

어린아이에게 도덕의 요소들을 어떻게 확립할까

요소들이 서로 결합되고 침투하고 용해되면서 만드는 복잡하고 살아 있는 단일체를 지시할 수는 없다. 이 모든 것은 분석을 벗어나기 때문에 언어로 포착할 수 없다. 언어가 추구하는 것은 단순한 것이다. 그리고 언어의 이상(理想)은 분할되지 않는 현실의 각 부분에 대해 하나의, 그리고 유일한 단어를 가지는 것이리라. 그래서 기본적인 개념들을 기계적으로 단순하게 결합해 각 사물이 형성하는 총체를 표현하고자 하는 것이다. 전체를 총체로 취하는 양상에 대해, 그리고 일체성, 지속성, 생명을 만드는 것에 대해 언어는 대개 무관심하다. 그래서 프랑스 문학의 추상적 특징이 생겨난다. 오랫동안 프랑스 시인들과 소설가들 그리고 도덕가들은 보편적 인간, 즉 인간 영혼의 가장 추상적인 기능들을 그리는 데 그쳤다. 우리의 극작가 시인들이 상상한 주인공들은 결정된 확실한 인물이 아니다. 그들은 다중적인 성격에 유동적이고 모순적이며 서로 얽혀 있고, 그 세목이 너무나 많아서 일일이 열거하기가 불가능할 정도다. 이러저러한 감정이 역사적 혹은 허구적인 인물 위에 구현된 것이다. 그들은 우리와 같은 실제적 개인인 동시에 복합체다. 우리들 각자 안에는 무한한 성향과 특질이 존재한다. 어떤 것은 행동으로, 어떤 것은 맹아로, 또 다른 것은 형성 중으로, 그리고 이 두 상태 사이의 매개자로 존재한다. 반대로 일반적인 것은 단순하며, 그 특질도 빈약하다. 단순한 것을 만들기 위해서는 방법론적으로 현실을 빈약하게 만들어야 하기 때문이다. 작가들이 우리에게 그려준 단순하고 추상적인 감정 뒤에서 우리는 괴테의 『파우스트』나 셰익스피어의 『햄릿』에서 인식하는 것처럼 막연하게 예감은 하지만 탐험하지 않은 무한정한 깊이에 대한 인상을 매우 드물게만 가질 뿐이다. 모든 것은 충만한 의식의 조명을 받아 생겨난다. 모든 것은 매우 명확하다. 게다가 우리는 과학에서조차도 이러한 성향의 증거를 쉽게 다시 찾을 수 있다. 다른 모든 국가들 가운데 프랑스가 낳은 천재적인 수학자가 여럿이고 탁월한 데는 이유가 없지 않다.

물론 이러한 관념의 뿌리가 된 합리주의적인 가설을 부인할 수 없을 것이다. 우리 스스로가 그것을 교육의 근거로 삼았기 때문이다. 우리는 사물들에 환원 불가능할 정도로 비합리적인 것이 전혀 없다고 인정할 만한 이유가 없음을 주장해야 한다. 단지 합리주의라고 해서 반드시 우리가 방금 말했던 과도한 단순주의를 의미하는 것은 아니다. 복잡한 것이 이성의 요구에 순응하기 어렵다는 사실, 이해하기 쉬운 표현은 열심히 노력해야만 어렵게 얻을 수 있다는 사실, 그 표현조차도 다소 불완전하다는 사실로부터 합리주의에 현실성이 없다는 결론을 도출할 수는 없다. 이러한 시도는 심지어 모순적이다. 왜냐하면 결국 복잡한 것도 존재하기 때문이다. 그것은 부정할 수 없는 사실이며, 있는 것을 없는 것으로 만들 수는 없다. 우리는 그 복잡성을 외양(apparence, 가상假象)이라고 말한다. 그 단어를 일시적으로 받아들이기로 하자. 그러나 가상, 그것은 무(無, néant)가 아니다. 그것은 다른 것들과 마찬가지로 실제 현상이다. 우리가 거울에서 보는 대상의 이미지는 그 대상과 동일한 실체가 아니다. 그 이미지는 다른 종류의 현실이다. 물체를 구성하는 원자는 색깔도, 맛도, 열도 없

어린아이에게 도덕의 요소들을 어떻게 확립할까

다고 한다. 물론이다. 그러나 내가 그 물체와 접촉할 때 인식하는 색깔과 맛과 열기는 매우 실제적이다. 그것들은 내가 살아가는 현실이다. 그 현실은 물질에서 생길 수 있는 비개인적이고 추상적인 운동보다 나에게 훨씬 더 중요하고 흥미롭다. 그것들이 보이지 않는 물질의 요소들에 근거하지 않는다면 그것들은 다른 곳에, 다른 방식으로 근거한다고 단순하게 결론을 내려야 할 것이다. 객관적으로 열은 운동에 불과하다고 말한다. 굉장히 복잡하고 쉽게 사라져버리는 다양한 형태의 어떤 것을 마치 가장 단순한 현상, 즉 운동으로 환원시키는 것 같다. 그러나 어쨌든 열은 운동이 아니다. 몇몇 운동들이 열이라는 현상을 만드는 데 역할을 할 수 있지만, 이렇게 다른 두 현실을 동일시하는 것은 불가능한 일이다. 모든 복잡한 속성들에 대해서도 마찬가지라고 말할 수 있다. 그런데도 우리는 분석 절차들을 통해 복잡성을 해소할 수 있다고 믿는 경향이 있다. 한마디로 우리의 감각이 복잡한 것을 느낀다면 그것은 어딘가에 복잡한 것이 존재하기 때문이다. 사물을 왜곡하고 사물을 다른 모습으로 보이게 하는 것은 우리의 판짐, 우리의 의식과 유기체의 본성이라고 한다. 무슨 상관인가? 복잡성의 원인이 여기에 있건 저기에 있건, 우리 몸 안에 있건 다른 몸들 안에 있건, 인식된 복잡성에는 실제적인 원인이 있는 법이다. 그리고 실제 원인의 결과 역시 실제적이다. 그런데 왜 복잡한 것이 우리 안에, 그리고 우리를 통해서만 존재하는가? 왜 우리의 신체적 혹은 정신적인 기관에만 근거하는가? 세계 전체가 단순한 요소들로 분해될 수 있다고 인정해보자. 이러한 요소들이 떨어져 있는 대신 가까이 모여 함께 결합해 서로에게 작용한다는 사실만으로도 그 구성 요소들은 이러한 작용과 반작용으로 각각 따로 떨어져 있을 때와는 다른 새로운 속성들을 발산할 수 있다. 그 두 개의 동질적 힘을 같은 동체(動體, mobile)에 연결하여 결합해보자. 그러면 그 합성의 결과로 그 두 힘과 완전히 다른 독특한 힘, 즉 강도와 방향이 다른 힘을 갖게 될 것이다. 구리의 유연성과 주석의 유연성을 합성해보자. 그러면 가장 강한 물체 가운데 하나인 청동을 얻을 것이다. 이처럼 현실의 근저에는 정말로 가장 단순한 요소들만 존재한다 해도 그것들이 결합하면 더 이상 단순하지 않은 완전히 새로운 특성이 생겨난다. 이러한 복합물에 대한 표상은 훨씬 더 복잡하고 어려울 것이다. 한마디 덧붙이자면 완전하게 단순한 요소들이 존재한다는 가설조차도 매우 자의적이다. 왜냐하면 우리는 직접 관찰을 통해 그런 단순한 물질을 파악해본 적도 없고, 그것에 대한 적합한 개념도 만들지 못했기 때문이다. 또한 우리가 상상할 수 있는 가장 완벽한 단순성이라는 것도 언제나 상대적이다. 사람들은 원자가 더 이상 분할되지 않는 것이라고 말한다. 그러나 분할 불가능한 공간이 있다는 것을 생각할 수 없다. 사람들은 원자의 형태가 없다고 말한다. 그러나 우리는 형태가 없는 물질적 요소를 생각하지 못한다. 게다가 모든 원자에서 다른 원자들의 영향력이 느껴진다. 세계 전체가 그 각각의 요소 안에 반향을 일으킨다. 그래서 각각 무한히 작은 것 안에 또 무한이 있다. 단순한 것은 사고(思考)가 바라는 이상적인 한계일 뿐이며, 현실에서는 절대 마주칠 일이 없다.

　어린아이에게 도덕의 요소들을 어떻게 확립할까

내가 이러한 인식방법의 결함을 자세하게 보여주고자 하는 것은 이 질문이 제시한 이론적인 관심 때문이 아니다. 독자로 하여금 이러한 정신적 태도가 지닌 심각한 현실적 단점의 진정한 원인이 무엇인지 더 잘 파악하고, 그 단점들을 더 잘 평가할 수 있게 하기 위해서다. 인간은 공동체를 행위의 목표로 삼을 때만 도덕적으로 행동할 수 있다고 말한 바 있다. 그러나 그러기 위해서는 공동체가 존재해야만 한다. 하지만 단순주의자의 관점으로 사회를 본다면, 공동체라는 이름으로 불릴 만한 것은 이제 아무것도 존속할 수 없다. 사실상 사회는 복잡한 총체이기 때문에 우리는 이 복잡한 총체가 겉모습만 그럴 뿐이며, 진실로 집합적 존재의 모든 실체를 이루고 있는 것은 그 자체가 단순하고 분명하게 규정된 것임을 인정해야 한다. 그런데 사회의 단순한 요소는 바로 개인이다. 그러므로 사회에는 사회를 구성하는 개인들 외에 실제적인 것이 하나도 없으며, 사회는 그 자체로 아무것도 아니고, 특별한 인성을 지닌 것도 아니며, 사회에 고유한 감정과 관심을 가진 것도 아니라고 말해야 할 것이다. 우리는 진정한 사회 원자론에 이르게 되있다. 사회는 집합명사에 불과하며, 외관상 병렬적인 개인의 총합에 붙여진 명의 대여자에 불과하다. 사회는 이성적 존재다. 그런데 우리는 이성적 존재를 좋아하지 않는다. 실제적이고 구체적이며 살아 있는 우리 인간들이 결국 순수하게 이름뿐인 존재를 위해 희생하는 것은 부조리한 일일 것이다. 사회에서 우리 힘보다 더 고양된 도덕적 힘을 본다는 조건에서만 우리는 사회에 헌신할 수 있다. 그러나 만일 개인이 사회의 유일한 실제라면 사회의 권위와 우월성은 어디서 올 수 있을까? 그렇다면 우리가 사회에 의존하기는커녕 사회가 우리에게 의존할 것이다. 이 가설에 따르면 사회는 우리가 주는 것 외에 다른 실체를 가질 수 없고, 우리가 원하는 대로만 존재할 수 있기 때문이다. 우리 이전 세대들의 의지도 우리의 의지를 전혀 제한할 수 없다. 이전 세대의 개인들은 더 이상 존재하지 않으며, 결과적으로 현실적 영향력이 있는 실체가 아니기 때문이다. 과거의 전통들이 미래에 관여하는 것을 인식할 수 있으려면 그 전통들이 세대 변화의 물결을 넘어 유지됨으로써 개인들을 지배한다는 것을 인식해야 한다. 그러나 역사의 매 순간 개인들만 존재한다면 그것은 그들이 현존하는 개인이며, 그들만이 사회를 필요로 해서 사회라는 존재를 만들기 때문이다. 마치 데카르트의 신이 지속의 매 순간 세상이 영원하기를 원하면서 세상을 창조하는 것과 마찬가지다. 이러저러한 이유로 우리의 의지가 갑자기 다른 방향으로 선회하면 거기에 의존하던 모든 사회조직이 와해되거나 변화될 것이다. 입법자의 전능성에 대한 선입관이 만들어지고 유지되며 널리 유포되는 이유다. 만약 사회가 개인의 의지들이 부여하는 존재만을 가지고 있다면 사회가 본질을 바꾸고 변모하려면 개인의 의지들이 서로 이해하고 공동의 합의를 결정하는 것으로 충분하지 않을까? 오늘날에는 우리가 아무리 단결해도 자연법칙들을 다르게 변형할 수 있다고 생각하는 사람은 없을 것이다. 하지만 한 나라의 시민들이 비록 경제적 혹은 정치적 개혁을 실행하는 데 만장일치로 동의하더라도 그 사회의 존재 조건들과 본질

어린아이에게 도덕의 요소들을 어떻게 확립할까

에 관련 없는 개혁이라면 그 시도가 불행하게 실패할 뿐임을 이해하는 사람이 아직도 우리 가운데는 드물다. 몇 세기 후에나 가능할 수 있는 사회제도를 지금 프랑스에 적용하고자 하는 것은 프랑스를 중세 시대의 사회제도로 되돌리려는 것과 마찬가지로 불가능하다는 것을 이해하는 사람이 드물다. 하지만 프랑스인의 다수는 이러저러한 개혁을 원한다. 우리의 의지가 깨뜨리고자 했던 법률들과 사물들의 힘이 존재한다는 것을 얼마나 의심했던가? 만일 우리가 존재하는 사회의 질서를 파괴할 수 있다고 해도 원칙적으로 불가능한 다른 질서를 확립할 수는 없지 않을까? 그러나 그 자체로는 아무것도 아니며, 영원히 우리의 의지에 좌우되는 협정과 조직에 대해 그 누가 어떻게 애착을 가지고 따를 것인가?

이러한 위험을 잘 보여주는 것은 상상이 아니라 실제로 프랑스에서 일어났던 일이다. 17세기 단순주의 정신은 처음에는 물리적 세계의 사물들에만 적용되었다. 당시 사람들은 사회적이고 도덕적인 세계에 대해 사변하지 않았다. 그 세계는 너무나 거룩했기 때문에 세속적 사고, 즉 과학에 의한 신성모독을 용납할 수 없었다. 그러나 18세기가 되자 그것은 유보되었다. 과학은 더 대담해지고, 더 야심차게 변모했다. 이는 과학이 그동안 더 많은 힘을 획득했기 때문이다. 과학은 사회적인 것들에 대들었다. 사회적이며 정치적인 철학이 창립되었다. 단, 18세기 과학은 당연하게 17세기 과학의 딸이었다. 18세기 과학은 동일한 정신으로 고무되고 있었다. 따라서 18세기 과학은 그것이 직면한 새로운 문제들, 다시 말해 17세기의 물질세계 연구에 영감을 주었던 단순주의를 사회적 세계 연구에 그대로 도입했다. 그 시대의 사회철학이 대부분 원자론적인 이유가 바로 그것이다. 시대의 탁월한 이론가로 여겨질 수 있는 루소가 보기에 사회에는 개인 외에 실제적인 것은 아무것도 없다. 그러므로 사회가 무엇이 되어야 할지 알기 위해 역사에 물어볼 필요가 없다. 즉 사회가 어떻게 구성되는지, 어떤 방향으로 발전해야 하는지 등을 연구할 필요가 없다. 루소는 인간이 어떤 사회를 원하는지 자문하는 것으로 족하다는 것이다. 루소의 시각에서 사회 질서는 역사적 진화의 산물이 아니다. 역사적 진화라는 것은 우리가 그 법을 결정하는 정도만큼 영향을 미칠 수 있다. 사회 질서는 그 조항들을 자유롭게 토론할 수 있는 계약, 즉 사회계약으로 서로 연결되는 개인 의지의 행위다. 결과적으로 개인의 의지가 무엇을 해야 하는지를 알기 위해 그 의지들은 스스로를 잘 의식하고 그 결심을 확고히 하면 된다. 사실 이러한 성향은 일부 반대 성향에 의해 견제되었다. 차후 프랑스 사회는 자의식과 일체감을 강하게 느끼게 되었다. 그런 연유로 우리는 개혁 운동이 부분적으로 위대한 국가통합 운동이었다고 말할 수 있었다. 대혁명 당시의 사람들이 모든 도덕적·정치적 독립주의(particularisme)에 대해 품었던 공포가 입증하는 것처럼 말이다. 우리는 개인의 이해관계보다 집합적 이해관계의 우위에 대해, 수많은 개인을 위엄있게 지배하는 법의 통치력에 대해 이보다 더 생생한 느낌을 가졌던 적이 없었다. 그 세대의 정치가들뿐만 아니라 이론가들에게도 이 느낌이 발견된다. 루소는 물리

어린아이에게 도덕의 요소들을 어떻게 확립할까

법칙처럼 필연적으로 모든 시민에게 부과되는 어떤 법을 꿈꾸었다. 그는 자연의 힘들처럼 개인의 의지들을 굴복시킬 수 있는 힘으로 무장된 비개인적 법칙을 꿈꾼다. 모든 정신에 동시에 강요되었던 단순주의자의 편견은 그들에게 제시된 문제들을 해결하지 못하게 만들었을 뿐이다. 왜냐하면, 그 문제들은 용어부터 모순되었기 때문이다. 사실상 그들은 사회에는 개인들 외에 실제적인 것이 없으며, 사회의 전 존재는 개인들에 의해 유지되고, 사회는 개인들이 원하는 모습이라는 사실을 명백히 인정하기 시작했다. 그러나 어떻게 개인에게서 개인들을 초월하는 사회 질서가 나올 수 있을까? 어떻게 개인의 의지에서 개인의 의지를 지배하는 법을 추출할 수 있을까? 만일 법이 개인 의지의 작품이라면 어떻게 법이 개인 의지를 결합할 수 있으며, 개인 의지에 종속되지 않고 영원히 남을 수 있을까? 우리는 여기서 상충적 견해들을 일치시키려고 했던 기법을 설명하거나 조사할 필요는 없다. 그러나 이 근본적인 모순은 개혁 작업을 부분적으로 마비시키고 기대했던 모든 결과를 산출하지 못한 확실한 원인 가운데 하나다.

마찬가지로 역사도 프랑스의 이러한 정신적 태도가 초래할 수 있는 실제적인 심각한 어려움들이 무엇인지 보여준다. 특히 우리의 세속적 관점에서 본다면 그 위험은 강력하며, 그것과 싸워야 할 필요성이 절박하다. 왜냐하면 우리는 개인에게 개인을 능가하는 목적을 부여할 수 있다는 조건에서만, 즉 우리가 모든 도덕생활의 근원인 헌신과 희생의 욕구에 어떤 목적을 부여할 수 있을 때만 세속 교육을 바로 세울 수 있음을 잊지 말아야 하기 때문이다. 사회가 가상에 불과하고, 따라서 도덕적 실체가 개인에 그치는 것이라면 개인이 무엇에 애착하고 헌신하며 희생할 것인가? 그러므로 사회는 단순한 가상과는 다른 것이며, 비록 사회가 개인들로만 구성되어 있지만 고유한 실체를 가지고 있다는 것, 그리고 사회는 사랑받을 만한 유용한 존재라는 것을 이해하기 위해 단순주의자의 편견을 흔들어야만 한다. 어떤 사물의 실체성이 그 단순성의 정도에 의해 측정되지 않는다는 것을 이해하거나 적어도 그런 수준에 도달해야 한다. 우리는 단호하게 정면으로 맞서 싸워야 하는 정신상태와 대면하고 있다. 우리는 어린아이에게 사물의 실제적인 복합성의 의미를 제공해야 한다. 이러한 의미가 어린아이에게 유기적이고 자연적이 되어 결과적으로 그의 정신 범주를 구성해야 한다. 이것을 위해 실용적인 관심사의 분야에서 모든 지적 교육이 필요하다. 과학의 기초적인 가르침은 이러한 교육에 기여할 수 있고, 또 기여해야 한다. 원리와 방법이 단순한 수학이 아니라 오히려 물리학과 자연과학이 이 교육에 기여할 것이다. 물론 물리학과 자연과학은 물리적 세계에 관해서만 사물의 복합성에 관한 느낌을 줄 수 있을 것이다. 그러나 이 느낌이 사회적 영역까지 확장되기 위해서는 우선 그 느낌이 생성되어야 하고, 자연의 하위 영역에 대해 충분한 힘과 일관성을 확보해야만 한다. 따라서 예비교육 과정이 반드시 필요하다. 도덕 교육에서 과학의 역할은 바로 거기서 행해져야 한다.

  그러나 이 역할이 무엇이 되어야 하는지 좀더 자세하게 규정해보자.

어린아이에게 도덕의 요소들을 어떻게 확립할까

우리가 복잡성은 순수한 가상(외관)일 뿐이며, 사물의 본질은 단순하다고 믿을 때, 과학 역시 그처럼 단순한 과정으로 이루어진다고 인정하는 경향이 있다. 단순한 것은 이해하기 쉽기 때문이다. 우리는 단순한 것으로 명료하고 구별되며 적합한 개념을 만들 수 있는데, 그것은 수학의 기본 원리들과 매우 유사하다. 일단 이러한 개념을 얻기만 하면 수학자들처럼 과학적 진리의 체계를 얻기 위해 추론하여 그 안에 들어 있는 것을 꺼내기만 하면 된다. 그러므로 단순주의는 추상적 이성, 추론적 이성에 대한 믿음이 없이는 불가능하다. 일단 정신이 암묵적으로 지식을 내포하는 최초의 개념들을 확립해놓았기 때문에, 우리는 정신에서 지식을 꺼낼 수 있다고 믿는다. 그다음부터 자연의 비밀을 간파하기 위해 까다롭고 어려운 방법들이 필요하지 않다. 자연에는 그렇게 신비한 것도 없고, 우리의 오성을 당황스럽게 할 만한 것도 없다. 자연은 오성만큼이나 단순하기 때문이다. 이러한 단순주의를 가리고 있는 베일을 걷어내면 모든 것이 밝은 빛 속에 드러나게 된다. 이러한 성향은 단순주의자의 정신에 깊이 박혀 있으므로 데카르트주의는 결국 세상의 학문을 보편적 수학으로 환원하려는 시도에 불과할 뿐이다. 18세기의 철학자들이 데카르트의 원리를 사회적인 것들에 적용했을 때 그들은 정의와 추론을 통해 자신들이 시도하는 새로운 학문이 단번에 확립될 수 있으리라 생각했다. 관찰, 즉 역사에 의지할 필요 없이 말이다. 단순주의 정신을 반박하고 방지하는 것은 무엇보다도 어린아이를 이러한 구조와 추론에서 보호하는 일이다. 이 일을 위해 우리는 어린아이에게 자연과학의 방식을 알려주어야 한다. 자연과학이 얼마나 많은 수고를 하는지, 즉흥적인 것과는 반대로 자연과학의 발전이 얼마나 느리고 어려움이 많았는지 알려주어야 한다. 예를 들어 우리가 어린아이에게 빛의 전파 법칙 같은 이러저러한 발견에 대해 이야기하는가? 어린아이에게 그 결과들을 일괄적으로 단순하게 요약하는 대신 우리는 그 법칙을 발견하기까지의 힘든 역사를 이야기해줄 것이다. 우리는 어떻게 인류가 경험과 시행착오, 그리고 온갖 실패를 겪고 여기에 이르게 되었는지 이야기할 것이다. 많은 가설들이 연이어 대체되었으며, 그 가설들 각각은 얼마나 귀중한지 말해줄 것이다. 우리가 지금 가지고 있는 결과들도 일시적일 뿐이며, 아마도 내일 새로운 사실들이 발견되면 다시 문제가 되어 적어도 일부는 수정되리라고 설명해줄 것이다. 진리가 단번에 발견될 수 있다는 것은 어림없는 소리다. 진리는 우리의 이해 능력 정도와 정확하게 일치하지도 않는다. 한마디로 실험과 관찰의 필요성, 즉 우리가 사물을 알고 이해하기를 원한다면 사물의 학교를 시작하기 위해(실험의 가르침을 따르기 위해) 우리 자신으로부터 벗어날 필요성을 느껴야 한다. 이러한 조건에서만 어린아이는 우리 정신의 단순성과 사물들의 복잡성 사이에 존재하는 격차가 무엇인지 그 의미가 무엇인지 알게 될 것이다. 사람들이 이 격차를 이해하는 정도에 따라 실험적 방법의 필요성을 인정했기 때문이다. 실험적 방법이란 그 한계를 의식하고 애초에 스스로 부여했던 절대적 지배권을 포기하는 추론적 이성을 말한다.

어린아이에게 도덕의 요소들을 어떻게 확립할까

이러한 감정을 주입하는 또 다른 방법은 추론에만 의지할 때 과학적 탐구의 결과가 우리의 기대와 완전히 다른 경우가 많다는 것을 어린아이에게 일깨우는 것이다. 달랑베르[46]는 몇 가지 물리법칙을 만들기를 좋아했다. 그것은 선험적으로 매우 사실처럼 보이지만 실험을 해보면 그 거짓이 드러난다. 예를 들어보자. 비를 예고하는 기압계의 수은 기둥이 높이 올라간다. 사실 비가 오기 직전에는 공기에 수증기가 많고 결과적으로 공기가 무겁다. 따라서 기압계의 수은 기둥이 올라가는 것이다. 겨울은 주로 싸락눈이 내리는 계절이다. 사실 대기는 겨울에 더 차갑다. 그리고 이 계절에 차가운 대기를 가로질러서 떨어지는 빗방울은 얼게 된다.[47] 다른 예들도 많이 있다. 이것이 지구의 형태다. 지구는 태양의 주위를 돈다. 이것은 천상의 궁륭 개념이다 등등. 이 모든 경우에 추론적 이성은 그것이 끌어내는 오류가 무엇인지 봄으로써 스스로 의심하기를 배운다. 추론적 이성은 얼마나 자주 명백한 현실을 부인하라고 우리를 부추겼던가! 우리는 관찰된 사실들이 있고, 그 사실들의 존재는 의심스럽지 않다는 것을 아이들에게 두려움 없이 가르쳐야 한다. 하지만 그 사실들은 우리의 관

---

46 달랑베르(Jean Le Rond d'Alembert, 1717~1783)는 수학, 물리학, 철학 등 다방면에서 업적을 남긴 프랑스 계몽주의 시대의 백과전서파 지식인이다. 『백과전서』의 서문과 수학편을 집필하고, 『역학론』(1743), 『유체의 평형운동론』(1744), 『기류의 일반적 원인에 대한 고찰』(1747) 등을 저술했다.

47 Joseph Bertrand, *D'Alembert*, Paris: Hachette et Cie, 1889, p. 17. 조제프 베르트랑(1822~1900)은 프랑스의 수학자로 그가 쓴 『달랑베르』는 변화하는 세상에서 자신의 자리를 찾기 위해 고군분투하는 달랑베르의 삶을 다룬 역사 소설이다.

습적 논리와 심하게 충돌하기 때문에 우리의 첫 번째 행동은 순수하고 단순하게 그 사실들을 부정하는 것이다. 최면술에 관한 최초의 발견들이 수용되었던 방식, 거기에 반대했던 거절 사유는 이 점에서 특히 시사적이다.

그러나 사물의 복잡성과 그 복잡성의 현실적 중요성을 어린아이에게 이해시킬 가능성이 있는 것은 특히 생명과학이다. 모든 유기체는 상당히 여러 번 반복되는 한 가지 동일한 요소로 형성되는데, 그 요소가 바로 세포다. 그러므로 우리는 여기에서 단순한 어떤 것(세포)을 직접 포착한 것 같다. 하지만 이러한 단순성이 단지 외관일 뿐임을 보여주는 것은 쉬운 일이다. 세포만큼 복잡한 것은 없다. 모든 생명이 그 안에 응축되어 있기 때문이다. 사실 세포는 외부의 자극에 대해 작용하고 반응하고 움직이며 동화되고 분해된다. 한마디로 스스로 영양분을 취하고 그 영양분으로 성장하며 번식한다. 가장 발전한 생명체처럼 말이다. 각 세포에 어떤 근거지나 구별되는 기관을 할당할 수 없기에 각 세포는 어디에나 편재하는 동시에 어디에도 없는 것 같아 보인다. 이 모든 기능들, 세포라는 작은 공간 안에 밀접하게 결합되어 서로 긴밀하게 연루된 이 모든 행위 형태들의 혼합된 복잡성은 고등동물들의 기관처럼 충분히 분화된 기관에서 관찰된 것보다 우리의 사고를 훨씬 더 놀라게 할 수 있다. 이것을 더 멀리 확장해 이러한 사고에서 좀 더 교육적인 가르침을 얻는 것도 가능하다. 이 살아 있는 작은 덩어리는 요컨대 무생물적 요소들, 즉 수소, 산소, 질소, 탄소의 원자들로 이루어져 있다. 그러므로 무기물의 부

어린아이에게 도덕의 요소들을 어떻게 확립할까

분들도 서로 결합하고 가까이 가고 연합함으로써 돌연 완전히 새로운 속성들, 즉 생명의 속성들을 나타낼 수 있다. 이러한 이유로 어떤 의미에서 전체는 부분들의 합과 같지 않음을 이해시킬 수 있을 것이다(어린아이는 이 모든 것을 이해할 수 있다). 또한 사회는 단순히 사회를 구성하는 개인들의 합이 아니라는 사실도 이해시킬 수 있을 것이다.

이러한 교육이 사고와 행동에 가장 좋은 영향을 줄 수 있다 해도 가장 세심하게 주의해서 행해져야 한다. 사실 아이들을 손쉬운 합리주의에 빠지지 않도록 보호하는 게 중요하다면 그만큼 경계심을 가지고 신비주의에서도 보호해야 한다. 단순한 것을 좋아하는 우리 이성이 원하는 것처럼 사물이 그렇게 단순하지 않다는 인상을 아이에게 심어주어야만 한다. 그러나 사물에는 이해할 수 없는 어떤 것이 있고, 영원히 이성에 포착될 수 없는 미지의 어떤 원리들이 있다고 가르쳐서는 안 된다. 사실과 존재들에 모호한 것이 있다고 주장해서 정신을 쉽게 몽매주의에 빠뜨리는 일이 너무 자주 일어났고, 아직도 일어나고 있다. 이성이 이성만으로 자족하고자 할 때 이성의 무능함을 환기시킴으로써 미지의 더 높은 어떤 원칙을 위해 이성적 추론을 포기할 것을 요구하는 일도 있다. 어린아이의 정신에 흘러들어가지 못하게 막아야 하는 두 개의 심연이 있다. 사물들이 단번에 밝은 빛으로 나아갈 수가 없다는 점, 아마도 인간은 결코 완벽한 명증성에 이르지 못하리라는 점, 인간은 여전히 모호함 속에 남게 되리라는 점을 어린아이가 이해하는 것이 중요하다. 그러나 동시에 역사를 살펴보면

미지의 영역은 계속 줄어들고 있으며, 역사 초기부터 시작되어 끝없이 계속될 미지의 영역을 줄여가는 일에 극복하지 못할 한계는 없다는 당연한 사실을 어린아이에게 보여주어야 한다. 합리주의는 과학이 어느 날, 어떤 주어진 시간에 만들어지고 끝날 수 있음을 의미하지 않는다. 합리주의가 전제하고 확증하는 모든 것은 과학의 발전에 한계를 설정할 아무런 이유가 없다는 것이다. 즉 과학에게 거기까지만 가고 더 이상 가지 말라고 말할 이유가 없다는 것이다. 합리주의자가 되기 위해 과학이 완벽하게 완성될 미래의 어떤 순간이 와야 한다고 믿을 필요는 없다. 신비의 영역, 비합리의 영역이 시작되는 정확한 지점이 없다는 것을 인정하는 것으로 족하다. 무력한 과학적 사고와 결정적으로 충돌하게 될 지점 말이다. 따라서 우리의 핏속에 들어 있는 이 데카르트주의를 완전하게 뿌리 뽑을 수는 없다. 우리는 완고한 합리주의자로 남아야만 한다. 그러나 우리의 합리주의는 그 단순주의를 청산하고, 쉽고 명료한 설명에 도전하기를 배워야 한다. 그리고 사물이 복잡하다는 느낌을 더욱 깊이 새겨야 한다.

우리는 특히 최근에 실증과학에 도덕적 관심사가 없다고 종종 비난했다. 물체가 어떻게 낙하하는지, 혹은 위가 어떻게 소화를 시키는지를 배운다고 해서 다른 사람들과 더불어 행동하는 법을 알게 되는 것은 아니다. 앞의 논의들은 이러한 비난이 부당하다는 것을 보여준다. 도덕적인 지식에 대해 말하지 않더라도 도덕적인 것 역시 실증적 방식으로 이해될 수 있고, 인간을 행동으로 이끄는 성향이 있다. 우리는 물질세계의 과학들조차도 도덕적 특

어린아이에게 도덕의 요소들을 어떻게 확립할까

성이 형성되는 데 중요한 역할을 한다는 것을 방금 살펴보았다. 도덕생활이 단절과 심연에 의해 나머지 자연과 분리된다면 사실 그 과학들도 소용없게 될 것이다. 만일 도덕생활이 어떤 초월적인, 초실험적인 세계로 완전히 돌아선다면, 그 어느 것도 물질세계와 관계가 없다면, 물질세계를 연구해온 과학은 사실상 우리가 의무를 이해하고 실행하는 데 아무런 도움을 줄 수 없을 것이다. 그러나 우리는 이러한 이분법을 거부했다. 우주는 하나다. 도덕 행위는 미네랄이나 유기체처럼 물론 개인보다 우월하지만 경험적이고 자연적인 존재를 목표로 한다. 그것이 바로 사회다. 사회는 자연의 일부다. 사회는 분리된 특수한 자연의 한 구획에 불과하며 특별히 복잡한 형태다. 결과적으로 물리적 자연에 관한 지식들은 인간의 영역을 잘 이해하도록 우리를 준비시킬 수 있다. 그리고 우리의 행동을 지도할 수 있는 올바른 개념과 좋은 지성적 습관을 마련해줄 수 있다.

제18강

미학적 교양: 역사 교육

지난번 강의에서 과학을 가르치는 일이 도덕 교육에 어떤 역할을 하는지 살펴보면서 그것이 예술과 문학을 가르치는 일보다 더 중요하다고 덧붙였다. 지나가는 말로 했다고 해서 이 제안을 농담으로 여기지 않기를 바란다. 그 이유를 말하고자 한다. 초등학교에서 예술적 소양을 기르는 것이 큰 비중을 차지하지는 못하지만, 그렇다고 완전히 모른 채 넘어가기도 어려운 사안이다. 도덕성을 형성하는 데 예술적 교양이 상당 부분을 기여한다는 것은 너무나 자주 거론되기에 그냥 지나칠 수 없게 되었다. 적어도 왜 도덕 교육이라는 과업을 수행하는데 예술적 교양에 이차적이고 부차적인 역할만 부여했는지 설명해야 한다.

분명히 예술 ── 예술이라는 표현에 미술과 문학을 포함한다 ──이 도덕 교육의 도구로서 바람직하게 보일 수 있는 측면이 있다. 사실상 예술은 본질적으로 이상주의적이다. 이러한 단언은 사실 처음 보기에 이상주의와 사실주의 혹은 자연주의 사이에 여전히 계류 중인 논쟁을 속단하려는 것으로 보일 수 있다. 그러나 전혀 그렇지 않다. 자연주의자들 역시 그들의 방식에 따른 이상주의자들이기 때문이다. 첫째, 자연은 절대 그대로 모방될 수 없다. 자연에 들어 있는 아름다움 외에 추함도 있고 평범함도 있다. 결과적으로 예술가의 상상력이 자연을 변형시켜야만 한다. 더구나 아름다운 자연이 우리 안에 일깨워주는 고유한 인상과 감정이 자연의 아름다움을 만드는 것이다. 예술의 목적은 정확히 말하면 자연과 다른 방식으로 매우 이상적인 이러한 상태들을 표현하는 것이다. 그러므로 모든 예술 작품은 이상의 표현이다. 유일한 차이가 있다면 현실주의자들에게 이상은 현실의 광경에 의해 직접 유발된 것이고, 예술가들에게 이상은 내적 작업의 산물이라는 점이다. 그러나 여기에는 정도의 차이만 있을 뿐이다. 이상, 그것은 정의상 현실에 병합될 수 없는 무엇, 현실의 경계를 넘고 초월하는 무엇, 결과적으로 우리 자신도 초월하는 어떤 것이다. 그러므로 우리가 이상을 어떤 방식으로 인식하든 이상은 우리보다 우월한 것으로 보인다. 이상은 우리가 사용하는 자연적인 힘들을 능가한다. 따라서 우리는 자신이 아닌 무엇인가에 연결되어야만 어떤 모양이든 이상에 대해 애착을 가질 수 있다. 그러므로 예술에 대한 사랑, 예술적 기쁨에 대한 취미는 자신을 떠나고 자신에서 벗어나는 성향, 즉 어떤 무사무욕이 없으면 이루어지지 않는다. 사실 우리가 강한 미적 감동의 충격을 받을 때 우리는 그 감동을 불러일으킨 작품에 전적으로 매료된다. 그리고

어린아이에게 도덕의 요소들을 어떻게 확립할까

거기서 벗어날 수 없으며 자신을 잊게 된다. 우리는 우리를 둘러싸고 있는 것들, 우리의 일상적인 근심, 직접적 이해관계에서 멀어진다. 이것이 바로 예술이 가진 위대한 치유의 미덕이다. 예술은 자신에게서 돌아서게 함으로써 우리를 위로한다. 예술가에게 자아의 망각은 진정한 엑스터시의 상태까지 이른다. 표현하고자 애쓰는 사상이나 느낌에 완전히 사로잡힌 시인, 화가, 음악가는 거기에 몰두하고 깊이 빠진다. 그들은 자기들이 표현하고자 하는 인물과 완전히 동일시하는 데까지 이른다. 플로베르가 음독을 묘사하면서 실제로 음독의 모든 증상들을 느꼈던 것처럼 말이다.[48]

예술가의 이러한 심리 과정 혹은 단순하게 미학적 즐거움을 느끼는 인간의 심리 과정은 그 내적 메커니즘에서 희생과 헌신이라는 위대한 행동이 비롯되는 심리 과정과 모든 점에서 동일하다. 자신이 바라보는 아름다움에 완전히 매료된 인간은 그 아름다움에 헌신하고, 그것과 자신을 혼동한다. 마찬가지로 자신이 속한 집단에 헌신하는 인간은 그 집단을 자신과 혼동한다. 미적 취향을 일깨움으로써 우리는 무사무욕과 희생정신에 길을 여는 것이다. 미적 취향이란 인간으로 하여금 자신에게서 눈을 돌려 자신을 넘어 위에 있는 것을 보게 하고, 스스로를 세상의 중심으로 여기지 않게 하는 모든 것, 인간으로 하여금 자신을 부분적으로 초

---

48 귀스타브 플로베르(Gustave Flaubert, 1821~80)는 19세기 프랑스 사실주의 문학의 선구자다. '하나의 사물을 나타내는 데는 하나의 단어만 적합하다'는 일물일어설(一物一語說)을 주장할 만큼 정확한 묘사에 치중했다. 『보바리 부인』의 엠마가 음독자살을 하는 장면을 작가 자신이 음독 증상을 느낄 정도로 치밀하게 묘사했다는 의미다.

월하는 어떤 목표에 애착하도록 하는 모든 것, 도덕생활의 근저에서 발견한 성향과 습관들을 계발시킬 수 있는 모든 것이다. 이 것은 자신에게 지나치게 전념하지 않으려는 동일한 욕구와 능력이다. 즉 저 멀리 넓게 자신을 열고 외부 생활을 자신에게 들어오도록 받아들이는 것, 그리고 자신을 완전히 잊을 때까지 외부 생활과 소통하는 능력이다. 이런 의미에서 미학적 교양은 도덕 교육의 목표에 이르기 위해 필요한 태도를 의지에 각인시킨다. 결과적으로 예술은 도덕성을 높이는 강력한 방법이 될 것 같다.

그러나 그 이면을 살펴보면, 미학적 교양은 도덕적 교양과 철저하게 구분된다.

예술의 영역은 현실이 아니다. 예술가가 우리에게 표현하는 인물들은 현실에서 직접 차용해온 것이 아니며 그들을 아름답게 만드는 것도 현실이 아니다. 이러한 풍경이 여기 혹은 저기에 존재했고, 극중 인물이 역사상 실제로 존재했다는 사실은 우리에게 별로 중요하지 않다. 우리가 극장에서 그에게 찬사를 보내는 것은 그가 역사적인 인물이기 때문이 아니라 그의 역할이 아름답기 때문이다. 그 인물이 전적으로 시적 허구의 산물이라 해도 우리의 감정은 조금도 줄어들지 않는다. 그 환상이 너무나 완벽해서 예술가가 그려준 장면을 현실로 오인하게 될 때, 미적 즐거움은 사라진다고 말할 수 있다. 물론 우리 눈앞에 제시된 사람과 사물들이 사실 같지 않다고 널리 알려져 있다면, 우리는 거기에 흥미를 가질 수 없을 것이다. 따라서 미학적 감정이 생겨날 수 없다. 그러나 필요한 것은 그 비현실성이 너무 분명해서는 안 된다

어린아이에게 도덕의 요소들을 어떻게 확립할까

는 점이다. 그것이 너무 분명하게 불가능해 보이면 안 되기 때문이다. 어떤 순간, 정확히 어떤 지점부터 그 비현실성이 너무 분명하고 용납할 수 없을 정도로 충격적인지는 우리가 말할 수 없다. 과학적으로 부조리하고 우리 역시 부조리하다고 알고 있는 테마들을 시인이 우리에게 받아들이게 한 일이 얼마나 여러 번인가! 우리의 미적 즐거움을 망치지 않으려고 우리는 우리가 의식하고 있는 오류들과 자발적으로 공모해왔다. 요컨대 예술가에게는 언제 어느 상황에서든 반드시 지켜야 하는 자연법칙이나 역사법칙이 없다. 예술작품이 표현하고 전달하는 내면적인 상태들은 감각이나 관념이 아니라 이미지에서 나온다는 사실로 예술작품의 이러한 특성을 설명할 수 있다. 예술적인 인상이란 예술가가 우리의 감각이나 지각이 아니라 우리의 상상력에 영향을 주는 방식에서 오는 것이다. 예술가는 우리가 상상하는 방식으로 사물을 그려준다. 사물에 대해 객관적이고 비개인적 관념을 만드는 학자가 인식하는 바의 사물이나 우리가 일상생활에서 직접 경험하는 사물을 그리지 않는다. 예술가의 역할이란 우리 안에 어떤 상태를 떠올려주는 것이다. 즉 그 상태들은 내적 작용을 통해 서로 결합하는 방식으로 현실과 관계없이 우리에게 미적 즐거움이라는 특별한 쾌락을 불러일으킨다. 그것들이 바로 이미지다. 그런데 이 이미지들은 가장 유연한 정신현상을 이루고 있다. 이미지만큼 저항이 적은 것은 없다. 감각은 현존하는 외부 사물을 통해 직접 우리의 내적 자아 안에 촉발된다. 감각은 우리 의식 안에다 외부의 사물을 연장해준다. 따라서 감각은 필연적으로 그 사물을 재생산하게 되는데, 그것은 사물의 한 양상에 불과하다. 따라서 사물은 원래 그대로 존재하지만, 우리의 감각은 우리가 경험한 실체의 양상들에 따라 달라질 수도 있다. 감각과 방식은 다르지만, 과학이 만든 개념 역시 현실을 표현하는 기능이 있다. 따라서 과학의 개념은 현실을 모범으로 삼아야 한다. 반대로 이미지는 별도로 완전히 특권적인 상황을 점유하고 있다. 이미지는 사물의 실제적인 영향에서 나오는 것이 아니다. 이미지는 사물의 내적인 복사물에 불과하다. 이미지는 철저하게 규제된 과학적 구상의 산물도 아니다. 이미지는 자유롭다. 외부 현실을 재생하는 이미지는 그것에 종속되기는커녕 거의 마음대로 할 수 있을 정도로 유연하다. 이미지는 무엇보다도 우리의 기질과 우리의 내적 성향에 따라 좌우된다. 우리가 이미지를 사용하는 방식에 따라 이미지의 양상이 달라지고, 밝아지거나 어두워지며, 생생하거나 침울하게 보인다. 이미지는 사물의 진정한 관계를 표현하도록 강요받지 않기 때문에 우리의 의식적·무의식적 욕망에 따라 가장 변덕스러운 방법으로 결합할 수 있다. 그러므로 이미지들은 자연이 따라야 할 엄격한 필연성에서 벗어나게 된다. 예술가에게 자연법칙이 존재하지 않는 이유가 바로 이것이다. 일반적으로 예술의 영역은 현실이 아니다. 예술가가 살아가는 세상은 이미지의 세계다. 이미지의 세계는 꿈, 허구, 자유로운 정신적 결합의 영역이다.

이러한 관점에서 예술과 도덕 사이에 진정한 대립이 존재한다. 예술은 우리를 상상의 환경에 살도록 한다. 그래서 우리로 하여금 현실 그리고 현실을 구성하는 개인적·집합적·구체적 존재들

어린아이에게 도덕의 요소들을 어떻게 확립할까

과 거리를 두게 만든다. 예술이 우리에게 해주는 가장 큰 서비스는 현실의 삶, 그리고 현실의 사람들을 잊게 만드는 것이라는 말도 어느 정도 타당성이 있다. 그와 정반대로 도덕의 세계는 현실 세계 그 자체다. 도덕이 우리에게 요구하는 것은 우리가 소속된 집단을 사랑하는 것이고, 그 집단을 구성하는 사람들과 그 사람들이 살고 있는 땅, 그리고 모든 구체적이고 현실적인 것들을 사랑하라는 것이다. 우리는 그것들을 실제로 있는 그대로 보아야 하고, 그것들을 더 높은 완성 단계로 이끌도록 노력해야 한다. 사실상 도덕은 행동의 영역인데, 현실의 특정 대상과 관련이 없는 행동은 불가능하다. 의무를 행하는 것, 그것은 언제나 살아서 존재하는 누군가에게 유용하다. 예술은 현실 생활에서 돌아서기 때문에 도덕생활과도 갈라선다. 그러므로 예술적 소양이 발전시킨 습관들은 이른바 도덕적 습관들과 단지 부분적으로 그것도 특정 관계에서만 비교될 수 있다. 예술적 소양과 도덕적 습관은 내적 구조가 유사하다. 그것들은 둘 다 개인을 자신 밖으로 끌어내는 성향이 있다. 단지 예술은 우리를 이미지, 우리 정신의 순수한 창작물에 애착하도록 하고, 도덕은 생활의 세계에 우리를 묶어두려고 한다. 치료하기 위해서는 사람들을 있는 그대로, 즉 그들의 추함과 불행을 보아야 한다. 그런데 예술은 그 시선을 다른 쪽으로 돌린다. 그 방향이 전혀 다르다. 그래서 도덕성의 원칙을 미학적 교양에 두고 있는 곳에서 도덕성은 사라지고 흩어진다. 말하자면 도덕성은 현실을 유지하거나 변화시키기 위해 규정된 효과적인 행동을 하는 대신 상상력의 순수한 유희가 되어버린다. 그 정신은 내면의 막연한 열망에, 멋진 몽상에 따라 흔들린다. 우리 어린 아이들 상당수가 받은 매우 예술적인 교육의 영향으로 인해 우리는 너무나 자주 다음과 같은 사람들을 본다. 그들에게는 일을 하고 공동 작업에 참여하는 대신 자기가 느긋하게 바라보고 찬양하는 아름다운 관념 체계, 아름다운 이상 체계를 스스로 만드는 것이 도덕을 고양하는 일이다.

　이러한 대립은 다음과 같은 방식으로 표현될 수 있을 것이다. 우리는 종종 예술을 놀이와 비교했다. 사실 이 두 활동은 같은 장르에 속하는 두 가지 종류다. 우리가 놀 때 마치 예술작품을 관조하는 것처럼 우리는 허구적이고 상상적인 삶을 사는 것이다. 만약 예술작품이 현실의 삶과 구분되지 않는다면 모든 매력을 잃어버리게 될 것이다. 만일 우리가 카드놀이나 주사위놀이를 좋아한다면 그것은 아마도 이 놀이가 내포하고 있는 작은 전쟁이 우리가 매일의 전투에서 서로 싸우며 유지하는 전쟁 같은 삶과 닮은 점이 있어서일 것이다. 그러나 이러한 유사성이 너무 완벽해서, 예를 들면 내기의 규모가 너무 커서 그 크기가 직장에서 받는 월급과 비슷해진다면 유희의 즐거움은 사라진다. 우리는 다시 심각해진다. 우리는 놀이를 그만두고, 다시 진지한 삶을 사는 인간이 된다. 우리가 놀이에 흥미를 가지는 것은 상상력 때문인데, 우리는 그 상상력에 속지 않는다. 이 흥미는 환상의 산물인데, 우리는 이 환상이 너무 완벽해지지 않도록 그것을 잘 의식하고 주의해야 한다. 예술도 마찬가지다. 물론 예술작품이 현실과 아무 관련이 없다면 그 작품은 우리의 흥미를 끌지 못할 것이다. 그러나

　어린아이에게 도덕의 요소들을 어떻게 확립할까

다른 한편으로 예술작품에 표현된 존재와 사건들을 현실로 여긴다면, 그리고 그 작품에 대해 현실의 존재와 사물들에게 가지는 것과 똑같은 느낌을 가진다면 예술은 우리에게 예술작품이기를 그칠 것이다. 유희와 예술은 우리를 이미지의 세계에서 살게 해준다. 우리는 예술의 즐거움처럼 유희의 즐거움을 만드는 것이 이미지의 결합이라는 사실을 잘 알고 있다. 어떤 의미에서 예술은 유희라고 말할 수 있다. 반대로 도덕은 진지한 삶이다. 진지한 삶에는 더 심각하고 더 중대한 것들이 있다. 예술과 도덕이라는 두 형태의 행위 사이에 있는 거리를 우리는 알고 있다. 그것은 바로 유희와 일 사이의 거리다. 우리가 이 특별한 유희, 즉 예술을 배운다고 해서 의무 행하기를 배우지는 못할 것이다.

하지만 예술이 도덕 교육에 아무런 역할을 하지 않는 것은 아니다. 오히려 정반대다. 위에서 방금 말한 것이 예술의 공헌과 그에 대한 우리의 기대를 결정하게 해준다. 예술은 유희다. 그러나 그 유희는 생활에서 자신의 위치를 가지고 있다. 우리는 항상 일만 하고 살 수는 없다. 항상 노력을 할 수도 없다. 일이 함축하는 바 정해진 목표에 에너지를 집중하는 것은 지속될 수 없는 거의 비정상적인 일이다. 노력을 한 후에는 휴식, 즉 긴장을 완화해야할 필요가 있다. 그 휴식 행위는 유희의 형태를 띤다. 수많은 종류의 유희가 있다. 그중에는 조야하고 물질적인 유희들도 많은데, 그것들은 일상생활의 전투에서 우리를 자극하는 것과 너무나 유사하게 이기적이고 심지어 폭력적인(몇몇 스포츠 경기들) 감정에 호소하는 것들도 있다. 반대로 그 자체는 도덕적이 아니지만,

어떤 면에서 도덕적인 감정과 유사한 감정들에 호소하는 다른 유희들도 있다. 이러한 도덕적 특성이 가장 높게 나타나는 유희가 바로 예술이다. 사실 우리는 예술이 무사무욕, 자기에게서 멀어짐, 가장 조야한 물질적 이해관계를 얼마나 멀리하는지 살펴보았다. 또한 감성과 의지에 어떤 정신적 의미를 부여하는지를 살펴보았다. 그것이 바로 예술이 우리의 관심을 끄는 이유다. 우리는 여가를 가져야 하고 그 여가 시간을 가능한 한 고상하게 도덕적으로 충만하게 채워야 한다. 예술만이 우리에게 이러한 방법들을 제공할 수 있다. 예술은 고상한 형태의 유희. 예술은 한가한 시간까지 그 영향력을 확장하고, 거기에 자신의 특성을 각인하는 도덕이다. 그런 이유로 모든 어린아이에게 어떤 미학 교육을 시키는 것은 좋은 일이리라. 여유 그 자체는 언제나 위험한 순간이다. 진지한 생활에서 인간은 일에 대한 의무감 때문에 못된 유혹에 넘어가지 않는다. 유익한 업무를 일단 마치고 나면, 유혹에 저항하는 상태, 풍기문란하지 않으면서 소일할 수 있는 상태가 필요하다. 예술적 역량을 갖춘 사람은 이러한 위험에서 안전하게 보호받는다. 그러나 동시에 만일 예술이 도덕 교육에서 어떤 역할을 한다고 해도 그 역할이 매우 소극적임을 알아야 한다. 예술은 도덕적 인격을 형성하는 데 도움이 되지 않는다. 예술 자체는 도덕적인 어떤 이상을 위해 활동하지 않는다. 예술은 도덕성의 적극적 요소가 아니다. 예술은 일단 형성된 도덕적 기질을 몇 가지 나쁜 영향으로부터 보호하는 수단이다. 그래서 나는 예술을 부차적인 것, 우연적인 것이라고 말했다. 어린아이의 도덕적 체

어린아이에게 도덕의 요소들을 어떻게 확립할까

질을 형성하는 방법들에 대해 분석할 때 그 과정에서 예술을 만날 수 없는 이유다.

동시에 우리는 과학 교육에 부여된 매우 중대한 중요성을 오히려 더 잘 이해할 수 있게 되었다. 도덕은 진지한 삶에 속하며 현실을 대상으로 삼는다. 도덕이 우리에게 요구하는 행위들은 우리 주변에 실제로 존재하는 사람이나 사물들과 관련되어 있다. 결과적으로 이러한 사람들과 사물들에 대해 더 잘 알수록 우리가 해야 할 행동들을 더 잘할 수 있는 상태가 될 것이다. 우리가 현실에 대해 올바른 개념을 가질수록 더 적절하게 행동하게 될 것이다. 그런데 이것을 우리에게 알려주는 것은 과학이다. 그러므로 행동, 다른 모든 것과 마찬가지로 도덕 행위를 인도하는 이념을 오로지 과학에만 요청해야 한다. 이것이 바로 과학 교육이 도덕에 유익한 이유다.

우리는 자연과학까지도 이 목적에 도움이 될 수 있으며, 또 그렇게 되어야 한다는 것을 살펴보았다. 자연과학은 어린아이에게 건전한 지적 습관을 만들어줄 수 있고, 그 습관은 도덕 행위를 강화해줄 것이다. 그러나 다른 무엇보다도 분명히 우리가 알아야 하고 또 알려야 하는 현실이 있다. 왜냐하면 그것이 도덕적 활동의 주요한 목적이기 때문이다. 그것은 바로 사회적 현실이다. 물론 사회세계는 자연세계와 심연으로 분리되어 있지 않고, 자연세계의 기본적 특징들을 재생산하고 있으므로 자연과학이 도덕을 위해 비할 수 없이 유용한 예비 교육을 제공하는 것은 사실이다. 하지만 사회는 사회만의 고유한 특성과 구조를 가진다. 따라서 어린아이에게 사회가 무엇인지 알려주고, 어린아이의 정신을 직접 사회와 접촉시키는 것이 필요하다. 이른바 사회적 사실에 대한 학문은 아직도 너무 초보적이기 때문에 학교에서 가르칠 수 없다. 그러나 학교 교육 중에서 사회학과 매우 유사한 것이 하나 있는데, 그것은 학생에게 사회가 무엇인지, 사회와 개인의 관계는 무엇인지에 대해 충분한 개념을 제공할 수 있다. 그것이 바로 역사 교육이다.

어린아이가 사회에 애착을 느끼려면 어린아이는 사회에서 실제적이고 살아 있는 강력한 무엇인가를 느껴야 한다. 그것은 개인을 지배하지만 동시에 개인은 자신의 가장 좋은 것을 그것에 빚지고 있다. 그러므로 역사의 가르침이 잘 이해된다면 어느 것보다도 이러한 인상을 더 잘 제공할 수 있을 것이다. 물론 과거의 오류에 사로잡혀 아이들에게 다음과 같이 말하는 일도 있을 것이다. 우리의 근대법은 나폴레옹이 만든 것이고, 17세기 문학은 루이 14세의 개인적 영향력에 의해 부흥되었으며,[49] 개신교를 만든 것은 루터라고. 이렇게 말한다면 그것은 우리가 지난번에 말했던 오래된 편견을 유지할 뿐이다. 이러한 편견에 따르면 사회는 몇몇 개인의 작품이다. 따라서 그 사회는 여러 개인들에게 강요되는 고유한 본성을 가질 수 없다. 다른 유감스러운 영향도 많

---

49 루이 14세는 태양왕이라 불리며 '짐이 곧 국가다'라는 유명한 말을 남겼다. 프랑스를 절대왕정체제로 만들어 중앙집권체제를 확립했다. 문학, 예술 분야에 많은 지원을 했다. 베르사유 궁전을 중심으로 하여 지방의 영지에서 올라와 궁에 상주하며 중앙화된 귀족들과 예술가들은 화려한 궁정 문화를 꽃피우게 된다.

어린아이에게 도덕의 요소들을 어떻게 확립할까

지만, 국가를 어떤 한 개인과 동일시하는 편견이 있다. 그러나 역사를 이렇게 이해하는 단순주의적인 방식은 오늘날 더 이상 논의될 필요가 없다. 한 세기 전부터 역사가들은 민족을 인도하는 이러한 집합적이고 익명적인 힘의 영향력을 강조했다. 왜냐하면 그 힘은 국민의 작품이며, 이러저러한 개인이 아니라 사회 전체에서 나온 힘이기 때문이다. 따라서 프랑스의 역사만이 봉건제도, 십자군 운동, 르네상스와 같은 비개인적 삶에 대해 현실감을 줄 수 있는 수천 가지 예를 제공할 수 있다. 그러나 아마도 여전히 설득력이 있고, 어린아이들을 놀라게 할 수 있는 것은 그들에게 다음과 같은 사실을 보여주는 일이다. 시대마다 우리 각 개인이 동시대인들의 집합적 영향을 얼마나 많이 받았는지, 각 세대는 이전 세대에게 어떻게 의존했는지, 각 세기는 이전 선구자들의 작업을 어떻게 이어갔으며, 비록 반대 방향으로 향한다고 믿었을 때조차도 이전 사람들의 흔적이 남아 있는 길을 따라 걸었다는 점을 보여주는 것이다. 말하자면 이러한 발전을 실현하는 개인의 인적 구성이 끊임없이 바뀌는데도 불구하고, 변함없이 자신의 방향을 향해 가는 이러한 사회적 삶보다 더 교육적인 장면이 있을까! 물론 초등학교 학생들 앞에서 사회 발전의 필요성에 대한 추상적이고 철학적인 고찰에 열중할 필요는 없다. 이보다 더 부적절한 일은 없을 것이다. 오직 중요한 것은 아이들에게 역사의 발전이 무엇인가에 대한 강한 인상을 주는 것이다. 특히 아직도 널리 퍼져 있는 몇몇 잘못된 사고들을 예방하는 것이 중요하다. 프랑스의 역사는 놀랍게도 이러한 교육에 적합하다. 역사는 결국 놀라운 통일성을 가지고 있다. 역사가 발전해온 완벽한 지속성을 보여주는 것보다 더 쉬운 것은 없다. 군주제가 확고해지고, 봉건제를 흡수한 뒤에 코뮌이 나타나고, 프랑스 대혁명에 이르기까지 역사는 지속적으로 발전했다. 가장 다르고 심지어 가장 대립적인 제도들이 짐작도 못한 채 같은 작업을 하는 도구로 사용되었던 것이다. 반면에 그들을 같은 방향으로 미는 사물의 힘이 있었다. 절대군주와 혁신적 민주주의는 서로를 부정한다. 하지만 민주주의에 길을 터준 것은 절대왕정이었다. 나는 이미 대혁명의 사람들이 완수한 이 나라의 도덕적 단일성이 구체제(앙시앵 레짐)[50]에 의해 준비되었다는 사실을 보여줄 기회가 있었다. 코뮌 운동과 혁명 운동 사이의 관계는 오늘날 모두에게 알려져 있다. 우리는 또한 왕들이 코뮌의 해방에 얼마나 특혜를 주었는지 알고 있다. 그러므로 갑작스러운 단절을 믿지 않도록 주의하자. 만일 알려진 격언에 따라 역사는 "어느 곳에서 시작하지도 끝나지도 않는다"는 인상을 남기지 않는다면 역사 교육은 그 목표를 잃게 될 것이다. 지난 세기말에 자신의 표현방식(formule)을 찾은 개념들을 사랑하게 만들려면 그것들을 거의 이해할 수 없는 일종의 즉흥시처럼 소개할 필요가 없다. 그것들이 실제로 이전 모든 세대의 자연스러운 발전의 산물이라는 것을 보여준다면

---

50 앙시앵 레짐은 프랑스 혁명 이전의 사회 체제로 옛 체제 또는 구체제라고 부른다. 현재는 프랑스 혁명의 의미보다 낡은 기존의 제도나 무능력했던 이전 정권을 일컫는 단어로도 쓰인다. 앙시앵 레짐의 가장 큰 특징은 군주가 막강한 권력을 가진다는 점이다.

어린아이에게 도덕의 요소들을 어떻게 확립할까

오히려 더 권위가 있지 않을까? 게다가 대혁명 당시 사람들의 영광도 감소되지 않을 것이다. 왜냐하면 그들의 진정한 공덕은 역사적 상황에서 그 상황이 논리적으로 내포하고 있던 결과를 끌어낸 것이기 때문이다. 이처럼 어린아이, 이후에 성인은 오늘날 인간에게 인정되는 권리들, 그가 누리는 자유, 그가 느끼는 도덕적 권위, 이 모든 것이 이러저러한 개인의 작품, 이러저러한 세대의 작품이 아니라 개인적인 동시에 비개인적인 프랑스라는 존재의 작품이라는 사실을 이해할 것이다. 달리 말하면 가장 오래된 시원에서부터 프랑스의 해방을 준비한 것은 바로 사회 전체다.

그러나 어린아이를 그가 속한 사회집단에 결속시키기 위해서는 사회집단의 실체를 느끼게 하는 것만으로는 충분하지 않다. 어린아이의 모든 기질을 통해 그를 확실히 집단에 결속시켜야 한다. 이것을 위해 효과적인 방법이 하나 있는데, 사회가 어린아이의 가장 중요한 부분이 되어 그의 안에서 살아가는 것이다. 그래서 어린아이가 자신과 분리되지 않는 한, 사회와 분리될 수 없게 만드는 것이다. 그러나 사회라는 것은 역사의 이러저러한 단계에서 그 사회를 구성하는 개인들의 작품이 아니다. 더구나 사회는 점유하고 있는 땅을 의미하는 것도 아니다. 사회는 무엇보다 이념과 감정의 총체이고, 보고 느끼는 방식이며, 집단 전체와 구별되는 도덕적·지적 특색이다. 무엇보다도 사회는 의식, 즉 전체 집단의 의식이다. 그러므로 이 집단의식이 어린아이의 영혼으로 들어가야 한다. 물론 이러한 침투는 삶의 활동과 인간관계의 자연스러운 영향을 통해 부분적으로 가능하다. 이러한 개념과 감

미학적 교양: 역사 교육 **387**

정은 도처에 있기 때문에 어린아이는 살아가면서 이러한 것들에 젖어든다. 그러나 이 작업은 너무나 중요하기 때문에 아이를 우연적인 접촉에만 맡겨둘 수가 없다. 바로 어린아이가 속한 학교에서 그 작업을 논리적으로 조직해야 한다. 사회의식에 개입하는 온갖 종류의 상태가 혼동된 총체 가운데서(종종 모순되기도 한다) 명료한 정신이 필요한 선택을 해야 한다. 즉 본질적이고 필수적인 것에 영향력을 행사해야 한다. 반대로 부차적인 일은 무시하고, 결점은 어둠 속에 묻어버리고, 장점은 강조해야 한다. 이것이 교사의 역할이다. 역사 교육이 이 목표에 도달하는 방법을 교사에게 제공할 것이다.

어린아이들에게 집합정신을 주입하기 위해 그것을 추상적으로 분석하는 일은 아무 소용이 없다. 아이들이 집합정신과 접촉해야 한다. 시간이 흐름에 따라 어떤 민족의 정수(精髓, génie)가 발전한 것이 바로 그 민족의 역사가 아니겠는가? 학생들에게 자기 나라의 역사를 생생하게 구현함으로써 우리는 학생들을 집합의식과 친밀하게 살아가도록 만든다. 우리가 어떤 사람과 평생 접촉하다 보면 그를 알게 되지 않는가? 이 점에서 역사 수업은 상황(choses, 사물)에 대한 수업이다. 역사적 사건 속에 국가의 특성이 내재되어 있으므로 교사가 특히 중요한 가치가 있는 사건들을 꺼내서 강조하지 않는다면 어린아이는 그것들을 보지도 못하고 느끼지도 못할 것이다. 한 번 더 강조하자면 프랑스 정신을 강의하는 것은 중요하지 않다. 오직 프랑스 정신이 무엇인지 알아야 하고, 사건들의 실타래에서 이 정신을 풀어내는 방식으로 교육해야 한다.

　　　　　　어린아이에게 도덕의 요소들을 어떻게 확립할까

이러한 교육은 교사가 되는대로 가르쳐서는 안 되고 프랑스 정신이 무엇인지에 대해 확고한 개념을 가질 것을 전제로 한다. 사실 이러한 조건에서 교사의 영향력은 분산되지 않고, 오히려 몇 개의 결정적인 포인트에 집중되어야 한다. 이 강의의 목적이 프랑스라는 국가의 주요 특징들을 결정하는 것은 아니다. 그러나 적어도 내가 강조하고 싶은 것이 하나 있다. 다른 모든 것들이 그 주변으로 자연스럽게 모이는 그림의 중심점을 구성해야 할 것 같기 때문이다. 그 중심점이란 바로 우리의 모든 개념들과 창조물들의 보편주의적인, 즉 범세계적인 성향이다. 이것은 내가 지난번에 말한바 프랑스 정신의 근간인 수학적이고 데카르트적인 정신의 특징 가운데 하나다. 우리는 단순주의 사고와 합리주의에 대한 갈망으로 인해 사물들이 지닌 너무나 개별적이고 구체적인 것들을 떼어내서 가장 일반적이고 가장 추상적인 형태로 표현하는 성향이 있다. 정확히 말해서 이러한 종류의 개념들이 일반적이기 때문에, 또한 모든 개별적인 것들이 제거되었기 때문에, 모든 인류의 지성들이 공감할 수 있다. 우리가 인류를 위해 생각한다고 말할 수 있었던 이유다. 어떤 제도를 만들고자 할 때 우리는 그 제도를 만드는 데 동의한다. 그 제도를 프랑스의 특별한 상황에서 사용하려고 생각하면서도 우리만 배타적으로 사용하기 위해서가 아니라 그것이 인류 전체에 이바지하기를 바란다. 거기서 모든 인류에게 타당한 권리의 선언이 나온다. 사람들이 이른바 역사적 방법이라는 이름으로 우리를 그렇게 비난했던 선언이다. 보편적으로 사물을 보려는 방식이 우리에게 너무 강하게 내재되어 있기 때문에 우리의 언어에도 그 흔적이 남아 있을 정도다. 그 방식은 본질적으로 분석적이기 때문에 이러한 사고방식을 표현하는 데 놀라울 정도로 적합하다. 오랫동안 그 방식이 확장력을 가질 수 있었던 이유이기도 하다. 물론 내가 제시했던 바와 같이 우리가 너무 오랫동안 지체해온 수학적 단순주의 국면을 초월하는 것은 바람직하고, 또 필요한 일이다. 과학적 정신의 요체인 사물을 비개인적인 형태로 생각하는 성향을 유지하면서도 가능한 일이다. 우리는 일반적인 지적 개념들을 계속 추구하면서도 과도하게 단순한 개념에 만족하지 않기를 배울 수 있다. 과학적으로 사고하는 것은 언제나 결정되고 정의된 개념으로 사고하는 것을 의미한다. 물론 내가 밝힌 것처럼 우리는 가장 기본적인 개념이 가장 객관적인 개념은 아니라는 사실을 깨닫는 데까지 이르러야 한다. 오히려 현실은 끝없이 복잡하다는 것을 알아야 한다. 그다음에 우리는 명확한 개념들의 복잡한 체계의 도움을 받아서 천천히 수고스럽게 현실을 표현할 수 있게 된다. 게다가 그나마도 현실에 대한 불완전한 표현만 얻을 수 있을 뿐이다. 그러나 개념을 구분하고 결정하기를 거부하는 것은 우리의 이성을 사용하기를 거부하는 일이고, 신비주의에 빠지는 일이다. 여기에는 의문의 여지가 없을 것이다. 한 번 더 강조하자면 우리의 잘못은 명료한 개념을 가지려고 하는 것, 즉 사물을 합리적으로 설명하려는 것이 아니다. 우리의 잘못은 너무 초보적이고 단순한 형태의 합리주의, 즉 너무나 쉬운 합리주의에 오랫동안 머물러 있었다는 점이다. 따라서 우리는 프랑스 기질의 중요한 성향 안에 들어 있는

어린아이에게 도덕의 요소들을 어떻게 확립할까

탁월한 것을 상실하지 않으면서도 사물에 들어 있는 복잡성에 대해 좀더 예리한 느낌을 가질 수 있다.

　내가 만일 프랑스의 집합적 특성의 이러한 양상을 강조한다면 그것은 바로 이 측면이 프랑스의 국가의식이 인류의식과 섞이는 지점이기 때문이다. 결과적으로 여기에서 애국심과 범세계주의가 합병된다. 우리가 다른 무엇보다 더 헌신해야 할 가장 큰 국가적 영광은 사실 우리가 전 세계에 널리 전파한 휴머니즘의 이념 속에 들어 있지 않을까? 뿐만 아니라 프랑스 정신의 특징이 사해동포주의라고 언급함으로써 나는 프랑스가 모든 민족들 가운데 사해동포주의에 대한 독점권과 특권을 가지고 있다고 말하려는 것이 아니다. 프랑스의 세계주의 자체는 특별한 국가적 특징들을 가지고 있다. 말하자면 다른 민족들에게 여분의 자리를 남겨둔다는 말이다. 차이가 있다면 프랑스의 지성주의라고 할 수 있다. 우리는 행동보다는 사상적인 면에서 보편주의자이다. 우리는 인류를 위해 행동하는 것보다는 인류를 위해 생각을 더 많이 하는 편이다. 물론 사람들이 우리를 종종 국수주의라고 비난하는 것도 사실 일리가 있다. 설명 못할 것도 없는 이 모순적인 특성을 통해, 동시에 우리의 도덕적·정치적 관념 안에서 모든 국가적인 차이를 제거하기 때문에, 우리는 종종 지나치게 까다로운 집합적 자존심을 보일 때가 있다. 그리고 다른 나라의 개념과 외국인들에 대해 기꺼이 마음을 닫고, 그들이 우리의 내면생활에 들어오는 것을 아주 어렵게 만든다. 우리는 적어도 최근까지 외부의 생활과 섞일 필요를 거의 느끼지 않았다. 이러한 지적 사해동포주의나 지식인들 외에도 사해동포주의를 완성시켜주는 다른 것들이 있을 수 있다. 예를 들면 경제적 세계주의가 있을 수 있다. 그리고 덜 개인적이고 덜 독점적이며 외국 사람들과 사물을 더 환대하는 기질을 통해 표현되는 다른 것도 있을 수 있다. 한마디로 각 나라는 자신의 방식에 따라 인류의 이상을 인식하고 있다. 이러한 이상들 가운데 일종의 패권과 우월성을 누리는 것은 없다. 각각의 이상은 각 사회의 고유한 기질에 상응한다. 자기 사회를 사랑하게 만들기 위해 마치 그것만 좋은 것처럼 자랑해봐야 소용이 없다. 마찬가지로 계몽된 사람은 자기 부모나 자식이 지적으로나 도덕적인 면에서 다른 모든 사람들보다 뛰어나지 않더라도 자신의 가족을 사랑할 수 있다. 반드시 이해해야 할 중요한 것은 우리에게는 인류의 공동선에 공헌하는 우리의 방식이 있다는 것이다. 필요한 경우 우리의 방식이 지닌 불가피한 불완전함을 보여주기를 두려워하지 말아야 한다.

사회학자이자 교육가 에밀 뒤르켐

세르주 포감[1]

1 세르주 포감(Serge Paugam, 1960~)은 프랑스 사회과학고등연구원(EHESS)과
   국립과학연구센터(CNRS)의 책임자이며 모리스 알박스 연구센터 소장이다. 불평
   등과 빈곤 문제 연구로 유명하다. 특히, 사회적 유대와 결속에 대한 그의 이론은
   뒤르켐의 사회학을 확장한 것이다.

만약 뒤르켐의 사회학이 때로 부담스러운 도덕주의의 표현처럼 여겨진다면, 그 이유는 프랑스 사회학의 창시자 스스로가 도덕적 사실 연구를 위한 여러 작업에 헌신했기 때문일 것이다. 어떤 사람들은 그 작업들에서 보수주의적 관점을 찾아냈는데, 그것은 잘못이다.[2] 『도덕 교육』은 그 작업들 가운데 하나로, 이 책을 피상적으로 읽으면 그런 결론에 이를 수 있다. 조급한 교육학자는 이 책에서 교사의 관점으로 볼 때 다소 고루하게 여겨지는 도덕적 조언들의 총체만 볼 수 있을 것이다. 그리고 한번 훑어본 후에 책을 다시 덮을 것이다. 교육사회학자 역시 뒤르켐의 이 텍스

---

2 특히 미국 사회학자들의 경우가 그러하다. Robert Nisbet, "Conservatism and Sociology", *American Journal of Sociology*, Sept. 1952, p. 175; Lewis Coser "Durkheim's conservatism and its implications for his sociological theory", in Kurt Wolff(dir.), *Émile Durkheim*, 1858~1917, Columbus, Ohio State University Press, 1960, p. 213 이하.

트를 논평하는 것이 무의식적으로나 본능적으로 편치는 않을 것이다. 이 텍스트가 이 분야 사회학적 연구의 현재 관심사와 동떨어져 보일 수 있기 때문이다.

그럼에도 불구하고 이 책은 1898~1899년 보르도 대학에서 기안하고 1902~1903년 소르본 대학에서 가르친 강의의 결실로서, 흥미롭게도 몇 년 전부터 철학자들은 이 책이 뒤르켐의 저작에서 중심적 지위를 차지하고 있음을 다시 발견했다.[3] 이 책은 교사와 교육자들 못지 않게 사회과학자와 교육학 전문가들이 다시 읽어볼 가치가 있다. 그리고 더 일반적으로 자녀에게 도덕 교육을 전하는 방식에 대해 질문하는 모든 부모에게도 도움이 될 것이다. 여기에는 세 가지 이유가 있는 것 같다. 첫째, 이 책이 많은 규범적 목적을 가지고 있다면, 그것은 무엇보다도 사회학적 지식, 특히 뒤르켐 자신이 주도한 연구에 기반하고 있기 때문이다. 이것은 오늘날에도 여전히 교육학과 탈종교적(세속적) 도덕을 다루는 데 유용한 독창적 시각을 가지고 있다. 둘째, 이 책은 모든 교직자들이 교실에서 부딪히는 구체적인 문제를 다루고 있으므로 오늘날 시점에서도 여전히 읽힐 수 있다. 셋째, 글이 작성된 지 한 세기가 더 지난 지금, 제기될 수 있는 불가피한 비판에도 불구하고 이 책의 영향력은 확대되고 있다.

이 책은 당시의 학문적인 상황과, 뒤르켐이 이전에 출간한 책

---

3 2010년 6월 바칼로레아 철학시험 응시자들에게 『도덕 교육』에서 발췌한 내용에 대해 논술하도록 한 것을 증거로 들 수 있다.

들 특히 『사회분업론』(1893)⁴과 『자살론』(1897)⁵의 연장선상에서 재평가되어야만 정당한 가치를 인정받을 수 있을 것이다.

교육학이라는 좁은 문을 통해 소르본 대학에서 사회학을 강의하다

1925년에 출간된 『도덕 교육』은 뒤르켐의 제자인 폴 포코네에 의해 소개된 사후 저작이다. 포코네는 3년 전, 프랑스 사회학 창시자의 또 다른 유작 『교육과 사회학』⁶에 '교육학에 관한 뒤르켐의 업적'이라는 제목으로 긴 서문을 썼다. 이 두 저작은, 모리스 알박스⁷에 의해 소개되어 1938년에 출간된 『프랑스 교육의 진화』라는 세 번째 책으로 완결되었다. 이 세 권은 이른바 '뒤르켐

---

4 Émile Durkheim, *De la division du travail social*, 1893, PUF 〈Quadrige〉, 2007(introduction de Serge Paugam, 〈Durkheim et le lien social〉, pp. 1~40).

5 Émile Durkheim, *Le suicide, Etude de sociologie*, 1897, Paris: PUF 〈Quadrige〉, 2007(introduction de Serge Paugam, 〈Le sociologie face au suicide〉, pp. V~XLVIII).

6 Émile Durkheim, *Education et Sociologie*, 1922, Paris: PUF 〈Quadrige〉.

7 모리스 알박스(Maurice Halbwachs, 1877~1945)는 프랑스의 철학자이자 사회학자다. 베르그송과 함께 철학을 공부했지만 훗날 뒤르켐을 만나면서 사회학에 관심을 가졌다. '집단 기억' 연구로 유명하며, 그 이론을 집약한 『집단 기억』(*La Mémoire collective*, 1950)은 사회학 분야의 중요한 저작이다. 스트라스부르 대학과 소르본 대학에서 사회학을 가르쳤고, 마르셀 모스와 함께 『사회학 연보』의 편집위원으로 활동했다. 뒤르켐이 1905년에 진행한 강좌를 토대로 1938년에 출판한 『프랑스 교육의 진화』(*L'évolution pédagogique en France*)를 편집했고, 『자살』에 대한 에밀 뒤르켐의 이론을 확장하고 정교화한 『자살의 원인』(*Les Causes du suicide*, 1930)을 썼다.

의 교육학 저술들'을 이룬다. 이 저작들은 뒤르켐이 1887~1888
년 보르도 대학에서 가르친 첫해부터 1915~1916년 소르본 대
학에서 강의한 마지막 해까지 약 30년이라는 긴 기간에 걸쳐 해
온 일련의 강의와 강연 내용과 일치한다. 보르도에서 뒤르켐이
처음에 맡은 교직의 명칭은 '사회과학과 교육학'이었다. 그러나
그는 보르도에 도착하자 이 두 분야를 분리하여 대중 강의는 사
회과학에, 학회 강연은 교육학에 할애했다. '도덕 교육'이라는 제
목은 첫해부터 붙여진 것이 아니다. 그러나 학교 당국의 행정 자
료를 보면 그의 강의들은 1887~1888년부터 이 주제에 초점을
맞춰 잘 진행되고 있었음을 확인할 수 있다. 이 제목은 10년쯤
뒤, 즉 1898~1899년과 1899~1900년[8]에 두 번 반복해서 사용
된다.

소르본의 교육대학 교수인 페르디낭 뷔송[9]이 급진사회주의자
로서 하원의원에 선출되었을 때, 뒤르켐은 그의 후임 교수 자리
에 지원했다. 따라서 뒤르켐은 후임 교수가 되면 다시 교육학을
가르쳐야 한다는 것을 알았다. 소르본의 선택을 받은 것이 영예
의 표지로 여겨질 수 있다 해도 강의가 교육학에만 한정된다는

---

8 이 점에 대해서는 Marcel Fournier, *Émile Durkheim*(1858~1917), Paris:
Fayard, 2007, pp. 124~125 참조.

9 페르디낭 뷔송(Ferdinand-Édouard Buisson, 1841~1932)은 프랑스의 교육자
이자 급진사회주의 정치인이다. 초등 교육의 책임자(1879~96)로서 쥘 페리 교
육부 장관을 도와 공립학교의 탈종교화 교육과 무상의무 교육을 위해 노력했다.
그 과정에서 라이시테(Laïcité, 세속주의)라는 개념을 만들었다. 1896~1902년까
지 소르본 대학 교육학과 교수로 있었고, 드레퓌스 사건을 계기로 정계에 진출해
1902~1914년까지 의원을 지냈다.

사실 때문에 그는 그다지 기뻐하지 않았다. 1902년 6월 조카 마르셀 모스에게 보내는 편지에서 그는 스스로 열정은 사그라들고 걱정이 많다고 말했다. "나의 틀을 벗어나 잘못된 상황에 처한 것이 유감이다. (…) 너는 교육학을 가르치는 것이 문제가 될 때만 그럴 수 있다고 생각하겠지."[10] 뒤르켐은 같은 편지에서 뷔송에게도 편지를 썼다고 했다. 즉 그가 공석인 정교수직의 내용에 너무 구속되지 않도록 몇 가지를 보증해달라고 부탁하기 위해서였다. 또한 뒤르켐이 1887년부터 보르도에서 강의해온 사회학을 분리하지 않고도 교육학 강의가 가능한 교수직인지를 묻기도 했다. 공식 절차에 따라 교수직에 선임된 후, 뒤르켐은 자신의 의도에 맞춰 소르본에서 행한 첫 강의의 제목을 '도덕 교육에 대하여'라고 정했다. 따라서 이것은 보르도에서 수년 동안 쌓은 경험을 곧바로 연장한다는 의미였다. 모리스 알박스가 정확하게 기억한 것처럼, "사회학은 소르본에서 단번에 받아들여지지 않았다. 그러나 사회학은 교육학이라는 좁은 문을 통해서 도입되었다."[11] 뒤르켐은 1902년에는 뷔송의 대리인으로, 1906년에는 그의 후임 교수로 승진했다. 이것은 당시의 학문적 상황에서 새로운 과목이 만장일치로 인정받았다는 뜻이다. 『형이상학과 도덕』 학회지는 '그의 영향력의 발전'을 강조했고, 『미국 사회학 저널』은 심지어 그의 첫 강의 요약본을 출간했다. 교육학을 쇄신하기 위해

---

[10] Émile Durkheim, *Lettres à Marcel Mauss*, Paris: PUF ⟨Sociologies⟩, p. 340.

[11] Maurice Halbwachs, ⟨introduction⟩ à Émile Durkheim, *L'Évolution pédagogique en France*, Paris: PUF, 1938, p. 1.

사회학적 방법을 적용하려는 뒤르켐의 생각은 누구에게도 비밀
이 아니었다.

소르본에서의 첫 강의는 사실상 본을 보이는 것이었다. 뒤르켐
은 사회학자로 남기를 희망했고, 보르도에서의 경험을 유리하게
활용해 이 강의로 소르본에 사회학을 제도화하려는 계획을 밟아
나갔다. 이 강의는 그가 교수로 선임되는 상황에서 주어진 즉흥
적 결실이 아니다. 반대로 그는 오랜 성숙의 결과 온전히 편집되
고 완성된 원고 형태로 이 강의를 제시했다. 성공은 즉각적으로
이루어졌다. 1902년 말 앙리 위베르[12]에게 보낸 편지에서 마르
셀 모스는 이렇게 썼다. "강의는 대단히 성공적이었다. 과장 없이
말하지만, 소르본의 젊은이들에게 뒤르켐의 영향은 지대하다고
생각한다."[13] 한편 모스는 다음과 같은 사실을 지적하면서 이러한
성공에 대해 우려를 표했다. 청중이 엄청나게 많다고 해도 그의
생각에는 뒤르켐이라는 저명한 교수가 가장 우선적으로 강의할
대상의 사람들은 아니었다. 교육학 분야의 학생들과 교사들이 많
았고, 그들보다는 직접적으로 관심이 없는 다른 학생들이 언제나
더 많았는데, 그들은 이 공개 강의가 점차 알려지면서 그 명성에
이끌려 온 사람들이었다. 뒤르켐이 이러한 형태의 강의에 지나치

---

12 앙리 위베르(Henri Hubert, 1872~1927)는 프랑스의 고고학자이자 종교사회
학자다. 마르셀 모스와 절친한 친구이자 학문적 동료로 『사회학 연보』의 편집과
집필에 활발히 참여했다. 『희생제의의 본질과 기능』(*Essai sur la nature et la
fonction du sacrifice*, 1898), 『주술에 관한 일반 이론』(*Esquisse d'une théorie
générale de la magie*, 1904) 등 중요한 여러 저작을 모스와 함께 집필했다.

13 Marcel Fournier, 앞의 책, p. 527.

게 집중하는 것이 『사회학 연보』[14]의 공동 편집인들에게는 근심스러운 일로 여겨졌다. 그들은 스승이 너무 일찍 소진될 위험이 있고, 시간이 많이 드는 편집인의 임무가 이미 약화되었다고 생각했기 때문이다.

그가 교수 선임을 앞두고 스스로 유보하거나 의심을 표했음에도 불구하고, 이 새로운 과목에 합당한 사람들로만 구성된 대상이 아니라 일반 대중에게, '사회학'이라는 제목이 붙지 않은 이 강단에서, 도덕 교육을 강의하는 것은 그래도 즐거운 일이었다. 사실 이 강의는 그가 결심한 사명과 일치한다. 그는 「지적 인텔리와 민주주의」라는 논문에서 이렇게 말하지 않았던가.

우리는 무엇보다도 조언자이며 교육가가 되어야 한다. 우리는 동시대인들을 지배하려고 하기보다는 그들이 자신의 사고와 감정 안에서 스스로를 분간하도록 돕는 역할을 해야 한다. 우리가 처한 정신적 혼란 상태에서 이보다 더 유용한 역할이 무엇이겠는가?[15]

---

14 『사회학연보』(*L'Année socialologique*)는 뒤르켐이 1898년에 창간한 학술지로 당대 재능 있는 사회학자, 인류학자, 역사학자들이 참여했다. 편집위원회는 폴 포코네, 셀레스탱 부글레, 마르셀 모스, 앙리 위베르, 로베르 에르츠, 모리스 알박스 등 50여 명의 연구자로 구성되었고, 이른바 '뒤르켐 학파'를 형성하며 20세기 초 새로운 사회학적 패러다임을 주도했다.

15 É. Durkheim, "L'élite intellectuelle et la démocratie", *Revue bleue*, 5e série, t. I, pp. 705~706. Émile Durkheim, *La science sociale et l'action*, Paris, PUF, ⟨Le sociologue⟩, 1970, p. 280 재인용.

달리 말하면, 뒤르켐은 자신이 실행하고자 하는 두 가지 역할에 대해 의심하지 않았다. 하나는 사회학의 능력을 보여주는 것이다. 즉 교육학 문제를 다루는 데 있어서 사회학의 우월성을 보여주려고 고심하는 사회학자의 역할이다. 다른 하나는 그 시대의 도전에 직면해 동시대인들의 사회의식 수준을 높이고자 하는 좀더 큰 목적을 위해 유용한 방법을 모색하는 교육가의 역할이다. 첫 번째 강의의 초반부터 뒤르켐은 이 강의를 개설한 목적을 이렇게 정당화하고 있다.

내가 도덕 교육의 문제를 강의 주제로 삼은 것은 교육가들이 항상 인정했듯이 도덕 교육의 일차적인 중요성 때문만이 아니라 오늘날 특별히 위급한 상황에서 이 문제가 제기되고 있기 때문이다. (…) 아마도 이 위기가 가져오는 충격이 가장 깊고도 심각할 것이다. 도덕 교육의 효과를 감소시키는 모든 것, 그 효과를 좀 더 불확실하게 만들 위험이 있는 모든 것이 공공의 도덕을 근본적으로 위협하기 때문이다.[16]

뒤르켐은 사회를 총체적으로 살피는 감시망의 쇠퇴와 아노미의 위협에 맞서기 위해 가장 효과적으로 사용할 수 있는 수단이 교육 체계라고 확신했다. 개인들이 사회 체계에 동화되도록 도와주기 위해서, 또한 사회 통합을 보장하기 위해서 도덕 규칙들을

---

16 *L'Éducation morale*, pp. 2~3(이 책, 23~24쪽).

잘 전달하는 것이 중요하다. 1900년에 출간된 알프레드 푸이에[17]의 『도덕적 관점에서 본 프랑스』를 비평한 노트에서,[18] 뒤르켐은 저자와 다음과 같은 확신을 공유했다. "실제적인 불안은 주로 우리의 도덕적 믿음의 해체와 관련이 있다." 그러나 교육 체계를 법적으로 개혁한다고 해도 그것이 치유책은 아니라고 강변했다. 이러한 방법들은 "감동할 만한 바람직한 새로운 목표"를 우리에게 제시할 수 없고, "주변의 방향 상실"에서 우리를 빠져나오게 할수도 없다. 그에 따르면 개혁은 훨씬 더 심도 있게 이루어져야 한다. 교사의 업무를 규정짓기 위해 행정적인 방법을 새롭게 도입하는 것으로는 충분하지 않다. 특히 도덕 교육에 새로운 의미를 부여해야만 한다.

교육은 여전히 남는다. 그 영향을 과장하지 않더라도 우리는 교육이 방향을 잘 잡으면 효과가 있다고 생각한다. 교육이 우리가 기대할 수 있는 선(善)을 행하기 위해서는, 교사들에게 그

---

17 알프레드 푸이에(Alfred Fouillée, 1838~1912)는 프랑스의 철학자이자 사회학자다. 두에, 몽펠리에, 보르도 등의 고등학교에서 철학을 가르쳤다. 형이상학적 이상주의와 과학적 실증주의를 조화시키는 것을 철학적 과제로 삼았다. 사회학과 윤리학 영역에서는 개인과 사회의 상호의존성을 강조했고, 특히 행동을 통해 스스로를 실현하는 관념의 경향성 이론을 제시했다. 대표작으로 『현대 도덕체계의 비판』(Critique des systemes de morale contemporaine, 1883), 『관념의 진화론』(L'Evolutionnisme des idées-forces, 1890) 등이 있다.

18 É. Durkheim, Compte rendu de: Alfred Fouillée, La France au point de vue moral(Paris: Alcan, 1900), in L'Année Sociologique, 1898~1900, pp. 443~445. Journal Sociologique, Paris: PUF, 1969, pp. 302~303에 재수록.

들이 어떤 새로운 이상을 가지고 그것을 어린아이들의 마음에 심어주어야 하는지를 보여주어야 한다. 왜냐하면 우리의 도덕적 상황의 원대한 희망사항이 바로 거기에 있기 때문이다.[19]

소르본에서 첫 강의를 시작할 때부터 뒤르켐은 이러한 교육적 사명에 헌신했던 것이다. 그가 이 교직에 가장 큰 중요성을 부여했음은 의심할 여지가 없다. 요컨대 자신의 가장 중요한 것을 그 강의에 쏟아 부었다. 게다가 이 주제를 다음 연도에 몇 차례나 더 반복한다. '학교에서 도덕을 가르침'(1903~1909, 1904~1905), '학교에서의 도덕 교육'(1904~1907, 1907~1908), '도덕의 사회학'(1908~ 1909)[20]이 그것이다.

교육의 도덕적·사회적 근거

이 강좌를 기안하고 강의하기 전에 뒤르켐은 이미 오랫동안 교육의 도덕적 근거에 대해 숙고했다. 그는 1893년 초판본 '사회분업'에 대한 논문의 서론에서 도덕적 사실의 정의를 길게 전개했다. 그런데 이 글이 그가 쓴 최초의 위대한 책을 읽는 데 반드시 필요한 것은 아니라고 판단해 1902년 재판에서 빼는 것이 좋

---

19 같은 책, p. 303.
20 소르본에서 행한 강의의 완전한 목록을 알고 싶다면 Marcel Fournier, 앞의 책, p. 528 이하 참조.

겠다고 생각했다. 『텍스트』(*Textes*) 제2권에 다시 수록된 이 글은 학술지 논문 형식에 버금가는 긴 논고에 해당된다. 뒤르켐이 강의에서 행하고자 한 분석 과정과 목적을 이해하기 위해서 이 글을 다시 읽어보는 것도 유익하리라.

우선 뒤르켐은 추상적 추론과 보편적 주장으로 도덕의 근거를 찾으려다 너무 치우쳐버린 철학자·도덕가들과 자신을 구분하려고 애썼다. 그들 가운데 몇 사람은 현실과 경험을 완전히 배제하지는 않았지만, 대개 귀납적이고 졸속한 방법으로 접근했을 뿐이다. 구체적인 방법으로 사실을 이해하는 것이 마치 사고의 타락인 것처럼 말이다. 반대로 뒤르켐은 인간 경험의 다양성에서 출발해야 하며, 사회생활의 틀을 만드는 도덕 규칙들의 복잡성을 강조해야 한다고 보았다. 도덕 규칙들은 서로 포개져 있는 것처럼 보인다. "하나의 의무는 없다. 의무들이 있을 뿐이다. 다른 곳에서와 마찬가지로 여기서도 존재하는 것은 개별적이고 개인적인 것이다. 일반적인 것은 도식적 표현에 불과하다."[21] 뒤르켐은 어떤 사회에서 도덕적일 수 있는 것이 다른 사회에서는 비도덕적인 것으로 여겨질 수 있다는 공정한 전제에서 출발한다. 그리고 곧바로 도덕적 사실을 사회적 사실로 제시하고, 그 사회적 본질을 통해 도덕적 사실을 결정하는 연구를 제안한다.

이러한 자세로 그는 오랜 시간을 들여 도덕적 사실을 분류하고

---

21 É. Durkheim, "Définition du fait moral(1893)", in *Textes*, t. 2, Paris: Minuit, p. 267.

비교하는 작업을 하게 되었다. 아울러 자신을 당시 도덕사상가들이나 사변가들과 구분하고자 애썼다.

광범위하고 다양한 유행을 지배하는 법칙을 발견하려면, 그만큼 드넓은 영역에 걸쳐 그 유행을 관찰하는 일부터 시작하지 않으면 안 된다. 이것이 도덕가들이 진행하려고 하는 방식인가? 오히려 반대로 그들은 일거에 직접 더 높은 상위의 법에 도달할 수 있다고 생각했다. 도덕가는 마치 도덕이 완전한 형태로 창조되어야 할 것처럼, 자기들 마음대로 그 체계를 만들수 있는 백지상태 앞에 있는 것처럼 추론했다. 다시 말해 실제 실행되는 사실들의 체계를 요약하고 설명하는 법이 아니라 완전히 정해진 도덕법의 원리를 발견하는 것이 중요하다는 듯이 추론하기 시작했다.[22]

사회적 조건과 상관없이 독립적으로 존재하는 도덕 규칙들은 없다. 현재 사회의 도덕 규칙들을 과거 사회에 적용했다면 그 사회는 지금까지 존속될 수 없었을 것이다. 도덕적 현상을 이해하기 위해서는 그 현상을 좌우하는 조건들을 주의 깊게 결정해야 한다. 뒤르켐은 어린아이들에게 도덕 교육을 전달하는 근거를 결정하기 위해 이 방법을 따르고자 한다. 물론 이 근거들은 어디서나 보편적으로 적용하기에는 부적합할 수도 있다. 그러나 이 근

---

22 같은 책, p. 269.

거들은 교육이 실시되는 사회에 대한 지식과 관련이 있어야 한다. 특히 역사 발전의 특정 시기에 시행되는 사회의 통합과 규제 양식들과 관련 있는지 살펴보아야 한다.

이제, 도덕적 사실 자체의 정의로 돌아가보자. 뒤르켐은 도덕 규칙을 위반하는 모든 행위가 불러일으키는 사회의 반응을 강조했다. 개인은 사회생활을 지도하는 도덕 규칙들의 총체에 순응하지 않음으로써 그가 자초하는 벌에 대해 알고 있다. 이러한 벌은 형식적일 수도 있고 물리적인 징벌로 나타날 수도 있다. 벌이 막연할 수도 있고 일시적이고 단순한 비난으로 정리될 수도 있다. 뒤르켐이 보건대 어떤 경우든 징벌은 도덕적 사실을 객관화할 수 있다. "우리는 우리가 찾는 준거를 지금 가지고 있다. 모든 도덕적 사실은 인준된 행위규칙 안에 존재한다." 이 정의는 도덕행위를 사회학적 대상으로 표현한다. 형벌은 상징인데, 그 상징을 통해 규칙을 준수해야 하는 의무감이 생길 수 있다. 마찬가지로 뒤르켐에게 "억압적 징벌과 연관된 모든 행위규칙은 확산된다. 그리고 이 행위규칙은 하나일 수도 있고 아닐 수도 있지만, 일반적 의미에서 도덕적이다. 이러한 정의는 도덕이라는 실증과학이 사회학의 한 분야라는 것을 입증하기에 충분하다. 왜냐하면 모든 징벌은 무엇보다도 사회적 사실이기 때문이다."[23]

그러나 이런 예비적 정의는 새로운 질문을 불러일으킨다. 사실상 이런 방법론적 방식을 따르다 보면, 도덕적 사실을 너무 제한

---

23 같은 책, p. 278.

된 개념의 틀에 가둘 위험이 발생하지 않을까? 어떤 행위들은 정식 의무에 완벽히 부합하지 않더라도 미덕이 될 수 있다. 관대함, 영혼의 위대함, 국가에 대한 헌신, 인류를 위한 개인적 무사무욕 등은 모든 사람에게 칭송받을 만하며 특별히 도덕적인 행동으로 평가된다. 따라서 징벌의 두려움을 동반하는 정식 의무 같은 것은 여기에 애당초 없었다. 뒤르켐은 이러한 논의에 민감했다. 그러나 인간적인 미덕의 자유로운 발전에 따른 이러한 표상들은 도덕생활의 매우 특별한 영역에 속한다고 여겼다. 그는 이것들을 미학의 영역에 포함시켰다. 하지만 그는 도덕 교육 강의에서 이를 다시 검토할 것이다. 특히 집단에 소속되는 일의 중요성을 강조할 때 다시 살펴볼 것이다.

또 다른 문제가 있다. 여러 사회의 도덕의식이 완전히 동일할 수 없다는 의미에서 도덕의식을 항상 신뢰할 수 있는 것은 아니다. 도덕의식은 같은 사회 안에서도 다를 수 있다. 뒤르켐에 따르면, "도덕적이지 않은 사실들을 도덕적이라고 여기지 않기 위해서, 아니면 반대로 그 본질상 도덕적인 사실들을 도덕에서 배제하지 않기 위해서", 최초의 정의를 더 명확히 해야 한다. 생물학자들의 방법을 숙고하면서 뒤르켐은 다음과 같은 정의에 도달했다. "이러한 종류의 사회들의 평균적인 모습을 관찰해볼 때, 특정 사회 유형에서는 정상적인 도덕적 사실이라도 반대의 경우에서는 병리적인 것이 된다."[24] 글 말미에 숙고의 최종 결과로 다음과

---

24 같은 책, p. 283.

같은 마지막 정의를 내렸다.

　　우리는 사회 발전의 어떤 정해진 국면에서 고려된 일종의 사회적 소여(donnée, data)를 도덕적 사실이라고 부른다. 널리 퍼져 있는 억압적 징벌과 관련된 모든 행위규칙은 동일한 발전 주기에 따라 고려된 이러한 사회들의 평균치다. 부차적으로 전체 규칙에 동일한 호칭이 적용된다. 이 규칙은 명확한 준거를 제시하지 않더라도 이전의 몇몇 규칙들과 유사하다. 즉 같은 목적에 사용되고, 같은 원인에 따라 좌우된 것이다.[25]

　　도덕적 사실에 대한 이러한 정의가 정확하기는 하지만, 아이들에게 도덕 교육을 전달하는 방식에는 아무런 정보도 제공하지 못한다. 어떻게 이 정의에서 도덕적 문제를 통합하는 교육 전체의 개념으로 넘어갈 수 있을까? 이것이 바로 뒤르켐이 강의에서 도전한 일이다. 폴 포코네가 『교육과 사회학』 서문에서 회상한 것처럼, 뒤르켐의 교육 학설은 "그의 사회학의 기본 요소"다.[26] 사실상 뒤르켐의 교육 학설이 사회학적 저술의 연장은 아니지만——마치 뒤르켐이 사회학자와 교육학자(또는 교육가)라는 두 직업을 연속적으로 수행한 것처럼——그것은 이른바 사회학적 활동의 중심에 있다. 각 사회는 인간의 이상을 교육 시스템을 통해

---

[25] 같은 책, p. 287.
[26] Paul Fouconnet, "L'oeuvre pédagogique de Durkheim", introoduction à É. Durkheim, *Education et Sociologie*, p. 11.

전달해야 한다는 것을 인정한다. 아울러 이 교육 시스템은 새로운 세대들에게 사회생활을 준비시키고, 고정불변한 규칙들이 아니라 그 방법과 정신 자세를 전수하는 것을 목적으로 삼아야 한다. 이러한 사회학적 개념에서 교육에 대한 정의가 나온다.

교육은 사회생활에 아직 미숙한 세대에게 어른 세대가 행하는 활동이다. 교육은 어린아이에게 요구되는 몇 가지 신체적·지적·도덕적 상태를 이끌어내고 계발하려는 목적이 있다. 정치사회 전반과 어린아이가 개별적으로 처한 특수한 환경이 그에게 요구하는 상태들 말이다.[27]

1908~1909년의 뒤르켐 강의를 노트한 아르망 퀴비에[28]에 따르면, 뒤르켐은 교육학과 사회학이라는 두 가지 목표를 동시에 겨냥하고 있다.

가장 강력한 것은 사회적 힘이다. 이 힘은 우리에게 보이지 않는다. 그것을 우리에게 보여주는 것은 과학이다. 왜냐하면

---

27 같은 책, p. 51.
28 아르망 퀴비에(Armand Cuvillier, 1887~1973)는 1908년 고등사범학교 들어가 1919년 철학 아그레제(대학교수 자격)가 되었다. 1945~1953년 소르본 대학에서 사회학을 가르쳤고, 뒤르켐과 그의 제자들의 학문적 작업을 대중에게 소개하는 데 관심을 쏟았다. 프루동, 스피노자, 콩디야크, 말브랑슈, 뒤르켐의 저작들을 편집했으며, 특히 1913~14년에 소르본에서 뒤르켐이 한 실용주의 강의를 두 학생의 노트를 바탕으로 재구성해 『실용주의와 사회학』(*Pragmatisme et sociologie*, 1955)을 출판했다.

이 힘은 특별한 정신현상이며 여론이자 도덕적인 힘이기 때문이다. 어린아이에게 이 힘을 느끼게 해주는 것은 대단한 일이다. 그것은 어린아이에게 전 세계를 계시하는 일이다. 우선 어린아이가 사회적인 것이 무엇인지에 대한 느낌을 가지게 해야 한다.[29]

도덕 교육은 사회적인 일이다. 뒤르켐은 교사들에게 그들이 무엇을 가르쳐야 하는지를 말하고 싶은 것이 아니다. 오히려 그들의 교육자적 사명이 사회화의 합목적성을 가지고 있음을 느끼라고 호소한다. 특정 사회에서 역사적 발전의 어느 순간에 학교 교사는 전달해야 할 이상에 완전히 젖어 있어야 한다. 그리고 아이들을 사회 체계에 충분히 통합되도록 준비시킴으로써 인류의 도덕적 유산에 기여한다는 느낌을 가져야 한다. 이 프로그램은 전혀 보수주의적이지 않으며, 오히려 그 반대다. 제1강에 나오는 다음의 구절은 우리에게 그것을 납득시키기에 충분하다.

그러므로 프랑스 사회는 이미 얻은 것으로 여겨질 수 있는 도덕적 결과들을 조용히 소유하는 것으로 만족해서는 안 된다. 다른 것들을 쟁취해야만 한다. 따라서 교사는 이와 같이 필요한 것을 획득하기 위해 자신에게 맡겨진 아이들을 준비시켜

---

29 Armand Cuvillier, "Leçons sur la morale(1909)", in É. Durkheim, *Textes*, t. 2, p. 292.

야 한다. 교사는 읽지 않는 오래된 책과 같은 선조들의 도덕 경전을 아이들에게 전하지 않도록 주의해야 한다. 반대로 교사는 그들에게 거기에 몇 줄을 덧붙이고자 하는 욕구를 불러일으켜야 한다. 교사는 아이들이 이러한 정당한 야망을 충족할 수 있도록 유념해야 한다.[30]

『자살론』에서 『도덕 교육』까지

1902년 강의에서 채택한 방법론적 동향들을 더 잘 이해하기 위해 『사회분업론』, 특히 초판의 서문을 다시 읽어야 한다면 적어도 『자살론』도 다시 읽을 필요가 있다. 『도덕 교육』은 아마도 자살에 대한 위대한 연구가 나온 다음 해에 지금의 형태로 편집되었을 것이다. 그러므로 이론적 토대 가운데 하나를 그 책에서 발견하는 것이 마땅하다. 게다가 뒤르켐은 도덕 교육의 위대한 원칙들에 대한 논거를 제시하기 위해 『자살론』에서 이른 결론을 여러 차례에 걸쳐 분명히 다시 사용한 바 있다.

우선 뒤르켐이 기본적으로 자살의 사회적 원인을 두 가지로 구분한 것을 기억해보자. 거기서 다시 네 가지 유형론이 유래한다. 첫 번째 원인은 통합의 문제로 귀결된다. 통합이 이루어진 사회는 구성원들 간의 연대 원칙에 따라 조직된다. 그러나 이러한 사

---

30 *L'Education morale*, p. 11(이 책, 37쪽).

회유형 안에서도 개인이 사회관계의 의미를 상실하고 자기세계에 틀어박힐 정도로 집합의식이 약화될 가능성이 있다. 또한 그 반대의 경우도 상상할 수 있다. 그것은 개인들이 충분히 개별화(individuation)되지 못한 결과 자기희생으로 이끌려 가는 경우다. 두 번째 원인은 규제의 문제로 귀결된다. 어느 사회든 그 구성원 개인들이 수용하고 존중하는 규칙들의 총체가 없이는 제어가 불가능하다. 하지만 이 규칙들이 약하거나 너무 빨리 변할 때, 또는 너무 경직되거나 개인을 숨 막히게 할 때는 역작용이 나타날 수도 있다. 그러므로 뒤르켐은 자살의 네 가지 유형을 두 개씩 서로 대립시키려고 했다. 사회 통합이 불충분하거나 반대로 너무 지나칠 때, 그 역기능으로 인해 대립적인 이기적 자살과 이타적 자살이 나타난다. 규제 법규가 너무 약하거나 — 쇠퇴하고 있거나 — 반대로 너무 강할 때, 대립적인 아노미적 자살과 숙명론적 자살이 나타난다.

만일 뒤르켐이 다른 두 가지 자살 유형보다 이기적 자살과 아노미적 자살에 더 많은 관심을 가지게 되었다면, 그것은 그가 현대 사회의 해체 위험 그리고 개인과 집단을 묶어주는 관계의 약화에 따른 위험에 대해 계속 고민했기 때문이다. 이기적 자살은 개인에 대한 집단의 압력이 약화된 결과이며, 사회의 해체가 개인에게 불러일으킬 수 있는 도덕적 무질서의 결과다. 뒤르켐은 특히 두 가지 사회적 통합 프레임, 즉 종교 그리고 결혼과 자녀의 관점에서 본 가족에 관심을 가졌다. 그리하여 남자와 여자는 그들이 서로 버림받았을 때, 즉 사회집단 안에 약하게 통합될 때,

그 결과 집단에서 비롯되는 힘과 권위에 의해 충분히 고무되지 못할 때 자살 경향이 높아진다는 일반적인 결론에 도달한다. 그들의 욕망은 충분히 강한 통합적 환경에 의해 억제되지 못한다. 일반적으로 거기서 깊은 좌절이 생겨난다. 아노미적 자살은 정치적·경제적·제도적 위기, 그리고 사회 전체에 영향을 미치는 문제 등에 따라 설명된다. 뒤르켐은 산업 혹은 금융의 위기 기간뿐만 아니라 번영의 위기라 할 수 있는 호황기에도 자살 빈도가 올라간다는 것을 입증했다. 그는 자살을 설명하는 요인이 활동의 쇠퇴나 비약이 아니라 앞서 말한 현상들이 사회집단에 일으키는 질서의 교란과 위기 상태라고 결론지었다. 아노미적 자살을 분석하기 위해 뒤르켐은 사회에 널리 퍼져 있거나 반대로 아예 존재하지도 않는 이혼의 영향도 고려했다.

그러나 이기적 자살과 아노미적 자살의 구분을 넘어 뒤르켐이 매우 중요시하는 통합과 규제의 구분을 기억해야 한다. 뒤르켐의 전체 저작에서 이 두 개념은 사회관계의 주요한 두 가지 근거를 이룬다. 따라서 『도덕 교육』에서 매우 유사한 형식으로 그 두 가지 원리를 당연히 다시 확인할 수 있다. 이 강의는 실제로 2부로 나뉜다. 제1부는 일곱 개의 강의를 포함하는데 규율의 정신, 사회집단에의 결속, 의지의 자율성 등으로 구분되며 '도덕의 요소들'이라는 제목이 붙어 있다. 제2부는 '어린아이에게 도덕의 요소들을 어떻게 확립할까'라는 제목으로 열 개의 강의를 포함하며, 다섯 강의씩 다시 두 부분으로 나뉜다. 여기에서는 제1부에서 기술한 앞의 두 가지 요소를 연이어 할애한다. 뒤르켐이 보건대 도덕의 두 가지 요소는 규율의 정신과 사회집단에의 결속인데, 거기서 규제와 통합 개념이라는 표현을 쉽게 찾아볼 수 있다.

뒤르켐은 제1부의 처음 두 개 강의와 제2부의 처음 다섯 개 강의를 규율의 정신에 할애했다. 뒤르켐에 따르면, 인간의 행동은 우선 어떤 규칙성이 있어야 한다. 뒤르켐은 정해진 업무에 따라야 하는 것을 모르는 사람, 혹은 일정한 직무에 전념하기를 거부하는 사람들의 예를 들면서 이 점을 강조한다. 물론 이처럼 정해지지 않은 상태를 자유와 발견의 취향으로 설명할 수도 있다. 그러나 이것은 항구적인 불안정 상태를 초래하는 일이다. 뒤르켐은 이미 『사회분업론』, 특히 '비정상적 형태들'을 다룬 제3부에서 이 문제를 간접적으로 다루었다. 그는 직업조직에서 규칙의 중요성을 이미 느끼고 있었고, 산업 발전과 활동 리듬의 불규칙성에서 커다란 위험을 보았다. 뒤르켐에 따르면, 분업의 비정상적 형태들 가운데 하나는 산업 생산의 불연속성이나 반작용과 관련되어 있다. 분업이 연대성을 가지기 위해서는 전문화된 기능들이 활발하게 작동하는 동시에 규칙적일 필요가 있다. 기계의 속도가 줄어들면 불규칙성이 생겨나고 운동은 분열된다. 일시적이기는 해도 작업활동의 감소는 기능들 사이의 관계 감소를 초래한다. 기업에서 각 노동자의 활동이 정상적인 수준보다 낮아지도록 업무가 분배될 때, 다른 기능들은 너무 불연속적이 되어 서로 정확히 조정될 수 없다. 뒤르켐은 여기서 공장의 노동자들이 겪는 것과 같은 불규칙성을 언급한다. 반면에 그는 『도덕 교육』에서 규칙상 너무 강제적인 작업구조에서 벗어나기를 원하는 어떤 사람들의 성향에 대해 논의했다. 그러나 그는 이 두 경우 모두에서 사회적 기능에 대한 부정적인 결과를 보았다. 강제든 아니든 불규칙은 규율의 정신을 약화시킨다.

규칙 개념이 오로지 규칙성 원리에만 근거하는 것은 아니다. 그것은 권위의 개념에도 근거한다. 뒤르켐은 말한다. "여기서 권위란 우리보다 우월한 것으로 인정되는 모든 도덕적 힘을 행사하는 지배력으로 이해해야 한다."[31] 그는 위생에 대한 규범, 전문 기술에 대한 규범, 대중적 지혜의 규범들을 인용하며, 일반적으로 우리가 경험이 많아 지혜로운 사람들에게 권위를 느껴 존중하는 것을 예로 든다. 하지만 이러한 규정된 행위 유형을 특징짓는 것은, 그러한 행위를 고취하는 권위 그 자체가 저절로 결정된 것이 아니라는 점이다. 이러한 규범들을 존중하는 개인은 무엇보다도 실용주의자다. 그들은 이러한 규범들에 순응함으로써 얻는 유익을 충분히 의식하고 있다. 그러나 도덕 규칙들의 경우 사정이 다르다.

물론 그 규칙들을 위반한다면 우리는 불행한 결과에 노출된다. 비난받고, 블랙리스트에 오르고, 우리의 인격이나 재산상에 물질적인 타격을 입을 위험이 있다. 어떤 행동이 실제로 규칙에 부합한다 해도, 만일 그로 인한 불행한 결과를 예측하고 그 행위를 한다면, 그것이 도덕적 행위가 아님은 이론의 여지

---

31 같은 책, p. 25(이 책, 59쪽).

가 없다. 그 행위가 당위(當爲)가 되기 위해서는, 또 규칙이 원
칙대로 지켜지기 위해서는 규칙에 복종해야만 한다. 유쾌하지
못한 결과, 혹은 물리적이거나 도덕적인 벌을 피하기 위해서가
아니라, 이러한 보상을 얻기 위해 그 규칙을 따라야 한다. 우리
의 행동이 우리에게 가져올 유익한 결과를 배제하더라도, 규칙
을 따라야 한다는 매우 단순한 이유만으로 우리는 규칙에 복종
해야 한다. 규범을 존중한다는 이 하나의 이유를 위해 도덕적
규범에 복종해야 한다.[32]

뒤르켐에게 "도덕은 단순히 관습 체계가 아니라 명령 체계
다."[33] 그러므로 그가 강조한 바와 같이 규칙성에 대한 성향과 도
덕적 권위가 지니는 의미 사이에는 어떤 친화성이 존재한다. 이
두 가지 양상은 행위를 규제하려는 규율의 기본 토대가 된다.

첫째, 도덕이 인간의 행동을 결정하고 고정하고 규제하는 이
상, 도덕은 개인에게 규칙적 존재로 살고자 하는 어떤 성향이
있음을, 즉 규칙성에 대한 어떤 기호가 있음을 전제한다. (…)
둘째, 도덕 규칙들은 집단 내부의 관습에 단순하게 붙여진 다
른 이름이 아니다. 그러므로 그 규칙들이 외부에서 강제적으로
행위를 결정하는 이상, 규칙들을 따르기 위해, 결과적으로 도

---

32 같은 책, pp. 26(이 책, 60~61쪽).
33 같은 책, p. 27(이 책, 62쪽).

덕적으로 행동하는 상태가 되기 위해, 그 규칙들에 내재된 고유한 권위가 의미를 가져야 한다. 달리 말하면 개인이 자신의 가치보다 높은 도덕적 힘의 우월성을 느끼고, 그 도덕적 힘 앞에 굴복해야 한다.[34]

규율의 정신을 설명하면서 뒤르켐은 자살 연구에 대해 논리적으로 재검토했다. 아노미적 자살을 명백하게 인용하지는 않았지만 『자살론』 제5장에서 분석했던 예에 근거한다. 실제로 처음에 제시한 논거에 대한 중요한 두 가지 설명을 다시 한다. 즉 부부의 아노미와 경제적 아노미다. 자신이 만든 통계표에 근거해 뒤르켐은 자살에 직면한 배우자의 면책특권이 이혼이 널리 퍼져 있는 나라보다 이혼이 존재하지 않는 나라에서 더 크다는 것을 지적했다. 그는 『도덕 교육』 제3강에서 이러한 결론으로 돌아온다.

예를 들어 결혼의 도덕 규칙들이 권위를 잃고 배우자 상호간의 의무가 존중되지 않으면, 이 부분의 도덕이 억누르고 규제해온 열정과 성향들이 속박에서 벗어나 규제에서 풀려날 것이며, 이 무절제로 인해 상황이 악화할 것이다. 그 열정들이 모든 한계를 넘어설 것이므로 진정될 수 없다. 그것들은 자살 통계에서 보는 바와 같이 환멸을 가져다 줄 것이다.[35]

---

34 같은 책, pp. 29~30(이 책, 66쪽).
35 같은 책, p. 37(이 책, 77쪽).

여기서 뒤르켐이 세부적인 내용을 다루지 않았음에 주목하자. 그는 자신의 결과물들 중에서 중요한 포인트 하나를 말없이 지나친다. 특히 남자와 여자 사이의 차이점 말이다. 사실 그는 부부관계가 쉽게 자주 깨지는 지역에서 남성 배우자의 생존계수(coefficient de préservation)가 낮아짐에 따라서 자살을 마주한 여성 배우자의 생존계수가 높아지는 것을 확증했다.[36] 결과적으로 부부간 도덕 규칙들이 자살 위험의 관점에서 여자들보다는 남자들에게 더 강한 영향을 미친다고 말하는 것이 더 정확했으리라. 그러나 뒤르켐은 규율의 중요성에 대한 논증의 흐름을 잃지 않으려고 고심하면서 일부러 더 일반적인 주제에 머물렀다. 이러한 이유로 그는 즉각 위기의 예로 이어간다.

마찬가지로 경제생활을 지배하는 도덕도 흔들릴 것이다. 더이상 경계를 모르는 경제적 욕망이 과도하게 자극되고 끓어오를 것이다. 우리는 자살의 연간 빈도가 증가하는 것을 보게 될 것이다.[37]

만일 뒤르켐이 자신의 자살 연구에 의지한다면, 그것은 우리의 열망과 감정을 제한하는 규율의 정신이 인간 사이의 협동과 사회의 균형을 잡는 데 얼마나 중요한 기능을 하는지 강조하기 위

[36] 이 점에 대해서는 *Le Suicide*, p. 229, 표 28.
[37] *L'Education morale*, p. 37(이 책, 77쪽).

함이다. 규율의 정신은 사회 전체뿐만 아니라 개인에게도 유익한 기능을 한다. 욕망을 조절하지 않으면 인간은 행복할 수 없다. 그러므로 학교의 역할이란 자신을 자제하고 억제하는 중요한 능력을 전달하는 것이다. 도덕 규율은 사려 깊은 인간의 의지를 억압하거나 멀리하는 것이 아니라 오히려 그쪽으로 인도해준다. "규칙은 자신을 제어하고 통제하는 것을 가르쳐주기 때문에 자유와 해방의 도구다"라고 뒤르켐은 결론지었다.[38]

하지만 규율의 정신만이 도덕성의 유일한 요소는 아니다. 뒤르켐에 따르면, 사회집단에의 결속이 필수적으로 보완되어야 한다. 이 결속은 우리가 살펴보았던 규제와 통합이라는 두 개념의 구분과 관련이 있다. 만일 규율의 정신이 규제를 가능하게 하는 것이라면, 사회집단에의 결속이란 사회 체계 자체를 통해 개인들을 사회 체계에 통합해야 하는 절대적인 필요성을 표현하는 것이다. 이와 같이 뒤르켐은 제5강 서두에서 다음과 같이 회상한다. "우리는 사회적 존재가 되는 정도만큼 도덕적 존재가 될 수 있다." "이기주의는 보편적으로 도덕과 관계없는 사랑의 감정으로 분류된다." 한편으로 뒤르켐은 "도덕이 존재한다면, 도덕은 반드시 인간을 개인적 이해관계의 범위를 초월하는 목적에 애착을 가지도록 해야 한다"고 결론을 내렸다. 다른 한편으로 "그런데 우리는 개인의 외부에 단 하나의 심리적 존재가 있다는 사실을 확인했다. 경험적으로 관찰할 수 있고, 우리의 의지가 애착할 수 있는 유일한

---

38 같은 책, p. 42(이 책, 85쪽).

도덕적 존재, 그것은 바로 사회다."[39] 그는 다시 한 번 자살에 대한 연구 결과로 자신의 논증을 이끌어가는데, 여기서는 더 이상 아노미적 자살을 언급하지 않고 이기적 자살만 언급한다.

인간은 집단에서 이탈할수록, 즉 이기주의자로 살아갈수록 자살에 더 많이 노출된다. 그리하여 결혼한 사람보다 독신에게서 자살률이 세 배 정도 높고, 자녀가 있는 세대보다 자녀가 없는 세대에서 두 배 정도 높다. 자살은 아이들의 수와 반비례한다. 그러므로 개인이 가족집단의 구성원인가 아닌가에 따라, 결혼한 부부로만 사는가 아니면 반대로 다소 많은 아이들을 두어서 부부가 더 견실해지는가에 따라, 결과적으로 가족사회가 어느 정도 응집력이 있고 밀집되고 강한가에 따라 삶에 대한 애착이 늘기도 하고 줄기도 한다. 인간은 자기 자신보다 다른 것에 대해 생각할 거리가 많을수록 자살을 덜한다. 집합감정을 북돋우는 위기 역시 동일한 효과를 만들어낸다. 예를 들면 애국심을 자극하는 전쟁은 사적인 잡념들을 잠재운다. 위협받는 국가의 이미지가 평화 시라면 차지할 수 없는 자리를 의식 속에서 차지한다. 그 결과 개인과 사회를 묶는 끈이 강화되는 동시에 개인을 사회(뒤르켐의 원 저서에는 '존재'라고 표기되어 있다)와 연결하는 여러 관계도 강화된다.[40]

---

39 같은 책, p. 56(이 책, 104쪽).
40 같은 책, p. 58(이 책, 108쪽).

우리는 여기서 뒤르켐식 추론방식을 다시 발견하게 된다. 도덕 규칙들은 하나에서 열까지 다 만들어지는 것이 아니고 사회적 조건들에 따라 결정된 것이다. 그러므로 사회적 조건들을 심도 있게 연구하는 것부터 시작해야 한다. 따라서 일반적인 사회생활의 구성에 대한 반성적 회고 없이, 달리 말하면 특히 사회학이 공헌하는 사회관계의 근거에 대한 지식 없이는 도덕 교육이 제대로 전달될 수 없다. 이러한 추론을 통해 뒤르켐은 사회집단 혹은 사회들 간의 문화적 차이를 넘어 인간 존재의 보편적인 부분이 무엇인가를 강조했다. 따라서 우리는 다음과 같은 공식들을 이해할 수 있다. "분명히 개인과 사회는 다른 본질을 지닌 존재다. 그 둘 사이에는 대립이 존재하지 않는다. 개인이 자신의 고유한 본성을 전적으로 또는 부분적으로 포기해야만 사회에 결속할 수 있는 것은 아니다. 오히려 개인이 사회에 소속되어야만 자신의 본성을 온전히 실현할 수 있고, 진정한 자기 자신이 될 수 있다."[41] "인간은 자기에게만 집착하는 사람에게 관심이 덜 가는 법이다."[42]

뒤르켐이 보건대 이기주의는 본성에 어긋나는 것이기에 이기주의자는 일시적으로만 가능한 존재다. 이기주의자는 그의 주위에서 그에게 들어오려는 사회 대중을 느끼지 못한다. 아니면 그들과 분리될 수 있다는 환상을 가지고 있다.

---

41 같은 책, p. 59(이 책, 107쪽).
42 같은 곳(이 책, 109쪽).

이기주의자는 마치 자신이 전체인 듯이 자기 안에 존재 이유가 있으며 스스로 충족한 사람처럼 살아간다. 하지만 이러한 상태는 불가능하다. 그 용어 자체가 모순적이기 때문이다. 우리는 우리와 나머지 세상을 묶고 있는 관계를 풀어버리려고 애써도 소용없고, 그렇게 되지도 않는다. 우리는 우리를 둘러싸고 있는 환경에 강하게 연결되어 있다. 그 환경은 우리에게 침투하고 우리와 뒤섞인다. 결과적으로 우리 안에는 우리와 다른 것이 있다. 바로 그 때문에 우리가 자신을 따른다고 할 때 사실은 우리 안에 있는 다른 것을 따르고 있는 셈이다.[43]

개인이 자신의 자율성을 보호하려고 애쓰면서 자기 세계에 틀어박힐 때마다, 그는 사회에서 기인해 그의 안에 존재하는 도덕의 근원과 결별하는 것이다. 집단에의 결속이 생동감을 줄 뿐만 아니라 의무와 탁월하게 상응하는 이유가 바로 그것이다. 사회 체계 안에서의 기능과 개인의 상호 의존이라는 의미에서 집단에의 결속은 연대성에 대한 현대적 의식과 불가분의 관계에 있다.[44]

하지만 중요한 문제는 여전히 남아 있다. 개인이 자신의 생존 기능을 충족시키기 위해, 그리고 사회에 통합되어 있음을 나타내기 위해 어떤 집단에 소속되어야 하는가? 이 질문에 바로 다음

---

43 같은 책, p. 61(이 책, 112쪽).

44 이것은 우리가 최근 공동 작업에서 특별히 연구했던 지점이다. Serge Paugam (dir.), *Repenser la solidarité. L'apport des sciences sociales*, Paris: PUF 〈Le lien social〉, 2007, nouvelle édition 〈Quadrige〉, 2011.

질문이 추가된다. 만일 여러 유형의 집단이 있다면 그것의 서열을 매기는 것이 가능한가? 뒤르켐의 답변은 다른 어떤 저작보다 『도덕 교육』에서 더욱 분명히 제시된다. 사회관계의 본질을 분별하기 위해 개인을 사회 체계에 묶어두는 여러 가지 유형의 사회 관계들에 대해 말하는 것이 훨씬 더 쉽다. 마찬가지로 총체적으로 사회가 무엇인지 이해하기 위해 개인이 속해 살아가는 수많은 집단을 살펴보는 것이 더 편리한 경우가 있다. 뒤르켐의 텍스트들에서 일반적으로 사회가 마치 하나의 사회처럼 다루어졌다면, 『도덕 교육』에서는 수많은 귀속집단에 대한 분석을 찾아볼 수 있다. 뒤르켐은 거기에서 주로 3개 집단, 즉 가족·국가·인류에 관심을 가진다. 이 3개 집단이 우리의 사회적·도덕적 존재의 여러 국면에 상응한다고 말한다. 그러나 이 3개 집단은 오늘날 서로 배제하는 것이 아니라 중첩되어 있다.

그 각각의 집단이 역사 발전의 연속선상에서 나름의 역할을 한 것처럼 현재는 상호 보완하고 있다. 각 집단은 나름의 기능이 있다. 가족은 국가와는 다른 모든 방법으로 개인을 감싸며, 다른 도덕적 요구에 부응하고 있다. 따라서 그것들 사이에서 배타적인 선택을 할 필요가 없다. 인간은 가족·국가·인류라는 이 삼중의 작용에 순응할 때만 비로소 도덕적으로 완전해진다.[45]

---

45 *L'Education morale*, p. 63(이 책, 115쪽).

이 단계에서 뒤르켐이 사회의 기본 집단으로서 직업단체 또는 동업조합을 인용하지 않은 것이 놀라울 뿐이다. 반면 그는 『사회분업론』의 재판 서문에서 특히 그것을 언급했는데, 그것은 직업세계의 위협에 대한 해결책 가운데 하나였다. 사실 뒤르켐은 그 문제를 완전히 청산하지 못한다. 제6강을 시작하면서 그는 우리가 관여하는 여러 사회를 차례로 열거하는데, 거기에는 3개 집단이 아니라 5개 집단이 나온다. 즉 가족, 동업조합, 정치단체, 국가, 인류라는 집단이다. 제2부에서 뒤르켐은 4개 집단만 고려하면서 정치단체는 더는 언급하지 않는다. 게다가 그 이유도 말하지 않는다.[46] 이 차이는 사회통합 집단을 단순히 열거하는 것으로 그치고자 하는 뒤르켐의 조심성이라고 설명할 수 있다.

그러나 이 강의 원고가 『자살론』 출판의 연장선상에서 주로 작성되었을 가능성이 있다. 즉 뒤르켐이 아직 『사회분업론』의 재판 편집을 하지 않았을 1901년에 말이다. 게다가 직업윤리에 관한 뒤르켐의 강의들은 『사회학 강의』에 다시 수록된다. 거기서 그는 매우 특이하게 동업조합(길드)의 역할을 논하는데, 그것은 1899~1900년[47] 보르도에서 강의했던 내용이다. 이것은 뒤르켐이 도덕 교육 강의를 준비할 시기에 이 주제에 대해 숙고하지 못했다는 가설을 확증해준다. 결국 뒤르켐이 직업 집단화를 주장하지 않았다면, 그것은 독일과는 다르게 프랑스의 국가 기질이 연

---

46 같은 책, p. 181.
47 Marcel Fournier, *Émile Durkheim*, p. 125.

합정신이 약하다는 것, 그리고 국가와 개인 사이에 항구적인 중개 단체가 존재하지 않는다는 것을 확인했기 때문이다.[48] 그러므로 뒤르켐에게 동업조합이란 과거에는 크게 중요했지만 미래에는 어느 정도 재조직되어야 할 집단이다.

이러한 상황을 개선할 필요성이 있다 해도 과거의 집단화를 되살리거나 과거의 행위를 복원하려는 것이 아니다. 과거의 것들이 사라졌다면 그것들은 집합적 존재의 새로운 상황과 더 이상 관련이 없기 때문이다. 해야 할 일은 새로운 집단을 일으키는 것이다. 즉 현실 사회의 질서, 그리고 그 근거 원리들과 조화를 이루는 새로운 집단 말이다. 그러나 다른 한편으로 그렇게 되기 위한 유일한 방법은 연합정신을 되살리는 것이다.[49]

뒤르켐에 따르면, 학교는 학생에게 그가 가족과는 다른 집단인 학급에 속한다는 것을 매일 보여줌으로써 이러한 사명을 완수해야 한다.

사회집단의 서열에 대한 뒤르켐의 답변은 흥미롭다. 그는 만일 가족과 국가와 인류가 — 우리에게 분석된 3개 주요 집단 — 모두 필수적이라면 "국가가 더 높은 차원의 사회집단이라는 이유만으로 가족의 목적은 국가의 목적에 확실히 종속되어 있고, 또

---

48 이 점에 대해서는 *L'Education morale*, pp. 198~199(이 책, 330~331쪽).
49 같은 책, p. 199(이 책, 330~331쪽).

그래야 한다"는 사실을 조금도 의심하지 않았다.[50] 가족은 국가보다는 더 개인적인 목적을 가지고 있기 때문에 종종 개인적 이해관계와 혼동된다. 어린아이가 자신의 가족에 의해 사회화되지만, 그는 또한 학교를 통해서도 사회화된다. 어린아이는 적어도 공공교육을 받기 위해 부분적이지만 가정을 떠난다. 제3공화국의 자유로운 이상들을 신뢰한 뒤르켐에게는 국가가 제1의 가정이 되어야 한다. 소속 집단으로서의 인류에 대해서는, 인류의 목적이 국가의 목적보다 더 고매하게 여겨지는 한 인류를 국가보다 우위에 있다고 인식하기가 쉬울 것이다. 그러나 이러한 우위는 인류가 조직된 사회가 아니기 때문에 모호해진다. 인류는 고유한 조직이 있는 것이 아니다. 뒤르켐의 생각에는 인류가 너무 추상적인 용어라서 실제로 존재하는 인류보다 더 제한된 집단 즉, 국가를 소속하기에는 부적절하다. 따라서 국가를 소속 집단의 가장 높은 서열에 두었고, 국적이라는 본질적으로 다른 관계를 만들게 되었다.

한편 사회학자 게오르크 짐멜[51]이 독창적인 접근방법을 발전시킬 것이다. 그는 뒤르켐처럼 수속의 다양성을 강조하고 거기서

---

50 같은 책, p. 63(이 책, 115쪽).

51 게오르크 짐멜(Georg Simmel, 1858~1918)은 독일 출신의 사회학자다. 1858년 베를린에서 가톨릭으로 개종한 부유한 유대인 상인의 아들로 태어나 베를린 대학에서 역사와 철학을 공부했으며 「칸트의 물리적 단자론에서 본 물질의 본성」이라는 논문으로 박사학위를 받았다. 왕성한 집필활동으로 신문과 잡지 등에 200여 편의 글을 발표했고, 『사회 분화론』 『돈의 철학』 『사회학의 근본 물음』을 포함해 철학, 윤리학, 사회학 등 다양한 분야에 관한 저서들을 남겼다.

사회역사적인 큰 발전의 결과를 보았다. 짐멜은 현대 사회와 대립되는 중세 사회를 여러 번 언급했다. 예를 들면 중세에는 소속 집단이 개인 전체를 흡수해버렸고, 동심원의 모델에 따라 매개 없이 근접 집단에서 더 큰 집단으로 확산되었음을 관찰했다. 현대 사회에서는 개인의 소속이 다양하다. 사회의 써클들은 더 이상 서로 내포되지 않고 병렬되며 결과적으로 독자적이 된다. 이러한 사실로 미루어 사회의 써클들은 개인에게 더 큰 자유를 보장한다. 개성 의식은 끊임없이 발전하고 있다. 동일한 개인 한 사람의 내부에서 교차되는 여러 집단의 병렬이 이러한 상황의 특징을 보여준다.[52] 이처럼 뒤르켐이 그토록 집착했던 사회집단의 위계 문제는 해석적으로 부차적인 것이 되었다. 이러한 관점에서 중요한 것은 어떤 사회집단이 다른 것들을 종속시키는 가장 최고의 집단인가를 알아내는 것이 아니다. 특정 사회에서 개인들의 정체성과 통합의 구조를 정상적으로 지지하면서도 어떻게 이러한 집단 전체에 상응하는 사회관계들이 서로 뒤섞일 수 있는가를 이해하는 것이다. 그럼에도 불구하고 이 집단의 서열 문제는 여전히 중요하다. 각 사회는 그 정상적인 체계를 통해 다소간 상세한 설명을 제공한다. 예를 들어 최근의 수많은 비교 작업이 증명하는 것처럼 유럽 사회는 전 생애를 통한 사회화 과정에서 가족 역할의 중요성을 별로 인정하지 않는다.

---

[52] Georg Simmel, *Sociologie. Etudes sur les formes de la socialisation*, 1ᵉ éd., 1908, Paris: PUF, 1999, p. 422.

이제 도덕의 첫 번째 두 요소와 그것들 사이의 관계를 살펴보기로 하자. 뒤르켐이 말하기를, 어떤 사람들에게는 규율의 감정이 지배적이다. 그들은 주저 없이 복종하고 합리적인 자신의 의무를 소신 있게 완수한다. "그들의 특징은 스스로에게 행사할 수 있는 구속력이다."[53] 반대로 다른 사람들에게 도덕활동의 원리는 기쁨으로 헌신하는 것, 자신을 기부하는 것, 타인에 대한 애착이다. "그들은 서로 애착하고 서로 헌신하는 것을 좋아한다. 그것은 사랑의 마음이고 관대하고 열성적인 영혼이다. 그러나 반대로 그 행위는 규제하기 어렵다."[54] 요컨대 첫 번째 부류의 사람들은 의무를 실행하는 데서 그 자신의 권위를 갖는 반면, 두 번째 부류의 사람들은 아마 더 열정적인 사람들로, 사회와 연합하는 데 창조적인 에너지를 방출한다. 그러나 뒤르켐은 이러한 두 부류의 개인들 사이의 차이를 고려하지 않았다. 그는 도덕의 두 가지 요소가 바로 사회의 구성 요소이며, 어떤 때는 이것이, 또 다른 때는 저것이 더 지배적임을 강조하고자 했다. 그리하여 대다수 개인이 질서를 잘 따르는 곳에서는 사회의 균형과 성숙이 따르고, 규율의 정신이 도덕적 힘을 발휘하지 못하는 곳에서는 전이와 변형의 양상이 있음을 말했다. 관습적인 규칙이 흔들리는 국면에서는 이상(idéal)에 대한 필요성이 느껴질 것이고, 헌신과 희생의 정신이 도덕의 원동력이자 사회관계의 특별한 근거가 될 것이다. 규

---

53 같은 책, p. 85.
54 같은 곳.

칙을 존중하면서도 변화를 관대하게 수용하기 위해 뒤르켐이 집단에의 결속과 규율의 정신을 어린아이에게 도덕의 구성 요소로 권장한 것은 논리적으로 옳다.

도덕의 세 번째 요소인 의지의 자율성에 대해 뒤르켐은 오직 한 강의만 — 제1부의 마지막 강의 — 할애한다. 앞의 두 요소가 인간에게 무사무욕을 강요하는 이상(理想)으로 전달되지 못한다면, 규율의 정신이나 집단에의 결속이 그 자체로 아무런 유익이 없음을 강조하면서 이 두 요소의 의미를 강화했다.

인간은 의무를 실천함으로써 절제의 취향을 배운다. 이러한 욕망의 절제는 자신의 행복과 건강의 필수 조건이다. 마찬가지로 집단에 결속함으로써 개인은 집단 중심의 더 높은 생활에 참여하게 된다. 반대로 개인이 외부에 대해 폐쇄적이고 자신의 세계에만 틀어박히고 모든 것을 자기중심으로 생각하려고 하면, 그는 불안정하고 부자연스러운 삶을 살 수밖에 없다. 따라서 의무와 희생은 더 이상 우리에게 인간이 어떻게든 자기 학대로 실천하는 일종의 경이로운 일로 보이지 않는다. 반대로 집단에 헌신하고 규율에 복종함으로써 개인은 진정한 인간이 된다.[55]

이 의지의 자율성은 결과적으로 의무와 헌신이라는 두 요소들로

---

[55] *L'Education morale*, p. 104(이 책, 179쪽).

우리를 움직여가는 이성의 의식에 근거한다. 이와 관련하여 뒤르 켐은 이렇게 말했다.

　도덕의 세 번째 요소는 바로 도덕의 지성이다. 도덕성은 정 해진 몇 가지 행위들을 단순하게, 심지어 의도적으로 완수하는 것이 아니다. 이러한 행위들을 규정하는 규칙이 자유롭게 원해 져야 하고, 자유롭게 받아들여져야 한다. 이러한 자유로운 수 용이 바로 식견을 갖춘 수용이다.[56]

따라서 도덕적 판단에 대한 칸트의 견해를 언급하지 않을 수 없다. 게다가 뒤르켐 자신도 이 독일 철학자와 그의 『실천이성비 판』에 찬사를 보내고 있다. "도덕률의 명령적 특성을 칸트보다 더 강하게 느낀 사람은 없다. 그는 이 명령을 수동적으로 복종해 야 하는 진정한 규칙으로 삼았다."[57] 이장베르가 강조한 바와 같 이 "뒤르켐에게 도덕 행위란 집합의식이 실천이성의 자리를 정 확하게 차지하는 정도에 따라 칸트적인 도덕 행위를 사회학적으 로 전환한 것이라고 말하고 싶을 것이다."[58] 그러나 뒤르켐이 칸

---

56 같은 책, p. 101(이 책, 174쪽).

57 같은 책, p. 92(이 책, 160쪽).

58 François-André Isambert, "Les avatars du 'fait moral'", *L'Année sociologique*, 1979~1980, 30, p. 26. 프랑수아 앙드레 이장베르(1924~2017)는 프랑스의 사 회학자로 가브리엘 르 브라(Gabriel Le Bras, 1891-1970)와 앙리 데로슈(Henri Desroche, 1914~1994)와 함께 종교사회학파를 창립했다. 『프랑스 사회학 리뷰』 (*Revue française de Sociologie*)의 편집위원으로 오래 활동했고(1960-1993). 서구 사회의 세속화 문제를 학계는 물론 국제적 논쟁 주제로 부각시켰고, 신성한

트와 구분되기를 의도한 만큼 이러한 접근에 대한 단순화된 해석은 피해야 할 것이다. 칸트의 입장에서는 인간이 도덕률에 따라 행동함으로써 자신의 감성을 필연적으로 억제해야 한다. 왜냐하면 인간은 자신의 이성과 보편성에 인도를 받기 때문이다. 순수이성은 오직 이성의 지배를 받으며 우리 존재의 열등한 부분들에 꼭 필요하다. 반대로 뒤르켐에게는 도덕성에서 감성을 배제할 필요가 없다. 감성뿐만 아니라 우리의 이성을 포함한 본성 전체를 억제해야 한다. "우리의 이성은 초월적 능력을 지니고 있지 않기 때문이다. 이성 역시 세상의 일부분이고, 결과적으로 세상법을 따른다. 세상에 있는 모든 것은 제한된다. 이러한 제한은 그것을 제한하는 힘을 전제로 한다."[59] 순수하게 이성적인 의지는 자연법칙에 좌우되지 않는다는 것을 인정하기 때문에 칸트는 외적인 힘들의 영향력을 배제하고 세상과 현실을 분리할 수밖에 없었다고 뒤르켐은 강조한다. "그와 반대로 도덕률이 이성에게 존중을 강요하는 권위를 부여받았음을 모든 것이 입증하고 있다."[60]

요컨대 뒤르켐은 그것을 집합적 이상에 헌신하는 것과 마찬가지로 규칙을 존중하고 도덕 행위를 실행하는 사회적 인간의 성찰성(réflexivité)이라고 부른다. 억압이 아니라 그 원인들과 그 존재 이유를 확실하게 알고서 도덕 행위들을 완수하는, 온전한 의

것의 사회적 성격에 관한 뒤르켐 학파의 주제를 연구했다.
59 *L'Education morale*, p. 93(이 책, 162쪽).
60 같은 곳(이 책, 161쪽).

식을 가지는 것을 말한다. 만일 어린아이로 하여금 통합과 규제의 방향에서 움직이는 사회적 힘의 중요성을 인식하고, 스스로에 대해 또한 사회에 대해 '성찰적인' 어른이 되도록 준비하는 것이 목표라면, "도덕을 가르치는 것은, 도덕을 설교하거나 주입하는 것이 아니라 도덕을 설명하는 것이다."[61]

오늘날 『도덕 교육』 다시 읽기

뒤르켐의 저작 가운데 중요한 위치를 차지하는 고전 텍스트로서 『도덕 교육』을 읽는 것은 매우 교육적이다. 우리는 프랑스 사회학 창시자가 저술한 다른 위대한 책의 연장선에서 또한 20세기 초의 상황에서 그 근거를 이해하고 재설정할 수도 있다. 그러나 오늘날 무엇이 남아 있을까? 오늘날 우리는 거기서 무엇을 다시 읽을 수 있을까?

제2부에서 도덕의 요소들을 어린아이에게 확립하기 위한 뒤르켐의 조언에 만족한다면, 우리는 몇 가지 점들이 더 이상 현대 학교 시스템의 현실과 맞지 않다는 것을 발견할 수도 있다. 어떤 사람들은 학교에 대한 뒤르켐의 천사 같은 비전을 강조할 것이다. 그 시대에는 학교 교육을 받는 것이 민주적이지 않았다. 뒤르켐의 생각에는 학교가 학생들에게 유익하다는 것을 전혀 의심할

---

61 같은 책, p. 101(이 책, 175쪽).

수 없었다. 그가 학교에서 행복 이외의 다른 것을 발견할 수 있었을까? 그가 어린아이의 첫 학교 경험에 대해 말한 내용을 다시 읽어보자.

아이는 완전히 변화되어서 나온다. 머리는 반듯하게 들고, 얼굴은 생기가 넘치며, 말은 빠르고 열의가 있다. 이러한 일종의 흥분상태는 일반적으로 아이가 처음으로 새로운 삶, 즉 지금까지 알고 있던 것보다 더욱 강렬한 삶을 살고 있으며 행복하다는 것을 증언한다. 그는 더 이상 자신만의 에너지로 그렇게 자기를 유지하는 것이 아니다. 학교라는 환경에서 오는 다른 힘들이 그의 힘에 더해진다. 그것은 그가 집합생활에 참여하기 때문이다. 그리고 그 결과 전 존재가 전반적으로 향상된다.[62]

이것이 가르침의 가장 높은 이상을 시행하기 위해 신경 쓰는, 잘 훈련되고 정통한 선생님들과 학생들이 관계를 맺는다는 가설에서 출발하고 있음을 뒤르켐이 미리 알고 있었다면, 이러한 낙천주의에 대해 어떻게 회의하지 않을 수 있을까?

학교 시스템 역시 적어도 부분적으로는, 특히 가장 빈곤한 계층 출신 학생들에게는 상징폭력의 형태가 드러나는 장소가 아닌가? 피에르 부르디외와 장 클로드 파스롱은 1960년대 말, 교육

---

62 같은 책, p. 204(이 책, 338쪽).

시스템의 고전 이론들이 권력관계 재생산에서 상징적 관계의 효과를 무시하는 경향이 있음을 밝히려고 애썼다.[63] 뒤르켐은 이 비판을 면할 수 없다.

우리가 뒤르켐에게서 보는 바와 같이 이 이론들은 계급사회의 경우에 문화의 표상, 그리고 민족지학자들에게 가장 널리 퍼진 문화 계승의 표상을 순서만 바꿀 뿐이다. 이 이론들은, 사회의 연수 교육에서 시행되는 여러 교육활동이 (모든 '사회'의 미분화된 속성으로 인식되는) 문화자본을 재생산하는 데 조화롭게 협력한다는 암묵적인 가정에 근거한다.[64]

따라서 학교는 교육활동의 모든 프로그램을 통해 집단과 사회 계급 사이에 문화자본을 반복적으로 매우 불평등하게 배분하는 데 기여한다.

오늘날 『도덕 교육』은 사회학과 교육의 최신 저작들과 대립되는 것처럼 여겨진다. 학교의 차별에 대한 아그네스 반 잔텐의 저서[65]와, 학교 교육의 파괴에 대한 마티아스 밀레와 다니엘 틴[66]의

---

63 Pierre Bourdieu et Jean-Claude Passeron, *La Reproduction. Eléments pour une théorie du système d'enseignement*, Paris: Minuit, ⟨Le sens commun⟩, 1970.

64 같은 책, p. 25.

65 Agnès Van Zanten, *L'École de la périphérie, Scolarité et ségrégation en banlieue*, Paris: PUF, ⟨Le lien social⟩, 2001.

66 Mathias Millet et Daniel Thin, *Ruptures scolaires, L'école à l'épreuve de la question sociale*, Paris: PUF, ⟨Le lien social⟩, 2005.

저서를 그 예로 들 수 있다. 뒤르켐이 묘사한 세상이 오늘날 불평등과 사회문제에 직면한 교직자들의 염려와 전혀 상관없어 보인다 해도, 그 염려들이야말로 정면으로 학교 시스템에 영향을 미치고 학교의 근간을 조금씩 흔들고 있지 않은가? 21세기 초기에 대중 학교는 민주적인 동시에 역설적이게도 19세기 말의 학교 시스템보다 더 실추되었다.

이 책이 매우 구식이라고 여긴다면 중대한 오류가 될 것이다. 뒤르켐이 도덕적 사실을 사회적 사실로 정의하기 위해 세웠던 규칙을 이 강의에 적용해야 한다. 도덕 교육의 근거를 찾기 위해 교육 시스템의 사회적 조건, 그리고 현대 사회의 규제와 통합 방식에 대한 지식에서 출발해야 한다. 사회가 변했고 가르치는 시스템 역시 심도 있게 발전했기 때문에 뒤르켐이 그 시대에 시도했던 것들은 재고되어야 한다. 도덕 규칙들은 재해석되어야 한다. 그러나 어린아이에게 심어줄 도덕의 요소들을 정의하기 위해 뒤르켐이 사용한 방법은 구식이 아니다. 규율의 정신, 사회집단에의 결속, 그리고 의지의 자율성은 새로운 형태로, 뒤르켐이 자기 시대에 상상도 못했던 양상으로 되살아날 것이다. 그러나 이 일반적인 요소들은 항상 가장 중요한 분석틀을 제공한다. 반면 그것들은 기본적인 사회학 개념들과 연결된다. 오늘날 사회학은 — 교육 사회학만이 아니라 — '새로운 도덕 교육'을 제정하는 데 크게 도움을 주는 역할을 한다. 우리는 뒤르켐 덕분에 그 길의 자취를 따라가고 있다.

우리 교육이 놓치는 도덕의 가치

• 옮긴이 후기

뒤르켐의『도덕 교육』에는 규칙, 사회적 사실, 표상, 아노미, 집합, 분업과 같은 그의 독창적인 사회학 개념의 흔적이 나타나 있다.『사회분업론』『사회학적 방법의 규칙들』『자살론』등 뒤르켐의 주저에서 구체화된 이 개념들은 사회현상을 연구하는 이들이라면 늘 관심을 가질 수밖에 없는 주제다. 뒤르켐은 이 책에서 자신의 연구를 사회적 사실로서 도덕과 교육에까지 확장하고 있는데, 철학, 교육학, 사회학을 아우르는 그의 지적 통찰에 매료되지 않을 수 없었다.

개인적으로 특히 '체벌'에 관해 다룬 내용이 인상 깊었다. 뒤르켐은 교육기관에서 이루어지는 체벌이 야만 상태와는 별 관계가 없다고 보았다. 오히려 사회가 발전함에 따라 지켜야 할 규범과 규칙이 세분화되고, 이 발전된 문명을 후대에 전승하는 과정에서 체벌이 등장했다고 본다. 당시 프랑스 사회에도 아이들과 학생들에 대한 체벌이 여전했고, 이를 직시한 듯 뒤르켐은 다음과 같이 경고했다.

매질과 온갖 종류의 학대에는 우리에게 혐오감을 주고 우리의 양심을 격분시키는, 한마디로 비도덕적인 것이 있다. 그러므로 비도덕적인 수단을 가지고 도덕을 보호하고자 하는 것은 이상한 방법이다. 그것은 한편에서 강화하고자 하는 감정들을 다른 한편에서 약화시키는 일이다. 도덕 교육의 주요 목표 가운데 하나는 어린아이에게 인간의 존엄성에 대한 느낌을 불러일으키는 것이다. 그러므로 체벌은 이 감정을 영구히 위반하는 행위다.

과거 우리의 교육 현장에도 물리적 폭력과 인격적 모독을 일삼는 폭력교사가 엄연히 있었다. 대부분의 선생님들은 훌륭한 교육자의 면모를 보여주었지만 말이다. 뒤르켐이 '다양한 형벌의 무기고'라고 표현했듯이 교사의 체벌 도구는 그야말로 다양했다. 훈육이라는 이름으로 여러 방식의 폭력을 행사한 것이다.

민주주의가 서로의 이해와 존중을 바탕으로 발전한다고 볼 때, 과도한 체벌은 이런 민주주의 사회의 '건전한 시민'을 육성하는 데 심각한 지장을 줄 수 있다. 이제 교육 현장에서 과거와 같은 가혹한 체벌은 사실상 찾아볼 수 없다. 물론 엇나간 교사가 학생들을 폭행할 수는 있겠지만 그것은 교사 개인의 자질 문제이지 이 시대의 전반적인 학교문화는 아니다. 체벌의 심각성을 인지하고 적극적으로 목소리를 낸 교사, 학생, 학부모, 교육전문가, 시민단체 등의 관심과 노력이 있었기 때문에 변화를 이끌어낼 수 있었다.

뒤르켐은 학교보다 상위 공동체인 사회의 '도덕'을 학생들에게 가르치고 심어주는 것이 학교 교육의 진정한 목표라고 보았다. 최근 일부 학부모들이 교사를 교육 서비스의 제공자로 격하시키며 교권을 침해하는 일이 빈번히 일어나고 있다. 이는 단순히 소수의 일탈 문제일까? 그것은 우리 사회가 도덕이라는 가치보다 세속적인 성공, 경쟁만능주의와 능력주의의 이데올로기를 좇은 결과가 아닐까?

우리 교육의 근본적인 문제는 입시를 위한 과도한 학습이 아니라, 교사·학생·학부모가 입시에만 몰두한 나머지 도덕적 가치의 중요성을 망각한 데 있다. 이러한 문제는 일찍이 지적되었으나 조금도 개선되지 못했으며, 그 결과 우리는 오늘날 다양한 양상으로 빚어지는 사회갈등이라는 값비싼 대가를 치르는 중이다. 외양간의 소는 허술한 울타리를 넘어뜨리고 이미 탈출했고, '지금도 늦지 않았다'며 절박하게 외치는 교육자들의 목소리에 귀를 기울이지도 않는다. 이런 부삼한 현실 앞에서, 100년 전 프랑스 사회의 교육적 위기상황을 진단한 고전사회학자 뒤르켐의 혜안이 새삼 놀랍다. 그는 학교가 정직한 시민을 기르는 산실이라 하였고, 사회의 통합과 갈등 해소를 위해서 도덕 교육을 제대로 전해야 한다고 역설했다. 도덕과 도덕 교육은 정태적이거나 수동적인 것이 아니다. 오히려 격동하는 것이고 생동하는 것이다. 뒤르켐은 도덕 교육의 목표를 다음과 같이 밝혔다.

프랑스 사회는 이미 얻은 것으로 여겨질 수 있는 도덕적 결과들을 조용히 소유하는 것으로 만족해서는 안 된다. 다른 것들을 쟁취해야만 한다. 따라서 교사는 이와 같이 필요한 것들을 획득하기 위해 자신에게 맡겨진 아이들을 준비시켜야 한다. 교사는 오래전부터 읽지 않는 책과 같은 선조들의 도덕 경전을 아이들에게 전하지 않도록 주의해야 한다. 반대로 교사는 그들에게 거기에 몇 줄을 덧붙이고자 하는 욕구를 불러일으켜야 한다. 교사는 아이들이 이러한 정당한 야망을 충족할 수 있는 곳에 두는 것을 생각해야 한다.

지금의 한국사회와 한국교육을 위해 우리가 처한 현실에서 무엇을 '덧붙여야' 할까? 이 물음은 도덕의 상실과 교육의 위기에 빠진 우리 시대에 무겁게 주어진 과제다.

초벌 번역에만 1년여 시간이 걸렸다. 여러 가지 삶의 문제 가운데에서도 내가 겪었던 고통을 공유하며 동시에 내가 누리는 특권에 보답하기 위해 이 책의 번역에 참여했다. 의욕 넘치는 아들 때문에 또다시 뒤르켐의 세계로 불려와 고된 번역 작업의 많은 부분을 감당해주신 어머니께 감사드린다.

2024년 8월
노현종

찾아보기

옮긴이 민혜숙

연세대학교 불문과를 졸업하고 같은 학교 대학원에서
박사학위를 받았다. 대원여고와 대원외고에서 불어를 가르쳤고
1994년에『문학사상』중편소설에 당선되어 소설가가 되었으며
전남대학교 대학원 국문과에서 다시 박사학위를 받았다.
광주대학교, 호남신학대학교 등에서 가르쳤고
호남신학대학교 조교수를 역임했다.
펴낸 책으로『한국 문학 속에 내재된 서사의 불안』(2003),
『중심의 회복을 위하여』(2014),『돌아온 배』(2018),
『몽유도원』(2024) 등의 저서와
『법, 정의, 국가』(2003),『프로이트 읽기』(2005) 등의 역서가 있다.
특히, 에밀 뒤르켐의『종교생활의 원초적 형태』(2020),
『사회학적 방법의 규칙들』(2021),『도덕 교육』(2024)을 번역했다.

옮긴이 노현종

연세대학교 사회학과를 졸업하고 고려대학교
북한학과에서 공부했으며 서울대학교 사회학과에서
「1970년대 이후 동독, 베트남, 북한의 체제변동 비교연구」로
박사학위(석박사통합과정)를 받았다.
현재 숭실평화통일연구원 전임연구원, 서울대학교 사회학과 강사다.
주요 논저로는「민족통일론에서 시민통일론으로:
민족주의 통일론의 위기와 대안」(2018),
「독일의 통일담론에서 민족주의와 세계시민주의의 긴장」(2022),
「비교사회주의적 접근을 활용한 북한연구:
유용성, 개념활용 그리고 구조화된 비교」(2022),
Pursuing Sustainable Urban Development
in North Korea(2024, 공저) 등이 있다.

도덕 교육

1판 1쇄 발행일 2024년 8월 26일

지은이 에밀 뒤르켐
옮긴이 민혜숙 · 노현종
펴낸이 박희진

펴낸곳 이른비
등록 제2020-000136호
주소 10517 경기도 고양시 덕양구 행신로 143번길 26, 1층
전화 031) 979-2996
이메일 ireunbibooks@naver.com
페이스북 facebook.com/ireunbibooks
인스타그램 @ireunbibooks

ISBN 979-11-982850-3-4 93300

책값은 뒤표지에 있습니다.
파본은 구입하신 서점에서 바꾸어드립니다.
무단 전재와 복제를 금합니다.

이른비 씨 뿌리는 시기에 내리는 비를 말하며, 마른 땅을 적시는 비처럼
인간의 정신과 마음을 풍요롭게 하는 책을 만듭니다.